Obra Completa de C.G. Jung
Volume 4

Freud e a psicanálise

Comissão responsável pela organização do lançamento da Obra Completa de C.G. Jung em português:
Dr. Léon Bonaventure
Dr. Leonardo Boff
Dora Mariana Ribeiro Ferreira da Silva
Dra. Jette Bonaventure

A comissão responsável pela tradução da Obra Completa de C.G. Jung sente-se honrada em expressar seu agradecimento à Fundação Pro Helvetia, de Zurique, pelo apoio recebido.

Dados Internacionais de Catalogação na Publicação (CIP)
(Câmara Brasileira do Livro, SP, Brasil)

Jung, Carl Gustav, 1875-1961.
　　Freud e a psicanálise / Carl Gustav Jung ; tradução de Lúcia Mathilde Endlich Orth; revisão técnica Jette Bonaventure. – 7. ed. – Petrópolis, RJ : Vozes, 2013.
　　Título original: Freud und die psychoanalyse
　　Bibliografia.

　　17ª reimpressão, 2024.

　　ISBN 978-85-326-0322-7
　　1. Freud, Sigmund, 1856-1939 2. Psicanálise
I. Bonaventure, Jette. II. Título.

07-0891　　　　　　　　　　　　　　　　　　　　CDD-150.1952

Índices para catálogo sistemático:
1. Freud, Sigmund : Sistemas psicanalíticos 150.1952
2. Psicanálise freudiana 150.1952
3. Teoria psicanalítica freudiana : Psicologia 150.1952

C.G. Jung

Freud e a psicanálise

4

EDITORA
VOZES

Petrópolis

© 1971, Walter-Verlag, AG, Olten

Tradução do original em alemão intitulado
Freud und die Psychoanalyse
(Band 4)

Editores da edição suíça:
Marianne Niehus-Jung
Dra. Lena Hurwitz-Eisner
Dr. Med. Franz Riklin
Lilly Jung-Merker
Dra. Fil. Elisabeth Rüf

CONSELHO EDITORIAL

Diretor
Volney J. Berkenbrock

Editores
Aline dos Santos Carneiro
Edrian Josué Pasini
Marilac Loraine Oleniki
Welder Lancieri Marchini

Conselheiros
Elói Dionísio Piva
Francisco Morás
Gilberto Gonçalves Garcia
Ludovico Garmus
Teobaldo Heidemann

Secretário executivo
Leonardo A.R.T. dos Santos

Direitos exclusivos de publicação em língua portuguesa:
1989, Editora Vozes Ltda.
Rua Frei Luís, 100
25689-900 Petrópolis, RJ
www.vozes.com.br
Brasil

Todos os direitos reservados. Nenhuma parte desta obra poderá ser reproduzida ou transmitida por qualquer forma e/ ou quaisquer meios (eletrônico ou mecânico, incluindo fotocópia e gravação) ou arquivada em qualquer sistema ou banco de dados sem permissão escrita da editora.

PRODUÇÃO EDITORIAL

Aline L.R. de Barros
Marcelo Telles
Mirela de Oliveira
Otaviano M. Cunha
Rafael de Oliveira
Samuel Rezende
Vanessa Luz
Verônica M. Guedes

Conselho de projetos editoriais
Isabelle Theodora R.S. Martins
Luísa Ramos M. Lorenzi
Natália França
Priscilla A.F. Alves

Tradução: Lúcia Mathilde Endlich Orth
Revisão literária: Edgar Orth

Diagramação: AG.SR Desenv. Gráfico
Capa: 2 estúdio gráfico

ISBN 978-85-326-2424-6 (Obra Completa de C.G. Jung)

ISBN 978-85-326-0322-7 (Brasil)
ISBN 3-350-40704-6 (Suíça)

Este livro foi composto e impresso pela Editora Vozes Ltda.

Sumário

Prefácio dos editores, 7

I. A teoria de Freud sobre a histeria.
Resposta à crítica de Aschaffenburg, 11

II. A teoria freudiana da histeria, 19

III. A análise dos sonhos, 35

IV. Contribuição à psicologia do boato, 45

V. Contribuição ao conhecimento dos sonhos com números, 59

VI. Morton Prince M.D. "The Mechanism and
Interpretation of Dreams".
Resenha crítica, 68

VII. A respeito da crítica à psicanálise, 89

VIII. A respeito da psicanálise, 93

IX. Tentativa de apresentação da Teoria Psicanalítica, 97
Prefácio à primeira edição, 97
Prefácio à segunda edição, 100
I. Visão geral das antigas hipóteses, 100
II. A teoria da sexualidade infantil, 113
III. O conceito de libido, 122
IV. Neurose e fatores etiológicos na infância, 140
V. As fantasias do inconsciente, 149
VI. O complexo de Édipo, 160

VII. A etiologia da neurose, 166
VIII. Princípios terapêuticos da psicanálise, 188
IX. Um caso de neurose infantil, 209

X. Aspectos gerais da psicanálise, 231

XI. Sobre a psicanálise, 244

XII. Questões atuais da psicoterapia
Correspondência entre C.G. Jung e R. Loÿ, 253

XIII. Prefácios a "Collected Papers on Analytical
Psychology", 291

XIV. A importância do pai no destino do indivíduo, 299

XV. Introdução a "A psicanálise" de W.M. Kranefeldt, 319

XVI. A divergência entre Freud e Jung, 328

Referências, 337

Índice onomástico, 347

Índice analítico, 349

Prefácio dos editores

O interesse de Jung ampliou-se com o correr dos anos e, aos poucos, foi passando da psiquiatria, da psicanálise e da tipologia para a teoria dos arquétipos, e, por último, para a psicologia de motivos religiosos. Isto facilitou a reunião de seus escritos sob os principais títulos correspondentes, embora o material pudesse ser inserido também em qualquer dos outros volumes. Cada volume está vinculado aos demais – quer no que diz respeito à época em que foi produzido, quer quanto ao seu conteúdo – por uma malha de pontos comuns. E, em hipótese alguma, podemos nos limitar à leitura de um volume isolado, se quisermos conhecer a fundo a posição de Jung sobre determinado assunto. É impossível detectar a partir de um único volume, independente de sua compilação, a continuidade do processo evolutivo numa perspectiva histórica.

O presente volume nos oferece o essencial dos escritos de Jung sobre Freud e a psicanálise, publicados entre 1906 e 1916; contudo, por razões fáceis de perceber, foram incluídos também dois trabalhos de época posterior. Quem está familiarizado com a obra de Jung verificará que há nela inúmeras referências às observações e teorias de Freud. Foram-lhe preocupação constante, desde o início do século XX até o final de sua vida. Embora os ensaios científicos deste volume não deem uma visão abrangente de Freud e da psicanálise, eles nos proporcionam uma ideia das mudanças de pontos de vista de Jung sobre este tema.

Entre os anos de 1907 e 1912, quando ele próprio praticava a psicanálise, Jung estava estreitamente ligado a Freud. Embora as relações pessoais entre os dois começassem a ficar tensas – sobretudo em consequência da publicação de *Wandlungen und Symbole der Libido* (*Transformações e símbolos da libido*) (1911/1912) – Jung continuou como presidente da Sociedade Internacional de Psicanálise até 1914. A primeira parte do presente volume (constituída pelos ensaios I-VIII) compreende o período da colaboração estreita e "entusiasta" com Freud; a segunda e terceira partes (ensaios IX-XIII) contêm os elementos essenciais de sua crítica, que deveria levar à ruptura aberta. O conteúdo da quarta parte (ensaios XIV, XV e XVI) exige uma explicação mais detalhada. O estudo intitulado "A importância do pai no destino do indivíduo", surgido em 1908, está entrelaçado com o material da primeira parte. Este escrito foi, porém, consideravelmente refundido pelo autor em 1949 e as mudanças introduzidas foram tão radicais que justificam sua inclusão na última parte. O ensaio "A divergência entre Freud e Jung" (1929) foi encomendado pelo *Kölnische Zeitung*, tendo em vista o interesse do público de então pela relação entre Freud e Jung. Esse estudo foi incluído no presente volume porque nos mostra ao mesmo tempo a continuidade do pensamento de Jung desde a composição de "Tentativa de apresentação da teoria psicanalítica", bem como as mudanças que se operaram nesse meiotempo em suas concepções. Ele acentua, de modo especial, que a cosmovisão e a personalidade do pesquisador não podem ser excluídas das formulações psicanalíticas, mas, ao contrário, podem ser consideradas elementos constitutivos essenciais. O conceito de Jung a respeito da obra de Freud deve ser visto sob esta luz, não somente neste volume, como também no volume 15 da presente coleção, onde a visão de Freud é apresentada no contexto cultural. O estudo "A divergência entre Freud e Jung", bem como a "Introdução a 'Die Psychoanalyse' (A psicanálise) de W.M. Kranefeldt" (publicada em 1930) constituem, por conseguinte, a base de um estudo posterior das mudanças ocorridas na apreciação de Jung em relação à psicanálise, tanto no presente volume como nos outros desta coleção.

O conceito de personalidade se acha estreitamente relacionado com o objeto da tipologia, tratada pela primeira vez neste volume, e descrita sistematicamente em *Tipos psicológicos* (volume 6). De fato, Jung explicou uma vez mais (num programa de televisão em inglês, em novembro de 1959) que foi a diferença entre as concepções de Freud e as suas que o levou a desenvolver uma psicologia dos tipos. Podemos deduzir isto claramente das publicações que apareceram entre 1913 e 1921, ano em que veio a lume *Tipos psicológicos*. À rup-

Freud e a psicanálise

tura com Freud seguiu-se um período relativamente pobre de publicações. Com exceção de alguns escritos, publicados sobretudo em inglês, neste período só apareceram duas obras, aliás muito importantes, que foram reeditadas várias vezes e sob estilos diferentes, desde sua primeira edição em 1916 e 1917. Constituem o volume 7 da Obra Completa, *Dois escritos sobre psicologia analítica*. Neles se encontra, à maneira de esboço, todo o desenvolvimento posterior da psicologia analítica que é, ao mesmo tempo, uma técnica terapêutica e um método de investigação do inconsciente. Nesses escritos originais, bem como nas versões posteriores, Jung esboça e expõe, passo a passo, suas ideias fundamentais e realça cuidadosamente as suas diferenças com relação a Freud. Aí o leitor se aprofunda no enfoque de Jung sobre a psicanálise, pois ele compara seus conceitos de inconsciente coletivo, de arquétipos e de processo de individuação com as teorias de Freud e de Adler. Neste sentido, os *Dois escritos sobre psicologia analítica* completam os ensaios I-XIII do presente volume e constituem o elo entre estes e a posição crítica de Jung em relação a Freud nos ensaios XIV-XVI.

A reunião de trabalhos de caráter científico com outros menos técnicos elucida um outro aspecto do procedimento adotado pelos editores neste volume e em outros. Jung foi sempre e constantemente ao encontro do grande interesse que a psicanálise e posteriormente a psicologia analítica despertaram. Por isso não hesitamos em reunir escritos científicos e artigos de caráter mais popular em um mesmo volume.

O trabalho de preparação do volume 4 foi atingido por uma dupla e grave perda que abalou profundamente a todos quantos dele participavam: na tarde de 5 de junho de 1969, o Dr. Albert Rascher faleceu de ataque cardíaco, no início de suas férias, num acampamento ao sul da Itália. A infausta notícia ainda não havia alcançado a equipe de editores quando seu estimado chefe, o médico Dr. Franz Riklin, teve de deixar antecipadamente as cerimônias de comemoração do oitavo aniversário do falecimento de C.G. Jung, na manhã de 6 de junho, em consequência de um mal-estar súbito, para procurar um médico. Nesse mesmo dia ele sofreu um infarto cardíaco, ao qual viria a sucumbir, mal deixara o hospital, a 1º de agosto. Assim, dos três editores originais: Marianne Niehus-Jung, Lena Hurwitz-Eisner e Dr. Franz Riklin, que receberam do próprio autor esta grande incumbência, não restava mais nenhum com vida, e mesmo o editor Albert Rascher, cujo nome ficará indissoluvelmente ligado à edição da Obra Completa de Jung, nos foi arrebatado. Todos os colaboradores – dentre os quais gostaríamos de mencionar agradecidamente o tradutor dos ensaios III, XI e XIII, redigidos por Jung em francês e inglês, o Sr. Klaus Thiele-Dohrmann, bem como aqueles que elaboraram os índices de pessoas e de matérias, Marie-Louise Attenhofer e Jost Hoerni – guardarão na memória os nomes dos falecidos e se empenharão por dar continuidade à obra dentro de seu espírito.

I

A teoria de Freud sobre a histeria[*]

Resposta à crítica de Aschaffenburg

Ao tentar responder à crítica, no geral bastante moderada e prudente, que Aschaffenburg[1] faz à teoria freudiana da histeria[2], faço-o no intuito de evitar que uma criança seja lançada fora juntamente com a água do banho. É verdade que Aschaffenburg nunca afirma que a importância de Freud se esgota com a teoria da histeria. Entretanto, o público médico (incluídos os psiquiatras) conhece Freud sobretudo por este lado, daí a facilidade com que uma crítica negativa pode denegrir os outros méritos científicos de Freud. Gostaria de observar desde logo, que minha resposta não se dirige contra a pessoa de Aschaffenburg, mas contra a orientação geral, os pontos de vista e desejos expressos na conferência de Aschaffenburg.

A crítica de Aschaffenburg se limita exclusivamente ao papel que a sexualidade desempenha na gênese das psiconeuroses, segundo a opinião de Freud. Sua crítica não atinge de forma alguma a psicologia de Freud, ou seja, a psicologia dos sonhos, do chiste e das perturbações do pensamento comum, provocadas pelas constelações dos sentimentos; só parcialmente atinge a psicologia da sexualidade, das determinantes dos sintomas histéricos e do método da psicanálise[3].

---

[*] Publicado em *Münchener medizinische Wochenschrift*, LXXX/47, 1906, Munique.

1. *Die Beziehungen des sexuellen Lebens zur Entstehung von Nerven und Geisteskrankheiten.*

2. *Bruchstück einer Hysterie-Analyse.*

3. Neste capítulo e no seguinte a primitiva designação de *psicanálise* foi mantida fielmente em seu sentido original.

Em todos estes campos, Freud possui méritos singulares que só podem ser postos em dúvida por aqueles que se deram ao trabalho de analisar experimentalmente o curso de suas ideias. Quando falo em "mérito", não quero dizer que subscrevo incondicionalmente todos os teoremas de Freud. Mas um de seus méritos – e não menores – foi o de *levantar problemas geniais*. Nem mesmo um adversário incondicional de Freud pode negar este mérito.

3 Para não me alongar sem necessidade, abstenho-me de discutir aqueles pontos não mencionados pela crítica de Aschaffenburg, e me limito exclusivamente ao que é objeto de contestação.

4 Freud afirma que a raiz da *maioria* das psiconeuroses se encontra num trauma sexual. Esta afirmação é absurda?

5 Aschaffenburg se posiciona no ponto de vista, hoje quase universalmente aceito, de que a histeria é um mal de natureza *psicógena*. A histeria, por conseguinte, tem suas raízes na psique. Seria desnecessário afirmar expressamente que um dos componentes *mais essenciais* da psique é a *sexualidade*, um componente cuja extensão e importância ainda ignoramos inteiramente, dada a insuficiência de nossa psicologia empírica. Sabemos apenas que a sexualidade pode ser encontrada em toda parte. Existirá, porventura, outro fator psíquico, outro impulso básico, além da fome e seus derivados, de igual importância para a psicologia humana? Não saberia apontar nenhum. É evidente que um componente tão amplo e tão importante da psique humana produza um número respectivamente grande de conflitos de sentimentos e abalos afetivos, e, uma olhada na vida real, de forma nenhuma desmente isto. A concepção de Freud tem, de antemão, um alto grau de probabilidade em seu favor, uma vez que atribui a histeria antes de tudo a conflitos de natureza psicossexual.

6 O que dizer da opinião pessoal de Freud de que *toda* histeria é redutível à sexualidade?

7 Freud não estudou todos os tipos de histeria do mundo. Sua afirmação está sujeita às limitações gerais de axiomas empíricos. Freud confirmou seu ponto de vista apenas nos casos que observou e que constituem parcela infinitamente pequena de todos os tipos de histeria. É concebível, pois, que haja uma ou mais formas de histeria que Freud nunca tenha observado. Por fim, é também possível que o ma-

terial de Freud tenha se tornado, de certa maneira, unilateral, dentro da constelação de seus escritos.

Poderíamos modificar a afirmação de Freud – evidentemente com sua anuência – da seguinte maneira: *Uma série de casos de histeria, por enquanto extremamente grande, tem sua origem na sexualidade.*

Alguém já demonstrou que isto não é verdade? Pelo termo "demonstrar", entendo naturalmente que se utilize o método psicanalítico de Freud, e não apenas um exame rigoroso do paciente, vindo a afirmar em seguida que é impossível demonstrar algo sexual. Evidentemente, uma "demonstração" desse último tipo não pode dar em nada. Do contrário, deveríamos dar razão também àquele que examina um preparado de bactérias com uma lente e depois afirma que não encontrou nenhuma bactéria. O emprego do método psicanalítico é, logicamente, *conditio sine qua non.*

A objeção de Aschaffenburg de que nada de sexual existe na histeria traumática em si e de que esta se origina de outros traumas bem claros, parece pertinente. Mas os limites da histeria traumática são muito elásticos, como vemos nos exemplos de Aschaffenburg (como a queda do vaso de flores provocando paralisia nas cordas vocais). Assim, inúmeros outros casos de histeria se incluem na histeria "traumática". De fato, quantas vezes um pequeno susto gera um novo sintoma. Mas certamente nem o próprio Aschaffenburg acreditava existir alguém tão ingênuo que procurasse a causa do sintoma apenas no pequeno afeto. A conclusão mais imediata é que um tal caso já era histérico de há muito. Se ocorre, por exemplo, um disparo na rua e uma senhorita que vai passando sofre por causa disso uma afasia, podemos afirmar tranquilamente que o copo já estava cheio há muito tempo e que, agora, apenas transbordou. Para demonstrar isto não há necessidade de técnica especial. Estes casos e uma série infinda de outros da mesma natureza nada provam, portanto, contra Freud.

Com os *traumas físicos* e a *histeria da aposentadoria* (*Rentenhysterie*) talvez seja diferente. Aqui, onde o trauma e a perspectiva afetiva confluem no dinheiro, surge uma situação sentimental que mostra a erupção de uma forma específica de histeria bastante compreensível. Nestes casos, a concepção de Freud talvez não seja válida. Na falta de outras experiências, inclino-me a aceitar este ponto de vista. Quem no entanto pretende ser plenamente justo e científico, deverá provar antes de mais nada que uma constelação sexual jamais preparou o caminho da histeria, ou seja, que a psicanálise nestes casos não leva a nada. Em suma, a objeção relativa à histeria traumática demonstra, quando muito, que nem todos os casos de histeria são de origem sexual. *Mas isto não anula a afirmação de Freud, modificada acima.*

12   Não existe outro meio de refutar essa tese senão *aplicando o método psicanalítico*. Quem não o empregar, jamais refutará Freud; seria preciso provar, com o método que ele desenvolveu, que na histeria encontramos coisas bem diferentes do sexual, e que este método é inteiramente inadequado para pôr a descoberto qualquer material psíquico íntimo.

13   Neste caso, teria Aschaffenburg condições de fundamentar a sua crítica?

14   Ouvimos falar de "tentativas" e de "experiências", mas nunca ouvimos dizer que o próprio crítico tenha empregado o método várias vezes e – note bem – o tenha utilizado *com segurança*. Ele nos apresenta uma série de exemplos, aliás bem estranhos, de interpretações de Freud, que, certamente, desconcertam o leitor desprevenido. É verdade que ele chama a atenção para a pouca validade das citações, tomadas fora do contexto. Não creio que haja exagero em acentuar, eu também, que o contexto é tudo, precisamente em se tratando de coisas de psicologia. Estas interpretações de Freud são o resultado de inúmeras experiências e conclusões. Se apresentarmos apenas esses resultados, sem as premissas psicológicas, eles se tornam incompreensíveis.

15   Ao afirmar que estas interpretações são arbitrárias e que outras são igualmente possíveis, ou que nada existe de verdadeiro por trás dos fatos em questão, Aschaffenburg deveria provar, com suas próprias análises, que estas e outras coisas semelhantes podem ser interpretadas de maneira totalmente diversa. Assim o problema estaria resolvido e todos lhe ficaríamos gratos pela solução. Igualmente simples é a questão do "esquecimento" em Freud e das ações sintomáticas que Aschaffenburg relega para o domínio da mística. Estes fenômenos são muito frequentes e nos deparamos com eles quase diariamente. Por isto não é exigir demais que o crítico nos mostre, através de exemplos práticos, que tais fenômenos devem ser atribuídos a origem bem diversa. O experimento de associações lhe fornecerá mate-

Freud e a psicanálise

rial em profusão para isto. E assim faria um trabalho criativo pelo qual seria impossível agradecer o bastante.

Tão logo Aschaffenburg satisfaça estas exigências, isto é, apresente psicanálises com resultados totalmente diferentes, acreditaremos em sua crítica e poderemos abrir a discussão sobre a doutrina de Freud. Até lá, a sua crítica permanece no vácuo.

Aschaffenburg afirma que o método psicanalítico é *autossugestão*, tanto por parte do médico como do paciente.

O crítico, além de estar devendo a prova de que conhece a fundo o método, precisa demonstrar também que o método é autossugestão. Há muito venho demonstrando, em meus trabalhos, que o experimento de associações, criado por mim[4], oferece em princípio os mesmos resultados que o método psicanalítico; da mesma forma que a psicanálise, a rigor, nada mais é que um experimento de associações, como o próprio Aschaffenburg reconhece em sua crítica. É falsa a afirmação de que só utilizei o experimento em um caso. Já me servi dele muitas vezes com esta finalidade, como se pode concluir das inúmeras referências contidas em meus escritos, bem como nos trabalhos de Riklin. publicados há algum tempo. Aschaffenburg pode comprovar *experimentalmente* minhas afirmações, bem como as de Freud, na medida em que estas coincidem com as minhas. Deste modo ele obteria as bases exatas da psicanálise.

Os experimentos nada têm a ver com autossugestão. Isto se torna manifesto quando os aplicamos ao *diagnóstico experimental dos fatos*. Grande porém é o passo que medeia entre o experimento de associações, em si já bastante complicado, e a psicanálise como um todo. Mas com um estudo meticuloso do experimento de associações, cujo conhecimento o próprio Aschaffenburg contribuiu consideravelmente, podemos adquirir preciosas informações que nos serão utilíssimas no exercício da análise. (Pelo menos comigo foi isto que aconteceu.) Só depois de se passar por este aprendizado laborioso e fatigante é que podemos, com algum direito, nos abalançar ao exame da doutrina de Freud como autossugestão. Então nos tornaremos mais benévolos e mais compreensivos ao julgar o estilo um tanto

---

4. Cf. *Diagnostische Assoziationsstudien*, vol. I.

apodítico de Freud. Aprenderemos a entender como é extremamente difícil *descrever* coisas tão sutis e tão refinadas da psicologia. A exposição escrita jamais será capaz de reproduzir, mesmo de forma aproximada, e muito menos de recompor a realidade da psicanálise, de modo a atuar convincente e diretamente sobre o leitor. À primeira leitura dos escritos de Freud, ocorreu comigo o que acontece com todo mundo: colocar pontos de interrogação no texto. O mesmo se dará com o que ler pela primeira vez a descrição de meus experimentos de associações. Felizmente, porém, quem quiser pode repetir estes experimentos e constatar por si mesmo aquilo que punha em dúvida. Lamentavelmente não acontece o mesmo com a psicanálise, porque ela pressupõe uma extraordinária combinação de conhecimentos especiais e de rotina psicológica que ninguém possui de forma absoluta, mas que pode ser adquirida até certo grau.

20   Enquanto não soubermos de Aschaffenburg se ele possui esta experiência prática, não podemos levar a sério a acusação de *autossugestão* e de *interpretação arbitrária*.

21   Aschaffenburg acha que a exploração das representações sexuais é *imoral* em muitos casos.

22   Esta questão é bastante sutil, pois todas as vezes que a moral se imiscui na ciência, só podemos colocar fé contra fé. Examinemos, em primeiro lugar, a questão pelo lado prático: a explicação sexual é nociva em qualquer circunstância ou não? É impossível dar uma resposta genérica, pois tantos são os casos afirmativos quanto negativos. Aqui só a individualidade pode decidir. Muitas pessoas suportam certas verdades, outras não. Qualquer neurologista competente levará isto em consideração. Neste caso a padronização é particularmente condenável. Abstraindo do fato de que a explicação sexual não causa prejuízo algum a certos pacientes, há muitos que não precisam ser forçados a abordar o tema, mas prontamente orientam a análise para este ponto. E, por último, há casos (participei de mais de um) que não podemos acompanhar devidamente, enquanto não submetermos as ligações sexuais a uma revisão cuidadosa, aliás com os melhores resultados nos casos que conheço. Parece-me indiscutível, pois, que existem muitos casos em que a descrição dos fatos sexuais não traz nenhum dano aos pacientes, mas antes benefícios diretos. Por outro

Freud e a psicanálise

lado, porém, não hesito em confessar que existem casos em que a explicação sexual traz mais danos do que benefícios. Confia-se à habilidade individual do médico a tarefa de identificar semelhantes casos. Os pontos de vista "superiores" da moral resultam facilmente de esquema por demais detestável, e por isso sua aplicação prática parece inoportuna *a priori*.

No que se refere à ação *terapêutica* da psicanálise, o caráter científico da doutrina da histeria e do método analítico não é afetado pelo resultado terapêutico obtido. Tenho, por ora, a convicção de que a psicanálise de Freud é uma das terapias possíveis e que ela foi mais eficiente em determinados casos do que outras terapias.

No que se refere aos resultados científicos da psicanálise, ninguém precisa se assustar com as aparentes monstruosidades, isto é, com citações impressionantes. Freud provavelmente cometeu muitos erros humanos, mas isto não impede que, sob a casca rugosa, esconda-se uma semente de verdade, cuja importância ainda não conhecemos suficientemente. Raras vezes uma grande verdade chegou à luz sem os acessórios da fantasia. Pensemos, por exemplo, em Kepler e Newton.

Por último, gostaria de fazer veemente protesto contra o ponto de vista de Spielmeyer[5], que gostaríamos de condenar o quanto possível. Quando alguém ataca uma teoria cujas bases experimentais nunca examinou, ou quando acusa caluniosamente como não científicos os que se dão ao trabalho de pesquisar e tentar, coloca em perigo a liberdade de investigação. Pouco importa que Freud tenha errado ou não, a verdade é que tem boas razões para ser ouvido no fórum da ciência. A justiça exige que examinemos as afirmações de Freud. Mas arrasar e depois esquecer não se coaduna com a dignidade de uma ciência imparcial e sem preconceitos.

Resumindo, diríamos:

1. Ainda não ficou provado que a teoria de Freud sobre a histeria seja errada em todos os casos.

---

5. SPIELMEYER, W. *Centralbl. f. Nervenheilk. u. Psychiat.*, XXIX, 1906, p. 322-324 [Colaboração sem título].

2. É lógico que só poderá fazer esta comprovação quem dominar o método psicanalítico.

3. Não está provado que a psicanálise conduza a resultados diferentes dos de Freud.

4. Não se provou ainda que a psicanálise está baseada em princípios falhos e que simplesmente não se presta à compreensão dos sintomas histéricos.

II

A teoria freudiana da histeria*

É tarefa sempre difícil e ingrata expor uma concepção teórica que o próprio autor nunca formulou de maneira definitiva. Freud nunca elaborou uma doutrina pronta e acabada da histeria; procurou apenas formular de tempos em tempos os resultados teóricos obtidos, de acordo com a situação de suas experiências em um dado momento. Aquilo que Freud formulou teoricamente tem o valor de uma hipótese de trabalho e sempre acompanha a experiência. Por isso não se pode falar ainda de uma teoria freudiana solidificada da histeria, mas apenas de experiências diversas que apresentam traços comuns. Como, portanto, não se trata de algo acabado e definitivo, mas tão somente de um processo em evolução, a forma de resenha histórica me parece a mais indicada para expor a doutrina de Freud.

Os pressupostos teóricos do trabalho intelectual da pesquisa de Freud se encontram nos resultados das experiências de Janet. A primeira formulação do problema da histeria, dada por Breuer e Freud, parte da realidade da *dissociação psíquica* e do *automatismo anímico inconsciente*. Outro pressuposto é o *significado etiológico do afeto**,

---

* Conferência pronunciada no Primeiro Congresso Internacional de Psiquiatria e Neurologia, em setembro de 1907, em Amsterdã. Publicada em *Monatsschrift für Psychiatrie und Neurologie*, XXIII/4, 1908, p. 310-322. Berlim.

** O termo "afeto" não se enquadra numa definição uniforme. Geralmente entende-se por afeto um estado de sentimento marcado por intensidade particular. Mas pode ser também um estado criado por ações que fogem quase que totalmente ao controle intencional. Encontra-se também, na literatura psicológica, afeto como sinônimo de emoção, de forma a dizer-se que um comportamento é afetivo quando produzido por emoções fortes. É este último sentido que mais se aproxima do nosso texto [N.T.].

que foi ressaltado, entre outros, por Binswanger[1]. Esses dois pressupostos, junto com a experiência haurida da teoria da sugestão, deram origem à concepção, hoje amplamente aceita, da histeria como *neurose psicógena*.

29 A pesquisa de Freud visa descobrir os meios e a forma com que opera o mecanismo da formação de sintomas histéricos. A finalidade é preencher minuciosamente aquela lacuna, até agora existente, na longa cadeia que vai da causa inicial ao sintoma final, lacuna esta que ninguém tinha condições de preencher até o momento. A constatação, que se impõe a qualquer observador mais ou menos atento, de que os afetos desempenham um papel etiologicamente determinante no aparecimento dos sintomas histéricos, leva-nos a aceitar sem dificuldade os resultados da primeira comunicação conjunta de Breuer e Freud no ano de 1893; e particularmente o princípio formulado pelos dois autores de que o *histérico padece na maioria das vezes de reminiscências*, ou seja, de complexos de representações calcados no afeto que se acham sob o império de certos fatores de exceção, e estes impedem que o afeto inicial perca a sua força de ação.

30 O primeiro que chegou a esta concepção foi Breuer que, nos anos de 1880-1882, teve oportunidade de observar a fundo e de tratar uma histérica de excelentes dotes intelectuais. O quadro patológico se caracterizava sobretudo por uma profunda cisão da consciência, ao lado de numerosos sintomas físicos de importância e constância secundárias. Breuer, que se deixava conduzir pela paciente em seu tratamento, observou que, em cada estado crepuscular, reproduziam-se complexos de reminiscências que cronologicamente pertenciam ao ano anterior. Nesses estados, a enferma revivia alucinatoriamente um sem-número de cenas isoladas que tinham sido de importância traumática para ela. Além disso, percebeu claramente que o fato de reviver e de narrar os momentos traumáticos produzia nela um efeito terapêutico visível; trazia alívio e melhora do estado em que se encontrava. Interrompido o tratamento, em pouco tempo ocorria uma piora considerável. Para aumentar e acelerar o efeito deste tratamento, Breuer acrescentou, através da sugestão, ao estado crepuscular originalmente espontâneo,

---

1. BINSWANGER, O.L. "Freud'sche Mechanismen in der Symptomatologie von Psychosen". *Psychiat.-neur. Wschr.*, VIII, 1906, p. 323, 338 e 416.

Freud e a psicanálise

mais um estado crepuscular artificial pelo qual outros materiais foram "ab-reagidos". Assim conseguiu uma melhora considerável no estado da enferma. Freud, que percebeu imediatamente a extraordinária importância destas observações, acrescentou uma série de experiências na mesma linha. Este material se encontra nos *Estudos sobre a histeria* (*Studien über Hysterie*)[2] publicados por Breuer e Freud.

É sobre estas bases que repousam as construções teóricas primitivas, erigidas em comum por Breuer e Freud. Os dois autores partem da sintomatologia dos afetos no indivíduo normal. A excitação produzida pelo afeto se transforma numa série de inervações somáticas; com isto ela se esgota e volta a equilibrar o "tônus dos centros nervosos". Dessa forma o afeto é ab-reagido. Na histeria a coisa é diferente. Aqui temos a vivência traumática acompanhada de uma "expressão anômala da emoção" – para empregarmos uma expressão de Oppenheim[3]. A excitação intracerebral não é descarregada diretamente de maneira natural, mas gera sintomas mórbidos novos ou recrudesce os antigos. A excitação se transforma, pois, em *inervações anormais*, fato este que os dois autores chamam de "conversão da soma de excitações". E assim o afeto fica privado de sua expressão normal, de seu fluxo normal para uma inervação adequada; não é ab-reagido, mas permanece "bloqueado". Por isso, os sintomas histéricos que devem sua existência a este processo podem ser chamados *fenômenos de retenção*.

O que dissemos até aqui expressa a situação do que se descobriu através da observação de doentes. A importante questão de saber por que ocorrem bloqueios e conversão dos afetos nos indivíduos histéricos permanece em aberto. Freud dedicou particular atenção a este problema. Em seu trabalho *As neuropsicoses de defesa* (*Die Abwehr-Neuropsychosen*), publicado em 1894, Freud procura analisar mais detalhadamente as consequências psicológicas do afeto. Ele descobriu dois grupos de neuroses psicógenas que, em princípio, distinguem-se entre si pelo seguinte: num grupo o afeto "patógeno" se converte em inervações somáticas, no outro grupo ocorre uma trans-

---

2. BREUER, J. & FREUD, S. *Studien über Hysterie*. Liepzig/Viena: [s.e.], 1895.

3. OPPENHEIM, H. "Tatsächliches und Hypothetisches über das Wesen der Hysterie". *Berliner Min. Wschr.*, XXVII, 1890, p. 553.

posição do afeto para um outro complexo de representações. O primeiro grupo corresponde à *histeria clássica* e o segundo à *neurose compulsiva*. Para Freud a raiz do bloqueio do afeto ou de sua conversão ou transposição é a *incompatibilidade do complexo de representações traumáticas com o conteúdo normal da consciência*. Em muitos casos pôde comprovar diretamente que o paciente tomava consciência dessa incompatibilidade, o que logo dava origem a uma *repressão* ativa do conteúdo incompatível. O paciente não queria saber de nada e tratava o complexo crítico como "non arrivé". O resultado era um esquivamento ou uma "repressão" sistemática do ponto fraco, o que impedia que o afeto fosse ab-reagido.

33 O bloqueio do afeto, portanto, não se apoia, em primeiro lugar, no conceito vago da disposição especial, mas em um *motivo identificável*.

34 Vamos recapitular o que dissemos até agora. Até o ano de 1895, as pesquisas de Breuer e Freud produziram os seguintes resultados: os sintomas psicógenos provêm de complexos de representações carregadas de afeto e com ação traumática, e precisamente:

1) mediante a conversão da excitação em inervações somáticas anormais;

2) mediante a transposição do afeto para complexos de representações mais indiferenciados.

35 O motivo pelo qual o afeto traumático não é ab-reagido de forma normal, mas retido, está em que o afeto traumático tem um conteúdo incompatível com o restante da personalidade e deve ser reprimido.

36 O tema das pesquisas posteriores de Freud foi fornecido pelo conteúdo dos afetos traumáticos. Já nos estudos conjuntos de Breuer e Freud, e especialmente em *Neuropsicoses de defesa*, Freud chama a atenção para a natureza sexual do afeto inicial, ao passo que o primeiro relato clínico da autoria de Breuer evita estranhamente falar do momento sexual, embora o relato clínico não só contenha muitas alusões de caráter sexual, mas também só se torne compreensível e coerente para os especialistas quando se leva em conta a sexualidade. Com base em 13 análises cuidadosamente realizadas, Freud acredita poder afirmar que a etiologia específica da histeria se encontre nos traumas sexuais da primeira infância; o trauma deve ter consistido em uma "irritação real das partes genitais". Inicialmente o trauma

Freud e a psicanálise

23

atua apenas de maneira preparatória; só produz seus efeitos propriamente ditos na época da puberdade, quando as sensações sexuais que começam a despertar reativam o antigo vestígio mnêmico. Freud procura, assim, resolver o conceito impreciso da disposição específica em acontecimentos concretos e bem determinados da pré-puberdade. Naquela época não atribuía importância muito grande a uma disposição *inata* ainda mais remota.

Enquanto os estudos conjuntos de Breuer e Freud tiveram certa aceitação – embora até aqui não se tenham tornado patrimônio comum da ciência, apesar do aval de Raimann[4] – esta teoria de Freud encontrou pela frente a oposição geral. Não porque fosse possível duvidar da frequência dos traumas sexuais infantis, mas de seu significado exclusivamente patógeno em crianças normais. Certamente Freud não tirou do ar esta sua concepção; apresentou várias experiências que se impuseram durante a análise. Primeiramente descobriu traços mnêmicos de cenas sexuais infantis que ele relacionou, em muitos casos, de modo bastante seguro, com acontecimentos reais. Descobriu também que, embora os sonhos não produzissem um efeito específico na meninice, apareciam como determinantes de sintomas histéricos depois da puberdade. Freud se viu, assim, obrigado a atribuir um caráter real ao trauma. No meu modo de ver, parece que ele ainda estava preso à opinião primitiva de que o indivíduo histérico padece de reminiscências e que a causa e o elemento motor devem ser buscados no passado. É compreensível que tal inversão nos fatores etiológicos provocasse resistência sobretudo entre os conhecedores experientes da histeria, pois o médico clínico está muito mais acostumado a procurar as forças motoras da neurose histérica no presente do que no passado.

Essa formulação da colocação teórica de 1896 representou para Freud apenas uma etapa no seu processo evolutivo, etapa essa que ele agora superou. A descoberta das determinantes sexuais no quadro clínico da histeria foi para ele o ponto de partida de outras pesquisas mais abrangentes no campo da psicologia da sexualidade em geral. Também o problema da determinação do fato associativo levou sua ação pesquisadora para o campo da psicologia dos sonhos. Assim, em

37

38

---

4. Psiquiatra vienense e crítico de Freud.

1900, produziu sua obra fundamental sobre os sonhos, que é da máxima importância para o desenvolvimento de suas concepções e de sua técnica. Quem não conhece a fundo *A interpretação dos sonhos* é totalmente incapaz de entender as suas concepções mais recentes. *A interpretação dos sonhos* nos oferece, ao mesmo tempo, os princípios da teoria e da técnica de Freud. Para entender as concepções atuais de Freud e comprovar a validade de seus resultados é indispensável conhecer sua técnica. Isto me obriga a entrar, aqui, em maiores detalhes sobre a natureza da psicanálise.

39   O objetivo do *método* catártico primitivo era, partindo dos sintomas, chegar ao afeto traumático que lhes dera origem. Com isto o afeto alcançava o nível da consciência e era ab-reagido por uma descarga normal, ou seja, era despojado de sua força traumática. Este método não chegava a bom resultado, sem uma certa pressão sugestiva; era o analista que dirigia, e o paciente ficava essencialmente passivo. Além destes inconvenientes, apareciam muitos casos em que não havia traumas propriamente ditos, mas todos os conflitos sentimentais pareciam se originar exclusivamente de uma fantasia mórbida. O método catártico não conseguia se adequar a esses casos.

40   Muita coisa deste método mudou depois das preleções de Freud em 1904[5]. Tudo o que é sugestão fica agora excluído. Os doentes não são mais dirigidos pelo analista, mas se deixa o maior espaço possível às suas livres divagações, de sorte que são os próprios pacientes que conduzem a análise. Freud agora se contenta em anotar e, de tempos em tempos, chama a atenção do doente para as conexões que se apresentam. Quando a interpretação é errada, não se consegue impô-la ao paciente. Quando é correta, os resultados logo se manifestam no paciente, o que é expresso através de todo o seu comportamento.

41   O método psicanalítico atual de Freud é bastante mais complicado e mais penetrante do que o método catártico primitivo. O método psicanalítico tem como objetivo fazer com que o paciente tome consciência de todas as conexões associativas falsas, resultantes do complexo, e, assim, possa elucidá-las, de modo que tenha aos poucos

---

5. O *método psicanalítico de Freud* e *Psicoterapia* são provavelmente os escritos a que Jung aqui se refere. Cf. tb. *Fragmento da análise de um caso de histeria.*

Freud e a psicanálise

uma ideia clara e completa de seu próprio quadro patológico e tome uma atitude objetiva em relação aos seus próprios complexos. Poderíamos também chamar este método de *educativo*, pois modifica de tal modo o pensar e sentir do paciente que sua personalidade vai pouco a pouco se libertando da prisão dos complexos e assumindo uma atitude de independência com relação a eles. Neste sentido, o novo método de Freud possui certa semelhança com o método pedagógico de Dubois[6]; seus indiscutíveis resultados devem ser atribuídos, essencialmente, ao fato de a atitude do doente se modificar em relação a seus complexos por um processo instrutivo.

As bases teóricas do método psicanalítico, que é fruto cabal do empirismo prático, ainda se acham envoltas em profunda obscuridade. Com minhas experiências de associação acredito ter conseguido que, pelo menos, alguns de seus pontos se tornassem acessíveis à elaboração experimental, embora ainda se esteja muito longe de dissipar todas as dificuldades teóricas. Parece-me que a dificuldade maior está no seguinte: Quando a associação livre, requerida para a análise, conduz ao complexo, Freud supõe que este complexo está logicamente associado ao ponto de partida. Contra esta suposição diríamos que não é muito difícil estabelecer nexo associativo entre um pepino e um elefante. Mas devemos nos lembrar que a análise só fornece o ponto de partida e não o objetivo visado e, ainda, que o estado consciente *não é um pensamento dirigido, mas uma atenção solta*. Poder-se-á objetar que o *complexo* é o objetivo visado e possui uma tendência de reprodução muito forte, graças à sua carga afetiva autônoma; vem à tona "livre e espontaneamente" e, então, só casualmente aparece associado ao ponto de partida.

Teoricamente isto é possível, mas na prática a coisa é em geral diferente. De fato, o complexo não se revela espontaneamente; ele é refreado por barreiras muito fortes. Neste sentido aparecem muitas vezes elos intermediários associativos, totalmente incompreensíveis à primeira vista, nos quais nem o analista nem o paciente veem qualquer ligação com o complexo. Quando, porém, reconstitui-se toda a série até o complexo, o significado de cada um dos elos da corrente

---

6. Paul Dubois (1848-1918), professor de Neuropatologia na Universidade de Berna.

aparece com clareza assustadora, dispensando um trabalho especial de interpretação. Quem possui bastante experiência prática de análise pode constatar empiricamente sempre de novo que nestas condições nunca se reproduz um *algo qualquer*, mas sempre algo que *a priori* não se percebe estar em conexão com um complexo. Precisamos nos conscientizar, de uma vez por todas, de que o acaso está absolutamente excluído nestas séries de associações. Quando existe, portanto, uma conexão associativa numa série não intencionada de ideias, isto é, quando o complexo encontrado está ligado associativamente à representação inicial, esta conexão já existia antes, ou seja, a representação que tomáramos como ponto de partida já se achava inteiramente constelada pelo complexo. E assim não é difícil legitimar a concepção de que a representação inicial é um indício ou um símbolo do complexo.

44   Esta opinião concorda com concepções psicológicas já conhecidas: *o momento psicológico de um dado indivíduo nada mais é do que a resultante de todos os acontecimentos psicológicos anteriores.* Entre esses acontecimentos predominam as vivências afetivas, isto é, os complexos que possuem, por conseguinte, a maior força consteladora. Se tomarmos uma parcela qualquer do presente psicológico, nela encontraremos de maneira consequente todos os acontecimentos individuais anteriores; entre estes estão em primeiro plano os acontecimentos afetivos, e sempre de acordo com o grau de sua atualidade. Isto vale para cada partícula da psique. Por isto é virtualmente possível reconstruir as constelações a partir de cada partícula: é o que pretende o método de Freud. Assim procedendo, acabaremos por topar, segundo os cálculos da probabilidade, com as constelações afetivas mais imediatas, e não somente com uma, mas com muitas e até mesmo com muitíssimas, sempre de acordo com sua força consteladora. Freud chamou a este fato de *sobredeterminação*.

45   O princípio da psicanálise se conserva, portanto, dentro dos limites de noções psicológicas bem conhecidas. O método é extremamente difícil, mas assimilável; requer-se apenas, como frisa corretamente Löwenfeld, alguns anos de intenso exercício, até que possamos manejá-lo com certa segurança. Basta isso para coibir qualquer crítica apressada contra os resultados da pesquisa de Freud: mas esta circunstância coibirá também que o método sirva para a terapia de

Freud e a psicanálise

massa nos hospitais. Só quem o empregar, pessoalmente, poderá julgar de sua eficácia como instrumento científico.

Freud utilizou o seu método primeiramente para estudar os sonhos e concomitantemente o foi burilando e aperfeiçoando. Foi aqui, ao que parece, que se verificaram todas aquelas surpreendentes conexões associativas que desempenham papel de tanta importância também nas neuroses. Entre estas conexões quero mencionar, como o resultado mais importante, o conhecimento do papel significativo que os complexos de caráter sentimental desempenham nos sonhos, bem como a forma simbólica de se expressarem. A *expressão verbal* tem aqui grande importância como uma das componentes mais importantes de nosso pensamento, pois o *duplo sentido da linguagem* é uma das pontes preferidas para o truncamento e expressão inadequada do afeto. Menciono estes pontos porque são de importância fundamental para a psicologia das neuroses. As interpretações contidas em *Um caso de histeria*, que muitas vezes nos parecem cômicas, não apresentam mais nada de novo para aquele que conhece todas estas coisas quase que diariamente, nos indivíduos normais, mas se enquadram facilmente nas suas experiências do quotidiano. Infelizmente devo me abster de examinar por extenso os resultados das pesquisas aqui expostos; devo me limitar a mencioná-los, porque constituem a propedêutica da atual concepção dos quadros patológicos da histeria, de Freud. Com base em minha experiência pessoal, acredito ser impossível entender satisfatoriamente o sentido dos *Três ensaios sobre sexualidade*, bem como *Um caso de histeria* sem um exato conhecimento da *Interpretação dos sonhos*.

Por "conhecimento exato" naturalmente não se deve entender a crítica filológica ordinária dos textos que muitos autores praticam com relação à *Interpretação dos sonhos*, mas uma aplicação paciente dos princípios de Freud aos acontecimentos psíquicos. Aqui está o ponto principal de todo o problema. Acusação e defesa não se entenderão enquanto a discussão ficar apenas no plano teórico. *Os materiais de Freud não se prestam ainda à formulação de teorias universalmente válidas.* Por ora, trata-se apenas da questão: existem ou não as conexões associativas defendidas por Freud? Com afirmativas de um lado e negativas de outro, não se resolve nada. Haverá uma aproximação sem preconceito do material se obedecermos cuidadosamente às regras dadas por Freud. Não nos devemos assustar com a imiscui-ção da sexualidade, pois nos deparamos, primeiro, com muitas ou-tras coisas do mais alto interesse que nada têm de sexual. Um exercí-cio bem inofensivo, mas altamente instrutivo é, por exemplo, a análi-se de constelações indicando um complexo, obtida experimental-mente pela associação. Graças a estes objetos absolutamente inofen-sivos podemos estudar, sem maiores dificuldades, muitos fenômenos freudianos. As análises dos sonhos e da histeria são muito mais difí-ceis e, por isso, são menos indicados para os principiantes. Sem o conhecimento das bases iniciais, as teorias mais recentes de Freud são inteiramente incompreensíveis e, até agora – como era de se es-perar –, ficaram incompreendidas.

48   Vacilante e reticente ousarei tratar da evolução das concepções de Freud. Minha tarefa se torna ainda mais difícil pelo fato de só co-nhecermos propriamente dois monumentos literários que nos infor-mam sobre as mais recentes concepções de Freud. São os *Três ensaios sobre sexualidade* e, depois, o *Um caso de histeria*. Ainda não existe uma tentativa de expor e fundamentar sistematicamente os pontos de vista mais recentes. Vamos examinar primeiramente o curso das ideias dos *Três ensaios*.

49   Estes ensaios são extremamente difíceis, não só para os que não estão acostumados com o modo de pensar de Freud, mas também para os que já trabalharam neste campo. Antes de tudo, é preciso ter presente que o conceito freudiano de sexualidade é extremamente amplo. Compreende não apenas a sexualidade normal em si, mas to-das as perversões, e ainda se estende ao domínio dos derivados psi-cossexuais. Portanto, quando Freud fala de sexualidade, não se deve entender sob este conceito apenas, por exemplo, o instinto sexual[7]. Outro conceito que Freud emprega em sentido bastante ampliado é o de *libido*. Este conceito, tirado originalmente de *libido sexualis*, sig-nifica, antes de tudo, os componentes sexuais da vida psíquica, na medida em que são volitivos e, depois, todo aspecto passional do de-sejo, que vai além dos limites da normalidade.

---

7. Recai no conceito freudiano da sexualidade quase tudo o que o conceito de instinto de conservação da espécie compreende.

Para Freud, a *sexualidade infantil* é um conjunto de possibilidades de emprego ou "ocupação" da libido. Ainda não existe neste estágio um objetivo sexual normal, porque os órgãos sexuais ainda não estão desenvolvidos. Entretanto, os mecanismos psíquicos já estão preparados. A libido está difusa em todas as possibilidades da atividade sexual e, por isso, também em todas as perversidades, isto é, em todas as formas anômalas da sexualidade, que, ao se fixarem, tornam-se posteriormente verdadeiras perversões. O desenvolvimento progressivo da criança elimina aos poucos a ocupação libidinosa das inclinações perversas e se concentra no desenvolvimento da sexualidade considerada normal. As ocupações liberadas neste processo serão empregadas como força propulsora pelas chamadas sublimações, isto é, funções espirituais superiores. Com a puberdade ou depois dela, o homem normal apreende a finalidade objetiva da sexualidade, e com isto se encerra o processo da evolução sexual.

Em casos de histeria, é característico, segundo a concepção de Freud, que o processo evolutivo da sexualidade infantil se efetue em condições mais penosas, pois aí é muito mais difícil substituir as ocupações perversas da libido do que no indivíduo normal e por isso perduram por bastante tempo. Quando as exigências reais da sexualidade da vida adulta se apresentam à personalidade doentia, percebe-se seu desenvolvimento inibido, pois não é capaz de corresponder satisfatoriamente a estas exigências, isto é, a exigência encontra uma sexualidade despreparada; como diz Freud, o indivíduo predisposto à histeria traz dentro de si "uma parcela de repressão sexual desde a infância". Em vez de a excitação sexual, no mais amplo sentido da palavra, processar-se no âmbito da sexualidade normal, esbarra na repressão e produz um reavivamento da atividade sexual dos primeiros anos da infância, o que se pode constatar de imediato nas fantasias tipicamente histéricas. As fantasias se desenvolvem ao longo da linha previamente traçada pela forma especial da respectiva atividade sexual infantil. Como se sabe, a fantasia dos histéricos é desmedida e por isso necessita de mecanismos inibidores equivalentes, ou, como diz Freud, de *resistências* para garantir, de alguma forma, o equilíbrio psíquico. Quando as fantasias são de natureza sexual, as resistências correspondentes são principalmente a vergonha e o asco. Estes estados afetivos nos conduzem à gênese dos sintomas físicos, graças à sua ligação normal com as manifestações somáticas.

30   Obra Completa − Vol. 4

52   Creio que um exemplo concreto, tirado de minha experiência, ilustrará melhor o sentido da teoria de Freud do que todas as formulações teóricas que, devido à complexidade do material, apresentam-se sumamente difíceis.

53   Trata-se de um caso de histeria psicótica numa jovem senhora de 20 anos, intelectualmente bem-dotada. Os sintomas mais remotos recaíam entre os três e quatro anos de idade. Nesta época, a paciente começou a reter as fezes até ser forçada, pela dor, a evacuar. Pouco a pouco passou a utilizar o seguinte procedimento auxiliar: acocorava-se, apoiada em um dos calcanhares, e nesta posição procurava defecar, pressionando o calcanhar contra o ânus. A paciente continuou com esta prática perversa até aos sete anos de idade. Freud chamou esta perversão infantil de *erotismo anal*.

54   Aos 7 anos cessou a perversão, que foi substituída pelo onanismo. Nesta idade, ao ser espancada, certo dia, pelo pai sobre as nádegas desnudas, sentiu nítida excitação sexual. Posteriormente, experimentou também excitação sexual ao presenciar seu irmão mais novo ser castigado pelo pai daquela mesma maneira. Pouco a pouco se desenvolveu nela um comportamento de visível repulsa contra o pai.

55   Aos 13 anos, começou a fase da puberdade. Mas a partir daí surgiram fantasias de natureza altamente perversa, que a perseguiam obsessivamente. Tais fantasias tinham caráter obsessivo: ela não podia sentar-se à mesa e comer, sem pensar, ao mesmo tempo, no ato de defecar. Também não podia ver ninguém comendo, sobretudo o pai, sem pensar nesse ato. Já não podia ver as mãos do pai, sem se sentir sexualmente excitada. Por igual motivo também não podia tocar na mão direita do pai. E assim, pouco a pouco, chegou ao ponto de não poder mais comer na presença de outras pessoas sem entregar-se a risos convulsivos ou manifestações de repulsa, pois as fantasias da defecação haviam se estendido a todas as pessoas ao seu redor. Se recebesse pequeno castigo ou ligeira repreensão, reagia com um riso convulsivo, mostrando a língua, ou com gestos de aversão e indecorosos, porque tinha a visão plástica da mão do pai castigando-a nas nádegas, imagem esta ligada a uma excitação sexual que logo se transformava em masturbação mal dissimulada.

56   Aos 15 anos sentiu o impulso, em si normal, de se unir amorosamente a outra pessoa. Mas as tentativas neste sentido falharam, por-

que todas as vezes se interpunham as fantasias mórbidas, justamente quando se tratava daquelas pessoas às quais ela mais gostaria de amar. Nesta época, já se tornara impossível qualquer manifestação de ternura ao pai, porque o sentimento de asco sempre interferia inibidoramente. O pai era o objeto de transferência da sua libido infantil, e por isso as resistências se voltaram sobretudo contra ele, ao passo que a mãe não era atingida pelas resistências. Nesta época manifestou-se também uma inclinação pelo seu professor que, por sua vez, foi vítima do sentimento de asco que se interpunha. Para esta jovem extremamente carente de amor, este isolamento afetivo deveria naturalmente acarretar as mais sérias consequências que, de fato, não se fizeram esperar.

Com cerca de 18 anos, seu estado piorou de tal modo que a paciente praticamente só alternava períodos de depressão profunda com risos, choros e gritos convulsivos. Já não conseguia encarar ninguém de frente, mantinha a cabeça escondida e mostrava a língua a cada contato com os outros, em meio a sinais de extrema repugnância etc.

Com este breve relato clínico é possível demonstrar o que constitui o essencial da concepção de Freud. Em primeiro lugar, encontramos uma parcela de atividade perversa da sexualidade infantil, um erotismo anal, que foi substituído pelo onanismo aos sete anos de idade. Um castigo físico ocorrido naquela época e que atinge a região anal provocou uma excitação sexual. Delineiam-se então as determinantes da evolução psíquica posterior da sexualidade. A puberdade, com suas modificações somáticas e psíquicas, intensifica a atividade da fantasia. Esta, por sua vez, apodera-se da atividade sexual da infância e a transforma em um sem-número de variações. Uma fantasia assim perversa atua necessariamente numa pessoa, já de *per si* sensível, como um corpo moral estranho que deve ser reprimido por mecanismos de defesa, sobretudo pelo sentimento de vergonha e de repugnância. Isto explica, facilmente, os diversos acessos de repugnância, aversão, desdém, mostrar a língua etc.

Na época em que desperta o impulso característico da puberdade, de amar outras pessoas, multiplicam-se os sintomas mórbidos, porque daí em diante a fantasia se volta com maior intensidade justamente para as pessoas que a enferma considera mais dignas de amor. Isto leva naturalmente a um conflito espiritual muito grande que nos permite compreender, sem mais, a piora que ocorreu nesta época até desembocar na psicose histérica.

60 É possível entender agora a afirmação de Freud de que os histéricos trazem dentro de si "uma parcela da repressão sexual da infância". Talvez, por razões de ordem constitucional, eles cheguem a praticar atos sexuais, ou de natureza semelhante, mais cedo do que outras pessoas. Em decorrência da emotividade constitucional, as impressões infantis se gravam mais profundamente e perduram por mais tempo, e por isso, na puberdade, influem constelarmente sobre a direção tomada pelas primeiras fantasias sexuais. Novamente, em decorrência de sua emotividade constitucional, todos os seus impulsos afetivos são mais intensos do que nos indivíduos normais. Para contrabalançar a intensidade das fantasias anormais precisam surgir sentimentos de vergonha e repugnância igualmente fortes. Quando as exigências concretas da sexualidade se apresentam à personalidade, exigindo a transferência da libido para a pessoa amada, todas as fantasias perversas também são transferidas para ela, como acabamos de ver no caso acima. Por isso, coloca-se também contra a pessoa amada a resistência. A enferma não é capaz de transferir livremente sua libido e, daí, o grande conflito emocional. A libido se esgota na luta contra os sentimentos de defesa que com ela crescem e dos quais surgem, afinal, os sintomas. Assim Freud pode dizer que os sintomas nada mais são do que a *atividade sexual dos doentes*.

61 Resumindo, podemos dizer que a concepção atual de Freud sobre a histeria pode ser formulada mais ou menos como se segue:

1. No plano constitucional desenvolvem-se certas atividades sexuais prematuras de natureza mais ou menos perversa.

2. Estas atividades não conduzem, em primeiro lugar, a sintomas histéricos propriamente ditos.

3. Na fase da puberdade (que psicologicamente se manifesta mais cedo do que o amadurecimento físico) a fantasia toma uma direção constelada pela atividade sexual infantil.

4. A fantasia, intensificada por motivos de ordem constitucional (afetiva), leva à formação de complexos de representação, incompatíveis com o restante conteúdo da consciência e por isso

Freud e a psicanálise 33

estão sujeitos à repressão, sobretudo através da vergonha e repugnância.

5. Nesta repressão vem incluída a transferência da libido para uma pessoa amada, o que dá origem ao grande conflito afetivo que, então, provoca a eclosão da doença propriamente dita.

6. Os sintomas da doença devem sua origem, portanto, à luta da libido contra a repressão e por isso nada mais representam do que uma atividade sexual anormal.

Até onde é válida a concepção de Freud? É muito difícil responder. *Antes de tudo, é preciso frisar com toda ênfase que os casos que se enquadram perfeitamente no esquema de Freud realmente acontecem. A "histeria" freudiana existe.* Quem estudou com afinco a técnica de Freud sabe muito bem disto. O que não sabemos é se o esquema pode ser aplicado a todas as formas de histeria (de qualquer modo, ficam de fora a histeria infantil e a neurose psicotraumática). Freud defende a validade de suas concepções para os casos de histeria comum, que qualquer neurologista conhece às dúzias. Minha experiência, na verdade bem menor, nada encontrou que depusesse contra a afirmação de Freud. Os casos de histeria que analisei eram, em parte, extremamente diversos quanto aos sintomas, mas sua estrutura psicológica apresentava semelhança impressionante. A aparência externa de um caso perde muito de seu interesse na psicanálise, porque logo se percebe que um complexo pode produzir os sintomas aparentemente mais distantes e mais estranhos. Por este motivo não podemos dizer se o esquema de Freud é válido apenas para determinados grupos sintomatológicos ou não. Em face do estado atual da questão só podemos dizer que as conclusões de Freud se aplicam a um número muito grande de casos de histeria que, até agora, não puderam ser exatamente delimitados como grupos clínicos.

A violenta resistência com que foram recebidos os resultados das análises de Freud em seus detalhes se explica pela simples razão de que ninguém, por assim dizer, acompanhou passo a passo a evolução das teorias de Freud desde 1896. Se as análises dos sonhos tivessem sido examinadas com observância das regras ditadas por Freud, suas publicações mais recentes, de modo particular o *Um caso de histeria,* não seriam muito difíceis de entender. Causam espanto apenas suas afirmações categóricas. Mas, no mínimo, podemos preservar em Freud o seu *simbolismo sexual*. A meu ver, é este o ponto em que mais facilmente podemos segui-lo, pois foi aqui que a mitologia, enquanto expressão do pensamento fantástico, instruiu previamente povos inteiros. Lembro-me dos magníficos trabalhos de Steinthal[8] publicados nos anos de 1860 que demonstram a presença de um simbolismo sexual universalmente difundido nas relíquias mitológicas e linguísticas. Recordo sobretudo o erotismo, com sua expressão alegórica ou simbólica, entre nossos poetas. Quem tiver presente estas referências, não poderá deixar de perceber que, entre os simbolismos de Freud e os símbolos da fantasia poética de indivíduos e de povos inteiros, há analogias profundas e extremamente significativas. O símbolo de Freud e sua explicação nada contém de inaudito, apenas é algo insólito para nós psiquiatras. Seja como for, as dificuldades daí resultantes não deveriam ser obstáculos para ninguém se aprofundar mais nos problemas de Freud, pois são de suma importância, tanto para a psiquiatria como para a neurologia.

---

8. Heymann Steinthal (1823-1899), filólogo e filósofo alemão. Cf. JUNG, C.G. *Symbole der Wandlung* [*Símbolos da transformação*. OC, 5: Índice].

III

A análise dos sonhos*

No ano de 1900, Sigmund Freud publicou, em Viena, uma obra volumosa sobre a análise dos sonhos. Seguem-se aqui os resultados mais importantes de suas pesquisas.

O sonho não é, de modo algum, uma mistura confusa de associações casuais e desprovidas de sentido, como geralmente se admite; também não é simples decorrência de estímulos somáticos surgidos durante o sono, como muitos acreditam; mas é um produto autônomo e muito importante da atividade psíquica e, como todas as outras funções psíquicas, passível de uma análise sistemática. As sensações orgânicas durante o sono não são a causa do sonho. Desempenham papel secundário e fornecem apenas os elementos constitutivos (o material) da atividade psíquica. Segundo Freud, o sonho é, como qualquer produto psíquico complexo, uma criação, uma obra que tem seus motivos, suas cadeias prévias de associações. Ele é, como uma ação refletida, o resultado de um processo lógico da disputa entre diferentes tendências, das quais uma alcançará a vitória. Como tudo o que fazemos, também os sonhos possuem um significado.

Talvez alguém objete que a realidade de qualquer experiência contradiz esta teoria, pois os sonhos nos dão a nítida impressão de serem desconexos e obscuros. A esta sequência de imagens confusas Freud dá o nome de *conteúdo manifesto do sonho*. É a fachada por

---

* Originariamente escrito em francês e publicado com o título de "L'analyse des rêves". *Année psychologique*, XV, 1909, p. 160-170. Paris [Traduzido para o alemão por Klaus Thiele-Dohrmann].

trás da qual ele procura o essencial, isto é, a ideia do sonho ou o *conteúdo latente*. Poder-se-ia perguntar por que é que Freud acredita ser o sonho em si apenas a fachada de um vasto edifício e possuir, de fato, uma significação. A hipótese de Freud não se baseia em dogma, nem em ideia *a priori*, mas na experiência, isto é, na experiência geral de que nenhum fato psíquico (ou físico) é de natureza casual. Ele deve ter, portanto, sua cadeia de causalidade, uma vez que é sempre o produto de uma complicada conexão de fenômenos; qualquer elemento espiritual é o resultado de estados psíquicos anteriores e, consequentemente, pode ser analisado sob o ponto de vista teórico. Freud aplicou aos sonhos o mesmo princípio que empregamos, instintivamente, sempre que pesquisamos as causas das ações humanas.

67   Ele se pergunta com toda simplicidade: Por que *esta* pessoa sonha exatamente *esta coisa?* Deve haver razões especiais para isto, pois, do contrário, teríamos um hiato na lei da causalidade. O sonho de uma criança é diferente do sonho de um adulto, o sonho de uma pessoa culta é diferente do sonho de uma pessoa inculta. O sonho encerra algo de individual: ele corresponde à disposição psíquica da pessoa. Em que consiste esta disposição? Ela é o resultado de nosso passado psíquico. Nosso estado de espírito no presente depende de nossa história. No passado de cada pessoa existem elementos de valores diversos, que determinam a "constelação" psíquica. Acontecimentos que não suscitam emoções fortes, quase não influenciam nossas ideias ou ações. Aqueles, no entanto, que provocam reações de sentimento fortes são de grande importância para nosso desenvolvimento psíquico posterior. Recordações desta natureza, dotadas de forte carga emocional, formam complexos de associações, não somente duradouros, mas muito ativos e estreitamente ligados entre si. Um objeto a que atribuo pouca importância provoca poucas associações e logo desaparece de meu horizonte intelectual. Mas um objeto de grande interesse para mim suscitará numerosas associações e me ocupará por muito tempo. Cada emoção produz um complexo de associações mais ou menos extenso a que dei o nome de "complexo ideoafetivo". Quando observamos um caso individual, descobrimos sempre de novo que o complexo desenvolve a maior força "constela-

Freud e a psicanálise

dora", donde se conclui que o encontraremos imediatamente em qualquer análise. Os complexos constituem os componentes fundamentais da disposição psicológica em toda estrutura psíquica. Assim, encontramos, por exemplo, no sonho os componentes emocionais, pois é lógico que todos os produtos da atividade psíquica dependem sobretudo das influências "consteladoras" mais fortes.

Não é preciso procurar muito para descobrir o complexo que faz Margarida cantar no *Fausto*:

> *Havia um rei em Tule,*
> *fidelíssimo até à morte,*
> *e que, ao morrer, deu*
> *um cálice de ouro à sua amante.*

A ideia oculta é a dúvida de Margarida quanto à fidelidade de Fausto. O cântico que Margarida inconscientemente escolheu, é aquilo que denominamos *material do sonho*, e que corresponde à ideia oculta. Poderíamos aplicar este exemplo ao sonho e supor que Margarida não cantou esta canção, mas sonhou[1]. Neste caso, o cântico da história trágica do amor de um rei de tempos idos é o "conteúdo manifesto" do sonho, a sua "fachada". Quem não conhece as preocupações íntimas de Margarida, não saberia por que ela sonha com este rei. Mas nós, que conhecemos a *ideia do sonho*, isto é, seu amor trágico por Fausto, podemos compreender por que o sonho se serve precisamente deste cântico: trata da "rara fidelidade" do rei. Fausto não é fiel, e Margarida gostaria que ele fosse tão fiel quanto o rei da história. Seu sonho, na realidade a canção, expressa de forma velada o *desejo ardente de sua alma*. Tocamos aqui na verdadeira natureza do complexo à tonalidade afetiva. Trata-se sempre de *desejo* e de *resistência*. Passamos a vida inteira lutando pela realização de nossos desejos: todos os nossos atos provêm do desejo de que aconteça ou não uma determinada coisa.

---

1. Alguém poderia objetar que semelhante hipótese é inaceitável, porque há uma grande diferença entre o cântico e o sonho. Mas graças às pesquisas de Freud sabemos agora que todos os produtos dos estados aparentados com os sonhos possuem algo em comum. Em primeiro lugar, todos eles são variações do complexo, e, em segundo lugar, eles constituem apenas uma espécie de expressão simbólica do complexo. Por isto, acho que posso fazer esta suposição.

70   É para isto que trabalhamos e é nisto que pensamos. Quando não podemos satisfazer um desejo na realidade, realizamo-lo pelo menos na fantasia. Os sistemas religiosos e filosóficos de todos os povos e em todas as épocas são a melhor prova disto. A ideia da imortalidade, também na forma filosófica, nada mais é do que um desejo do qual a filosofia é apenas a fachada, da mesma forma que o cântico de Margarida é apenas a forma exterior, um véu benfazejo, que encobre seu tormento. *O sonho representa o seu desejo como realizado.* Diz Freud que *todo sonho representa a realização de um desejo reprimido.*

71   Prossigamos com o nosso exemplo e veremos que Fausto é substituído, no sonho, pelo rei. Houve uma transformação. Fausto tornou-se o rei dos tempos idos. A personalidade de Fausto, que encerra forte carga afetiva, foi substituída por um personagem neutro e lendário. O rei é uma associação analógica, um *símbolo* de Fausto, como a "amante" o é de Margarida. Poderíamos perguntar: Qual a finalidade desta transformação? Por que Margarida sonha como que indiretamente com a sua ideia, razão pela qual não consegue apreendê-la de modo claro e inequívoco? É fácil responder: a tristeza de Margarida encerra uma representação, na qual não se quer demorar, porque seria por demais dolorosa. Sua dúvida a respeito da fidelidade de Fausto é reprimida e abafada. Ela reaparece sob a forma de uma história melancólica que, embora realize o desejo, não é acompanhada de sentimentos agradáveis. Freud afirma que os desejos que compõem a ideia onírica não são desejos que confessamos abertamente, mas desejos que foram reprimidos por causa de seu caráter doloroso. E como são excluídos pela reflexão consciente no estado de vigília, emergem indiretamente nos sonhos.

72   Esta demonstração nada contém de surpreendente se considerarmos a história dos santos. É fácil verificar a espécie de sentimentos que Santa Catarina de Sena reprimiu e que reapareceram indiretamente na visão de suas núpcias celestes; ou ainda os desejos que se manifestam de maneira mais ou menos simbólica nas visões e tentações dos santos. Como sabemos, a diferença que há entre o estado de consciência sonambúlico de um histérico e o sonho normal é tão pequena quanto aquela entre a vida intelectual do histérico e a do indivíduo normal.

Se perguntarmos a alguém por que é que ele teve este ou aquele 73
sonho e que ideias secretas nele se acham expressas, é muito natural
que não consiga encontrar uma resposta. Talvez nos diga que comeu
demais na véspera, dormiu de costas, viu ou ouviu isto e aquilo no dia
anterior; em resumo: tudo o que podemos ler nos numerosos livros
científicos sobre os sonhos. Quanto à ideia do sonho, ele a desconhece e mesmo não pode conhecê-la, pois, segundo Freud, a ideia foi reprimida porque era por demais desagradável. Se alguém, portanto,
assegura-nos solenemente que em seus sonhos jamais encontrou algo
de que Freud fala, vai provocar o nosso riso, pois a pessoa em questão quis ver algo que é impossível ver diretamente. O sonho desfigura
o complexo reprimido, para impedir que seja reconhecido. Ao transformar Fausto no rei de Tule, Margarida tornou a situação inofensiva. Freud chama de *censura* a este mecanismo que impede a ideia reprimida de se mostrar abertamente. A censura nada mais é do que a
resistência que nos impede, mesmo durante o dia, de seguir determinada ideia até o fim. A censura só permite que uma ideia se manifeste
quando está tão deformada que o sonhador não a consegue reconhecer. Se tentarmos que o sonhador trave conhecimento com a ideia
que está por detrás do sonho, ele nos oporá sempre a mesma resistência que mostra em relação ao seu complexo reprimido.

A esta altura, podemos colocar uma série de questões importantes 74
e, em especial, esta: O que fazer para chegarmos ao que está por detrás
da fachada, ao interior da casa, isto é, para irmos do conteúdo manifesto do sonho à ideia oculta e verdadeira que se acha por trás dele?

Voltemos ao nosso exemplo e suponhamos que Margarida seja 75
uma paciente histérica que gostaria de me consultar por causa de um
sonho desagradável. Além disto, suponhamos que eu nada saiba a respeito dela. Neste caso, não perderia meu tempo interrogando-a diretamente, pois em geral estas preocupações secretas não são expostas
abertamente sem provocar a mais violenta resistência. Procuraria, antes, fazer aquilo que chamei de "experimento de associações"[2], que me
desvendaria todo o seu caso amoroso (sua gravidez secreta etc.). Seria

---

2. Cf. JUNG, C.G. (org.). *Diagnostische Assosiationsstudien* [Estudos sobre associação
para fins de diagnóstico].

fácil tirar a conclusão, e poderia mostrar-lhe sem mais a ideia do sonho. Mas também se pode agir de maneira mais prudente.

76 Eu lhe perguntaria, por exemplo: Quem não é tão fiel como o rei de Tule, ou quem deveria sê-lo? Esta pergunta esclareceria rapidamente a situação. Em casos complicados como este, a interpretação ou análise de um sonho se limita a algumas perguntas, poucas e simples.

77 Trago aqui um exemplo desses casos. Trata-se de um homem a respeito do qual sei apenas que vive nas Colônias e que, no momento, está passando suas férias na Europa. Numa de nossas conversas, contou-me um sonho que o impressionou profundamente. Dois anos atrás ele sonhara que *se achava num lugar abandonado e deserto e viu sobre uma rocha um homem trajado de preto que cobria o rosto com ambas as mãos. De repente ele se encaminhou em direção a um abismo. Nisto apareceu uma mulher, também vestida de preto, que procurava puxá-lo para trás. Ele se precipitou no abismo, arrastando junto a mulher.* O sonhador despertou com um grito de pavor.

78 A pergunta "Quem era o homem que se expôs a uma situação perigosa e arrastou a mulher à ruína?" atingiu profundamente o sonhador, pois aquele homem era ele mesmo. Dois anos atrás, empreendera ele uma viagem de pesquisa através de uma região rochosa e despovoada. O grupo de sua expedição foi perseguido implacavelmente pelos habitantes selvagens daquelas paragens e atacado de noite, de sorte que alguns dos participantes perderam a vida. Havia empreendido esta viagem extremamente perigosa porque, na época, *a vida não tinha nenhum sentido para ele.* O sentimento que tinha ao entrar nesta aventura era o de estar *tentando o destino.* E a causa de seu desespero? Por vários anos vivera sozinho num país de clima muito áspero. Durante suas férias na Europa, há dois anos e meio, travou conhecimento com uma jovem. Os dois se enamoraram e a jovem queria casar com ele. Mas ele sabia que devia voltar ao clima mortífero dos trópicos e não queria levar nenhuma mulher consigo para não condená-la a uma morte quase certa. Após grande luta interna, que o lançou em profundo desespero, rompe o noivado. Foi neste estado de alma que realizou a perigosa viagem. A análise do sonho não termina com esta constatação, pois a realização do desejo ainda não é evidente. Mas como citei este sonho só para mostrar a descoberta do complexo subjacente, o prosseguimento da análise foge ao nosso interesse imediato.

Neste exemplo, o sonhador era uma pessoa aberta e corajosa. 79
Com um pouquinho menos de abertura ou um sentimento de perplexidade ou de desconfiança em relação a mim, ele não teria confessado o seu complexo. Existem mesmo pessoas que afirmam solenemente que o sonho não tem significado algum e que minha pergunta é inteiramente irrelevante. Nesses casos, a resistência é muito grande e o complexo não pode ser trazido das profundezas diretamente para o nível da consciência. Normalmente a resistência é tão forte que um interrogatório direto, quando não dirigido por um analista de grande experiência, resulta inútil. Com a descoberta do "método psicanalítico", Freud nos deu um valioso instrumento para a solução ou domínio das mais tenazes resistências.

Este método é praticado da seguinte maneira: Escolhe-se uma 80
das partes mais impressionantes do sonho e em seguida pede-se à pessoa que enumere associações relativas ao caso. Incentiva-se a pessoa a dizer abertamente tudo o que lhe vem à mente, associado a essa parte do sonho, devendo-se eliminar, o quanto possível, toda espécie de observação crítica. A crítica nada mais é do que censura; é a resistência contra o complexo, e sua tendência é reprimir o mais importante.

Por isso, o interessado deveria falar absolutamente tudo o que 81
lhe vem à mente, sem se preocupar com o que está dizendo. Inicialmente isto é sempre difícil, sobretudo num interrogatório introspectivo onde é impossível reprimir a atenção a ponto de eliminar o efeito inibidor da censura. É contra nós mesmos que temos as maiores resistências. O caso a seguir mostra o desenrolar de uma análise com fortes resistências.

Um homem, cuja vida íntima eu desconhecia, contou-me o se- 82
guinte sonho: "*Estava eu num pequeno quarto sentado à mesa ao lado do Papa Pio X, cujos traços fisionômicos eram mais bonitos do que na realidade, o que me surpreendeu. Ao lado, via uma grande sala com uma mesa fartamente posta e, em torno, muitas mulheres em trajes a rigor. Repentinamente senti necessidade de urinar, e saí. Ao retornar, repetiu-se a necessidade; saí de novo, e assim sucedeu por várias vezes. Por fim, despertei, sentindo a mesma necessidade*".

O sonhador, pessoa muito inteligente e culta, entendeu o sonho 83
como causado naturalmente pela pressão da bexiga. De fato, sonhos desse tipo são sempre explicados assim.

84   Ele negava enfaticamente a existência de qualquer componente de grande importância individual neste sonho. É verdade que a fachada do sonho não era muito transparente, e eu não conseguia atinar com o que estava por detrás. Minha primeira dedução foi que o sonhador exercia forte resistência porque era muito veemente ao afirmar que o sonho não tinha significação alguma.

85   Diante disto, não me atrevia fazer a pergunta indiscreta: Por que o senhor se comparou com o papa? Perguntei-lhe apenas pelas suas associações com "papa". A análise se desenvolveu do seguinte modo:

Papa. "O papa vive magnificamente no mundo..." (uma conhecida canção estudantil). Convém saber que este homem tinha trinta e um anos e era solteiro.

Sentar-se ao lado do papa. "Exatamente como eu me sentava ao lado do xeque de uma seita muçulmana, de que fui hóspede na Arábia. O xeque é uma espécie de papa".

86   O papa leva vida celibatária; o muçulmano é polígamo. A ideia do sonho parece clara: "Sou solteiro como o papa, mas gostaria de ter muitas mulheres, como o muçulmano". Eu não lhe disse nada sobre estas suposições.

O *quarto e o salão com mesa posta.* "São recintos da casa de um primo meu, onde, há 15 dias, participei de um grande banquete".

As mulheres em trajes a rigor. "Neste banquete havia também mulheres, as filhas de meu primo, moças em idade de casar".

87   Aqui ele parou, dizendo que não tinha outras associações. A ocorrência deste fenômeno, conhecido como "fuga do pensamento", permite-nos sempre concluir que topamos com uma associação que desperta forte resistência. Perguntei:

E estas jovens? "Ah! Nada. Há pouco uma delas esteve em F. Ficou algum tempo conosco. No dia em que viajou, acompanhei-a, com minha irmã, até a estação ferroviária".

88   Nova inibição; ajudei-o a prosseguir, perguntando:

Que foi que aconteceu então? "Ah! eu estava exatamente pensando (é óbvio que este pensamento foi reprimido pelo censor) que eu dissera alguma coisa à minha irmã, que nos fez rir, mas esqueci completamente o que era".

Apesar dos sérios esforços, não conseguia lembrar-se do que dissera à irmã. Temos aqui um caso bem normal de esquecimento causado por bloqueio. De repente ele se lembrou:

"A caminho da estação, encontramos um senhor que nos cumprimentou e a quem eu julgava conhecer. Perguntei, depois, à minha irmã: 'Aquele senhor é o que se interessa pela nossa prima?'"

Ela agora está noiva daquele senhor. Devo acrescentar que a família do primo era abastada e que o sonhador também se interessava pela jovem, mas chegara tarde demais.

O banquete na casa do primo. "Proximamente devo ir ao casamento de dois amigos meus."

O rosto do papa. "O nariz do papa tinha contornos suaves e era um pouco afilado."

Quem possui um nariz como este? (Rindo): "Uma jovem pela qual estou muito interessado no momento".

Havia no rosto do papa ainda alguma coisa que chamasse a atenção? "Sim, sua boca. Era uma boca muito bem formada. (Rindo): Outra jovem que também me agrada muito tem boca semelhante".

Este material é suficiente para esclarecer grande parte do sonho. O papa é um bom exemplo daquilo que Freud chamaria de "condensação". Em primeiro lugar, simboliza o sonhador (vida celibatária) e, em segundo lugar, é uma transformação da figura do xeque polígamo. É também a pessoa que está sentada ao lado do sonhador, durante um banquete, isto é, uma ou, melhor, duas mulheres – as duas mulheres que interessam ao sonhador.

Mas como se explica a ligação deste material com a necessidade de urinar? Para encontrar uma resposta, formulei a situação do seguinte modo: "O Sr. foi a uma festa de casamento e se encontrava na presença de uma jovem quando sentiu necessidade de urinar?" "Sim, isto me aconteceu realmente certa ocasião. Foi muito desagradável. Eu fora convidado para o casamento de um parente, quando tinha cerca de 11 anos de idade. Na Igreja, sentei-me ao lado de uma menina, da mesma idade que eu. A cerimônia demorou bastante, e senti que precisava urinar. Reprimi a necessidade até que foi tarde demais. Acabei molhando as calças".

94   A associação do casamento com o desejo de urinar data daquele incidente. Não pretendo prosseguir com esta análise, que não termina aqui, para não estender em demasia este ensaio. Mas o que apresentei é suficiente para mostrar a técnica, o processo da análise. Evidentemente é impossível dar ao leitor uma visão global resumida destes novos pontos de vista. O método psicanalítico representa uma ajuda considerável não só para a compreensão dos sonhos, mas também para o entendimento da histeria e da maioria das doenças mentais mais importantes.

94   O método psicanalítico que está sendo usado em toda parte já pôde registrar um elenco considerável de literatura especializada em língua alemã. Estou convencido de que o estudo deste método é extremamente importante, não só para psiquiatras e neurologistas, mas também para psicólogos. Recomendamos a leitura das seguintes obras: Para a psicologia normal, Freud, *A interpretação dos sonhos* e *Chistes e sua relação com o inconsciente*. Para as neuroses, Breuer e Freud, *Estudos sobre a histeria*; Freud, *Um caso de histeria*. Para as psicoses, Jung, "Psicologia da dementia praecox" (cf. vol. 3). Os escritos de Maeder, em *Archives de psychologie*, também nos dão um excelente resumo das ideias de Freud[3].

---

3. Cf. Referências.

IV

Contribuição à psicologia do boato[*]

Há cerca de um ano, a diretoria de uma escola em N. me incumbiu de dar um parecer sobre o estado mental de Maria X., aluna de 13 anos de idade. Maria havia sido expulsa da escola porque dera origem a um boato desagradável, ou melhor, a uma fofoca envolvendo o professor de sua classe. O castigo foi um golpe violento para a menina e sobretudo para os pais, de modo que a diretoria se dispôs a readmitir a menina, baseada num laudo médico.

A situação era a seguinte: Chegara aos ouvidos do professor o boato de que as meninas contavam a seu respeito uma história dúbia relacionada a sexo. Após algumas investigações, descobriu-se que Maria contara a três de suas amigas um sonho do seguinte teor: "*A classe recebeu ordens de ir ao balneário. Ali eu tive de ir para a seção dos meninos, porque não havia mais lugar no setor feminino. Em seguida nadamos para bem longe dentro do lago.* (Ao lhe ser perguntado quais as pessoas, completou: Lina P., o professor e eu). *Aí apareceu um barco a vapor. O professor nos perguntou: Vocês querem subir para o barco? Aí chegamos em K. Ali se realizava um casamento* (ao lhe ser perguntado de quem, respondeu: 'Um amigo do professor'). *Deram-nos permissão de participar também. Depois fizemos uma viagem* (ao lhe ser perguntado quem, respondeu: 'Eu, Lina P. e o professor'). *Era como uma viagem de núpcias. Chegamos a Andermatt, e ali não havia mais lugar no hotel, e tivemos de pernoitar num celeiro. Ali a mulher teve um neném, e o professor foi o padrinho*".

---

[*] Publicado em *Zentralblatt für Psychoanalyse*, I/3, 1910/1911, p. 81-90. Wiesbaden.

46 Obra Completa – Vol. 4

97   Este sonho ela o contou quando a examinei. O professor já havia mandado que ela narrasse o sonho por escrito. Nesta narração anterior à minha consulta, a lacuna perceptível no texto acima, após a expressão "barco a vapor", fora completada com a frase seguinte: *"Nós embarcamos. Imediatamente, sentimos frio. Um senhor idoso nos deu uma blusa, que o professor vestiu"*. Falta, em compensação, a passagem na qual diz que não encontraram mais lugar no hotel e, por isso, tiveram de pernoitar no celeiro.

98   A menina contara imediatamente o sonho não só às três amigas, mas também à sua mãe. A mãe o reproduziu diante de mim numa versão que só se distingue das duas anteriores em pequenos detalhes. Nem eu e nem o professor conseguimos descobrir a existência de outro texto perigoso, apesar de ele fazer suas investigações com a maior precaução. Há vários indícios de que a narrativa original não fora muito diferente. (Parece que a passagem de sentir frio e vestir o blusão é uma interpolação antiga porque há a preocupação de estabelecer a lógica do contexto; quando se sai da água, a gente está molhado e, provavelmente, em trajes de banho, por isso não se pode participar logo de uma festa de casamento sem antes se vestir). De início, o professor não queria aceitar que se tratasse apenas de um sonho. Acreditava, antes, ser uma história inventada. Mas tinha que admitir que a inofensiva narrativa do sonho parecia um fato, e que não seria normal atribuir a uma criança tal astúcia de fazer insinuações sexuais, de maneira tão camuflada. Ele vacilou algum tempo entre a primeira hipótese, isto é, de que se tratava de uma invenção refinada, e a de que se tratava realmente de um sonho; este, inofensivo em si mesmo, fora interpretado em sentido sexual apenas pelas colegas de Maria. Passada a indignação inicial, considerou que a culpa de Maria X. não podia ser tão grande e que a fantasia das colegas havia contribuído com boa parte neste boato. Foi então que teve uma ideia feliz: separou umas das outras as colegas de Maria e mandou que cada qual escrevesse o que tinha ouvido a respeito do sonho.

99   Antes de examinarmos esses depoimentos, lancemos um olhar analítico sobre o sonho. Antes de tudo, devemos concordar com o professor e com os fatos de que se trata realmente de sonho e não de história inventada; o número de ambiguidades é grande demais. A invenção consciente procura, tanto quanto possível, criar transições sem

lacunas, ao passo que o sonho não se preocupa com isto, mas trabalha diretamente com síncopes que, como já vimos, dão origem a interpolações no processo da elaboração consciente. As síncopes são muito significativas. No balneário falta a cena do despir-se, do ficar sem roupa. Falta também a descrição detalhada do episódio em que estiveram juntos na água. A falta de roupa, na embarcação, é compensada pela interpolação acima indicada, mas só com relação ao professor, sugerindo que sua nudez precisa, com a maior urgência, de roupa. Falta a descrição pormenorizada do casamento, e a transição do barco a vapor para a celebração do casamento é também abrupta. Inicialmente não se descobrem as razões de pernoitar no celeiro, em Andermatt. Contudo, o paralelo desta passagem é a falta de lugar no balneário, que obriga a menina a procurar o setor dos homens. No hotel, a falta de lugar elimina a separação dos sexos. A cena do celeiro foi apresentada de maneira insatisfatória. O nascimento da criança ocorre repentinamente e fora de contexto. A figura do professor como padrinho é extremamente ambígua. O papel de Maria é totalmente secundário em toda a narrativa. Ela se comporta apenas como espectadora.

Tudo isto parece um verdadeiro sonho, como poderão confirmar os leitores que têm boa experiência com sonhos de mocinhas dessa idade. A interpretação do sonho é tão simples que podemos deixá-la tranquilamente a cargo das colegas, cujos depoimentos transcrevemos a seguir.

a) Testemunhas auriculares

I. "Maria sonhou que ela e Lina P. tinham ido tomar banho com o nosso professor. Quando já haviam nadado bastante para dentro do lago, M. disse que não podia mais nadar porque o pé estava doendo muito. Nosso professor disse que ela podia montar em *minhas*[1] costas. Maria montou e continuaram a nadar juntos. Logo depois chegou um barco a vapor; embarcaram nele. Nosso professor teria trazido uma corda consigo com a qual amarrou M. e L. e as arrastou atrás de si lago adentro. Assim foram até Z., onde desembarcaram.

---

1. O grifo é meu.

Mas, agora, estavam sem roupa. O professor comprou um casaco; M. e L. ganharam um véu longo e espesso; os três foram andando pela estrada do lago. Isto foi enquanto acontecia o casamento. Logo se encontraram. A noiva trajava um vestido de seda azul, mas estava sem véu. Ela perguntou a M. e a L. se não poderiam ter a gentileza de lhe ceder o véu. M. e L. Concordaram e, em troca, puderam participar do casamento. Foram a uma hospedaria chamada 'Do Sol'. Depois fizeram uma viagem de núpcias a Andermatt; não sei se foram a uma estalagem em Andermatt ou em Z. Ali tomaram café, comeram batatas, mel e manteiga. O resto eu não devo dizer; só posso dizer que, por último, o professor foi convidado para ser padrinho."

Observações: Omitiu-se a passagem da falta de lugar no balneário: Maria vai diretamente ao banho em companhia do professor. A cena em que os três estão juntos na água adquire um *contexto mais pessoal*, com uma corda que prende as duas mocinhas ao professor. A ambiguidade do *montar em cima*, da narrativa original, já apresenta variantes: o aparecimento do barco a vapor ocupa o segundo lugar, ao passo que o professor, que toma M. nas costas, ocupa o primeiro. O pequeno e encantador erro no texto: "ele disse que ela podia montar em minhas (em vez de suas) costas" nos mostra a participação íntima da depoente neste detalhe da cena. Isto nos permite ver por que o sonho faz o barco a vapor entrar em cena de maneira bastante abrupta; visa dar à ambiguidade do "montar em cima" um torneio inofensivo que é habitual, por exemplo, na *chanson de variété*. A passagem da insuficiência de roupa, cujo caráter incerto acima destacamos, desperta interesse na depoente. O professor compra um casaco; as meninas ganham um véu espesso e longo (daqueles que só se usam nos funerais e nos casamentos). A pequena observação de que a noiva estava sem véu mostra que se trata realmente do segundo caso (a noiva é que usa o véu!). A depoente, boa amiga de Maria, ajuda a sonhadora a continuar o sonho: a posse do véu indica a noiva ou as duas noivas, Maria e Lina. O chocante e imoral desta situação é neutralizado com o gesto das meninas de cederem o véu, e assim se consegue o contorno inofensivo de que acima falamos. Idêntico mecanismo é utilizado pela depoente ao enfeitar a situação ambígua em Andermatt. Há apenas coisas boas: café, batatas, mel e manteiga; uma retradução para a linguagem infantil, segundo modelo conhecido. A sequência disso é visivelmente abrupta: o professor é convidado para ser padrinho.

II. "Maria sonhou que foi tomar banho em companhia de L.P. e do professor. Quando já estavam longe da margem, disse M. ao professor que sentia dor na perna. Aí o professor disse que ela podia montar nas costas dele. Não sei mais a última frase, se foi assim que ela contou realmente; eu acho que foi. Mas, como havia um barco no lago, o professor mandou que ela nadasse até o barco e então subisse. Agora eu não sei como foi que ela contou. Aí o professor, ou Maria, disse, eu não sei mais quem foi, que eles iriam descer em Z. e voltar para casa. Aí o professor chamou dois senhores que estariam tomando banho naquele lugar e pediu que eles levassem as meninas para terra. Aí L. montou nas costas de um dos homens e M. nas costas do outro, que era gordo, e o professor se segurou na perna do homem gordo e veio nadando atrás. Quando chegaram em terra, seguiram para casa. No caminho, o professor encontrou um amigo seu que estava festejando o seu casamento. Maria disse então que antigamente ainda era moda andar a pé e não de carruagem. Aí a noiva disse que eles podiam ir junto. Aí o professor disse que seria muito bonito se as duas meninas dessem o véu preto que elas haviam ganho no caminho, não sei mais onde, à noiva. As meninas o deram; a noiva disse que elas agora eram também bem generosas. Depois eles continuaram o caminho e entraram na hospedaria chamada 'Do Sol'. Ali comeram não sei mais o quê. Depois chegaram, na viagem de núpcias, a Andermatt. Ali foram para um celeiro e dançaram. Os homens todos tiraram seus casacos, só o professor não. Aí a noiva disse que ele tirasse o casaco. O professor se recusou, mas acabou tirando também. Aí o professor ficou... Aí o professor disse que sentia frio. O resto eu não devo contar, porque é indecente. É tudo o que eu ouvi a respeito do sonho."

Observações: A depoente também dá grande importância ao "montar nas costas", mas não tem certeza se a narrativa original falava do "montar nas costas" do professor ou de "tomar assento" no barco. Esta incerteza, porém, é compensada pela riqueza de detalhes da história dos dois estranhos que tomaram as meninas em suas costas. Para a depoente, o ato de "montar em cima" é uma ideia preciosa demais para deixá-la de lado sem mais; o que a incomoda porém é o professor como objeto do "montar em cima". Também a falta de roupa desperta grande interesse. O véu da noiva agora é realmente *preto*, como um véu de luto (naturalmente para encobrir o escandaloso). A passagem para o inofensivo adquire aqui relevo de virtude ("meninas bem generosas"); o desejo imoral transforma-se imperceptivelmente em algo virtuoso, e isto é frisado com ênfase; portanto, é suspeito, como toda virtude que é enfatizada. A cena do celeiro, tão pobre de detalhes na narrativa original, adquire substância com esta depoente: os homens despem seus casacos, e o professor também; por isto ele fica... isto é, nu e consequentemente sente frio. Depois chega-se ao "indecente". A depoente também identificou os paralelos por nós apontados acima quando comentamos a narrativa original e intercalou aqui a cena do despir-se que pertence ao episódio do banho, pois, afinal, é preciso que se saiba que as meninas estão com o professor nu.

105 III. "M. contou que teve o seguinte sonho: Certo dia fui tomar banho, mas não encontrei mais lugar nas cabines do vestiário feminino. O professor me recebeu na sua cabine. Tirei a roupa e fui tomar banho. Nadei até à margem. Lá fora encontrei o professor. Perguntou-me se não queria nadar através do lago com ele. Eu fui e L.P. também. Nadamos, e em pouco tempo estávamos no meio do lago. Eu não queria mais continuar nadando. Agora não sei mais direito. Logo depois chegou um barco e nós embarcamos. O professor nos disse: 'Estou com frio' e um dos tripulantes nos deu uma camisa velha. Cada um de nós três arrancou um pedaço da camisa. Eu enrolei o meu pedaço no pescoço. A seguir descemos do barco e continuamos a nadar em direção a K. – L.P. e eu não podíamos mais continuar nadando e dois homens corpulentos nos tomaram em suas costas. Em K. ganhamos um véu que passamos a usar. Em K. andamos pela rua. O professor encontrou um amigo que nos convidou para o casamento. Ficamos na hospedaria 'Do Sol' e brincamos. Também dançamos a polonesa. Aqui, não sei mais exatamente como foi. Depois fizemos a viagem de núpcias até Andermatt. O professor estava sem dinheiro e roubou umas castanhas em Andermatt. O professor nos disse: 'Estou contente também por poder viajar com minhas duas alunas'. Agora vem uma parte indecente que eu não quero escrever. Assim terminou o sonho."

106 *Observações*: A cena em que todos tiram a roupa é transferida para o estreito espaço da cabine de banho. A falta de roupa, no barco, dá ocasião a uma nova variante (a camisa velha rasgada em três peda-

Freud e a psicanálise

ços). Aqui não se menciona o montar nas costas do professor, por causa da grande incerteza da depoente. Em vez disso, as meninas montam nas costas de dois homens corpulentos. Como o termo "corpulento" é fortemente realçado, presume-se que o professor seja possuidor de alentada corpulência. A substituição é bem típica: um professor para cada aluna. A duplicação ou multiplicação das personalidades exprime, antes de tudo, a importância, ou seja, a ocupação da libido[2]. (Comparem-se as duplicações do atributo na *dementia praecox* em minha *Psicologia da demência precoce* [*Psychologie der Dementia praecox*].) Este sentido da duplicação se manifesta de modo especial no âmbito cultural e mitológico (vejam-se a Trindade e as duas fórmulas confessionais míticas: "Isis una quae es omnia". "Hermes omnia solus et ter unus"). Do ponto de vista da linguagem é preciso levar em consideração que cle come, bebe ou dorme "por dois". A multiplicação da personalidade exprime também a analogia ou comparação: "Assim como minha amiga..." ou "assim como eu, também minha amiga tem..." o "mesmo valor etiológico" (Freud). Na demência precoce ou esquizofrenia, para usarmos a expressão mais exata e mais abrangente de Bleuler, a multiplicação da personalidade é expressão também, e sobretudo, de investimento de libido, pois normalmente a personalidade para a qual o doente faz a transferência é a que está sujeita à multiplicidade. (Existem dois professores N. "Ah! o Sr. também é um Dr. Jung; hoje de manhã já esteve comigo um que se apresentou como Dr. Jung"). Parece que de acordo com a tendência geral da esquizofrenia, este desdobramento possui efeito analítico-despotenciador que visa impedir o surgimento de impressões muito fortes. Uma última função da multiplicação da personalidade, mas que já não entra plenamente neste conceito, é a de transformar um atributo da pessoa em figura viva. Exemplo disso é Dioniso e seu companheiro Fales, onde Fales = Falos é a personificação de Dioniso-Pênis. O conhecido cortejo dionisíaco (Sátiros, Titiros, Silenos, Ménades, Bacantes etc.) é constituído de personificações de atributos dionisíacos.

---

2. O mesmo vale para ações repetidas. Cf. as duplicações do atributo na demência precoce, em minha "Psicologia da demência precoce". In: JUNG, C.G. *Psicogênese das doenças mentais*. Petrópolis: Vozes, 1986 [OC, 3].

107   A cena em Andermatt é particularmente engenhosa; a depoente leva o sonho avante: "O professor rouba castanhas" = faz o que não é permitido. Castanhas: pensa-se nas frutas do castanheiro quando assadas que, por apresentarem uma racha, são tidas como símbolo sexual feminino. Nesta perspectiva, a observação do professor de que sentia muita alegria em viajar com suas duas alunas torna-se facilmente compreensível em sua conexão imediata com o roubo das castanhas. Este roubo é certamente uma interpolação pessoal, pois não aparece no relato de nenhuma das outras testemunhas auriculares. Isso nos mostra quão intensa é a participação interior das colegas no sonho de Maria X., isto é, tinha "o mesmo valor etiológico" para elas.

108   Com este depoimento se encerra a série das testemunhas auriculares. A história do véu, da dor no pé ou na perna são elementos que provavelmente constavam na narrativa original. Outras interpolações, porém, são de natureza muito pessoal e decorrem de uma participação interior autônoma no sentido do sonho.

b) Depoimento por ouvir dizer

109   I. "Toda a escola teve permissão de ir tomar banho em companhia do professor. Só M.X. não encontrou mais lugar no balneário, para tirar a roupa. Aí o professor lhe disse: Tu podes vir à minha cabine e despir-te comigo. Ela foi, mas se sentia muito constrangida. Quando os dois acabaram de se despir, foram para o lago. O professor tomou uma corda e a amarrou em torno de M. Aí os dois se puseram a nadar lago adentro. Mas M. se cansou e o professor colocou-a em suas costas. Aí M. avistou Lina P. e gritou: Vem conosco! Aí Lina foi também. Então os três nadaram mais ainda, lago adentro. Eles encontraram um barco e o professor perguntou: Podemos entrar? Estas meninas estão cansadas! O barco parou e eles subiram. Não sei precisamente como eles voltaram à terra, em K. Aí o professor ganhou um roupão velho de dormir, que ele logo vestiu. Em seguida ele encontrou um amigo que estava justamente festejando o seu casamento. O professor, M. e L. foram então convidados a tomar parte na festa. O casamento foi festejado na Coroa, em K. Eles também queriam dançar a polonesa. O professor disse que não queria tomar parte. Mas

Freud e a psicanálise 53

eles lhe disseram que ele devia dançar também. Então ele dançou com M. Aí o professor disse: Eu não quero mais voltar para casa e viver com minha mulher e meus filhos. Maria, tu és a pessoa que eu mais quero neste mundo. Ela ficou muito contente. Quando a festa acabou, houve a viagem de núpcias. O professor, M. e L. também foram convidados a participar. Viajaram primeiro a Milão. Depois foram a Andermatt, onde não encontraram lugar para dormir. Então foram a um celeiro onde todos passaram a noite juntos. Não posso contar o resto porque é muito 'indecente'".

Observações: A cena de tirar a roupa no balneário é rica de detalhes. A cena dos dois juntos n'água sofre nova simplificação que já foi preparada pela história da corda: o professor se amarra a Maria com ela. Aqui não se menciona mais Lina P., que só aparece mais tarde, quando Maria já se acha montada nas costas do professor. A veste é um "roupão de dormir". A festa de casamento recebe uma interpretação muito direta: o professor não "quer mais voltar para casa e viver com a mulher e os filhos. Maria é a mais querida". No celeiro encontram "todos juntos, um lugar" e "o resto da história é muito indecente". 110

II. "Contaram-me que ela foi com os colegas da escola ao balneário para tomar banho. Como o balneário estivesse superlotado, o professor a chamou para junto dele. Depois nadamos lago adentro e L.P. foi conosco. Aí o professor pegou uma corda e nos amarrou uma à outra. Não sei mais ao certo como se desamarraram. Mas depois de muito tempo chegaram de repente a Z. Aí teria acontecido uma cena que eu prefiro não contar, porque, se fosse verdadeira, seria uma coisa muito vergonhosa. Também não sei mais exatamente o que se passou, porque eu estava muito cansada. A única coisa que ainda ouvi foi o seguinte: que M.X. teria contado que elas ficaram sempre com o professor e que ele as abraçava e acariciava como sendo as suas melhores alunas. Se eu soubesse direito, gostaria também de contar o resto, mas minha irmã só me disse alguma coisa a respeito de um menininho que nasceu nessa ocasião e cujo padrinho haveria de ser o professor." 111

Observações: Nesta versão a cena indecente foi introduzida exatamente no lugar da festa de casamento. Seu lugar correto tanto poderia ser este quanto ao final, pois o leitor atento deve ter percebido que a cena indecente já poderia ter ocorrido na cabine de banho do 112 professor. Mas aconteceu aqui o que ocorre com muita frequência nos sonhos, isto é, que a ideia final de uma longa série de imagens oníricas contém exatamente aquilo que a primeira imagem da série já procurou mostrar. A censura manteve o complexo afastado pelo maior espaço de tempo possível, mediante renovadas e simbólicas dissimulações, deslocamentos, passagens para o inofensivo etc. A cena indecente não ocorre na cabine de banho; na água não acontece o "montar em cima"; não é nas costas do professor que se monta quando se navega em direção à terra; é uma outra e um outro que festejam o casamento; é uma outra que dá à luz uma criança, e o professor é apenas o padrinho. Mas todas estas imagens e situações se prestam muito bem para abarcar o complexo, isto é, o desejo do coito. Mas a ação se passa atrás de todas estas metamorfoses, e o resultado é o parto colocado em cena no final da história.

113   III. Maria contou o seguinte: "O professor casou-se com sua mulher e aí foram para a Coroa e dançaram um com o outro. Aí M. falou ainda outras coisas indecorosas que não posso dizer nem escrever, porque são indecentes demais".

114   *Observações*: Tudo aqui é "indecente demais" para se contar. Note-se que o casamento é com a "própria mulher".

115   IV. "...que o professor e M. certo dia foram tomar banho e ele perguntou a M. se não queria ir com ele. Ela respondeu que sim. Quando iam saindo juntos, encontraram L.P.; aí o professor perguntou se ela também queria ir com eles. E depois prosseguiram. Também me contaram que ela teria dito que o professor afirmara que ela e L.P. eram as alunas mais queridas. Ela nos disse também que o professor usava calção de banho. Em seguida foram a um casamento e a noiva deu à luz um bebê."

116   *Observações*: Acentua-se muito o relacionamento pessoal com o professor (as "alunas mais queridas") e também o traje sumário ("calção de banho").

117   V. "M. e L. foram tomar banho em companhia do professor. Quando M., L.P. e o professor tinham nadado um pouquinho, Maria disse: Professor, eu não posso continuar, meu pé está doendo. Aí o professor mandou que ela montasse nas costas dele, e Maria montou. Aí apareceu um pequeno vapor e o professor subiu no barco. O professor tinha trazido também duas cordas e amarrou as meninas com elas

ao barco. Aí seguiram para Z., e lá desceram. Aí o professor comprou um roupão e o vestiu; as meninas tinham se enrolado em uma toalha. O professor tinha uma noiva e foram para o celeiro. As duas meninas foram também com o professor e com a noiva para o celeiro e ali dançaram. Não posso escrever o resto porque é indecente demais".

Observações: Também aqui Maria monta nas costas do professor. O professor amarra as duas meninas no barco com cordas; daí se vê com que facilidade o barco substitui o professor. O roupão de dormir aparece de novo como peça de vestuário. O próprio professor é que festeja o casamento e depois da dança segue-se a parte indecente. | 118

VI. [L.P.] "O professor teria ido tomar banho juntamente com toda a escola. Aí Maria não encontrou mais lugar no vestiário feminino e começou a chorar. O professor então teria dito a M. que ela podia ir à cabine dele. Devo omitir certas coisas aqui e acolá, disse minha irmã, porque é uma história longa. Mas ela me contou ainda outras coisas que eu devo contar a fim de dizer a verdade. Quando estavam se banhando, o professor teria perguntado a M. se ela não queria nadar com ele lago adentro. Aí ela respondeu que se eu fosse junto, ela iria também. Nadamos então até o meio do lago. Aí M. se cansou e o professor puxou-a amarrada a uma corda. Chegaram em terra em K. e de lá foram para Z. (O professor teria estado todo esse tempo em roupa de banho). Ali teríamos encontrado um amigo que estava festejando o seu casamento. Nós teríamos sido convidados pelo amigo para participar da festa. Depois da festa houve a viagem de núpcias, durante a qual fomos a Milão. Certa noite tivemos que dormir num celeiro, onde aconteceu algo que não devo contar. O professor teria dito que nós duas éramos suas alunas mais queridas, e também teria beijado M." | 119

Observações: A desculpa "devo omitir certas coisas aqui e acolá" substituía a cena do despir-se. O traje sumário do professor é ressaltado de modo especial. A viagem segue o roteiro típico das viagens de núpcias, isto é, até Milão. Parece que esta passagem obteve acréscimos fantasiosos por parte da narradora, em virtude de sua participação interior. Maria figura claramente como a bem-amada. | 120

VII. "Toda a escola e o professor foram tomar banho. Todos entraram nas cabines para trocar de roupa. O professor também. Só Maria não encontrou mais lugar; aí o professor disse: sobe nas mi- | 121 nhas costas, pois eu vou nadar contigo no lago. Não posso escrever o resto, porque é tão indecente que quase não tenho coragem de dizer o que aconteceu. Não sei mais nada do sonho, além da cena indecente que se teria seguido."

122 *Observações*: A depoente se aproxima bastante dos fundamentos. Maria teria subido nas costas do professor já na cabine de banho. Consequentemente, a depoente não sabe mais nada a respeito do sonho, além da "cena indecente" que se seguiu.

123 VIII. "Toda a escola foi tomar banho. Maria não encontrou lugar no vestiário feminino e o professor a convidou para a cabine dele. O professor foi nadar em companhia dela e lhe disse muito simplesmente que ela era a pessoa mais querida, ou coisa parecida. Quando chegaram em terra, em Z., um amigo estava festejando seu casamento e convidou-os, mesmo em trajes de banho, a participarem. O professor encontrou um velho roupão de dormir e o vestiu por cima do calção de banho. Ele (o professor) também beijou M. e disse que não voltaria mais para casa, para a sua mulher. Os dois foram convidados também a participar da viagem de núpcias, que passou por Andermatt, onde eles não encontraram lugar para dormir e tiveram que dormir sobre o feno, num palheiro. Ali estava também uma mulher. Agora vem justamente a cena abominável, e não é correto expor coisa tão séria ao sarcasmo e ao ridículo. Esta mulher deu à luz uma criança. Mas não quero contar o resto, porque é muito abominável."

124 *Observações*: A depoente é muito radical ("disse muito simplesmente que ela era a pessoa mais querida" – "beijou-a e disse que não voltaria mais para casa, para a sua mulher"). A indignação contra o falatório estúpido, que explode no final da narrativa, permite concluir que a depoente é dotada de um temperamento especial. As pesquisas posteriores nos mostraram que esta menina era a única das depoentes que foi *informada* intencionadamente e desde cedo pela mãe *sobre as coisas do sexo*.

c) Epícrise

125 Quanto à interpretação do sonho, nada tenho a acrescentar, pois as meninas se encarregaram de todo o necessário, de modo que não so-

Freud e a psicanálise 57

brou quase nada à interpretação psicanalítica. *O boato analisou e interpretou o sonho*. Quanto eu saiba, ainda não se estudou esta nova capacidade do boato sob o aspecto psicanalítico. Este nosso caso vem mostrar que vale a pena sondar alguma vez a psicologia do boato. Na apresentação do material, limitei-me de propósito ao aspecto psicanalítico, sem contudo negar que meu material oferece pontos vulneráveis às objeções, aliás válidas, da Escola de Stern, Claparède e outros.

O material apresentado nos permite entender a estrutura do boato, mas a psicanálise não pode se contentar apenas com isto. Requer-se algo mais para apreender a origem e a finalidade de todo o fenômeno. Como vimos, o professor, duramente atingido pelo boato, fixa-se num determinado problema, qual seja, o problema da causa e do efeito. Como poderia um sonho notoriamente inofensivo e que jamais significa coisa alguma (os professores, como sabemos, têm conhecimentos de psicologia) produzir efeitos desta natureza, um falatório tão infamante? Parece que o professor atinou instintivamente com a resposta certa ao se colocar esta questão. O efeito produzido pelo sonho só pode ser explicado se admitirmos que ele era "le vrai mot de la situation" que descobriu a solução adequada para alguma coisa que pairava no ar. Foi a faísca que caiu no barril de pólvora. Nosso material contém todos os elementos comprobatórios necessários para esta concepção. Por diversas vezes chamei a atenção para a participação íntima das colegas de Maria no sonho e para os pontos de particular interesse em que muitas acrescentaram detalhes da própria fantasia e levaram avante o sonho. A classe é composta de mocinhas entre os 12 e 13 anos, que se acham, portanto, na flor da puberdade. A autora do sonho, Maria X., está plenamente desenvolvida no que tange aos caracteres sexuais exteriores e, sob este aspecto, avantajada em relação às demais de sua classe; é uma líder que deu a senha ao inconsciente e, deste modo, provocou a explosão dos complexos sexuais de suas colegas, já prontos a entrarem em ação.

Para o professor o evento foi extremamente penoso, como é fácil de entender. A hipótese de que havia por trás disso tudo uma intenção oculta das alunas é justificada, pois é princípio fundamental da psicanálise que as ações devem ser julgadas mais pelos resultados do que por seus motivos conscientes[3]. É de se supor que Maria tinha perturbado bastante o professor. Primeiro foi este professor que ela mais amou. Mas no decorrer do último semestre seu caráter modificou-se ligeiramente. Tornou-se sonhadora e, consequentemente, desatenta. À noite, depois de escurecer, tinha medo de sair à rua, por causa dos homens maus. Algumas vezes se expressou, junto às colegas, de forma um tanto obscena sobre coisas do sexo; enquanto isso sua mãe me consultava, preocupada, sobre como informar corretamente à sua filha a respeito da menstruação que estava para chegar. Por causa desta mudança, Maria perdeu as boas graças do professor, fato que se manifestou pela primeira vez numa nota ruim que ela e algumas de suas colegas receberam poucos dias antes da eclosão do boato. A decepção foi tão grande, que as meninas deram rédeas a toda espécie de fantasias de vingança contra o professor, como, por exemplo, a de que poderiam atirá-lo no leito da estrada de ferro, para que o trem passasse por cima etc. Maria se destacava nestas fantasias sanguinolentas. Na noite que se seguiu à grande ira, quando parecia ter esquecido o antigo amor pelo professor, aquela parte reprimida da alma emergiu no sonho, precisamente em nosso sonho, e realizou seu desejo de união sexual com o professor, para compensar o ódio que ocupara o dia precedente. Ao despertar, o sonho se transformou em hábil instrumento do ódio, porque a ideia contida em seu desejo era também a de suas colegas, o que é comum em tais boatos. A vingança teve êxito, mas o revés sofrido por Maria foi mais violento. Costuma ser esta a regra quando se deixam os impulsos entregues ao inconsciente. Maria foi expulsa da escola, mas graças a meu parecer foi readmitida.

128   Estou cônscio de quão imperfeita é a breve comunicação que acabo de fazer, e de quão insatisfatória, particularmente sob o ponto de vista das ciências exatas. Se dispuséssemos de uma narrativa original, comprovada, nas minúcias, poderíamos expor com clareza e precisão aquilo que só pudemos esboçar alusivamente. Assim, este caso é quase todo um levantar de questões, e deixamos a cargo de observadores mais felizes a tarefa de reunir as experiências verdadeiramente comprobatórias neste campo.

---

3. Cf. minha obra *Sobre os conflitos da alma infantil*.

V

Contribuição ao conhecimento dos sonhos com números[*]

O simbolismo dos números que pervadiu, com muita força, a filosofia fantasiosa dos séculos passados, voltou a ganhar novo interesse graças às pesquisas analíticas de Freud e de sua escola. E no material fornecido pelos sonhos numéricos, já não nos preocupamos com as elucubrações conscientes sobre as conexões simbólicas entre os números, mas com as raízes inconscientes do simbolismo dos números. É difícil apresentar novidades básicas neste campo depois das exposições de Freud, Adler e Stekel. Por isso, devemos nos contentar apenas em ampliar a experiência com casos paralelos. Pude observar alguns desses casos em minha práxis; apresento-os aqui, pois podem ser de interesse mais geral.

Os três primeiros exemplos provêm de um senhor casado, de meia-idade, cujo conflito atual é uma relação erótica extramatrimonial. O fragmento de sonho do qual extraí o número simbólico é o seguinte (bastante abreviado): *Ele viaja de trem e apresenta o passe ao condutor. Este reclama do número muito alto do cartão. O número é 2.477.*

A análise revela uma tendência um tanto indelicada e estranha à natureza generosa do sonhador de calcular *o que lhe custa esta relação*, e o inconsciente aproveita este fato como resistência contra a relação. A interpretação mais óbvia é de que esse número teria um significado e uma origem financeira. Um cálculo aproximado das despesas feitas até

---

[*] Publicado em *Zentralblatt für Psychoanalyse*, 1/8, 1910/1911, p. 567-572. Wiesbaden.

então com sua amante leva a um número que se aproxima realmente de 2.477 francos (suíços). Um cálculo mais acurado, porém, dá o resultado de 2.387 francos, número que só arbitrariamente pode ser transferido para 2.477. Confiei, portanto, o número às associações livres do paciente: lembrou-se de que, no sonho, o número se apresentava bipartido, ou seja, 24–77. Talvez se tratasse de um número de telefone. Esta hipótese estava errada. Em seguida, surgiu a associação de se tratar da *soma* de alguns números. Lembrei-me então de que o paciente me contara, certa vez, que ele celebrara os 100 anos do nascimento de sua mãe e do seu próprio, ou seja, quando sua mãe completou 65 anos ele fez 35 (ele e a mãe aniversariavam no mesmo dia). Por esta via, o paciente chegou à seguinte série de associações:

Ele nasceu	em 26. II
Sua amante	em 28. VIII
Sua mulher	em 1. III
Sua mãe (seu pai havia morrido fazia muito tempo)	em 26. II
Seus 2 filhos	em 29. IV
	em 13. VII
O paciente nasceu	em II. 75
Sua amante	em VIII. 85

Ele agora tem 36 anos e sua amante 25. Se escrevermos esta série de associações em números correntes e contínuos, temos o seguinte cálculo:

26. II	=	262
28. VIII	=	288
1. III	=	13
etc.	=	262
		294
		137
		275
		885
		36
		25
Total		2.477

Freud e a psicanálise

Desta série, em que estão incluídos todos os membros da família, resulta o número 2.477. Esta montagem nos conduz a uma camada mais profunda do significado do sonho: o paciente está muito ligado à sua família, mas, por outro lado, está apaixonado por sua amante, o que lhe causa sérios conflitos. Os detalhes da aparência do condutor (que omito por razões de brevidade) indicam a figura do analista. Dele o paciente teme e ao mesmo tempo espera um controle severo e uma crítica contra a sua dependência e sua ligação. 133

O sonho que logo se seguiu foi este (de modo bastante abreviado): *O analista pergunta ao paciente o que ele faz quando está com a amante. O paciente responde que joga, e joga sempre um número muito alto, ou seja, 152. O analista adverte que o paciente está sendo miseravelmente enganado.* 134

A análise revela de novo uma tendência reprimida, a de calcular os custos da amante. A quantia desembolsada mensalmente se aproxima de 152, num montante de 148 a 158 francos. A advertência de que está sendo enganado alude ao início das dificuldades do paciente com sua amante. Ela afirma que ele a deflorou, mas ele está firmemente convencido de que ela já tinha sido deflorada e se deixara deflorar por outro homem numa época em que ele a cortejava e ela ainda lhe negava os favores. A palavra "número" conduz à associação "número da luva", "número do calibre". O próximo passo foi a lembrança de que no primeiro coito ele constatou uma abertura considerável da entrada vaginal, em vez da esperada resistência do hímen. Segundo ele, esta é a prova de que foi enganado. O inconsciente naturalmente aproveitou esta oportunidade como vigorosa resistência contra a amante. Inicialmente o número 152 mostrou-se refratário a outras tentativas de análise. Mais tarde, porém, este "número" provocou a única associação mais próxima: "número da casa". A partir daí, produziu-se a seguinte série de associações: Quando o paciente conheceu a amante, ela morava na Rua X, n. 17; depois morou na Rua Y, n. 129 e por último na Rua Z, n. 48. 135

A estas alturas o paciente sabia já ter ultrapassado de longe o número 152, pois o resultado da adição era 194. Lembrou-se então de que ela mudara da Rua Z n. 48 por insistência dele, devido a certos 136 motivos, e por isso o resultado deveria ser $194 - 48 = 146$. Agora ela mora na Rua A, n. 6, resultando, assim, $146 + 6 = 152$.

137 Posteriormente, no decorrer da análise, ocorreu o seguinte sonho: *O paciente sonha que recebe uma conta do analista que lhe cobra 1 franco de juros sobre o montante de 315 francos, pelo atraso no pagamento do período de 3 a 29 de setembro.*

138 Atribuindo ao analista esta mesquinhez e avareza, o paciente dissimula uma inveja inconsciente muito forte, conforme revelou a análise. Há muitas coisas na vida do analista que podem provocar a inveja do paciente. Existe, sobretudo, *um* acontecimento recente que lhe causou certa impressão. A família do médico fora enriquecida com mais um membro. Mas a relação conturbada com sua esposa infelizmente não lhe permite a realização desta esperança na família. Há, pois, motivos para inveja e para diversas comparações.

139 A análise do n. 315 parte, como anteriormente, de uma separação em 3 1 5. O n. 3 lhe recorda que seu médico tinha três filhos e agora tem mais 1. Ele próprio teria atualmente 5 filhos se todos estivessem vivos, mas só tem $3 - 1 = 2$ vivos, porque 3 nasceram mortos: Essa associação, porém, está longe de esgotar o simbolismo dos números do sonho.

140 O paciente observa que o período entre 3 e 29 (de setembro) abrange 26 dias. A primeira ideia que lhe ocorre é somar este número e os restantes do sonho, como se segue:

$$\begin{array}{r} 26 \\ 315 \\ 1 \\ \hline 342 \end{array}$$

Ele faz com 342 a mesma operação que já fez com 315, isto é, separa os algarismos $3 - 4 - 2$. Se antes a operação indicava que seu médico tinha 3 filhos e ganhou mais 1, enquanto o paciente teria 5, agora significa que o médico tinha 3 filhos e agora tem 4, enquanto o paciente só tem 2. Observa, então, que este segundo número soa como retificação em face da realização do desejo.

Freud e a psicanálise 63

O paciente, que descobriu por si mesmo esta explicação, decla- 141
rou-se satisfeito com ela. Mas seu médico não estava; baseado nas
descobertas acima, parecia-lhe não estarem esgotadas as ricas possibilidades de determinação dos produtos do inconsciente. O paciente
observou, por exemplo, no material relativo ao número 5 que, dos 3
filhos natimortos, 1 nasceu com 9 meses e 2 com 7 meses. Também
ressaltou que sua mulher teve dois partos prematuros: um de 5 semanas e outro de 7. Somando estes números teremos o resultado 26,
como abaixo:

criança	de 7 meses
criança	de 7 meses
criança	de 9 meses

23 meses

2 partos prematuros
(5 + 7 semanas)   3 meses

26 meses

Parece que 26 foi determinado pelo número dos *meses de gesta-* 142
ção perdidos. No sonho, esse tempo (26 dias) significa um *atraso* pelo
qual se cobra do paciente 1 franco de juros. De fato, o paciente sofreu um atraso com as gestações perdidas, porque seu médico o ultrapassou com um filho a mais, neste período em que se conheceram.
Um franco significa provavelmente 1 filho. Vimos, acima, que a tendência do paciente é contar todos os filhos, vivos e mortos, para superar o rival. A ideia de que seu médico o superou com 1 filho a mais
poderá ter influído ainda mais na determinação do número 1. Por
isso gostaríamos de seguir mais um pouco esta tendência do paciente
e levar avante o seu jogo de números adicionando ao número 26 também as duas gestações bem-sucedidas: 26 + 18 = 44.

Se obedecermos também à tendência da separação em algaris- 143
mos isolados, teremos 2 + 6 e 4 + 4, dois grupos numéricos que só
têm em comum o fato de, se somados, darem ambos o resultado 8.
Convém notar que estes números são constituídos de meses de gravidez por parte do paciente. Se compararmos o acima com os grupos
numéricos que contêm as informações sobre o desempenho genésico

do médico, a saber 315 e 342, observamos que sua semelhança reside no fato de a soma dos algarismos dos dois números dar o resultado 9: 9 – 8 = 1. Parece que houve aqui também a preocupação de obter uma diferença de 1. Conforme o próprio paciente observou acima, o número 315 parecia-lhe ser a realização do desejo, ao passo que 342 exprimia uma retificação. Uma fantasia lúdica encontra aqui a seguinte diferença entre os dois números:

$$3 \times 1 \times 5 = 15 \qquad 3 \times 4 \times 2 = 24 \qquad 24 - 15 = 9$$

144   Voltamos a encontrar aqui o significativo número 9 que se enquadra perfeitamente nesta computação de gestações e partos.

145   É obviamente difícil estabelecer o ponto onde começa o puramente lúdico, porque o produto inconsciente é criação da fantasia lúdica, aquela instância da qual se origina também o *Jogo*. Repugna ao espírito crítico se entregar a jogos e brincadeiras que se perdem na inconsistência total. Mas é preciso lembrar que, não faz muito tempo, o espírito humano se deliciou justamente com este jogo, ao longo de séculos e, por conseguinte, não seria de estranhar que essas tendências, vinculadas ao passado histórico, voltassem a se manifestar no sonho. O sonhador possui uma tendência de brincar com números também em estado de vigília, como nos mostra o fato da celebração dos 100 anos de nascimento, acima narrado. Que ela existe no sonhador, está fora de dúvida. Mas não temos *parâmetros exatos* para os caminhos que segue cada caso individual na determinação inconsciente; *só o conjunto das experiências pode fundamentar a certeza das várias descobertas*. Quando pesquisamos no campo da fantasia criadora livre, precisamos do empirismo mais do que em qualquer outro campo; e ele exige de nós alta dose de humildade com relação à certeza de cada conclusão em particular, embora não nos obrigue a dissimular os fatos e as vivências, por medo de que recaia sobre nós a maldição de não sermos científicos. Ninguém é forçado a partilhar da fobia de superstição do espírito moderno; também ela é um dos mecanismos que visa dissimular os segredos do inconsciente.

146   É interessante observar também como os problemas do paciente se refletem no inconsciente de sua mulher. Ela teve o seguinte sonho, e todo o seu sonho foi apenas este: *"Lucas 137"*. A análise deste sonho revela o seguinte: O número 1 lhe trouxe a seguinte associação:

Freud e a psicanálise

O médico ganhara um filho. Ele já tinha 3. Ela mesma teria 7 se todos estivessem vivos, mas só tem 3-1 = 2. Deseja, porém, 1 + 3 + 7 = 11, 1 e 1 quer dizer gêmeos, teria então alcançado o número de filhos do médico. Sua *mãe* teve certa vez *gêmeos*. A esperança de ter um filho de seu marido é muito precária, por isso aproximou do inconsciente a ideia de um segundo casamento.

Suas fantasias lhe dizem que aos 44 anos estará "acabada", ou seja, estará no climatério. Tem, agora, 33 anos; portanto, mais 11 anos e estará com 44. Este último aspecto é significativo porque seu pai morreu aos 44 anos. Sua fantasia dos 44 anos encerra a ideia da morte do pai. A ênfase colocada na morte do pai corresponde à fantasia reprimida da morte do marido que deveria ser eliminado por constituir empecilho a seus planos.

É agora que o material relativo a "Lucas 137" começa a se desvendar. A sonhadora – convém frisá-lo – não tem conhecimentos bíblicos. Nem se recorda da última vez em que leu a Bíblia, pois não tem religião. Recorrer aqui ao método das associações livres seria totalmente inútil. O desconhecimento da Bíblia era tão grande que ela nem sabia que a citação "Lucas 137" só poderia se referir ao *Evangelho de Lucas*. Quando ela abriu o Novo Testamento, encontrou os *Atos dos Apóstolos*, de Lucas. Como o capítulo 1° dos *Atos* só tem 26 versículos e não 37, tomou o versículo 7, onde se lê: "*A vós não compete saber os tempos nem os momentos que o Pai fixou em seu poder*". Mas passemos a *Lucas* 1,37, e ali encontraremos a *Anunciação a Maria* (v. 35: "O Espírito Santo virá sobre ti e a virtude do Altíssimo te cobrirá de sua sombra e é por isso que o Santo gerado será chamado Filho de Deus. 36: Eis que Isabel, tua parenta, também ela concebeu um filho em sua velhice e este é o sexto mês daquela que era considerada estéril, 37: *porque para Deus nada é impossível*").

A sequência lógica da análise de "Lucas 137" exige também que se consulte Lucas 13,7, onde se lê: (v. 6): "Um homem tinha uma figueira plantada em seu sítio, e veio em busca do fruto desta figueira, e não o achou. (v. 7): Disse então ao lavrador: 'Já lá vão três anos que venho em busca do fruto desta figueira e não o acho; corta-a! Para que ocupa ainda inutilmente a terra?'"

66 Obra Completa – Vol. 4

150   A figueira que, desde tempos imemoriais, é símbolo do órgão genital masculino, deve ser *cortada* por causa de sua infertilidade. Ora, esta passagem combina sobretudo com numerosas fantasias sádicas da sonhadora que giram em torno da amputação do pênis ou de sua extirpação a dentadas. A relação com o membro estéril do marido é mais que evidente. Compreende-se que a sonhadora retraia sua libido frente ao marido, pois ele é *impotente* com relação a ela; compreende-se também que faça uma regressão ao pai ("que o Pai fixou em seu poder") e se identifique com a mãe, que teve gêmeos[1]. Com este avanço da sonhadora no terreno da idade, seu marido recai no papel de filho ou de criança em relação a ela, pois a impotência é característica desta idade. Mas também é fácil de se compreender o desejo de eliminar o marido, desejo este comprovado abundantemente na psicanálise anterior da paciente. É apenas uma confirmação do que dissemos acima o que se encontra em Lucas 7, versículo 13s.: "Ao aproximar-se da porta da cidade, saía o enterro de um jovem, *filho único de uma viúva*... Ao vê-la o Senhor se compadeceu e lhe disse: 'Não chores'. E, achegando-se, tocou o caixão – os que o carregavam, pararam – e disse: 'Moço, eu te ordeno, levanta-te'!"

151   A referência à ressurreição de um morto, considerada à luz de toda a situação psicológica da sonhadora, adquire o belo sentido de cura da impotência do marido. Assim, estaria resolvido todo o problema. Não preciso me referir *expressis verbis* às numerosas realizações de desejos contidas neste material. O leitor as descobrirá espontaneamente.

152   A maravilhosa combinação do símbolo "Lucas 137" só pode ser entendida como *criptomnésia*, uma vez que a sonhadora desconhece inteiramente a Bíblia. Flournoy[2] e eu[3] já chamamos a atenção para os efeitos espetaculares deste fenômeno. Dentro das possibilidades da certeza humana, podemos afirmar que no caso estudado não houve

---

1. O marido sofre, sobretudo, de um forte complexo materno.

2. FLOURNOY, T. *Des Indes à la planète Mars* – Etude sur un cas de somnambulisme avec glossolalie. 3. ed. Paris/Genebra: [s.e.], 1900.

3. "Sobre a psicologia e patologia dos fenômenos chamados ocultos". Petrópolis: Vozes, 1966 [OC, 1].

manipulações fraudulentas. O perito em psicanálise afastará de antemão esta suspeita quando observar a forma como todo o material foi apresentado.

Estou consciente de que estas observações flutuam num mar de incertezas. Mas creio que seria errado calar estas observações, porque depois de nós poderão vir outros, mais felizes, que saberão colocar marcos seguros, o que nos é impossível com nossos conhecimentos atuais deficientes.

VI

Morton Prince M.D.

"The Mechanism and Interpretation of Dreams"[*]

Resenha crítica

154   Todos os colegas e colaboradores que, sob a inspiração de Freud, estudaram os problemas do sonho e puderam confirmar os princípios fundamentais da *interpretação dos sonhos*, queiram me desculpar se passo por cima de seus trabalhos de comprovação e confirmação para falar de uma investigação que levou a poucos resultados positivos, mas, por isso mesmo, presta-se extraordinariamente a uma discussão pública. Acresce a circunstância particularmente notável de estar Morton Prince, como poucos, em condições de entender a psicologia fundada por Freud, graças a seus trabalhos anteriores e graças à sua concepção profunda dos problemas psicopatológicos. Não sei se Morton Prince domina a língua alemã, a ponto de ler Freud correntemente[1], o que é quase condição indispensável para compreendê-lo. Mas se o autor domina apenas a literatura em língua inglesa, a exposição de extraordinária clareza que Ernest Jones faz sobre a

---

[*] Publicado em *Jahrbuch für psychoanalytische Forschungen*, III, 1911, p. 309-328. Viena/Leipzig. O artigo de Morton Prince (1854-1929) foi publicado em *Journal of Abnormal Psychology*, V, 1910, p. 139-195. Boston.

1. Não acho que seja supérfluo ler um autor antes de discuti-lo.

Freud e a psicanálise

análise dos sonhos[2] pode-lhe fornecer todos os conhecimentos necessários. Além disso já existe um grande número de trabalhos e relatórios da autoria de Brill e Jones, e recentemente também de Putnam[3], Meyer, Hoch, Scripture e outros, que ilustram os diversos aspectos da Psicanálise (Bleuler: "psicologia profunda"). E, para completar, existem impressas, há bastante tempo, não só as conferências de Freud e as minhas, pronunciadas na Clark University[4], como também algumas traduções de nossas obras, de modo que, para aqueles que não dominam suficientemente a língua alemã, há possibilidade de acesso às nossas ideias.

Não foi através de contatos pessoais, cuja força sugestiva o Professor Hoche[5] teme de maneira para nós lisonjeira e quase supersticiosa, mas através de leituras que Morton Prince adquiriu os conhecimentos analíticos necessários. Talvez o leitor alemão já saiba que Morton Prince é autor de um livro muito bom, *The Dissociation of a Personality*, digno de figurar ao lado dos estudos semelhantes de Binet, Janet e Flournoy[6]. Prince, como se sabe, é também o editor do *Journal of Abnormal Psychology* que agora aborda em quase todos os números, sem preconceitos, questões da psicanálise.

A partir dessa introdução pode o leitor deduzir que não estou exagerando, quando apresento Morton Prince como um pesquisador

---

2. JONES, E. "Freud's Theory of Dreams". *Amer. J. Psychol*, XXI, 1910, p. 283s.

3. Não posso deixar de mencionar que James J. Putnam, professor de Neurologia da Harvard Medical School (Boston), examinou e confirmou o emprego da psicanálise na medicina ["Persönliche Erfahrung mit Freud's psychoanalytischer Methode". *Zentralbl. f. Psychoanal.*, I, 1910/1911, p. 533-548].

4. Estas conferências foram publicadas em tradução inglesa em *Amer. J. Psychol.*, XXI, 1910. Baltimore. Cf. a bibliografia: FREUD, S. *Five Lectures on Psycho-Analysis*. • JUNG, C.G. *The Association Method: The familial Constellations* [Conferência II] e *Psychic Conflicts in a Child* [Conferência III].

5. O Professor Hoche, de Friburgo (Alemanha), como sabemos, apresenta Freud e sua escola como acometidos de loucura epidêmica. Os participantes do Congresso acolheram este diagnóstico *com* aplauso e *sem* contestação [HOCHE, A. Eine psychische Epidemie unter Ärzten". *Med. Klin.*, VI, 1910, p. 1.007-1.010].

6. É muito lamentável que o sábio, ou melhor, o homem que faz ciência hoje em dia só tenha interesses de cunho nacional e se detenha nas fronteiras geográficas. Seria grande alívio para a psicologia analítica se Binet, Janet e Flournoy fossem mais lidos na Alemanha.

isento de preconceitos, que tem um renome científico solidamente fundado e possui inquestionável competência para julgar os problemas psicopatológicos. Se Putnam se ocupou, de preferência, com o lado terapêutico da psicanálise e se pronunciou com espantosa franqueza sobre isso, Prince se interessa por um campo particularmente contestado no qual todos os discípulos de Freud já perderam, há tempo, sua reputação científica aos olhos da ciência alemã, isto é, o campo da análise dos sonhos. A obra fundamental de Freud *A interpretação dos sonhos* foi tratada *com irresponsável leviandade* pela crítica científica alemã. Como de costume, recorre-se a frases banais como "erro genial" e semelhantes. Mas não houve um psicólogo, neurologista ou psiquiatra que se tivesse dado o trabalho de pôr à prova sua acuidade mental na análise dos sonhos, de Freud[7]. Ou, não tiveram coragem? Estou quase acreditando que ninguém teve coragem de fazê-lo porque é realmente difícil: menos difícil, a meu ver, quanto ao aspecto intelectual, e muito difícil sob o aspecto das resistências pessoais subjetivas. E é neste ponto que a psicanálise exige um sacrifício que nenhuma outra ciência exige de seus estudiosos; exige um *impiedoso autoconhecimento*. É preciso repetir sempre de novo que a *compreensão teórica e prática da psicanálise é uma função do autoconhecimento analítico*. Onde falta autoconhecimento, também não floresce a psicanálise. Esta afirmação é paradoxal apenas na medida em que acreditamos que nos conhecemos a nós próprios. E quem não acredita? Todos os que são interrogados a respeito afirmam-no com a mais profunda convicção. Contudo, não é verdade; trata-se de uma ilusão infantil que constitui um dos requisitos da aparência segura e convincente. Não há dúvida, por exemplo, de que um médico que encobre uma falta clamorosa de conhecimentos e de habilidades por um alto grau de autoconfiança nunca poderá praticar a análise, pois,

---

7. Os que o fizeram foram aqueles que tomaram o partido de Freud. Isserlin se contentou com uma crítica ao método *a priori*, demonstrando ignorância prática total do assunto. Bleuler cuidou de tudo o que se poderia retrucar a ele nestas circunstâncias ["Die psychologischen Aspekte des Mutterarchetypus". *Eranos-Jahrbuch*, VI, 1938. Zurique: Rhein V., 1939].

Freud e a psicanálise 71

neste caso, teria de confessar a verdade a si mesmo e tornar-se inviável a seus próprios olhos.

É altamente promissor que um homem famoso como Prince aborde corajosamente esse problema e procure resolvê-lo à sua maneira. As objeções oriundas de um trabalho realizado com tanta probidade serão sempre bem recebidas por nós. Só não temos resposta para aqueles que têm medo de realizar um trabalho verdadeiro e se contentam com discursos acadêmicos por demais baratos. Antes de examinar as objeções, levantadas por Prince, gostaríamos de enfocar seu campo de trabalho e seus resultados positivos (sob o nosso ponto de vista). Prince estuda seis sonhos de uma paciente que era capaz de vários estados de consciência, e por isto mesmo podia ser estudada em múltiplos e diferentes estados de consciência. Prince empregou tanto o método da inquirição sob hipnose quanto o processo das associações livres ("método das associações"). Percebe-se que o autor já analisou anteriormente dezenas de sonhos[8]. A respeito do método (das associações) psicanalítico, Prince acha que* "ele nos capacita, mediante o exame de um grande número de sonhos de uma única pessoa, a pesquisar todo o campo do inconsciente e, pela comparação de todos os sonhos, a descobrir certas ideias fixas e persistentes que atravessam e influenciam a vida psíquica do indivíduo"[9]. Usando o "absurdo" do método psicanalítico, o pesquisador americano é capaz de procurar e encontrar algo, na espera do inconsciente, que influencia visivelmente a vida psíquica. Mas para ele o "método" é apenas um método e está convencido de que existe um inconsciente e tudo o mais, sem ter sido hipnotizado de nenhuma maneira por Freud pessoalmente.

157

---

8. Para dar ao leitor uma ideia da experiência que o psicanalista possui com referência à análise dos sonhos, lembro que analiso em média oito sonhos por dia de trabalho. Em um ano isto dá dois mil sonhos. A maioria dos psicanalistas deve alcançar as mesmas cifras. O próprio Freud dispõe de imensa quantidade de material extraído da experiência.

* "It enables us by the examination of a large number of dreams in the same person to search the whole field of the unconscious, and by comparison of all the dreams to discover certain persistent, conserved ideas which run through and influence the psychical life of the individual."

9. "The Mechanism and Interpretation of Dreams". *J. Abnorm. Psychol.*, V, 1910/1911, p. 145.

158   Prince reconhece também que se devem considerar como material onírico* "certas ideias subconscientes das quais o sujeito não tinha consciência" (p. 150), donde se infere que pode haver fontes de sonhos no inconsciente. O trecho seguinte traz uma confirmação essencial e expressa a este respeito (p. 150)**: "Foi uma intuição brilhante de gênio que levou Freud a descobrir que os sonhos não são devaneios sem sentido, como anteriormente se acreditava, mas que, se forem interpretados pelo método psicanalítico, podem revelar um sentido lógico e inteligível. Contudo, este sentido se acha, em geral, oculto em meio a uma grande quantidade de símbolos que só podem ser decifrados após meticulosa investigação das experiências mentais anteriores do sonhador. Esta investigação requer, como já frisei, o redespertar de todas as lembranças associadas que pertencem aos elementos do sonho. Quando isto ocorre, somos forçados a admitir, creio eu, que mesmo o sonho mais fantástico pode exprimir uma ideia inteligível, embora esta ideia possa estar oculta sob o simbolismo. Minhas próprias observações confirmam as de Freud, no sentido de que há um *motivo* inteligente percorrendo cada sonho, de tal modo que o sonho pode ser interpretado como expressão de uma ou mais ideias que o sonhador teve anteriormente. De qualquer modo, todos os sonhos que submeti à análise justificam esta interpretação".

159   Prince está, pois, em condições de reconhecer que o sonho tem um sentido; que o sentido está oculto sob símbolos e que precisamos

---

* "Certain subconscious ideas of which the subject had not been aware."

** "It was a brilliant stroke of genius that led Freud to the discovery that dreams are not the meaningless vagaries that they were previously supposed to be, but when interpreted through the method of psychoanalysis may be found to have a logical and intelligible meaning. This meaning, however, is generally hidden in a mass of symbolism which can only be unraveled by a searching investigation into the previous mental experiences of the dreamer. Such an investigation requires, as I have already pointed out, the resurrection of all the associated memories pertaining to the elements of the dream. When this is done the conclusion is forced upon us, I believe, that even the most fantastic dream may express some intelligent idea, though that idea may be hidden in symbolism. My own observations confirm those of Freud, so far as to show that running through each dream there is an intelligent motive; so that the dream can be interpreted as expressing some idea or ideas which the dreamer previously has entertained. At least all the dreams I have subjected to analysis justify this interpretation."

do material mnêmico para descobrir o sentido. Assim estariam confirmadas partes bem essenciais da interpretação do sonho, muito mais do que a crítica *a priori* jamais admitiria. Com base em certas experiências pertinentes, Prince chegou a conceber os *sintomas histéricos* "como possíveis simbolismos de processos ocultos do pensamento", o que a neurologia alemã ainda não viu claramente, apesar das explanações introdutórias de Binswanger, em seu manual *Die Hysterie.*

Antecipei, como já disse, as manifestações favoráveis do autor. Vamos, agora, às divergências e objeções (p. 151)*: "Não posso confirmar (o ponto de vista de Freud) que todo sonho pode ser interpretado como a 'realização imaginária de um desejo', desejo este que seria o motivo do sonho. Não há dúvida que às vezes o sonho pode ser visto como a realização de um desejo, mas que todo sonho ou a maioria deles sejam isto, não o pude verificar, mesmo após haver submetido a pessoa à mais exaustiva análise. Pelo contrário, notei, se minha interpretação é correta, que alguns sonhos são antes expressões da não realização de um desejo. Alguns parecem ser a expressão da realização de um temor ou de uma ansiedade".

160

Nesta passagem está reunido todo o essencial que Prince não pôde aceitar. Conviria acrescentar que o próprio desejo muitas vezes não se apresenta ao autor como "reprimido" (*repressed*) nem tão inconsciente ou importante como seria de esperar, segundo Freud. Prince, por conseguinte, não admite a teoria freudiana de que um desejo reprimido seja a verdadeira fonte do sonho e que nele se realize, porque não foi capaz de ver estas coisas em seu material. Mas se esforçou para vê-las. Considera esta teoria pelo menos digna de um exame cuidadoso, o que não acontece com muitos de nossos críticos. (Parece-me que este modo de proceder está ligado a uma convenção da ética acadêmica.) Felizmente o autor trouxe ao nosso conheci-

161

---

* "I am unable to confirm (Freud's view) that every dream can be interpreted as the 'imaginary fulfillment of a wish', which is the motive of the dream. That sometimes a dream can be recognized as a fulfillment of a wish there can be no question, but that every dream, or that the majority of dreams are such, I have been unable to verify, even after subjecting the individual to the most exhaustive analysis. On the contrary I find, if my interpretations are correct, that some dreams are rather the expression of the non-fulfillment of a wish; some seem to be that of the fulfillment of a fear or anxiety."

mento o material de onde extraiu suas conclusões. Assim, estamos em condições de comparar nossas experiências com as do autor e de descobrir os fundamentos dos mal-entendidos. Prince, louvavelmente, teve a grande coragem de se expor, de modo que tivemos a oportunidade, nós e ele, de comparar abertamente as divergências contidas em seu material, o que é instrutivo sob todos os aspectos.

162   Para demonstrar pormenorizadamente por que Prince só é capaz de ver o aspecto formal e não o dinâmico dos sonhos, devemos nos ocupar com os detalhes de seu material. Primeiramente, devo deduzir das diversas alusões contidas no material que a sonhadora é uma senhora avançada em idade, tem um filho adulto e estudante, e não é feliz no casamento (divórcio, ou apenas separação?). Há anos, esta senhora vem sofrendo de uma dissociação histérica da personalidade, e tem, como se pode deduzir de certas alusões, fantasias regressivas a respeito de duas possibilidades eróticas (dois homens) às quais o autor apenas alude de forma muito delicada (em consequência da pressão do pudor público?). O autor conseguiu libertar a paciente da dissociação pelo período de um ano e meio, mas parece que agora a situação voltou a piorar, pois a paciente não consegue ser independente e fica presa, numa dependência angustiante, ao analista, fato esse que o incomoda a ponto de ter pensado em mandá-la a um colega.

163   (Estamos, portanto, diante da bem conhecida figura da transferência não analisada e não admitida, que consiste, como se sabe, na fixação de fantasias eróticas da paciente na pessoa do analista. Os seis sonhos são como que um capítulo desta luta do analista contra a transferência sufocadora da paciente)[10].

164   *1° Sonho*[11]: "Eu vi uma pessoa, parecida com uma velha *judia* que tomava *uísque*. Subitamente ela se transformou em minha *mãe* que parecia também tomar uísque. De repente, a porta se abre e entra meu *pai*, vestido com o roupão de dormir de meu *marido*, tendo dois *bastões de madeira* na mão" (p. 147s.).

---

10. Coloco esta passagem entre parênteses, para caracterizá-la como uma nota parentética minha.

11. Reproduzido de forma um tanto abreviada (e traduzido livremente).

Com base em material abundante e plenamente convincente[12], 165
Prince conclui que a paciente acha compreensível a tentação de beber, ou simplesmente a "tentação" entre "gente pobre" em geral. Ela
própria bebe um pouquinho de uísque todas as noites, como o fazia
também sua mãe etc. Também poderia ser algo errado. "A cena do
sonho, portanto, é a representação e justificação simbólicas de sua
própria crença e responde às dúvidas e escrúpulos que assediam sua
mente" (p. 154)*. A segunda parte do sonho, com os dois bastões, é,
segundo Prince, uma espécie de realização de um desejo, mas nada
significa, porque a paciente na tarde anterior encomendara lenha
para queimar. Acho que as coisas não foram vistas corretamente. O
sonho não foi analisado completamente, apesar do esforço do autor
neste sentido (8 páginas impressas); quero dizer, ficaram sem análise
os itens mais importantes do sonho: o beber uísque e os bastões. Se o
autor examinasse as "tentações", logo descobriria que, no fundo, os
escrúpulos da paciente eram de caráter bem mais sério do que uma
dose de uísque e dois pedaços de lenha. Por que é o pai? Por que ele
se confunde com a figura do marido? Como é determinada externa-
mente a judia pela recordação do dia anterior? Por que são importantes os bastões? e por que exatamente na mão do pai? etc. etc. O sonho
não foi analisado. Infelizmente o seu sentido é absolutamente claro
para o analista. E é muito simples: "Se eu fosse aquela pobre judia
que vi no dia anterior, não resistiria à tentação (como minha mãe e
meu pai, uma comparação tipicamente infantil!) e então um homem
entraria em meu quarto com um tição de fogo – naturalmente para
me aquecer. O sentido do sonho poderia ser expresso mais ou menos
nestas poucas palavras. O sonho contém tudo; infelizmente a análise
de nosso autor parou discretamente cedo demais. Que me perdoe o
fato de eu abrir indiscretamente a porta que ele manteve fechada com
discrição. Queremos ver claramente quais as realizações de desejos
que se ocultam por baixo do manto da discrição convencional e da
cegueira sexual do médico.

---

12. Para o analista experimentado, o sonho em si é tão claro que é possível lê-lo diretamente.

* "The dream scene is therefore the symbolical representation and justification of her
own belief and answers the doubts and scruples that beset her mind."

166   *2° Sonho* (p. 156): "Uma colina. Subo com esforço. Quase não consigo chegar em cima. Tinha a impressão de estar sendo perseguida por alguém ou por alguma coisa. Eu disse a mim mesma: *'Não posso demonstrar que estou com medo, caso contrário serei agarrada'*. Em seguida cheguei a um lugar mais claro, e pude ver duas nuvens ou *sombras*; uma era negra e a outra vermelha, e eu disse: 'Meu Deus, é A e B! Se não me socorrerem, estarei perdida' (Ela quer dizer com isso que seu estado mudará de novo, ou seja, haverá uma recaída na sua antiga dissociação da personalidade). Chamei, então: 'Dr. Prince, Dr. Prince!' Imediatamente o senhor apareceu, sorrindo, e me disse: 'Muito bem, é a senhora mesma que deverá combater a coisa maldita'. Quando despertei, estava *paralisada* de susto".

167   Podemos dispensar um levantamento do material analítico. Este sonho também é muito simples. Mas Prince é incapaz de ver nele a realização de um desejo. Pelo contrário, vê aí a realização de um temor (*fulfillment of a fear*). Comete novamente o erro básico de confundir o conteúdo manifesto do sonho com a ideia onírica inconsciente. Podemos desculpar o autor, pois neste caso era provável que o erro se repetisse porque a afirmação crítica "Muito bem, é a senhora mesma que deverá combater etc." ("Well, you will have to fight" etc.) é realmente ambígua e enganosa. Também ambígua é a primeira frase: "Não posso demonstrar que estou com medo" ("I must not show that I am frightened" etc.), a qual, como bem mostrou Prince, refere-se à ideia da recaída na doença, porque a paciente teme uma reincidência.

168   O que significa "ela teme"? Sabemos que é muito mais cômodo para a paciente estar doente, porque a cura traz consigo um *inconveniente muito grande: a perda de seu analista*. A doença o retém mais ou menos junto à paciente necessitada de ajuda. É evidente que a paciente proporciona muitos dados ao analista com sua doença interessante, em troca obtém interesse e muita paciência por parte dele. A paciente não gostaria de se privar destas relações humanamente gratificantes. Por isso teme curar-se, e interiormente alimenta esperanças de que lhe aconteça algo de muito estranho para que o interesse do analista se volte para ela com mais ardor. Naturalmente a paciente se recusa, por todos os meios, a confessar ou admitir que alimenta realmente este desejo. Mas precisamos acostumar-nos com a ideia de

Freud e a psicanálise

que existem fatos psicológicos que conhecemos e ao mesmo tempo ignoramos. Verificamos muitas vezes que fenômenos aparentemente bem inconscientes são, em outro contexto, bem conscientes e sempre conhecidos. Só não são conhecidos no sentido que lhes é próprio. Assim, a direção do desejo inconfessado da paciente também não é diretamente acessível à consciência, em seu sentido próprio. Por isto, afirmamos que este sentido próprio não é consciente ou foi *reprimido*. A frase em sua forma brutal: "Quero ter sintomas, para despertar de novo o interesse do analista" não pode ser aceita, embora seja verdadeira, pois é por demais injuriosa. Podemos, no entanto, constatar na periferia algumas pequenas associações e estímulos de desejo, como, por exemplo, certas reminiscências do tempo em que a situação era tão interessante etc.

A afirmação do sonho "Não posso demonstrar que estou com medo" (I must not show that I am frightened etc.) soa na realidade assim: "Não posso demonstrar que gostaria propriamente de recair, porque este fato seria penoso demais". "Se não me socorrerem, estarei perdida" (If I don't have help, I am lost) significa: "Espero não me curar tão depressa, pois do contrário não poderei recair". Por isto a realização do desejo vem no final: "Muito bem, é a senhora mesma que deverá combater a coisa maldita" ("Well, you will have to fight the damned thing yourself"). A paciente só está sadia por amor ao analista. Se ele a abandonar, ela voltará a recair, e a culpa será dele porque não a ajudou. Se ela recair, terá direito redobrado à sua atenção médica. E este é o objetivo de toda a encenação. Uma característica marcante do sonho é que a realização do desejo se dá justamente lá onde parece menos provável para a consciência. O *medo* de recair é também um símbolo que necessita de análise, coisa que o autor esqueceu, porque levou a sério não só o medo, como também o ato de tomar uísque e os bastões de madeira, em vez de examinar com ceticismo a autenticidade do que lhe era trazido. O excelente estudo de seu colega Ernest Jones, *On the Nightmare*[13], poderia tê-lo informado sobre o caráter de desejo desta espécie de medo. Mas, sei de experiência própria que é muito difícil para o principiante nas coisas da

169

---

13. Edição alemã: *Der Alptraum in seiner Beziehung zu gewissen Formen des mittelalterlichen Aberglaubens*. Leipzig/Viena: [s.e.], 1912.

psicanálise ter sempre diante dos olhos os princípios fundamentais do método analítico.

170   *3° Sonho*: "Eu corria, descalça, pela trilha rochosa de Watts[14]. As pedras causavam dor a meus pés. Eu usava roupas leves, sentia frio e mal podia subir o caminho. Vi que o senhor estava lá e gritei por socorro. Mas o senhor respondeu: 'Eu não posso ajudá-la; você é quem deve ajudar-se a si mesma'. E eu lhe disse: 'Não posso, não posso'. 'Mas você deve. Vou ver se consigo meter-lhe isto na cabeça'. O senhor tomou uma pedra e bateu-me na cabeça, dizendo a cada golpe: 'Não posso mais deixar que você me torture com seu palavrório. Não posso deixar-me torturar'. A cada golpe meu coração ficava mais pesado, até que, por fim, ficou totalmente pesado. Então acordei, e ainda vi o senhor martelando-me (pounding) com uma pedra. O senhor está furioso".

171   Como Prince toma este sonho novamente ao pé da letra, só consegue ver nele a "não realização de um desejo" (Non fulfillment of a wish). Em vista disso, devemos acentuar que Freud diz expressamente *que as verdadeiras ideias do sonho não são idênticas ao conteúdo manifesto do sonho*. Prince simplesmente não descobriu as verdadeiras ideias do sonho porque ficou preso ao seu sentido literal. É sempre desagradável quando temos que interferir sem conhecer o material; podemos enganar-nos redondamente. Talvez o material analisado pelo autor seja suficiente para nos dar uma visão das ideias latentes do sonho. (Quem tem experiência já descobriu o sentido do sonho, pois é de clareza transparente para os entendidos.)

172   O sonho se baseia na seguinte experiência pessoal: A paciente solicitara, pela manhã, os préstimos médicos do autor e este lhe respondera pelo telefone: "Provavelmente não poderei ir vê-la hoje. Tenho compromissos durante o dia todo e pela noite adentro. Vou lhe enviar o Dr. W.; *você não deve ficar dependendo de mim*" (p. 160). ("I cannot possibly come to see you today. I have engagements all the day and into the evening. I will send Dr. W., *you must not depend on me*"). Uma indicação inequívoca, portanto, de que a paciente deveria aprender que o tempo do analista também pertence a outros. Constatação decepcionante. A paciente observa: "Eu não disse nada a respeito, mas na noite seguinte tive pesadelos" ("I didn't say anything

---

14. Cf. o 5° sonho.

Freud e a psicanálise 79

about it, but it played ducks and drakes with me the other night"). É claro que a paciente foi obrigada a engolir um caroço. O analista lhe causara, com isto, uma grande dor que ela naturalmente compreendera como mulher racional – mas não com o coração. Antes de deitar-se, ela pensou: "Eu acho que deveria incutir em minha cabeça a ideia de que não devo seduzi-lo" (No sonho esta ideia lhe é, inclusive, martelada na cabeça). "Se meu coração não fosse de pedra, eu choraria" (ela foi martelada com uma pedra).

Como no sonho anterior, também aqui se constata que o médico não pretende mais ajudá-la e lhe martela esta sua decisão para dentro da cabeça, de modo que cada golpe lhe torna o coração *mais pesado*. É evidente que a situação da véspera foi incorporada ao conteúdo manifesto do sonho. Em tais casos, devemos sempre procurar onde foi acrescentado um novo pedaço à situação do dia anterior. E assim prossegue o caminho na elucidação do verdadeiro sentido do sonho. A dor se deve ao fato de que o analista não quer mais tratar da paciente, mas no sonho ela é tratada de maneira estranha e completamente nova. Ao lhe martelar diretamente na cabeça de que não poderia ser narcotizado (seduzido) por ela, ele o faz com tanta energia que a psicoterapia é substituída por um *tratamento corporal* muito intenso ou uma tortura; realiza-se assim um desejo da paciente que, por ser chocante demais, nunca verá a luz decente do dia, embora se trate de uma ideia muito simples e muito natural. O humor erótico popular e as más línguas que sempre analisaram os segredos do confessionário e dos consultórios médicos conhecem-no muito bem[15]. O diabo também o adivinhou, em seu famoso discurso: "É fácil entender o espírito da medicina"[16]. Esta ideia faz parte dos bens inalienáveis da humanidade, que ninguém conhece e todos possuem.

Ao despertar, a paciente viu o médico ainda executando o movimento: martelando com uma pedra (pounding[17] with a stone); a du-

---

15. Análise pelo boato. Cf. meu trabalho "Contribuição à psicologia do boato" [Ensaio IV do presente volume].

16. *Fausto*. Parte I, Mefistófeles ao discípulo.

17. Pounder é uma espécie de pilão ou clava.

pla designação do ato indica um realce todo particular[18]. Como no sonho anterior, também aqui a realização do desejo consiste justamente na maior decepção.

175   Dirão alguns que estou colocando aqui minha própria fantasia degenerada, como é hábito na Escola de Freud. Talvez o meu nobre colega, o autor, indigne-se pelo fato de imputarmos a seus pacientes pensamentos tão impuros. No mínimo achará injustificado que tiremos conclusões tão amplas destas parcas referências. Tenho plena consciência de que minha conclusão acima parece quase leviana sob o ponto de vista da ciência atual; mas ninguém sabe que várias centenas de experiências paralelas me têm demonstrado que os dados acima expostos são suficientes para que eu tire minha conclusão com uma segurança que obedece também a rigorosas exigências. Quem não tem experiência com a psicanálise não suspeita que é muito provável que o desejo erótico exista, e que é inteiramente improvável a sua inexistência. Esta ilusão provém, por um lado, da cegueira moral relativa ao sexo e, por outro, também do erro funesto dos que acreditam que com nossa consciência abrangemos toda a alma. Esta última crítica não atinge evidentemente nosso benemérito autor. Por isso peço a meus leitores: nada de indignação moral, mas um trabalho tranquilo de comprovação; é com isto que se faz ciência, e não com gritos de indignação, zombarias, injúrias e ameaças, meios estes com que certos representantes da ciência alemã argumentam contra nós.

176   Caberia propriamente ao autor a tarefa de nos fornecer o material intermediário que determina definitivamente o sentido erótico do sonho. Embora isto não tenha acontecido neste sonho, o próximo exprime indiretamente todo o necessário, de modo que minha conclusão acima sai de seu isolamento e aparece como um elo de uma cadeia contínua.

177   *4° Sonho*: (p. 162): Pouco antes do último sonho, a paciente tivera o seguinte: "Eu me achava num grande salão de baile, onde tudo era muito bonito. Ao circular pelo recinto, um homem dirigiu-se a mim e me perguntou: 'Onde está seu acompanhante?' Eu lhe respon-

---

18. Sobre este ponto cf. "Contribuição à psicologia do boato" [Ensaio IV do presente volume].

Freud e a psicanálise

di: *'Estou só'*. Ele então me disse: 'A senhora não pode ficar aqui. Não queremos mulheres desacompanhadas (*lone women*) aqui'". A cena seguinte se passa num teatro: "Eu ia me sentar quando uma pessoa se dirigiu a mim e me disse as mesmas palavras: 'A senhora não pode ficar aqui. Não queremos mulheres desacompanhadas aqui'. Depois estive em diversos outros lugares, mas sempre tive que sair porque estava sem companhia; não me permitiam ficar em parte alguma. A seguir, vi-me na rua, no meio de grande multidão; avistei meu marido a pouca distância e tentei abrir caminho através da multidão e chegar até ele. Ao me aproximar dele, vi... ('Podemos interpretar o que ela viu como representação simbólica da felicidade', diz nosso autor). Sobreveio-me uma sensação de mal-estar e nojo e eu me dei conta que também ali não era meu lugar".

A lacuna no sonho é de uma discrição digna de louvor, e por certo agradará ao leitor pudico, mas isto não é ciência. A ciência desconhece semelhantes questões de decoro. O problema aqui é saber se a combatida teoria onírica de Freud é correta ou não, e não se os relatos dos sonhos soam bem ou não a ouvidos imaturos. Algum ginecologista suprimiria de um livro de obstetrícia a descrição dos órgãos genitais femininos, só por razões de decência? Na página 164 da análise em questão encontramos a seguinte afirmação: "A análise deste sonho nos faria penetrar demais na intimidade de sua vida para justificar nossa intromissão" ("The analysis of this scene would carry us too far into the intimacy of her life to justify our entering upon it"). Acredita realmente o autor que, nestas circunstâncias, a ciência o autoriza a falar de uma teoria psicanalítica dos sonhos, *se ele, por discrição, subtrai do leitor o material essencial?* Basta ter comunicado ao mundo um só sonho de sua paciente que já violou a discrição da maneira mais radical possível, porque qualquer especialista o lerá imediatamente; pois aquilo que o sonhador procura instintivamente esconder melhor, o inconsciente o proclama com o maior alarde através do sonho. Qualquer cautela é vã contra aquele que sabe ler o símbolo, porque este acaba sempre vindo à tona. Pediria ao autor que na próxima vez, se não quiser expor a sua cliente, escolha um caso em que possa dizer tudo.

Apesar da discrição médica, também este sonho, ao qual Prince nega o caráter de realização de um desejo, é facilmente compreensível.

Apesar da dissimulação, o final do sonho revela a violenta resistência da paciente contra a relação sexual com seu marido. Todo o resto é realização de desejos: ela se converte em dama "desacompanhada", o que socialmente é quase impossível. O "sentimento de solidão" (feeling of loneliness), "ela sente que já não pode estar só, precisa de alguma convivência" (she feels that she cannot be alone any more, that she must have some society"), foi resolvido satisfatoriamente por esta ambiguidade: há também mulheres "desacompanhadas" que não vivem tão "sozinhas", embora não sejam toleradas em toda parte. Também a realização deste desejo encontrará as maiores resistências, até que o indivíduo assuma a filosofia do provérbio, "quem não tem cão caça com gato". O mesmo vale, sob todos os aspectos, para a libido. Ao consciente repugna esta solução, mas é aceitável aos olhos do inconsciente. É necessário que se conheça a psicologia de uma neurose dessa idade. A psicanálise exige, em geral, que se tome a pessoa como ela realmente é, e não como aparenta ser. Como a grande maioria das pessoas gostaria de ser aquilo que não é, isto é, um ideal consciente ou inconsciente, vislumbrado de forma vaga, e acredita que já quase o seja, o indivíduo já está obcecado por força da sugestão grupal, sem considerar que também ele faz uma ideia diferente de si do que é na realidade. Este princípio tem a peculiaridade de valer para todos os homens, menos para aquele ao qual está sendo aplicado.

180   Mostrei a importância histórica e geral deste fato num trabalho prestes a ser publicado[19], por isto abstenho-me de maiores considerações. Gostaria de dizer apenas que, para fazermos psicanálise, precisamos antes de tudo submeter nossos conceitos éticos a uma revisão total. Estas exigências explicam por que é difícil e lenta a compreensão da psicanálise para qualquer pessoa realmente séria. Requerem-se esforços não só intelectuais, mas sobretudo morais, para assimilar o sentido do método, pois não se trata de um método clínico como, por exemplo, a massagem vibratória ou a hipnose, mas *de algo muito mais abrangente* que modestamente se denomina "psicanálise".

181   *5° Sonho*: "Sonhei que estava em um lugar rochoso, escuro e sinistro; com dificuldade percorria o caminho rochoso, aliás meu andar é sempre dificultoso nos sonhos e eis que, de repente, tudo ficou

---

19. *Wandlungen und Symbole der Libido* ("Transformações e símbolos da libido"). Nova edição: *Symbole der Wandlung* (*Símbolos da transformação*) [OC, 5].

Freud e a psicanálise   83

cheio de gatos. Os gatos estavam em toda parte: sob meus pés, de-pendurados nas árvores, que estavam cheias deles. Apavorada, vol-tei-me, querendo retornar, quando vejo em meu caminho uma cria-tura horrenda, semelhante a um homem das florestas. Seus cabelos caíam sobre o rosto e em torno do pescoço, vestia-se com uma espé-cie de couro (ou pele? "skin"). Suas pernas e braços estavam nus, e ele trazia uma clava. Aparição selvática! Atrás dele havia centenas desses homens. Toda a região estava repleta deles, de modo que à minha frente estavam os gatos, atrás os selvagens. O homem disse que eu de-veria seguir em frente, através dos gatos, e que, se eu emitisse algum som, todos eles se precipitariam sobre mim e me sufocariam; mas, caso eu atravessasse sem emitir nenhum som, eu jamais me arrepen-deria do que acontecera". (Isto se refere a determinadas coisas relacio-nadas com dois sistemas peculiares de ideias, os chamados comple-xos Z e X, que encerram todas as suas dificuldades, acrescenta o au-tor.) "Eu percebia claramente que devia escolher entre ser morta pe-lo selvagem e caminhar por cima dos gatos. Por isto segui em frente. Tinha que pisar nos gatos (ao contar isto, a paciente se arrepiava e tremia) e o temor de que os gatos se precipitassem sobre mim, se eu gritasse, exigiu tal esforço, que os músculos da minha garganta se contraíram durante o sonho (como pude [Dr. PR.] perceber, os mús-culos do pescoço também se contraíram durante o relato). "Com di-ficuldade abri caminho por entre os gatos, sem proferir um som; vi, então, minha mãe e tentei falar com ela. Estendi as mãos e tentei di-zer 'mamãe', mas não consegui falar. Aí acordei e senti enjoos (nausea-ted); estava medrosa, cansada e coberta de suor. Mais tarde, já intei-ramente desperta, quando tentei falar, consegui apenas sussurrar". (A paciente despertou inteiramente afônica, situação esta que se pro-longou até ser eliminada por condizente sugestão).

Prince vê neste sonho a realização parcial de um desejo, isto é, o   182 fato de a mulher caminhar por cima dos gatos. Mas ele afirma tam-bém*: "Parece que o sonho poderia ser principalmente uma repre-

---

* "The dream would rather seem to be principally a symbolical representation of her idea of life in general, and of the moral precepts with which she has endeavoured to ins-pire herself, and which she has endeavoured to live up to in order to obtain happiness."

84 Obra Completa – Vol. 4

sentação simbólica da sua concepção da vida em geral e dos preceitos morais que lhe serviam de estímulo e que procurou seguir em sua vida, para ser feliz" (p. 168).

183 Mas quem entende alguma coisa de sonho logo vê que isto não é o sentido do sonho. O autor *não analisou* também este sonho. Ficamos sabendo que a paciente sofre de uma fobia de gatos. Não se analisou o que isto significa. A cena estranha de passar por cima dos gatos não foi analisada. O selvagem, vestido com uma pele extravagante, não foi analisado, faltando igualmente a análise da pele e da clava. As reminiscências eróticas Z e Y não foram apresentadas. O significado da afonia não foi analisado. Só foi analisado um pouco o caminho rochoso do começo. Este caminho provém de uma pintura de Watts: "Love and Life" (Amor e Vida): Uma figura feminina (a vida) arrasta-se penosamente ao longo da trilha, guiada pela figura do amor. A imagem inicial do sonho corresponde exatamente a este quadro – "menos a figura do amor" (minus the figure of love), como observa Prince. Foi substituída pelos gatos, como nos mostra o sonho e como nós próprios notamos. Isto significa, portanto, que os gatos são o símbolo do amor. Prince não notou isto. Se tivesse estudado com atenção a literatura correspondente, teria percebido que tratei exaustivamente da fobia dos gatos em uma de minhas publicações[20]. Poderia ter aprendido lá esta conclusão e, assim, compreender o sentido do sonho, juntamente com a fobia dos gatos.

184 Quanto ao mais, trata-se de um típico sonho de medo que, por conseguinte, deve ser estudado também sob o ângulo da teoria da sexualidade, visto que Prince não consegue provar que a teoria sexual do medo seja falsa. Na falta completa de qualquer análise, desisto de outras discussões a respeito deste sonho que, aliás, é muito claro e bonito. Quero chamar a atenção apenas para o fato de que a paciente conseguiu contrair um sintoma (a afonia) que despertou o interesse do analista, como era intencionado. É evidente que não se pode criticar a teoria dos sonhos com base em uma análise que não foi feita. Este é simplesmente o método adotado pelos nossos críticos alemães atuais.

---

20. "Assoziation, Traum und hysterisches Symptom". In: JUNG, C.G. (org.). *Diagnostische Assoziationsstudien*. Leipzig: J.A. Barth, 1906/1910 [Novas edições em 1911 e 1915].

Freud e a psicanálise

6° Sonho (p. 170): Este sonho ocorre em duas noites consecutivas: "Eu sonhei que estava no *mesmo caminho rochoso e escuro* onde sempre estive – caminho de Watts – com a diferença de que havia árvores nas margens" (Existem sempre árvores, ou uma encosta ou uma ribanceira). "*O vento* soprava forte e, como de costume, eu só conseguia andar com muito esforço, como que travada por algo. Alguém, uma figura indeterminada, passou apressado por mim, enquanto ele (ou ela) cobria os olhos com a mão. A aparição me disse: '*Não olhes para lá, senão ficarás cega*'. Eu estava diante da entrada de uma grande *caverna*. De repente, *brilhou uma luz* no interior da caverna, como numa projeção luminosa e lá estava o senhor deitado no chão, *completamente envolto* numa espécie de faixa; suas vestes estavam rasgadas e sujas. Seu rosto estava coberto de sangue e o senhor parecia terrivelmente amedrontado. Em torno do senhor havia, por toda parte, centenas de anões, ou gnomos ou diabinhos, que o *atormentavam*. Alguns deles traziam machados e cortavam seus braços e pernas, enquanto outros o serravam. Centenas deles traziam objetos semelhantes a pauzinhos de incenso chineses (*joss-sticks*), apenas um pouco mais curtos e com as pontas incandescentes, com os quais o picavam. Era mais ou menos como a cena de Gulliver e das pequenas criaturas que andavam por cima dele. O senhor me viu e gritou: 'C, por amor de Deus, ajude-me a sair deste buraco maldito'. O senhor sempre prague ja em meus sonhos. Eu estava apavorada e lhe disse: 'Dr. Prince, já vou aí', *mas eu não podia me mover*, eu estava como que pregada ao chão, e então tudo desapareceu. Tudo ficou escuro, como se eu tivesse ficado *cega*. Então a luz brilhou de novo e iluminou a caverna, e eu avistei o senhor de novo. Isto se repetiu por três ou quatro vezes no sonho. A cada vez eu dizia: 'Já vou' *e me esforçava para me movimentar*, e acordei justamente quando pronunciava estas palavras. *Já acordada, não conseguia ver e nem me mover, como no sonho*".

Neste sonho, o autor já não comunica os detalhes da análise, "para não aborrecer o leitor". Oferece-nos apenas o seguinte resumo: "O sonho é uma representação simbólica da concepção de vida da paciente. O caminho rochoso é um símbolo do medo do futuro que ela, segundo suas próprias palavras, não ousa encarar de frente há muitos anos. Temos ainda sua impressão de que o futuro seria cego, de que não pode ver nada diante dela; e, por último, temos a ideia de que se sentiria subjugada, 'perdida', 'arrastada pela corrente' – se visse este futuro e o realizasse. *E isto ela não deve ver.* Entretanto, há momentos em sua vida, em que tem uma percepção clara desse futuro. Neste sonho se apresenta um destes momentos; enquanto ela olha para o interior da caverna (futuro) e acontece a realização no brilhar da luz – ela vê seu filho (operou-se a metamorfose, sendo substituído por outra pessoa) sendo torturado e supliciado, da mesma maneira que o imagina também torturado pela vida e tolhido por alfinetadas morais. Vem em seguida a representação simbólica (paralisia) de sua incapacidade absoluta de ajudá-lo, ou a qualquer outro, ou de mudar as condições de sua própria vida. Finalmente seguem as consequências previstas desta expectativa. Ela fica cega, e neste sentido o sonho é a realização de um temor" (p. 171).

187   O autor conclui, afirmando*: "Tanto neste sonho como nos demais não encontramos nenhum 'desejo inaceitável' e 'reprimido', nenhum 'conflito' com 'ideias censuradas', nenhum 'compromisso', nenhuma 'resistência' e nenhum 'disfarce' no conteúdo do sonho, para enganar o sonhador – elementos e processos fundamentais na escola psicológica de Freud" (p. 173).

188   Risquemos logo deste juízo destrutivo a passagem "as in the others", porque os outros sonhos foram tão mal analisados que o autor não tem direito algum de emitir um julgamento desta natureza com base nas "análises" precedentes. Para fundamentar este julgamento só resta o último sonho que, por isto mesmo, precisa ser melhor examinado.

189   Não nos queremos deter no símbolo da pintura de Watts – que se repete constantemente –, onde falta a figura do amor que foi substituída pelos gatos, no sonho n. 5. Surge neste lugar uma figura que a admoesta a não olhar, porque do contrário ficaria "cega". Vem depois uma imagem muito estranha: o analista "completamente envolto em roupas sujas e rasgadas e a face coberta de sangue" – a situação de Gulliver. Prince observa que o filho da paciente se acha numa situação de tormentos, mas não revela outros detalhes. *Ficamos sem saber* de onde

---

* "In this dream, as in the others, we find no 'unacceptable' and 'repressed wish', no 'conflict' with 'censuring thoughts', no 'compromise', no 'resistance' and no 'disguise' in the dream-content to deceive the dreamer – elements and processes fundamental in the Freud school of psychology."

provêm este envolvimento, a face ensanguentada, as vestes rasgadas, e o que significa a situação de Gulliver. Como a paciente não deve olhar para o futuro, a caverna significa o futuro, adverte Prince. Mas por que o futuro é simbolizado justamente pela caverna? O autor se *cala*. Como acontece que o analista entre em substituição ao filho? Prince menciona a impotência da paciente diante da situação do filho, o mesmo acontecendo em relação ao analista, porque ela não sabe como demonstrar sua gratidão para com ele. Mas, permitam-me dizer, trata-se de duas espécies completamente distintas de importância que não justificam suficientemente a confusão de duas pessoas heterogêneas. *Aqui falta, portanto, um tertium comparationis (um terceiro termo de comparação) inequívoco e essencial. Todos os detalhes da situação de Gulliver*, em especial os instrumentos de pontas incandescentes, *não foram analisados.* Com o silêncio, passa-se por cima do fato realmente importante de o analista ser infernalmente torturado.

No sonho n. 3 o analista golpeia a cabeça da paciente com uma pedra. Parece que esta tortura foi aqui respondida, mas foi metamorfoseada numa fantasia de vingança infernal. Sem dúvida, essas torturas foram imaginadas pela paciente e destinadas a seu analista (e talvez também ao filho). É isto que diz o sonho. Este fato precisa ser analisado. Se o filho é realmente torturado com "alfinetadas pelos que o cercam, precisamos saber por que a paciente ampliou ao cêntuplo essa tortura, por que ela coloca o filho, respectivamente o analista, na situação de Gulliver e mete este último na "caverna maldita"?[21] Por que a paciente assume a posição do analista e se declara incapaz de ir em seu socorro, quando a situação, na realidade, é justamente o inverso?

O caminho leva à situação da realização dos desejos; mas o autor não seguiu este caminho, em parte por não se ter colocado todas estas questões, e em parte porque as respondeu de maneira muito superficial, de modo que também esta análise deve ser retirada de cena, com o qualificativo de "insuficiente"[22].

---

21. Por que o analista deve praguejar nos sonhos da paciente?

22. Esse sonho é típico de fantasia de vingança de amor desprezado e contém a gratidão infinita, da paciente justamente em meio à tortura (como na cena do martelamento). Daí a cena misteriosa da caverna que é tão indecente, que se fica cego só de olhar. As provas devem ser procuradas nos detalhes da cena da caverna.

88   Obra Completa — Vol. 4

192   E, assim, cai o último sustentáculo da crítica à teoria dos sonhos. Deve-se exigir do crítico que ele estude a fundo a matéria, como o fez quem elaborou a teoria dos sonhos, e seja capaz de explicar, de maneira satisfatória, ao menos os pontos principais do sonho. Mas, como vimos, nas análises do autor, as partes mais importantes sempre desaparecem sob os panos. Psicanálise não se improvisa, sabem-no todos que com ela se preocupam, pois a palavra de ordem aqui é: *unumquemque movere lapidem.*

193   Só após ter concluído este trabalho é que tomei conhecimento da crítica de Jones[23] ao artigo de Morton Prince. A resposta de Prince foi que ele *não afirma ter empregado o método psicanalítico.* Por isso, quer-me parecer que ele deveria desistir de criticar os resultados da psicanálise. Seus métodos analíticos carecem, como vimos nas exposições acima, de qualquer solidez científica, de forma que seus resultados não oferecem a mínima base para uma crítica séria à teoria dos sonhos de Freud. As demais observações do autor, que culminam na confissão de que jamais conseguirá se entender com o pesquisador psicanalítico, não me estimulam a prosseguir no esforço de explicar a Prince os problemas da psicologia dos sonhos, ou a discutir sua réplica. Expresso apenas o meu pesar pelo fato de ter chegado ao extremo de negar qualquer formação e pensamento científicos a seus adversários.

---

23. "Remarks on Dr. Morton Prince's article 'The Mechanism and Interpretation of Dreams'". *J. Abnorm. Psychol.*, V, 1910/1911, p. 328-336.

VII

A respeito da crítica à psicanálise[*]

É fato bem conhecido dos psicanalistas que mesmo os leigos relativamente pouco instruídos são capazes de entender, sem muita dificuldade, a essência e a racionalidade da psicanálise. O mesmo acontece com as pessoas cultas, sejam sábios, comerciantes, jornalistas, artistas ou professores. Todos eles entendem as verdades da psicanálise. Compreendem perfeitamente por que não se pode apresentar a psicanálise de forma tão convincente como um teorema matemático. Qualquer pessoa de inteligência mediana sabe que uma demonstração no campo da psicologia tem que ser diferente de uma demonstração no campo da física, e que toda matéria científica possui uma evidência demonstrativa *exclusivamente sua*. Seria interessante saber que tipo de prova empírica esperam os nossos críticos senão a demonstração através dos fatos empíricos? *Existem estes fatos?* Nós apontamos para as nossas observações. A crítica de nossos adversários responde simplesmente: não. Que mais apresentar, se nossas observações reais são negadas de maneira mais ou menos clara? Diante disto, somos obrigados a esperar que nossos críticos estudem as neuroses e as psicoses com a *mesma profundidade* (excluo completamente o método psicanalítico), e nos mostrem fatos cuja legitimidade psicológica seja de natureza essencialmente diversa. Estamos esperando por isto há mais de dez anos. Quis o destino, inclusive, que todos os pesquisadores que trabalharam nesta área, independentes do descobridor da nova doutrina, mas com

---

[*] Publicado em *Jahrbuch für psychoanalytische und psychopathologische Forschungen*, II, 1910, p. 743-746. Viena/Leipzig.

idêntica profundidade, chegassem aos mesmos resultados que Freud; e aqueles que se deram ao trabalho de gastar algum tempo em adquirir os conhecimentos necessários junto a um que outro psicanalista também conseguiram a compreensão necessária.

195 De modo geral é de se esperar a mais forte resistência por parte dos médicos e psicólogos, em primeiro lugar por causa dos preconceitos científicos que devem sua existência a um modo de pensar diferente e mantido com pertinácia. Ao contrário de antigamente, houve um *progresso* real por parte de nossos críticos: procuraram ser mais sérios e adotaram um tom mais calmo. Mas cometeram o erro de criticar o método psicanalítico, como se este se apoiasse em princípios apriorísticos, ao passo que é, de fato e de verdade, puramente empírico e carece ainda de uma formulação teórica definitiva. Sabemos apenas a respeito desse método que ele representa o caminho mais curto para a descoberta de fatos importantes para a nossa psicologia, fatos cujos conhecimentos podem ser adquiridos também – como no-lo ensina a história da psicologia – por outros caminhos, ainda que mais penosos e complicados. Naturalmente seria para nós motivo de alegria se possuíssemos uma técnica analítica que atingisse o mesmo objetivo com mais rapidez e mais segurança do que o método atual. Contestando nossas descobertas, os críticos dificilmente nos ajudam a descobrir uma técnica que seja mais apropriada e corresponda aos pressupostos da psicologia contemporânea. Enquanto não se resolver o problema dos fatos, a crítica ao método permanecerá no ar, porque nossos adversários sabem tão pouco a respeito dos últimos mistérios dos processos de associação quanto nós. Qualquer um que pondere com mais calma vê que se *trata única e exclusivamente de fatos empíricos*. Se a crítica se limitar ao método, pode chegar um dia ao ponto de negar a existência dos fatos, pois o método para descobri-los contém certas falhas teóricas e estaríamos, assim, retornando para o mais profundo da Idade Média. Neste sentido, a crítica comete erros graves. É dever dos que o percebem chamar a atenção para o fato, pois errar é humano.

196 Ocasionalmente, porém, a crítica assume formas que despertam, em maior grau, o interesse do pesquisador da psicologia, quando os sintomas de participação pessoal reprimem surpreendentemente o esforço científico do crítico para segundo plano. Essas críticas são va-

Freud e a psicanálise 91

liosa contribuição para o conhecimento das correntes pessoais e subterrâneas da chamada crítica científica. Não podemos deixar de trazer ao conhecimento do grande público, na íntegra, um "document
humain" dessa natureza:

"Relatório" de Kurt Mendel[1] (no *Neurologisches Centralblatt*,
1910) sobre uma exposição das concepções freudianas (no *Correspondenz-Blatt für Schweizer Ärzte*, 1910). "O relatar que leu muitos
trabalhos de Freud e de seus discípulos, e *também se ocupou, de maneira prática, com a psicanálise*[2], deve confessar que muitos aspectos
desta teoria e, de modo particular, os penduricalhos relativos ao erotismo anal e à sexualidade da criança lhe causam repugnância. Após
ter lido o trabalho do autor em questão[3], o relator se aproximou do
berço de seu filho mais novo que ali estava na sua inocência e lhe disse: Pobre menino! Chamei-te puro e casto, mas agora sei que és depravado e cheio de pecado! 'Levas uma vida sexual desde o primeiro
dia de tua existência' (p. 184). És, pois, (p. 185) um exibicionista, fetichista, sádico, masoquista, erótico-anal; em poucas palavras: um
perverso polimorfo. 'É difícil encontrar entre os adultos um Dom
Juan cuja fantasia erótica se possa comparar aos produtos de teu cérebro infantil' (p. 185). Mas poderia ser de outro modo? Com efeito,
trazes uma carga pesada. Elogiam teu pai por ser particularmente *or-
deiro* e *comedido*, mas os freudianos o consideram um *obstinado*,
porque não quer aceitar plenamente a teoria deles. 'Particularmente or-
deiro, comedido e obstinado!' Portanto, um erótico-anal grave (cf.
FREUD, S. Caráter e erotismo anal. *Psych.-neur. Wochenschr*. IX, n.
51). Tua mãe, porém, faz faxina a cada quatro semanas. 'A limpeza,
ou melhor, a grande faxina é a reação feminina específica ao erotismo anal reprimido' (cf. SADGER, J. Analerotik und Analcharakter.
Die Heilkunde, 1910, fev.). Portanto recebeste de teu pai e de tua
mãe uma carga erótico-anal. Também não quiseste, antes de dormir,
'esvaziar os intestinos quando te sentávamos em teu vaso; querias ex-

---

1. MENDEL, K. "Rezension von J.A. Haslebacher: Psychoneurosen und Psychoanalyse". *Neur. Centralbl.*, XXIX/6, 1910. Leipzig.

2. Grifo meu.

3. HASLEBACHER, J.A. "Psychoneurosen und Psychoanalyse". *Corresp.-Bl. F. Schweizer Ärzte*, XL/7, 1910, p. 184-196.

trair uma parcela suplementar de gozo de tua defecação, pois encontravas prazer na retenção das fezes'. Antigamente, num caso destes, teu pai dizia simplesmente à tua mãe: 'O pequeno está com prisão de ventre. Dá-lhe um laxante'. Que vergonha! Como eu era escandalosamente perverso, um autêntico alcoviteiro e incitador à luxúria. Já não recebes um beijo de boa-noite como antigamente, pois um carinho desta espécie, da minha parte, 'despertaria tua sexualidade' (p. 191). Não recites para mim tua costumeira oração da noite: 'sou pequeno e meu coração é puro' porque estarás *mentindo*. Tu és um depravado, exibicionista, fetichista, sádico, masoquista, erótico-anal, onanista, em poucas palavras: um *perverso polimorfo* – tudo isto devido a mim, à tua mãe e a ti mesmo. Pobre criança!

Freudianos! Tenho dito muitas vezes que a teoria de Freud trouxe valiosos impulsos em diversas direções. Mas já é tempo de abandonar os vossos exageros desmedidos e fantasias sem sentido! Trazei-nos provas, em vez de jogos de palavras! Comunicações sérias e que se possam levar a sério... em vez de trabalhos que se leem como 'panfletos'. Provai vossa afirmação impura e depravada (p. 187): 'Só existe *uma* forma de amor, e esta é a erótica!' *Não arrasteis nossos mais sagrados sentimentos, nosso amor e nosso respeito para com nossos pais, o terno amor a nossos filhos, para a imundície de vossas fantasias, imputando-nos sempre motivos sexuais repugnantes.* Toda a vossa argumentação culmina na fórmula: 'Freud o disse. Portanto, é verdade!' Mas eu vos digo com Goethe, o filho de um erótico-anal (cf. SADGER, J. Analerotik und Analcharakter. *Die Heikunde*, 1990, fev.):

> 'A pessoa que especula
> É como um animal na charneca estéril
> Conduzido em círculo por um espírito mau,
> Enquanto em torno floresce belo prado verde'."

VIII

A respeito da psicanálise[*]

Küsnacht, 28 de janeiro de 1912

Prezado Sr. Redator!

Agradeço o amável convite para publicar em seu jornal um epílogo à série de artigos que apareceram no *Neue Zürcher Zeitung*. Este epílogo só poderia ser uma defesa da verdade científica seriamente atacada – verdade esta que acreditamos estar contida na psicanálise – ou uma defesa de nossos próprios atributos científicos. Esta última hipótese, por certo, repugna ao bom gosto e é indigna de alguém que está a serviço da ciência. A primeira é concebível, mas só poderá ser levada a efeito quando a discussão se processa dentro de formas objetivas e quando se argumenta com razões que brotam de um estudo cuidadoso, tanto prático quanto teórico, do problema. Com adversários desse nível eu discuto, de preferência, a sós; embora já tenha discutido também em público, isto é, em uma revista científica[1].

Também não me ocupo com críticas científicas cuja quintessência está na seguinte afirmação: "O método é moralmente danoso, por isso a teoria é falsa". Ou: "Os fatos afirmados pelos freudianos não existem absolutamente, mas brotam da fantasia mórbida destes assim ditos pesquisadores; e o método usado para descobrir esses fatos é

---

* Publicado em *Wissen und Leben* (título primitivo de *Neue Schweizer Rundschau*), V, 1912, p. 711-714, Zurique, com a seguinte nota introdutória da Redação: "Uma série de artigos a favor e contra as teorias freudianas no *Neue Zürcher Zeitung* parece demonstrar que reinam notáveis mal-entendidos e preconceitos sobre a psicologia moderna no seio do público. E como esta polêmica se prestava mais a confundir do que a esclarecer as opiniões, pedimos ao Dr. Karl Jung que nos escrevesse um epílogo que será muito bem-vindo ainda mais quando se constata que agora os ânimos se acalmaram".

1. Ensaio VII deste volume.

em si mesmo, logicamente, errado". Ninguém pode afirmar *a priori* que certos fatos não existem. O argumento é escolástico. É supérfluo dar-lhe maior atenção.

199 Repugna-me defender e propagar a verdade à força de gritos de guerra. Nunca pronunciei uma conferência em público, a não ser na Associação Psicanalítica e na Associação dos Neurologistas Suíços, sem ter sido convidado. Também o meu artigo publicado no *Jahrbuch*[2], de Rascher, só o foi a pedido do editor Konrad Falke. Eu não me forço para cima do público. Também não desço à arena para travar batalhas verbais em favor de alguma verdade científica. Certamente o preconceito e o mal-entendido quase ilimitado podem impedir por muito tempo o progresso e a difusão de conhecimentos científicos, o que talvez seja uma necessidade da psicologia das massas à qual devemos submeter-nos. Se essa verdade não falar por si, é uma péssima verdade, e melhor seria que desaparecesse. Mas se for de necessidade interna, ela abrirá caminhos nos corações dos homens que pensam com retidão, sem gritos de guerra ou clangores bélicos de trombetas, e se tornará uma componente essencial de nossa civilização.

200 Não se deve culpar a psicanálise pelas fealdades sexuais que infelizmente ocupam, por necessidade, amplo espaço em muitos trabalhos psicanalíticos, pois nossa atividade médica, quando exercida com empenho e responsabilidade, só põe a descoberto as fantasias pouco bonitas; a culpa pela existência destas coisas mais ou menos indecorosas e repugnantes fica por conta da mentira de nossa moral sexual. Não é preciso reiterar para uma pessoa inteligente que o método psicanalítico de educação não consiste apenas de discussões sobre a psicologia sexual, mas abrange *todas as esferas da existência*. O objetivo último desta educação, conforme já acentuei no *Jahrbuch*, de Rascher, não é entregar o homem irremediavelmente às suas próprias paixões, mas fazer com que ele alcance o necessário autodomínio. Mas apesar dessas afirmações, minhas e de Freud, nossos adversários gostariam que prescrevêssemos "gozar a vida", e asseveram que o fazemos, sem procurar saber o que realmente dizemos. Igual tratamento recebe a teoria das neuroses, a assim chamada teoria da sexualidade ou da libido. Há anos venho dizendo, em seminários e em meus

---

2. "Neue Bahnen der Psychologie". *Jahrbuch Raschers*, 1912.

Freud e a psicanálise   95

escritos, que o conceito de libido é usado em sentido extremamente
genérico, mais ou menos no sentido de instinto de conservação da espécie, e que na terminologia psicanalítica não significa absolutamente "excitação sexual localizada", mas qualquer tendência e desejo
que ultrapassem a esfera da autoconservação e neste sentido é usado.
Pronunciei-me há pouco tempo a respeito destas questões genéricas
num volumoso trabalho[3], mas nossos adversários querem e decretam
que nossa concepção seja como eles a entendem, isto é, "grosseiramente sexual". O esforço que fazemos para expor as nossas concepções é vão, pois nossos adversários querem que toda essa teoria seja
considerada uma banalidade inominável. Esta exigência é demais
para mim. Apenas lamento que um mal-entendido, onde se confunde
a noite com o dia, possa impedir muitas pessoas de beneficiar-se das
extraordinárias descobertas da psicanálise, com grande proveito para
seu próprio desenvolvimento ético. Lamento também que muitos
percam a oportunidade de terem uma impressionante visão da profundidade e da beleza da alma humana, por passarem desatentos diante da psicanálise.

Nenhuma pessoa inteligente responsabilizará a pesquisa e seus   201
resultados pelo fato de existirem indivíduos ineptos e irresponsáveis
que praticam o charlatanismo. Que pessoa inteligente responsabilizará um método inventado em proveito da humanidade pelos erros e
imperfeições na aplicação desse mesmo método? Aonde iria parar a
cirurgia se culpássemos o seu método por cada morte ocorrida em
decorrência dela? A cirurgia é algo muito perigoso, especialmente
nas mãos de um idiota. Ninguém se confiará a um cirurgião inepto,
nem se deixará operar de apendicite por um barbeiro. O mesmo se
pode dizer da psicanálise. Não há dúvida que, além de médicos ineptos, existem também leigos que usam a psicanálise de maneira errônea e inábil. Mas há sobretudo médicos incompetentes e charlatães
inescrupulosos. Isto, porém, não basta para condenar *in totum* a
ciência, o método, o pesquisador e o médico.

Tenho receio, prezado Sr. Redator, de enfadar V. Sa. e os leito-   202
res de sua revista com estas coisas óbvias e por isto me apresso em

---

3. Presumivelmente *Wandlungen und Symbole der Libido* ("Transformações e símbolos da libido"). A primeira parte desta obra foi publicada em *Jb. f. Psychoanal. u.
Psychopath. Forsch.*, III e IV, 1911 e 1912. Viena/Liepzig.

concluir. Queira desculpar-me, se meu modo de escrever às vezes não consegue libertar-se de uma ligeira ponta de mau-humor, pois ninguém é tão imune ao julgamento público que não sinta amargura por causa do descrédito e leviandade com que é tratado o seu honesto esforço científico.

Queira aceitar, estimado Sr. Redator, a expressão de minha estima e consideração.

Dr. Jung

IX

Tentativa de apresentação da Teoria Psicanalítica[*]

Prefácio à primeira edição

"Nestas conferências procuro sintonizar minhas experiências práticas no campo da psicanálise com a teoria até agora em vigor. Constitui propriamente minha tomada de posição perante as proposições básicas que meu estimado mestre Sigmund Freud extraiu de uma experiência que já recobre dezenas de anos. Uma vez que meu nome está ligado à psicanálise e eu, há muito tempo, incidi no julgamento global que a respeito dela se fez, poderá alguém admirar-se por que somente agora venho a público com minha tomada de posição. Quando, há dez anos, dei-me conta da enorme dianteira que Freud tomara com relação aos conhecimentos dos fenômenos psicopatológicos e sobretudo com relação à psicologia dos complexos processos anímicos, cheguei à convicção de que não podia tecer qualquer crítica verdadeira. Não possuía a disposição de certas pessoas que, por não compreenderem ou não poderem realizar algo, acham que têm o direito de rejeitá-lo "criticamente". Entendia que era preciso traba-

---

[*] Nove conferências pronunciadas em setembro de 1912, em inglês, num "curso de extensão" da Fordham University, Nova York [Publicado pela primeira vez em *Jahrbuch für psychoanalytische und psychopathologische Forschungen*, V, 1913, Viena/Liepzig, em forma de livro, pela Rascher Verlag, Zurique, 1913 (prefácio de 1912). Segunda edição ligeiramente refundida, 1955 (prefácio de 1954). A divisão original em nove conferências foi feita de acordo com a edição completa anglo-americana (inclusive os títulos)].

lhar primeiro com modéstia durante vários anos neste campo, antes de fazer qualquer crítica. Contudo, as consequências funestas de uma crítica apressada e superficial não se fizeram esperar. A imensa maioria das críticas, porém, tinha tanto de indignação quanto de desconhecimento do assunto. A psicanálise continuou a florescer e não se preocupou com o palavreado anticientífico que se ergueu à sua volta. Como sabemos, esta árvore se expande vigorosamente não apenas em *um*, mas simultaneamente em *dois* mundos: na Europa e na América. A crítica oficial partilha do destino lamentável do Protofantasmista e de sua lamentação na Noite de Valpúrgia:

> *Vós ainda continuais aqui?*
> *Não! É inacreditável!*
> *Desaparecei. Nós já o explicamos!*

A crítica deixou de considerar que tudo o que existe tem a sua razão de ser. O mesmo se dá com a psicanálise. Não queremos incorrer no erro de nossos adversários e ignorar sua existência e negar o seu direito de ser. Isto nos impõe a obrigação de fazermos, nós mesmos, uma crítica justa que se baseie na experiência. Parece-me que a psicanálise precisa deste balanço interior.

Presumiu-se, erroneamente, que minha tomada de posição representava uma cisão dentro do movimento psicanalítico. Estes cismas só existem numa crença. Mas não na psicanálise. Aqui se trata de ciência e de suas várias formulações. De minha parte, adotei como diretriz a regra pragmática de William James: "Você deve extrair o valor prático de cada palavra e colocá-lo em ação dentro da corrente de sua experiência. Isto parece menos, então, uma solução do que um programa de mais trabalho e mais, sobretudo, uma indicação dos meios pelos quais se podem mudar realidades existentes. *As teorias tornam-se, portanto, instrumentos e não respostas a enigmas, em que possamos nos apoiar.* Não nos detemos nelas. Nós avançamos e, por vezes, mudamos a natureza com sua ajuda"[1]. (You must bring out of each word its practical cash-value, set it at work within the stream of your experience. It appears less as a solution, then, than as a program for more

---

1. JAMES, W. *Pragmatism*. Londres/Cambridge (Mass.): [s.e.], 1907, p. 53.

work, and more particularly as an indication of the ways in which existing realities may be changed. *Theories thus become instruments, not answers to enigmas, in which we can rest.* We don't lie back upon them, we move forward, and, on occasion, make nature over again by their aid).

Minha crítica, portanto, não se baseia em raciocínios acadêmicos mas é o resultado de dez anos de experiência neste campo. Sei que minha experiência não se compara com a experiência e o conhecimento extraordinários de Freud; mas, seja como for, algumas de minhas formulações exprimem com maior precisão os fatos observados do que as de Freud. Percebi em minha atividade de professor que os pontos de vista expostos nestas conferências foram de grande valia para transmitir a meus alunos a compreensão da psicanálise. Longe estou de considerar uma crítica discreta e moderada como "apostasia" ou cisma. Ao contrário, espero com isto estimular o florescimento e progresso do movimento psicanalítico e abrir um caminho de acesso aos tesouros científicos da psicanálise para aqueles que até agora não conseguiram dominar o método psicanalítico por lhes faltarem experiência e carecerem de pressupostos teóricos.

Devo ao Professor Dr. Smith E. Jelliffe, de Nova York, que teve a amabilidade de me convidar para um curso de extensão na Universidade de Fordham, a oportunidade de redigir estas conferências. As nove preleções foram dadas no mês de setembro de 1912, na cidade de Nova York. Quero expressar também ao Dr. Gregory, do Bellevue-Hospital, meu agradecimento pelo suporte, pronto e solícito, às minhas demonstrações clínicas. Sou grato a Mrs. Edith Eder e ao Dr. Eder, de Londres, pelo trabalho de tradução.

Só depois de haver redigido estas conferências na primavera de 1912 é que tive conhecimento do livro de Adler, *Über den nervösen Charakter* (Do caráter nervoso), no verão desse mesmo ano. Constatei que Adler e eu chegamos a resultados semelhantes em diversos pontos; mas não posso entrar em detalhes agora.

Zurique, outono de 1912.

C.G. Jung

Prefácio à segunda edição

Desde o aparecimento da primeira edição, em 1912, passaram-se tantos anos e aconteceram tantas coisas que é totalmente impossível refazer um livro deste gênero e que provém de uma época que já vai longe e de uma fase de transição em que houve acentuado progresso de conhecimentos, bem como colocá-lo à altura do momento presente. Ele constitui um marco indelével no longo caminho do esforço científico, e como tal deve continuar. Gostaria de evocar todas aquelas transformações e etapas da pesquisa num campo recém-inaugurado e cujas fronteiras ainda não é possível demarcar com segurança e, consequentemente, dar o contributo pessoal para a história de uma ciência que se desenvolve. Por isto, deixo que esta obra vá ao prelo em sua forma original e sem mudanças essenciais.

Outubro de 1954.

C.G. Jung

I. Visão geral das antigas hipóteses

Minhas senhoras e meus senhores!

203   Não é tarefa fácil tratar da psicanálise no momento presente, independente do fato de este campo em geral – e isto garanto com toda a convicção – pertencer aos problemas mais difíceis da ciência atual. Mesmo sem considerar este fato, encontramos sérias dificuldades que hão de influir consideravelmente no modo de apresentar a matéria ensinada. Não posso oferecer-lhes uma doutrina bem fundamentada, elaborada e perfeita sob o ponto de vista teórico ou prático porque a psicanálise ainda não está nestas condições, apesar de todo o trabalho já feito. Também não quero fazer uma apresentação da doutrina desde as origens porque os senhores possuem em seu país, que sempre esteve na vanguarda da civilização, alguns excelentes intérpretes e mestres que já transmitiram um conhecimento bastante geral da psicanálise ao público científico. Além disso, Freud, o verdadeiro descobridor e fundador deste movimento, já falou em seu país e já os informou sobre as suas concepções. Agradeço à América a subida honra de ter tido opor-

Freud e a psicanálise

tunidade de falar sobre a minha base experimental da psicologia dos complexos e o emprego da psicanálise na educação[2].

É fácil compreender, pois, meu receio de repetir o que já foi dito, impresso e lido! Outra dificuldade são as concepções extremamente errôneas que encontramos em toda parte sobre a natureza da psicanálise. Às vezes é quase impossível acreditar que existam tais concepções. São de tal ordem que admira sejam essas ideias aventureiras expressas por pessoas de formação científica. Não adianta falar dessas curiosidades; é preferível empregar nosso tempo e esforço para discutir as questões e problemas da psicanálise que, por sua natureza, dão origem a mal-entendidos.

Apesar das inúmeras referências e menções, muitos ainda desconhecem que ocorreram, por exemplo, grandes mudanças no seio da teoria psicanalítica, no decorrer dos anos. Muitos que só leram, por exemplo, a obra pioneira, isto é, os *Estudos sobre a histeria*[3], da autoria conjunta de Breuer e Freud, continuam afirmando que, na concepção psicanalítica, a histeria, e sobretudo a neurose, têm sua origem no chamado trauma dos primeiros tempos da infância. Eles combatem esta doutrina sem se darem conta de que a chamada teoria do trauma foi abandonada há mais de quinze anos e substituída por uma nova concepção. Como esta mudança é de grande importância para toda a evolução da teoria e técnica psicanalíticas, somos forçados a entrar em maiores detalhes sobre esta mudança. Para não aborrecê-los com uma casuística que é de conhecimento geral, sugiro que leiam os casos contidos no referido livro de Breuer e Freud que suponho seja de seu conhecimento, na tradução inglesa. Lendo, por exemplo, o caso tratado por Breuer, ao qual Freud se refere nas suas conferências pronunciadas na Clark University[4], pode-se aprender que o sintoma histérico não provém de fontes desconhecidas, de natureza anatômico-fisiológica, conforme acreditava o meio científico de antigamente, mas de certas vivências psíquicas de elevado

---

2. *The Clark Lectures*. Publicadas pela primeira vez em *American J. of Psychol.*, XXI, 1910. Baltimore.

3. Publicado em 1895.

4. *Five Lectures on Psycho-Analysis* [Em alemão: *Über Psychoanalyse*. Liepzig/Viena: [s.e.], 1910].

valor emocional – as chamadas feridas psíquicas ou traumas. Em nossos dias, qualquer observador cuidadoso e atento da histeria poderá confirmar, com base em sua rica experiência, que essas vivências particularmente desagradáveis e penosas muitas vezes se encontram no início da histeria. Esta é, em si, uma verdade que já os médicos antigos conheciam.

206 Ao que eu saiba, foi Charcot o primeiro a utilizar teoricamente esta observação, provavelmente sob a influência da doutrina do "nervous shock", de Page[5]. Charcot, influenciado pela nova técnica do hipnotismo, sabia que os sintomas histéricos podem ser produzidos por sugestão e desaparecer também por sugestão. Algo semelhante podia ser observado, como pensava Charcot, nas histerias ocasionadas por acidentes e que ocorriam então com bastante frequência. O choque do trauma seria comparado, por assim dizer, ao momento da hipnose; a emoção produziria uma paralisia temporária e total da vontade em que a ideia do trauma poderia fixar-se como autossugestão.

207 Estavam assim lançadas as bases de uma teoria da psicogênese. Mas estava reservado a pesquisas etiológicas muito posteriores a comprovação deste mecanismo ou de outro semelhante, nos casos de histeria que não podiam ser classificados de histerias traumáticas. A lacuna no conhecimento da etiologia da histeria foi preenchida pelas descobertas conjuntas de Breuer e Freud. Demonstraram também que os casos de histeria comum que não eram considerados necessariamente como de natureza traumática continham, no entanto, aquele elemento traumático, com um sentido aparentemente etiológico. Por isto, nada mais natural para Freud, um discípulo pessoal de Charcot, do que ver nesta descoberta quase uma confirmação das ideias de seu mestre. A teoria, elaborada substancialmente por Freud, com base nas experiências de então, traz, pois, a marca da etiologia traumática. Por isso, é designada com razão *teoria do trauma*.

208 A novidade desta teoria, sem considerar a meticulosidade verdadeiramente exemplar das análises dos sintomas, foi a dissolução e a substituição do conceito de *autossugestão*, que originalmente era o

---

5. Trata-se provavelmente de Herbert W. Page, psiquiatra britânico, que estudou este assunto. Cf. Referências.

Freud e a psicanálise

fator dinâmico desta teoria, pelo estudo detalhado dos efeitos psicológicos e psicofísicos produzidos pelo choque. O choque, ou o trauma, provoca uma certa excitação que se exterioriza (é ab-reagida) em situações normais, ao passo que em situação de histeria a vivência do trauma é incompleta, e por isto ocorre uma assim chamada "retenção da excitação" ou um "bloqueio dos afetos". A energia da excitação, sempre presente em estado potencial, alimenta os sintomas, enquanto ela é levada para a esfera do corporal, pelo mecanismo da *conversão*. Segundo esta concepção, a terapia tinha por função liberar a excitação retida, isto é, libertar, por assim dizer, os sintomas da carga de afetos reprimidos e convertidos. Por isso, ela se chamava adequadamente de terapia "purificadora" ou "catártica" e sua finalidade era fazer com que os afetos bloqueados fossem ab-reagidos. Por conseguinte, esse estágio da análise estava mais ou menos intimamente ligado aos sintomas, ou seja, analisavam-se o trabalho analítico pelos sintomas – bem ao contrário da técnica psicoanalítica da atualidade. O método catártico e a teoria que lhe serve de base encontraram aceitação por parte de outros especialistas e mereceram acolhida nos manuais.

Embora as descobertas reais de Breuer e Freud sejam absolutamente corretas – basta ler o primeiro e o mais completo caso de histeria descrito – houve objeções contra esta teoria. A metodologia de Breuer e Freud mostra com admirável clareza a relação entre o sintoma atual e as vivências traumáticas e as consequências psicológicas aparentemente inevitáveis que resultam da situação traumática inicial; contudo, restam dúvidas sobre o verdadeiro significado *etiológico* do chamado trauma. Antes de mais nada, o conhecedor da histeria porá em dúvida a hipótese de que uma neurose em seu todo possa ser atribuída a acontecimentos do passado, isto é, ao momento de uma disposição passageira. Hoje é quase moda considerar todos os estados mentais anormais se não tiverem proveniência exógena, como resultantes de degeneração hereditária, e não como determinados essencialmente pela psicologia e pelas circunstâncias do meio. É uma concepção extremada que não faz justiça aos fatos. Podemos encontrar, por exemplo, o meio-termo na etiologia da tuberculose: existem casos de tuberculose onde o germe da doença prolifera inexterminavelmente no solo preparado hereditariamente desde a mais tenra idade, e onde as circunstâncias mais favoráveis não podem resguardar o indivíduo da fatalidade. Existem casos também em que não há fator hereditário, nem predisposição individual e, no entanto, ocorre a infecção letal. Esta constatação é válida também no campo da neurose, pois as coisas aqui não são muito diferentes do que se passa no restante da patologia. Uma teoria extremada da predisposição será tão errada quanto uma teoria extremada do meio.

210   Embora a teoria do trauma seja uma declarada teoria da predisposição e procure a *conditio sine qua non* da neurose no trauma do passado, o empirismo genial de Freud encontrou e expôs em *Estudos*, de Breuer e Freud – ainda que não os tivesse explorado de forma suficiente na teoria – certos elementos que correspondiam mais a uma teoria do meio do que a uma teoria da predisposição. Freud já enfeixara estas observações num conceito que estava posteriormente fadado a ultrapassar de muito os limites da teoria contemporânea do trauma. Este conceito é o da "repressão". Entendemos por repressão o mecanismo que desloca um conteúdo da consciência para fora do campo do consciente. Chamamos este campo de *inconsciente* e o definimos como o psiquismo que não nos é consciente. O conceito de repressão se baseia em inúmeras observações de que os neuróticos são capazes, ao que tudo indica, de esquecer acontecimentos ou ideias importantes de forma tão radical que até parece que nunca existiram. Essas observações são realmente muito frequentes e bastante conhecidas daqueles que estão familiarizados com a psicologia de seus pacientes.

211   Os trabalhos de Breuer e Freud já mostram que há necessidade de procedimentos muito especiais para reconduzir ao plano da consciência as vivências traumáticas totalmente esquecidas. Lembro incidentalmente que este fato nos parece estranho, porque não somos inclinados a aceitar *a priori* que coisas tão importantes possam ser esquecidas. Por isso, alguns críticos já disseram que as lembranças trazidas à tona por certos processos hipnóticos são apenas sugeridas e não correspondem a nenhuma realidade. Embora esta opinião tenha bastante fundamento, seria injusto rejeitar em princípio o fenômeno da repressão. Existiram e existem não poucos casos em que a realidade das lembranças reprimidas foi comprovada por observações objetivas. Além da abundância de provas desta natureza, temos também a

Freud e a psicanálise

possibilidade de demonstrar experimentalmente este fenômeno. Esta possibilidade nos é dada pelo *experimento de associações*. Encontramos aqui um fato marcante: as associações ligadas a complexos de carga afetiva são muito mais difíceis de recordar, e são esquecidas com extraordinária frequência. Minhas experiências não foram analisadas e, com isso, rejeitou-se também esta constatação. Só recentemente pôde Wilhelm Peters[6], da Escola de Kraepelin, confirmar, no essencial, minhas antigas observações, ou seja, de que "as vivências desagradáveis são as que menos vezes se reproduzem corretamente".

Como veem, as bases empíricas do conceito de repressão estão asseguradas. Além do fato da repressão, este conceito encerra algo mais, que é preciso discutir. Há, por exemplo, a questão se podemos admitir que a repressão provenha de uma decisão consciente do indivíduo, ou que seja um desaparecimento mais passivo de que o indivíduo não se dá conta. Nas obras de Freud encontramos ótimos exemplos da tendência por assim dizer consciente de afastar tudo quanto é penoso. Todo psicanalista conhece inúmeros casos em que pacientes seus chegam a um ponto de não mais quererem pensar no conteúdo consciente a ser reprimido. É sugestivo o que me disse certa vez uma paciente: "Je l'ai mis de côté" (Eu o pus de lado). Por outro lado é preciso reconhecer também que há muitos casos onde nem a mais perspicaz análise consegue comprovar um pôr de lado ou respectivamente uma repressão; mas o processo repressivo parece mais um desaparecimento passivo ou um puxar para baixo. Ao que tudo indica, nos casos do primeiro tipo se enquadram pessoas plenamente desenvolvidas que parecem ter apenas certa covardia com relação a seus sentimentos. Os casos do segundo tipo deixam a forte impressão de serem inibições mais sérias do desenvolvimento porquanto neles se pode comparar facilmente o processo de repressão com um mecanismo de automatismo. Esta diferença talvez esteja estreitamente relacionada com a questão esboçada acima, da teoria do meio e da predisposição. Nos casos do primeiro tipo parece que muita coisa depende da influência do ambiente e da educação, ao passo que nos casos do segun-

---

6. PETERS, W. "Gefühl und Erinnerung". *Psychologische Arbeiten*, VI/2, p. 197-260, p. 237.

do tipo parece que o fator da predisposição supera a influência do meio. Salta aos olhos quais os casos em que há maior chance de cura.

213   Como indiquei acima, o conceito de repressão encerra um elemento que conflita interiormente com a teoria do trauma. Vemos, por exemplo, na análise de Miss Lucy R., descrita por Freud[7], como o fator etiologicamente significativo não consiste nas cenas traumáticas, mas na disposição deficiente do indivíduo em admitir as ideias que se impõem a ele. Mas, considerando a formulação posterior, que encontramos nos *Escritos sobre a teoria da neurose* onde Freud, em razão de sua experiência, se vê obrigado a reconhecer que a fonte das neuroses são determinadas vivências traumatizantes da primeira infância, constatamos que existe uma desproporção entre o conceito de repressão e o conceito de trauma: o conceito de repressão encerra os princípios de uma teoria do meio, ao passo que o conceito de trauma é uma teoria da predisposição.

214   Inicialmente, porém, a teoria da neurose evoluiu no sentido do conceito de trauma. Em trabalhos publicados um pouco depois, Freud chegou a admitir que só se podia atribuir eficácia aparente às vivências traumáticas posteriores, já que seus efeitos são admissíveis apenas com base em uma predisposição especial. Aqui estava um enigma a ser resolvido. Ao buscar as raízes dos sintomas histéricos, o trabalho analítico retrocedeu até a infância, pois os sintomas se encadeavam para trás a partir do presente. O fim da corrente ameaçava desaparecer nas brumas da primeira infância. Mas era precisamente ali que brotavam recordações das atividades sexuais ativas ou passivas e que guardavam indiscutível relação com os acontecimentos subsequentes que conduziam à neurose. Para informações mais detalhadas sobre a natureza destas cenas, poderão consultar os escritos de Freud, bem como as numerosas análises já publicadas.

215   Foi daqui que nasceu a *teoria do trauma sexual da infância* que encontrou uma exasperada resistência, não só por razões teóricas contra uma teoria do trauma em geral, mas contra o fator sexualidade. Em primeiro lugar, era revoltante a ideia de que as crianças fossem sexuais, e que semelhantes considerações de ordem sexual pu-

---

7. BREUER, J. & FREUD, S. *Studien über Hysterie*. Leipzig/Viena: [s.e.], 1895, p. 90s.

dessem desempenhar algum papel dentro delas. Em segundo lugar, a referência da histeria a uma base sexual foi muito mal recebida, pois fora abandonado há pouco o ponto de vista desoladoramente estéril de que a histeria provinha de uma neurose uterina reflexa ou de uma insatisfação sexual. Nega-se naturalmente o caráter real das observações de Freud. Houvesse a oposição se limitado apenas a este ponto e não tivesse assumido ares de indignação ética, teria havido uma discussão tranquila. Mas, não, negou-se o crédito em geral à Escola de Freud na Alemanha. Assim que a questão atingiu o campo da sexualidade, despertou uma resistência generalizada e um menosprezo orgulhoso. No fundo, para o verdadeiro homem de ciência trata-se apenas de saber se as observações de Freud são corretas ou não. Estou de acordo que se possam considerar as observações como improváveis, mas não se pode dizer *a priori* que sejam falsas. A análise destas experiências, sempre que executada com toda seriedade e profundidade, conduz a uma confirmação absoluta das *conexões psicológicas*, não, porém, à confirmação da hipótese original de Freud de que se tratava sempre de verdadeiras cenas traumáticas.

Também Freud foi obrigado a abandonar seu ponto de vista primitivo da realidade absoluta do trauma sexual, logo depois da primeira formulação de sua teoria sexual da neurose, em virtude de um número maior de experiências. Aquelas cenas de caráter tipicamente sexual, o abuso sexual por parte da criança ou a atividade sexual precoce da criança eram, portanto, em grande parte, irreais. Há quem vá mais longe e diga que a suposição dos críticos de que os resultados da pesquisa se baseavam na *sugestão* estaria correta. Esta suposição poderia ser mais ou menos justificada se fosse uma pessoa desinformada e desqualificada que tivesse feito afirmações infundadas em tom de charlatanismo. Quem, no entanto, leu com atenção os escritos de Freud, publicados nesta época, e procurou penetrar, por um processo semelhante, na psicologia de seus pacientes, sabe que seria injustiça imputar erro tão grosseiro e primário a um espírito como Freud. Imputações desse gênero recaem sobre aqueles que as formulam. Desde essa época têm-se examinado pacientes, com todas as cautelas possíveis e imagináveis que excluem toda e qualquer sugestão, e, não obstante, encontraram-se as conexões descritas por Freud. Somos, portanto, obrigados a admitir que muitos traumas da primeira infância são de natureza puramente fantástica, *meras fantasias*, ao passo que outros traumas são realidade objetivamente comprovada.

217   O significado etiológico do trauma sexual da infância se desmorona com esta descoberta, à primeira vista bastante desconcertante, pois agora parece inteiramente irrelevante saber se houve ou não o trauma. A experiência nos ensina que certas fantasias podem ter ação traumática igual à dos verdadeiros traumas. Por outro lado qualquer médico entendido em tratamento de histerias conhece casos em que impressões violentas e traumatizantes provocaram efetivamente uma neurose. Mas esta observação só contradiz aparentemente a nossa descoberta de que o trauma infantil não é real. Sabemos que muitas pessoas sofreram traumas na infância ou na idade adulta, sem que isto produzisse neuroses. O trauma, portanto, não tem, *ceteris paribus*, um significado necessariamente etiológico, mas passará sem deixar atrás de si um efeito duradouro. Desta simples reflexão se conclui que o indivíduo deve ter uma disposição interior bem determinada que ajuda o trauma a produzir seus efeitos. Esta disposição interior não deve ser entendida no sentido de uma predisposição cegamente hereditária, mas como um *desenvolvimento psicológico que alcança o ponto culminante e se manifesta com o momento traumático*.

218   Trago, agora, um exemplo concreto para descrever a natureza do trauma e sua disposição psicológica. É o caso de uma jovem senhora que padecia de grave histeria, proveniente de um susto repentino[8]. Fora, certa noite, a uma festinha e voltava para casa, cerca da meia-noite, em companhia de vários conhecidos, quando, de repente, uma carruagem, vinda de trás, aproximou-se velozmente. As outras pessoas se afastaram, dando passagem; mas ela ficou no meio da rua, tomada de pânico, e começou a correr à frente dos cavalos. O cocheiro estalava o chicote e praguejava, mas tudo em vão: ela corria pela rua afora, que ia dar numa ponte. Ali perdeu as forças e, tomada pelo desespero, quis jogar-se no rio, para não cair sob as patas dos cavalos, mas foi impedida a tempo pelos transeuntes. Esta mesma senhora entrou casualmente, no sangrento 22 de janeiro (1905), em

---

8. Este caso é amplamente abordado no volume 7 da Obra Completa, *Dois escritos sobre Psicologia Analítica*, p. 16s. e sobretudo p. 239s.

Freud e a psicanálise

uma das ruas de São Petersburgo (hoje Leningrado) que estava sendo "limpa" pela fuzilaria das tropas do exército. À sua direita e à sua esquerda pessoas tombavam mortas ou feridas, mas ela avistou com toda calma e clareza de espírito um portão através do qual pôde chegar sã e salva a uma outra rua. Esses momentos terríveis não lhe causaram moléstia alguma. Depois disto, sentiu-se perfeitamente bem, e até melhor do que habitualmente.

Encontramos muitas vezes um comportamento basicamente semelhante. Daí se segue necessariamente que a intensidade do trauma possui pouco significado patógeno (causador de doença); são necessárias circunstâncias especiais. Isto nos oferece uma chave que poderia descerrar as portas da predisposição, ou pelo menos um de seus vestíbulos externos. Devemos propor a questão: quais são as circunstâncias especiais na cena da carruagem? O medo começou quando a mulher ouviu os cavalos se aproximando a galope. Por um instante pareceu-lhe que aí se encerrava uma fatalidade terrível, que significava sua morte ou qualquer outra coisa apavorante; já perdera então a capacidade de refletir.

O impulso efetivo parte evidentemente dos cavalos. A disposição da paciente de reagir de maneira tão irresponsável a este acontecimento sem significação deve-se, provavelmente, ao fato de os cavalos significarem algo de especial para ela. Poderíamos supor, por exemplo, que ela teve uma experiência perigosa com cavalos. Esta suposição é correta, porque, certa vez, quando ela tinha sete anos, ao passear de carruagem, acompanhada de seu cocheiro, os cavalos se espantaram e dispararam em direção à margem íngreme de um rio que corria em leito profundo. O cocheiro pulou da carruagem e gritou-lhe que fizesse o mesmo; mas ela, acometida de angústia mortal, mal podia raciocinar. Assim mesmo conseguiu saltar na hora exata, antes que os cavalos e a carruagem se despedaçassem no abismo. É desnecessário provar que um tal acontecimento, deixa impressões profundas. Contudo, não explica por que deveria seguir mais tarde uma reação tão disparatada a um estímulo tão inofensivo. Até agora sabemos apenas que o sintoma posterior teve um prelúdio na infância. Mas desconhecemos o que ele encerra de patológico.

221 Esta anamnese, cujo prosseguimento veremos mais adiante[9], mostra claramente a desproporção entre o chamado trauma e a participação da fantasia, participação essa que, no caso presente, teve preponderância extraordinária, para de um motivo tão insignificante resultar um efeito tão grande. À primeira vista parece necessário referir o trauma aos primeiros anos da infância, para esclarecê-lo. Pessoalmente acho que será uma tentativa sem êxito. Por que os efeitos desse trauma ficaram latentes por tanto tempo e só se manifestaram nesta ocasião? Por que não se manifestaram também nas outras ocasiões em que teve de deixar passar uma carruagem e certamente em circunstâncias exteriores semelhantes? O momento primitivo do perigo de vida parece que não produziu nenhum efeito, porque o perigo real de vida em que ela se achava, apesar da predisposição ocasionada por uma vivência impressionante da infância, não deixou a menor sequela neurótica. Tudo fica por explicar nesta cena traumática, porque do ponto de vista da teoria do trauma ficamos totalmente no escuro.

222 Peço desculpas, senhoras e senhores, se insisto obstinadamente nesta questão da teoria do trauma. Não é supérfluo, porque há pessoas que simpatizam com muitos aspectos da psicanálise, mas ainda seguem o antigo ponto de vista, o que suscita entre os nossos oponentes – que não leram todos os nossos trabalhos, ou só os leram de maneira muito superficial – a impressão de que a psicanálise continua sendo uma teoria do trauma.

223 Surge aqui a questão: em que consiste esta predisposição pela qual uma impressão, insignificante de per si, produz tal efeito patológico? É uma questão de importância capital e, como ainda veremos, desempenha papel fundamental, sobretudo na teoria da neurose. Mas o problema aqui é saber por que acontecimentos mais ou menos irrelevantes do passado ainda continuam influenciando de maneira demoníaca e caprichosa as reações de nossa existência atual.

224 A corrente inicial da teoria psicanalítica e seus adeptos posteriores fizeram o possível para descobrir na singularidade dessas vivências traumáticas primitivas a razão de sua eficácia posterior. Freud foi quem penetrou mais fundo. Foi ele o primeiro e o único a perceber

---

9. Cf. § 297s. e 355s. deste volume.

Freud e a psicanálise

que um determinado elemento sexual se misturara com o acontecimento traumático e que esta mistura, que permanecia inconsciente, era a grande responsável pelo efeito traumático. A inconsciência da sexualidade na infância parecia elucidar de modo perfeito o problema da constelação persistente produzida pela vivência primitiva, porque a significação emocional específica dessa vivência permanecia sempre oculta ao indivíduo, de modo que a consciência não podia realizar uma "usura", um desgaste nessa emoção. Este efeito constelador persistente poderia ser explicado mais ou menos como "suggestion à écheánce", que é também inconsciente e só desenvolve sua atividade no momento aprazado.

Não precisamos citar exemplos detalhados de que o verdadeiro 225 caráter das atividades sexuais no período da infância não é reconhecido. Os médicos sabem muito bem, por exemplo, que a masturbação manifesta, praticada, às vezes, até à idade adulta, não é entendida como tal, especialmente pelas mulheres. Daí podemos concluir que uma criança tem muito menos consciência do caráter de certas ações. Por isso o verdadeiro significado destas vivências permanece oculto à consciência até a idade adulta. Por vezes esquecem-se totalmente as próprias vivências, seja porque o indivíduo desconhece inteiramente o seu significado sexual, seja porque seu caráter sexual, pelo fato de ser muito penoso, não é admitido, isto é, é reprimido.

Como já disse, a constatação de Freud de que a mistura de um 226 elemento sexual no trauma é uma característica concomitante à atividade patológica, conduziu à *teoria do trauma sexual infantil*. Isto significa que a hipótese atual soa assim: *a experiência patógena é uma experiência sexual*.

Esta hipótese foi logo contestada pela opinião corrente de que as 227 crianças não possuíam ainda uma sexualidade em seus primeiros anos de vida e que, portanto, não se podia pensar em uma etiologia desta natureza. A mudança na teoria do trauma, já mencionada acima, de que o trauma em geral não existe e que não passa de pura fantasia, não melhora a situação. Ao contrário, isto nos obriga a considerar a vivência patogênica como uma atividade sexual da fantasia infantil. Já não se trata de uma impressão acidental, a partir de fora, mas de uma atividade sexual positiva, de clareza inequívoca, verdadeiramente produzida pela criança. Nem mesmo as cenas traumáticas de caráter positivamente sexual se produzem sem a cooperação da criança. Muitas vezes até são preparadas e provocadas pela própria criança. Abraham traz exemplos muito bons e de grande interesse para o assunto em questão. Esses exemplos, juntamente com outras experiências da mesma espécie, parecem indicar que mesmo os verdadeiros traumas são muitas vezes produzidos e sustentados pela *atitude* psicológica da criança. A jurisprudência médica, inteiramente independente da psicanálise, conhece paralelos bem expressivos deste ponto de vista psicanalítico.

228   De acordo com a antiga concepção, a atividade prematura da fantasia sexual e seu efeito traumático era a fonte da neurose. Por isto, foi preciso atribuir à criança uma sexualidade muito mais desenvolvida do que se admitia até então. A literatura já conhecia, desde muito tempo, casos de sexualidade prematura como, por exemplo, o de uma menina de 2 anos que menstruava regularmente, e de meninos entre 3 e 5 anos com plena capacidade de ereção e, consequentemente, também de coabitação. Tais casos, porém, eram curiosidades. Por isso, grande foi o espanto quando Freud começou a atribuir à criança não só uma sexualidade de tipo comum, mas até mesmo uma sexualidade dita polimorfo-perversa, e isto, com base numa pesquisa feita com meticulosidade verdadeiramente extraordinária. Foi precipitada a hipótese barata de que tudo isto era incutido nos pacientes à força de sugestão, e portanto era um produto artificial altamente discutível.

229   Por isso, os *Três ensaios sobre a teoria da sexualidade*, de Freud, provocaram não só oposição, mas violenta indignação. Desnecessário é dizer que não se faz ciência com indignação, e que argumentos de revolta moral convêm melhor ao moralista – pois este é o seu ofício – do que ao homem de ciência para o qual a norma é a verdade e não o sentimento moral. Se as coisas forem realmente como Freud diz, então qualquer indignação é ridícula; se não forem, a indignação de nada adianta. A decisão de saber o que é a verdade compete exclusivamente ao campo da observação e ao trabalho de pesquisa. Por causa dessa indignação despropositada, os oponentes, com honrosas e raras exceções, oferece-nos o espetáculo cômico de um atraso digno de lástima. Embora a escola psicanalítica infelizmente nada tenha podido aprender com a crítica da oposição, por que esta crítica não se interessa pela

verdadeira observação dos fatos e não oferece nenhuma sugestão útil, pois ignora os processos da pesquisa psicanalítica, mesmo assim nossa escola tem o grave dever de discutir a fundo as contradições existentes na concepção tradicional. Nossa preocupação não é formular uma teoria paradoxal e contrária a tudo o que foi ensinado até agora, mas acrescentar à ciência uma determinada categoria de novas observações. Por isso achamos que é dever nosso fazer todo o possível para haver um acordo. Desistimos, porém, da pretensão de chegar a um entendimento com todos aqueles que afirmam cegamente o contrário. Seria perder tempo e trabalho. Mas temos esperança de fazer as pazes com a ciência. Talvez o consiga, ao apresentar agora o desenvolvimento conceptual posterior do ponto de vista psicanalítico, até chegar à chamada *Teoria Sexual da Neurose*.

II. A teoria da sexualidade infantil

Como já disse, a observação das fantasias sexuais prematuras, consideradas como fonte das neuroses, levou Freud a admitir uma sexualidade infantil ricamente desenvolvida. Como os senhores sabem, muitos contestam pura e simplesmente o caráter real destas observações, isto é, acham que foi um erro grosseiro e uma obcecação obstinada que induziram Freud e toda a sua escola, tanto na Europa como na América, a ver coisas que realmente não existiam. Por isso, consideram-nos pessoas atacadas por uma epidemia intelectual. Devo confessar que não tenho meios para me defender dessa "crítica". De resto, devo observar que a chamada ciência não tem direito de afirmar *a priori* que certos fatos *não* existem. No máximo, o que se pode dizer é que tais fatos parecem pouco prováveis e necessitam de maior confirmação e estudo mais acurado. Também não é válida a objeção de que nada de fidedigno se possa descobrir com este método psicanalítico, por ser ele irracional. Também, na época não se acreditou no telescópio de Galilei, e Colombo descobriu a América baseado numa hipótese falsa. Na minha opinião, o método pode estar repleto de erros, mas isto não impede que o utilizemos. Também se fizeram, antigamente, determinações de tempo e lugares com observações astronômicas inteiramente insatisfatórias. As objeções contra o método devem ser consideradas

230

subterfúgios, até que os oponentes pisem no campo dos fatos. É aqui, e não com guerra de palavras, que se decide o problema.

231 Os nossos adversários dizem também que a histeria é uma enfermidade psicogênica. Acreditamos haver estabelecido as determinantes psicológicas e publicamos, sem receio, os resultados de nossas pesquisas de modo que a opinião pública pudesse discuti-los. Os que não concordarem com estes resultados, podem tranquilamente apresentar suas próprias análises de casos patológicos. *Enquanto é de meu conhecimento, isto ainda não foi feito até agora, em parte alguma, pelo menos na literatura europeia. Nestas circunstâncias, a crítica não tem absolutamente o direito de negar* a priori *nossas constatações.* Nossos adversários dispõem também, tanto quanto nós, de casos de histeria, e estes casos são tão psicógenos quanto os estudados por nós. Nada, portanto, os impede de apresentarem as determinantes psicológicas. Não importa o método empregado. Nossos adversários se contentam em contestar e difamar nossas pesquisas, mas são incapazes de fazer coisa melhor. Isto é muito pouco, e nada louvável.

232 Muitos de nossos críticos são mais justos e mais prudentes, e reconhecem que nossas observações são reais e as conexões psíquicas reveladas pelo trabalho analítico, muito prováveis; mas dizem que o conceito que temos a respeito delas é falso. Dizem que as fantasias pretensamente sexuais das crianças, de que aqui nos ocupamos, não deveriam ser entendidas em sentido sexual, mas de modo diferente, porque a sexualidade, evidentemente, é algo que só assume o caráter que lhe é próprio com a aproximação da puberdade.

233 Estas objeções, cujo tom calmo e sensato nos inspira confiança, merecem ser levadas a sério. Também se constituem em rica fonte de reflexão para todo analista sensato.

234 A respeito deste problema convém notar o seguinte: a dificuldade reside principalmente no *conceito de sexualidade.* Se tomarmos a palavra sexualidade no sentido de uma função plenamente desenvolvida, devemos restringir este fenômeno, em geral, ao período da maturidade, e não temos razão para falar de uma sexualidade infantil. Mas se limitarmos assim o conceito em discussão, defrontamo-nos com uma dificuldade nova e maior: como denominar todos aqueles fenômenos biológicos que envolvem *sensu strictiori* a função sexual,

como sejam a gravidez, o nascimento, a seleção natural e o cuidado com o recém-nascido? Parece-me que tudo isto se inclui no conceito de sexualidade, embora um eminente colega seja de opinião que o ato de nascer nada tenha de sexual. Mas se tudo isto se inclui no conceito de sexualidade, então muitos outros fenômenos psicológicos também entram nele, porque, como sabem, um número imensamente grande de funções puramente psicológicas está associado à atividade sexual. Basta recordar a extraordinária importância da *fantasia* na preparação e aperfeiçoamento da função sexual. Chegamos assim a um conceito de sexualidade muito biológico que, ao lado de uma série de fenômenos fisiológicos, compreende também uma série de funções psicológicas. Utilizando uma classificação antiga, mas prática, poderíamos identificar a sexualidade com o chamado instinto de conservação da espécie, que, de algum modo, distingue-se do instinto de autoconservação.

Formulando dessa forma o conceito de sexualidade, já não parece tão estranho que as raízes do instinto de conservação da espécie, importantíssimo para a natureza, atinjam profundidade muito maior do que o conceito mais limitado de sexualidade nos permitiria supor. Só o gato mais ou menos desenvolvido pega rato, mas mesmo o filhotinho de gato já brinca de pegar rato. As tentativas de cópula dos filhotes de cachorro começam em forma de brincadeira já muito antes da maturidade sexual. Temos o direito de supor que o ser humano não seja exceção desta regra. Embora não percebamos essas coisas abertamente em nossos filhos bem-educados, a observação de crianças de povos primitivos nos ensina que elas não constituem exceção à regra biológica. Na verdade, ao invés de cair repentinamente, já pronto, do céu, durante a puberdade, é muito mais provável que o instinto de conservação da espécie comece a se desenvolver germinalmente nos primeiros anos da infância. Também os órgãos de reprodução se preparam anatomicamente bem antes de se perceber exteriormente qualquer traço da futura função.

Por isso, quando a escola psicanalítica fala de "sexualidade", devemos associar-lhe também o conceito mais amplo de conservação da espécie e não se deve pensar que queremos significar aquelas sensações e funções orgânicas que geralmente se costuma designar pelo nome de "sexualidade". Para evitar mal-entendidos, poderia alguém dizer que seria melhor não denominar os fenômenos indicativos e preparatórios da infância como sexuais. Mas isto não se justifica, porque a terminologia anatômica é baseada num sistema plenamente desenvolvido e não é usual dar nomes especiais nos estágios mais ou menos rudimentares.

237 Embora nada se tenha a objetar contra a terminologia sexual de Freud, visto que considera consequentemente e com razão todos os estágios da sexualidade como sexuais, há, porém, certas conclusões que, a meu ver, não podem ser mantidas. Se nos perguntarmos até que ponto da infância remontam os primeiros traços da sexualidade, devemos responder que a sexualidade já existia implicitamente *ab ovo* (desde o começo), mas só se manifesta muito tempo depois da vida extrauterina. Freud está propenso a considerar o ato de mamar da criança no seio materno como uma espécie de ato sexual. Esta opinião lhe valeu severas críticas, mas – devemos reconhecer – é engenhosa, se admitirmos, com Freud, que o instinto de conservação da espécie, ou seja, a sexualidade, existe de certo modo separada do instinto de autoconservação, isto é, da função de nutrição, e que passa, portanto, por processo evolutivo especial *ab ovo*. Mas esta maneira de pensar não me parece legítima sob o ponto de vista biológico. Não se pode separar as duas formas de manifestação e de funcionamento do hipotético instinto vital e dar a cada uma delas um roteiro especial de desenvolvimento. Se nos contentarmos em julgar as coisas pelo que observamos, devemos levar em conta a circunstância de que em toda a natureza animada o processo vital é, por longo espaço de tempo, apenas uma função de nutrição e crescimento. Vemos isto claramente em muitos animais, como, por exemplo, as borboletas que passam primeiro por uma fase assexuada de nutrição e crescimento, sob a forma de lagarta. A este estágio do processo vital pertencem o período da vida intrauterina e o período extrauterino da lactância no ser humano.

238 *Este período se caracteriza pela falta de funções sexuais.* Falar, portanto, de uma sexualidade manifesta do lactente seria uma *contradictio in adjecto*. Quando muito, poderíamos perguntar se, entre as funções do período de lactância, existem porventura algumas que não tenham as características de função de nutrição e de crescimento

Freud e a psicanálise

e que, por exclusão, poderiam ser classificadas como sexuais. Freud salienta a exitação e a satisfação inegáveis da criança no ato de mamar, e compara estes fenômenos aos do ato sexual. Esta semelhança leva-o a admitir que o ato de mamar tenha uma qualificação sexual. Esta hipótese seria correta se estivesse provado que a tensão de uma necessidade e a satisfação obtida com sua solução fosse um processo sexual. Mas a evidência de que o ato de mamar possui este mecanismo emocional nos prova exatamente o contrário. Podemos dizer que este mecanismo está presente tanto na função de nutrição como na função sexual. Se Freud deduz da analogia com o mecanismo emocional a qualidade sexual do ato de mamar, então a experiência biológica justificaria também uma terminologia que qualificasse o ato sexual como função de nutrição. Estas extrapolações são injustificadas em ambos os sentidos. É evidente, pois, que o ato de mamar não pode ser qualificado como sexual.

Mas conhecemos ainda uma série de funções da fase da lactância que evidentemente nada têm a ver com funções de nutrição, como o ato de chupar e suas diversas variantes. Aqui seria mais indicado perguntar se estas coisas pertencem à esfera sexual. Elas não servem à nutrição, mas à obtenção de prazer; isto não se discute. Mas é muito discutível se este prazer obtido através da sucção pode ser qualificado, por analogia, como prazer sexual; poderíamos também chamá-lo de prazer de nutrição. Esta última qualificação tem muito mais elementos a seu favor, porque a forma e o lugar em que se obtém o prazer pertencem totalmente à função de nutrição. A mão de que a criança se utiliza para chupar é preparada, assim, para futuros atos autônomos de nutrição. Nestas circunstâncias, ninguém estará inclinado a classificar de sexuais as primeiras manifestações vitais, mediante uma *petitio principii*. 239

Mas a fórmula com que nos defrontamos acima e segundo a qual o que se procura no ato de sucção é o prazer sem uma função de nutrição não deixa margem a dúvidas quanto ao caráter exclusivamente nutricional da sucção. Vemos surgirem os chamados maus hábitos na criança em crescimento que estão intimamente ligados à sucção do primeiro período da infância como, por exemplo, o hábito de meter os dedos na boca, de roer as unhas, futucar o nariz e os ouvidos etc. 240

Vemos também que esses hábitos facilmente desembocam mais tarde na masturbação. Não se pode rejeitar a conclusão, por analogia, de que estes hábitos infantis sejam estágios prévios da masturbação ou de atos semelhantes e tenham, portanto, um caráter decididamente sexual: ela é plenamente válida. Presenciei grande número de casos em que existia uma correlação inegável entre estes vícios infantis e a masturbação posterior. A masturbação quando surge no período posterior da infância, antes da fase de amadurecimento, outra coisa não é do que a continuação dos maus hábitos da infância. A partir desse ponto de vista, é natural e compreensível que se deduza da masturbação o caráter sexual dos outros vícios infantis, porque se trata de atos para obtenção de prazer no próprio corpo.

241 Daí até qualificar de sexual o ato de chupar do lactente o passo não é muito grande. Freud, como sabem, deu este passo e eu, como ouviram, acabo de rejeitá-lo. Temos aqui uma contradição que não é fácil de resolver. A coisa seria relativamente simples se pudéssemos admitir a existência de dois instintos simultâneos e substancialmente separados. Neste caso, o ato de mamar seria um ato de nutrição e também um ato sexual, uma espécie de combinação de dois instintos. Parece que esta é a concepção de Freud. A coexistência manifesta dos dois instintos, ou melhor, sua manifestação na fome e no instinto sexual nós a vamos encontrar na vida do adulto. Na fase da lactância, pelo contrário, só conhecemos a função de nutrição, sobre a qual recai a recompensa do prazer e da nutrição e cujo caráter sexual só pode ser afirmado por via da *petitio principii*, porque os fatos nos mostram que o primeiro causador de prazer é o ato de nutrição e não a função sexual. *A obtenção do prazer não é, de forma alguma, o mesmo que sexualidade.* Se admitirmos, portanto, que os dois instintos coexistem de algum modo na criança de peito, estamos enganados porque projetamos uma constatação da vida do adulto para dentro da alma da criança. Mas aqui *não há* a coexistência das manifestações dos instintos separados, porque um dos sistemas instintivos ainda não está desenvolvido, ou o está apenas de forma rudimentar. Se admitirmos que a ânsia de prazer deve ser considerada de natureza sexual, paradoxalmente deveríamos também considerar a fome como um anseio sexual, pois busca prazer na satisfação. Mas se manejarmos assim os limites dos conceitos, deveríamos também permitir que

Freud e a psicanálise

nossos adversários aplicassem a terminologia da fome à sexualidade. Essas unilateralidades aparecem constantemente na história das ciências. Não vai nisto nenhuma censura. Pelo contrário, devemos alegrar-nos pelo fato de haver pessoas que têm a coragem do exagero e da unilateralidade. É a estas pessoas que devemos as descobertas científicas. Lamentamos apenas que cada um defenda apaixonadamente sua unilateralidade. *As teorias científicas são apenas sugestões de como se poderiam considerar as coisas.*

A coexistência dos dois sistemas de instintos é uma hipótese que facilitaria as coisas, mas infelizmente não pode ser aceita porque contradiz os fatos observados e levaria a conclusões insustentáveis, se nela insistíssemos. 242

Antes de examinarmos a solução da contradição, devo dizer algo mais sobre a teoria de Freud da sexualidade e suas transformações. Como já disse, a descoberta de uma atividade de fantasia sexual na infância que parece atuar de forma traumática leva-nos à hipótese de que a criança possui necessariamente uma sexualidade quase plenamente desenvolvida, ou mesmo polimorfo-perversa, ao contrário do que se supunha até então. Sua sexualidade não parece estar centralizada na função genital e no outro sexo, mas se ocupa com o próprio corpo, e por isso a criança foi considerada autoerótica. Quando seu interesse sexual se orienta para fora, para uma outra pessoa, a criança não faz distinção de sexo, ou, se o faz, é muito pequena; e por isso pode facilmente tornar-se "homossexual". Em vez da inexistente função sexual localizada, há toda uma série dos assim chamados maus hábitos que, considerados sob este ponto de vista, parecem *perversidades*, porque possuem uma semelhança muito grande com as perversões posteriores. 243

Como consequência deste ponto de vista, a sexualidade, originalmente e de modo geral concebida como unitária, dissolve-se numa multiplicidade de instintos singulares; e, como existisse um consenso tácito de que a sexualidade se originava por assim dizer no genital, Freud chegou a admitir a existência de *zonas erógenas* que, no seu entender, seriam a boca, a pele, o ânus etc. 244

A expressão "zona erógena" nos lembra a "zona espasmógena". A ideia subjacente é a mesma: assim como a zona espasmógena é o lu- 245 gar em que se origina um espasmo, assim também a zona erógena é o lugar em que tem origem um afluxo de sexualidade. Segundo a concepção de os genitais serem a fonte anatômica da sexualidade, as zonas erógenas deveriam ser consideradas também como diversos genitais de onde flui a sexualidade em geral. Este estado é a sexualidade "polimorfo-perversa" da criança. A palavra "perverso" parecia justificar-se pela estreita semelhança com as perversidades posteriores que, por assim dizer, constituem apenas uma reedição de certos interesses "perversos" do primeiro período da infância. Eles se acham muitas vezes ligados a uma ou outra zona erógena, ou provocam aquelas anomalias sexuais tão características das crianças.

246   De acordo, portanto, com este ponto de vista, a sexualidade normal e monomorfa posterior é constituída de diversos componentes. Primeiro, ela se fraciona numa componente homo e heterossexual, depois sobrevém a componente autoerótica e a seguir se lhe acrescentam as diversas zonas erógenas etc. Esta concepção se assemelha ao estado da física antes de Robert Mayer, onde só havia compartimentos estanques de fenômenos a que se atribuíam qualidades elementares e cuja correlação não era entendida corretamente. *Só a lei da conservação da energia* colocou ordem na relação recíproca das forças e introduziu, ao mesmo tempo, uma nova concepção que nega às forças um caráter elementar absoluto e as converte em formas de manifestação da mesma energia. O mesmo deverá acontecer com este fracionamento da sexualidade na sexualidade polimorfo-perversa da infância.

247   A experiência nos obriga a um constante intercâmbio das componentes individuais entre si. Está se formando um consenso de que as perversidades, por exemplo, vivem à custa da sexualidade normal ou que a intensificação de uma das formas de uso da sexualidade acarreta a diminuição de outra. Para melhor compreensão, dou um exemplo: um jovem teve, por alguns anos, uma fase de homossexualismo; não se interessava por moças. Pouco a pouco, por volta dos vinte anos, o seu interesse erótico passou a ser normal. Começou a interessar-se pelas moças, e, em breve, superou também os últimos vestígios de sua homossexualidade. Isso durou anos; teve êxito em várias aventuras amorosas. Por fim, desejou casar-se; mas a decepção foi enorme, pois a amada lhe deu o fora. A primeira fase que se se-

Freud e a psicanálise 121

guiu foi a de renúncia completa à ideia de casamento. Em seguida, veio o desinteresse por qualquer mulher e, um dia, descobriu que voltara a ser homossexual, pois os jovens do sexo masculino provocavam nele um efeito excitante.

Se considerarmos a sexualidade como constituída de duas componentes igualmente estáveis: uma heterossexual e outra homossexual, não chegaremos a conclusão alguma neste caso, pois a hipótese de componentes estáveis exclui qualquer possibilidade de transformação. Para fazer justiça ao caso em questão, devemos admitir uma grande mobilidade das componentes da sexualidade, a tal ponto que uma das componentes desaparece quase por completo, quando a outra domina o primeiro plano. Se houvesse, por exemplo, uma troca de posições e a componente homossexual mergulhasse com total intensidade no inconsciente, deixando o campo da consciência entregue à componente heterossexual, a moderna concepção científica nos levaria a esperar o surgimento de efeitos inconscientes equivalentes. Estes efeitos deveriam ser considerados como resistências à atividade da componente heterossexual, resistências, portanto, contra as mulheres. Mas não há evidência disso no caso em questão. Havia, sim, ligeiros traços de tais influências, mas de intensidade tão diminuta que não podiam ser comparados com a intensidade anterior da componente heterossexual.

Nesta linha de pensamento, não se entende como a componente homossexual, considerada tão estável, possa desaparecer por completo, sem deixar vestígios ativos*. Seria muito difícil imaginar essas mudanças. Uma saída seria considerar a evolução como tendo passado por uma fase de homossexualismo na puberdade para depois instaurar e fixar definitivamente a heterossexualidade normal. Mas como explicar, no caso presente, que o produto de um desenvolvimento paulatino, que parece intimamente associado aos processos orgânicos da maturação, seja repentinamente excluído por força de uma impressão, para ceder o lugar a um estágio anterior. Ou – se postularmos a existência simultânea de duas componentes lado a lado – por

---

* Com a concordância do autor, o § 249 foi acrescido de um texto tirado do § 275, correspondendo assim à edição anglo-americana. Os § 276 e 277 foram trocados.

que só uma delas atua, e a outra não? Alguém talvez possa dizer que a componente homossexual dos homens se revela de preferência através de uma excitabilidade estranha, uma sensibilidade especial com relação a outros homens. Segundo minha experiência, este comportamento característico, de que a sociedade nos oferece exemplos todos os dias, tem sua causa aparente numa perturbação no relacionamento com as mulheres, onde podemos encontrar uma forma especial de dependência que contém aquele algo mais que tem o seu correspondente no algo menos da relação "homossexual"[10].

250 Como viram, havia motivos prementes para explicar de maneira adequada esta troca de cenário. *Para isto, precisamos de uma hipótese dinâmica*. Com efeito, não podemos conceber mudanças desta natureza senão como processos dinâmicos ou energéticos. Sem uma mudança nas relações dinâmicas, não consigo entender o desaparecimento de uma forma de funcionamento. A teoria de Freud levou em conta esta necessidade na medida em que o conceito de componente, isto é, de modos de funcionamento separados entre si, foi sendo abandonado, mais na prática do que na teoria, e substituído por um conceito energético. Este conceito é expresso pelo termo *libido*.

III. O conceito de libido

251 Freud introduziu este conceito já no seu *Três ensaios sobre a teoria da sexualidade*, com as seguintes palavras: "Para explicar as necessidades sexuais do homem e dos animais, a biologia supõe a existência de um "instinto sexual", por analogia com o instinto de nutrição, que é a fome. Na linguagem popular falta uma correspondente para designar a palavra "fome"; a ciência usa, para isso, a palavra "libido"[11].

252 Segundo a definição de Freud, o termo libido significa exclusivamente a necessidade sexual, e por isso tudo o que Freud inclui sob o conceito de libido deve-se entender como necessidade ou apetite sexual. A linguagem médica usa o termo libido no sentido de apetite sexual

---

10. Naturalmente não é este o fundamento real. O verdadeiro fundamento está na condição infantil do caráter.

11. Cf. p. 1.

Freud e a psicanálise

e, em especial, de concupiscência sexual. Mas entre os clássicos como Cícero, Salústio e outros, não tinha esta conotação unilateral; o termo era usado também no sentido geral de *desejo apaixonado*[12]. Menciono agora este fato porque ainda desempenhará papel importante ao longo destas nossas considerações e também porque é muito importante saber que o conceito de libido na realidade tem aplicação mais ampla do que a da medicina.

O conceito de libido, cuja significação sexual, dada por Freud, queremos manter pelo maior espaço de tempo possível, constitui aquela grandeza dinâmica que buscávamos para explicar a troca do cenário psicológico. Este conceito simplifica substancialmente a formulação dos fenômenos em questão. Em vez da troca incompreensível das componentes homossexuais pelas heterossexuais, podemos dizer agora: a libido retirou-se paulatinamente do âmbito das possibilidades de aplicação homossexual e passou, em quantidade igual, para o campo da aplicação heterossexual. Desapareceu, assim, quase por completo, a componente homossexual, tornando-se mera possibilidade que em si nada significa e cuja existência é, por assim dizer, negada com razão pelos leigos, da mesma forma que é negada também a capacidade de o indivíduo ser um assassino. O conceito de libido nos ajuda a compreender melhor o grande número de relações mútuas das diversas funções sexuais. Mas isto suprime também a ideia original da multiplicidade de componentes sexuais que lembram muito a concepção filosófica das "faculdades da alma". Esta ideia é substituída pelo conceito de libido que admite as mais variadas aplicações. As componentes primitivas passam a representar meras potencialidades. Com o conceito de libido, entra, no lugar daquela sexualidade originalmente composta de diversas partes e dividida em diversas raízes, uma unidade dinâmica, sem a qual aquelas importantes componentes primitivas não passam de potencialidades vazias. Este avanço conceitual é muito importante: ele representa o mesmo progresso que o conceito de energia trouxe para a física. Da mesma forma que a teoria da conservação da energia retira das forças o cará-

253

---

12. Maiores detalhes sobre minha definição do conceito de libido estão em meu livro *Wandlungen und Symbole der Libido* [título atual: *Symbole der Wandlung*. OC, 5].

ter elementar e lhes confere o caráter de formas de manifestação de uma determinada energia, assim também a teoria da libido retira das componentes sexuais o significado elementar de "faculdades" da alma e lhes confere um valor meramente fenomenológico.

254 Parece que esta concepção corresponde muito mais à realidade do que à teoria das componentes. A teoria da libido nos ajuda a compreender facilmente o caso do jovem, citado acima. A decepção que experimentou no momento em que desejava casar desviou sua libido da forma de aplicação heterossexual, passando novamente para a forma homossexual e reativando assim a antiga homossexualidade. Não posso deixar de notar que a analogia com a lei da conservação da energia é muito grande; em ambos os casos, quando vemos desaparecer um efeito energético, devemos nos perguntar onde é que a energia reapareceu nesse meio-tempo. Se aplicarmos este ponto de vista, como princípio heurístico, à psicologia da vida de uma pessoa, faremos descobertas surpreendentes. Veremos como as fases mais heterogêneas do desenvolvimento psicológico de um indivíduo guardam entre si uma relação energética. Ao encontrarmos um indivíduo com "um parafuso a menos", com uma convicção mórbida ou assumindo uma atitude exagerada qualquer, logo saberemos que aqui há excesso de libido, isto é, aquele excesso que foi retirado de outra parte qualquer, onde, por conseguinte, passou a *faltar*. Vista sob este ângulo, a psicologia é o método que nos ajuda a descobrir os pontos ou funções em que há deficiência de libido e restaurar o equilíbrio. Portanto, devemos considerar os sintomas de uma neurose como funções exageradas, isto é, deslocadas e, consequentemente, intensificadas[13]. A energia empregada para este fim foi retirada de alguma outra parte, e a psicanálise tem como tarefa descobrir o lugar de onde essa energia foi retirada ou onde nunca foi aplicada.

255 Devemos colocar a questão de forma inversa no caso daquelas síndromes que se caracterizam pelo desaparecimento de libido como, por exemplo, os estados apáticos. E, neste caso, pergunta-se onde essa libido foi empregada. O paciente nos dá a impressão de não possuir libido alguma, e muitos médicos chegam a acreditar cegamente

---

13. Encontramos em P. Janet concepção semelhante.

Freud e a psicanálise

no que esses pacientes dizem. Estes médicos raciocinam como os primitivos que acreditavam que o sol era devorado e morto durante o eclipse lunar. Estava apenas encoberto. O mesmo acontece com esses pacientes: sua libido existe realmente, mas não é perceptível; permanece inacessível ao próprio paciente. Aqui há falta de libido na superfície. A psicanálise tem como tarefa descobrir o lugar onde se esconde a libido e onde o paciente não pode alcançá-la. Este esconderijo é o "não consciente" também chamado "inconsciente", sem a conotação de um sentido misterioso qualquer.

A experiência psicanalítica nos ensina que existem sistemas psicológicos não conscientes que, por analogia com a fantasia consciente, podemos chamar de sistemas de fantasias inconscientes. Estes sistemas constituem o objeto da libido naqueles estados de apatia neurótica. Estamos perfeitamente conscientes de que, ao empregarmos a expressão "sistemas de fantasias inconscientes", estamos falando em linguagem figurada. Queremos dizer que a hipótese da existência de entidades psíquicas fora do âmbito da consciência é um postulado necessário. A experiência nos ensina, por assim dizer quase todos os dias, que deve haver processos psíquicos não conscientes que influenciam sensivelmente a economia da libido. Os casos bem conhecidos de qualquer psiquiatra, nos quais um complicado sistema de paranoia irrompe quase repentinamente, mostram que deve haver desenvolvimentos e preparações psíquicos inconscientes, pois é difícil aceitar que tais fenômenos tenham surgido tão repentinamente como penetraram no campo da consciência. [256]

Creio seja lícita esta minha digressão sobre o inconsciente. Se a fiz, foi com o intuito de indicar que nos deslocamentos das cargas de libido não se tem apenas a ver com a consciência, mas também com uma nova instância, ou seja, precisamente o inconsciente, onde a libido às vezes pode desaparecer. Voltemos agora à discussão das outras consequências que a adoção da teoria da libido traz consigo. [257]

Freud nos ensinou – e nós o constatamos diariamente em nossa prática psicanalítica – que nos primeiros anos da infância, em vez da sexualidade normal posterior, há indícios das mais variadas tendências que mais tarde recebem o nome de "perversões". Devemos reconhecer que Freud tinha o direito de atribuir já uma terminologia se- [258]

xual a estes indícios. Com a introdução do conceito de libido, aprendemos que, no indivíduo adulto, as componentes elementares que parecem ser a fonte e a origem da sexualidade normal perdem seu significado e são reduzidas a meras possibilidades de aplicação, ao passo que a libido deve ser considerada como seu princípio ativo e, de certa forma, como sua força vital. Sem libido, as componentes quase nada significam. Como vimos, Freud conferiu uma definição sexual à libido, mais ou menos no sentido de "necessidade genital". Segundo o ponto de vista comum, só existe libido neste sentido a partir da puberdade. Como, porém, explicar o fato de que a criança possui uma sexualidade polimorfo-perversa, isto é, que a libido põe em ação, na criança, não apenas uma, mas até mesmo diversas perversidades? Se a libido no sentido freudiano só aparece na puberdade, então não pode alimentar perversões infantis já antes dessa fase. Deveríamos admitir, pois, que as perversões infantis são "faculdades psíquicas" no sentido da teoria das componentes. Sem falar da tremenda confusão teórica que isto causaria, incorreríamos numa multiplicação de princípios explicativos que é um vício, do ponto de vista metodológico, de acordo com a máxima: "Não se devem multiplicar os princípios além do necessário" (Principia praeter necessitatem non sunt multiplicanda).

259 Só nos resta admitir que a libido é, por assim dizer, a mesma antes e depois da puberdade. Daí que as perversões infantis se originam exatamente da mesma maneira como as dos adultos. Contra isso se revolta o senso comum pois é impossível que a necessidade genital da criança seja idêntica à da pessoa genitalmente madura. Poderíamos adotar uma solução de compromisso, dizendo com Freud que a libido é idêntica tanto antes como depois da puberdade, mas de intensidade substancialmente diversa. Em vez da intensa necessidade sexual que surge depois da puberdade, poderíamos aceitar uma leve necessidade sexual na infância cuja intensidade decresce paulatinamente pelo final do primeiro ano de vida, até restarem só vestígios. Biologicamente falando, poderíamos concordar com isto. Mas deveríamos admitir também que tudo quanto recai no âmbito do conceito mais amplo de sexualidade, acima explicado, já estaria presente, em forma reduzida como, por exemplo, todas aquelas manifestações afetivas da psicossexualidade como a necessidade de carinho, o ciúme e mui-

Freud e a psicanálise

tas outras manifestações afetivas e, não em menor grau, as neuroses infantis. Mas é preciso admitir que estas manifestações afetivas da criança não dão absolutamente impressão de serem uma forma reduzida. Ao contrário, podem ser de tal intensidade que em nada perdem para a intensidade do afeto do adulto. Não podemos esquecer também, conforme nos ensina a experiência, que as manifestações perversas da sexualidade na criança dão mais na vista e parecem muito mais desenvolvidas do que no adulto. Se um adulto portasse semelhante estado de perversidade amplamente desenvolvida seria de se esperar e, com razão, que a sexualidade normal e muitas outras formas importantes de adaptação biológica estivessem extintas – o que é normal na criança. Diz-se que um adulto é sexualmente perverso quando sua libido não foi empregada em funções normais; o mesmo se pode dizer da criança, ou seja, que ela é polimorfo-perversa por não possuir ainda uma função sexual normal.

Estas considerações poderiam sugerir que a carga de libido talvez 260 fosse sempre a mesma e não houvesse grande aumento durante o processo de amadurecimento sexual. Esta hipótese, um tanto ousada, baseia-se, obviamente, no modelo da lei da conservação da energia, segundo a qual a quantidade de energia é sempre a mesma. Não seria inconcebível que o ponto culminante do amadurecimento fosse atingido apenas quando as aplicações secundárias e infantis da libido desembocassem pouco a pouco no canal da sexualidade definitiva, onde afinal se extinguiriam. Por ora devemos contentar-nos com estas ponderações; precisamos voltar nossa atenção para um determinado ponto da crítica que diz respeito ao caráter da libido infantil.

Muitos de nossos críticos não aceitam que a libido infantil seja 261 apenas menos intensa do que a do adulto, mas na essência seja de igual natureza. Os impulsos libidinosos do adulto são acompanhados dos correlatos da função genital, e os da criança não; ou quando muito ocorrem, de maneira alusiva e excepcional, o que implicaria uma diferença de importância nada desprezível. Esta objeção me parece válida. Trata-se de uma diferença considerável, como a existente entre a brincadeira e a seriedade, ou entre o tiro de festim e o tiro real. A libido infantil teria, portanto, aquele caráter inofensivo, postulado pelo senso comum, e que não lhe podemos negar. Contudo, o tiro de festim também faz parte da categoria tiro. Precisamos acostumar-nos com a ideia de que a sexualidade existe, de maneira perceptível, já bem antes da puberdade, perpassando a época da infância. E não temos motivo para negar que as manifestações desta sexualidade imatura sejam realmente sexuais.

262   Isto não invalida a objeção que reconhece a existência de uma sexualidade infantil na proporção acima indicada, mas nega a Freud o direito de classificar como sexuais os fenômenos da primeira infância como, por exemplo, a sucção. Já discutimos os motivos que poderiam ter levado Freud a ampliar tanto a terminologia sexual. Discutimos ainda que a sucção pode ser compreendida também do ponto de vista da função nutriente e que esta derivação tem, por motivos biológicos, muito mais razão de ser. Poder-se-ia objetar que estas e outras atividades semelhantes da zona oral reaparecem mais tarde na vida adulta, com aplicação inegavelmente sexual. Mas isto significa apenas que essas atividades podem ser colocadas também a serviço do instinto sexual; nada prova a favor de sua natureza sexual primitiva. Devo, portanto, reconhecer que não tenho motivos para considerar as atividades que causam prazer e satisfação durante a lactância sob o prisma da sexualidade. Tenho, sim, motivos para pensar o contrário. Considerando a dificuldade dos problemas neste campo, parece-me necessário distinguir, sob o ponto de vista da sexualidade, três fases na vida humana:

263   *A primeira fase* compreende os primeiros anos de vida; este período eu o denominei *estágio pré-sexual*[14] e que corresponde ao estágio de lagarta da borboleta. Caracteriza-se quase exclusivamente pelas funções de crescimento e de nutrição.

264   *A segunda fase* compreende os últimos anos da infância até a puberdade e pode ser chamada *período da pré-puberdade*. É nesse período que a sexualidade germina.

265   *A terceira fase* é a da idade adulta e se estende da puberdade para diante. Podemos chamá-la *período da maturidade*.

266   Perceberam, sem dúvida, que a maior dificuldade está em colocar os limites cronológicos do estágio pré-sexual. Estou pronto a confessar minha incerteza nesta questão. Ao recapitular minhas ex-

---

14. Cf. *Wandlungen und Symbole der Libido*, p. 138.

periências psicanalíticas com crianças, infelizmente ainda insuficientes, e levando em consideração o que Freud nos transmitiu a respeito de suas experiências, julgo que os limites deste período estão entre o terceiro e quarto anos de vida, naturalmente sujeitos às maiores oscilações de indivíduo para indivíduo. Esta idade é importante sob vários aspectos. A criança já saiu da dependência do período da lactância, e uma série de funções psicológicas importantes alcançou um grau de segurança confiável. A partir daí, a profunda obscuridade da amnésia infantil anterior começa a ser dissipada por uma continuidade esporádica da lembrança. É como se nesta idade fosse dado um passo importante na emancipação e na centralização da nova personalidade. Ao que tudo indica, é nessa época que surgem os primeiros sinais de interesse e atividades que devem ser qualificados, propriamente, como sexuais, embora estes indícios se caracterizem por uma ingenuidade infantil, inocente e inofensiva.

Creio que expus, de maneira bastante detalhada, os motivos que nos levaram a *não* atribuir uma terminologia sexual ao estágio pré-sexual, de modo que podemos passar a outros problemas, firmados já nesta base. Deixamos de considerar, páginas antes, o problema da libido diminuída na idade infantil, porque não conseguíamos clareza naquela abordagem. Sentimos obrigação, agora, de voltar à questão ao menos para ver se a concepção energética se harmoniza com as formulações que acabamos de expor.

Vimos que a diferença entre a sexualidade infantil e a madura se explica, segundo Freud, pela menor intensidade sexual na infância. A intensidade da libido estaria diminuída em comparação com a idade juvenil. Mas, há pouco, já adiantamos algumas razões por que nos parece duvidoso que os processos vitais da criança, excluindo-se a sexualidade, sejam menos intensos que os dos adultos. Poderíamos dizer que, excetuando-se a sexualidade, a intensidade dos fenômenos afetivos e também das manifestações nervosas – quando elas existem – não é inferior à intensidade daqueles dos adultos. Do ponto de vista energético, são formas de manifestação da libido. Daí a dificuldade de acreditarmos que a diferença entre a sexualidade madura e a sexualidade imatura esteja na intensidade da libido. Antes, parece-me que a diferença – se assim podemos dizer – é determinada pela localização da libido. Em contraste com sua definição médica, a libido da criança não se ocupa tanto com funções sexuais localizadas, mas muito mais com funções subsidiárias de natureza psíquica e física. Já nos sentimos tentados agora a tirar do termo "libido" o seu qualificativo "sexual", e riscar a definição dada por Freud em seu *Três ensaios sobre a teoria da sexualidade*. Mas a necessidade urge quando nos perguntamos se o sofrimento e a alegria que a criança vive intensamente nos seus primeiros anos de vida, ou seja, no *estágio pré-sexual*, são condicionados unicamente por sua libido sexual.

269 Freud se pronunciou a favor desta suposição. Creio que não preciso repetir aqui os motivos que me levaram a admitir a existência de um estágio pré-sexual. O estágio de lagarta conhece uma libido de nutrição, mas ainda não uma libido sexual. É assim que devemos nos expressar se quisermos manter o ponto de vista energético que o conceito de libido nos oferece. Acredito que não nos resta outra alternativa, a não ser abandonar o conceito de libido no sentido sexual. Caso contrário, torna-se inaplicável o que há de valioso no conceito de libido, ou seja, o ponto de vista energético. A necessidade de arejar o conceito de libido e libertá-lo das amarras sufocantes de sua formulação sexual já se impôs, há muito tempo, à escola psicanalítica. Não nos cansamos de insistir que a sexualidade não deve ser tomada tão ao pé da letra, mas em sentido mais amplo; precisamente por seu caráter obscuro, esse conceito não podia satisfazer uma crítica séria.

270 Creio não estar errado se acho que o valor do conceito de libido não está em sua definição sexual, mas no seu *ponto de vista energético*, graças ao qual estamos de posse de uma concepção heurística extremamente valiosa. Graças também à concepção energética, temos a possibilidade de imagens dinâmicas e relações que são de valor incalculável no caos do mundo psíquico. A escola freudiana faria mal se fechasse os ouvidos às vozes da crítica que acusam nosso conceito de libido de misticismo e de incompreensível. Uma de nossas ilusões foi acreditar que podíamos transformar a libido sexual em veículo de uma concepção energética da vida psíquica, e se muitos dos nossos ainda pensam que possuem um conceito perfeitamente claro e por assim dizer concreto de libido, não se dão conta de que esse conceito foi empregado em sentidos que ultrapassam de longe os limites de sua definição sexual. A crítica tem razão em suas acusações, pois atribuiu-se ao conceito até agora vigente de libido um desempenho que

Freud e a psicanálise

ele não podia realizar. Isto dá realmente a impressão de que operamos com uma grandeza mística.

Em minha obra *Transformações e símbolos da libido* procurei demonstrar que existem tais exageros e também procurei mostrar a necessidade de criar um conceito de libido que leve em conta apenas o ponto de vista energético. O próprio Freud viu-se obrigado a admitir que seu conceito original de libido talvez fosse demasiado estreito, quando tentou aplicar consequentemente o seu ponto de vista energético no famoso caso de demência precoce[15], o chamado caso Schreber[16]. Neste caso, trata-se, entre outras coisas, do problema da *perda da realidade*, bastante conhecido na psicologia da demência precoce, ou seja, aquele fenômeno estranho em que os doentes revelam uma tendência especial de construir seu mundo interior, feito de fantasias, abandonando, em troca, sua adaptação à realidade exterior.

Certamente conhecem um aspecto desse fenômeno, qual seja, a falta de relação afetiva; ela constitui um distúrbio evidente da função de realidade. Graças a um sem-número de trabalhos psicanalíticos com esses enfermos, descobrimos que a falta de adaptação ao mundo exterior é substituída por uma intensificação progressiva da atividade da fantasia, ao ponto de o mundo dos sonhos ter mais valor de realidade para o doente do que a própria realidade exterior. O enfermo Schreber, a respeito do qual Freud escreve, encontrou uma descrição figurativa pertinente para este fenômeno na sua ideia doentia do "fim do mundo". Aí ele exprime de maneira bem concreta a perda da realidade. A concepção dinâmica deste fenômeno é clara: dizemos que a libido se retirou cada vez mais do mundo exterior para o mundo interior da fantasia, onde teve que produzir necessariamente um equivalente da realidade, em substituição ao mundo perdido. Esta substituição se faz peça por peça e é sumamente interessante observar quais os materiais psíquicos empregados para construir este mundo interior.

Este modo de conceber a transferência da libido se desenvolveu através do uso diário desse termo, de modo que só ocasionalmente nos

---

15. O termo *Dementia praecox* foi, desde então, substituído pelo termo esquizofrenia.

16. "Psychoanalytische Bemerkungen über einen autobiographisch beschriebenen Fall von Paranoia (Dementia paranoides)". *Jb. f. psychoanal. u. Psychopath. Forsch.*, III, 1911.

lembramos de sua conotação originária puramente sexual. Falamos simplesmente de *libido*, e o fazemos de modo tão inofensivo, que Claparède, um dia, me disse que poderíamos substituí-la, por exemplo, pela palavra "interesse". O uso frequente deste termo desenvolveu espontaneamente uma forma de aplicação que admite sem dificuldade a explicação de que o "fim do mundo", de Schreber, resultou da retração da libido. Nessa ocasião, Freud lembrou-se da sua definição sexual original do conceito de libido e tentou discutir a mudança que se operara sub-repticiamente. Na obra acima citada, ele se pergunta se aquilo *que a escola psicanalítica designa pelo termo libido e considera como "interesse decorrente de fontes eróticas" coincide com o interesse em geral.* Pela colocação do problema, percebemos que Freud se interroga acerca daquilo que Claparède já respondera na prática.

274   Freud entra, aqui, no problema se a perda da realidade na demência precoce, sobre a qual chamei a atenção em minha *Psicologia da demência precoce*[17], deve-se atribuir exclusivamente à retração do interesse erótico, ou se isto coincide com o chamado interesse objetivo em geral. Dificilmente se pode admitir que a normal "fonction du réel" (Janet) só se mantenha pelo interesse erótico. Os fatos nos revelam que em muitíssimos casos a realidade desaparece totalmente, de sorte que os pacientes não demonstram o mínimo indício de adaptação psicológica. (Nesses estados a realidade foi totalmente substituída por conteúdos de complexos.) Devemos então admitir forçosamente que se perdeu não só o interesse erótico, mas o interesse em geral, isto é, toda a adaptação à realidade.

275   Já em minha *Psicologia da demência precoce* eu utilizei a expressão "energia psíquica" porque não podia basear a teoria da demência precoce na teoria da transferência da libido, definida em sentido sexual. Minha experiência, então predominantemente psiquiátrica, não me permitia compreender esta teoria. Só mais tarde consegui captar sua exatidão parcial no tocante às neuroses, graças a um número maior de experiências no campo da histeria e da neurose compulsiva. A transferência anormal da libido, definida em sentido sexual, desempenha, de fato, papel importante no domínio da neurose. Embo-

---

17. *Über die Psychologie der Dementia praecox* [OC, 3, 1968].

Freud e a psicanálise

ra haja repressões muito características da libido sexual no campo da neurose, nunca se verifica a perda da realidade, típica da demência precoce. Falta na demência precoce um número tão grande de funções da realidade que é preciso incluir, nesta perda, também as forças instintivas cujo caráter sexual deve ser negado sem mais, pois ninguém afirmaria que a realidade é uma função sexual. Além disso, se o fosse, a retração do interesse erótico deveria ter como consequência uma perda da realidade já nas neuroses, perda esta comparável à da demência precoce; mas isto, como já foi dito, não é o caso.

É preciso levar em conta também – como Freud o fez, em seu estudo sobre o caso Schreber – que a introversão da libido sexual conduz a uma ocupação do eu, gerando provavelmente aquele efeito da perda da realidade. É tentadora a possibilidade de explicar assim a psicologia da perda da realidade. Mas se examinarmos mais de perto o que pode surgir da retração e introversão da libido sexual, veremos que daí pode sair talvez a psicologia de um anacoreta ascético, não porém uma demência precoce. O empenho do anacoreta visa extinguir qualquer traço do interesse sexual – o que não se pode afirmar, de maneira alguma, da demência precoce[18]. 276

Estes fatos não me permitiram aplicar a teoria freudiana da libido à demência precoce. Acho também que a tentativa de Abraham[19] é teoricamente insustentável do ponto de vista da teoria freudiana da libido. A suposição de Abraham que a retração da "libido" do mundo exterior produz o sistema paranoide, ou a sintomatologia esquizofrênica, não encontra apoio na ciência da época, pois uma simples introversão e regressão da libido conduz inevitavelmente à neurose e não à demência precoce, como Freud o demonstrou claramente. A sim- 277

---

18. Seria possível objetar que a *dementia praecox* (esquizofrenia) não se caracteriza apenas pela introversão da libido sexual, mas também por uma regressão no nível infantil e que isto constitui a diferença entre o anacoreta e o doente mental. Isto é correto, mas deve-se provar ainda que na *dementia praecox* incorre na regressão, exclusiva e regularmente, o interesse erótico. Parece-me difícil provar isto, pois deveríamos entender o interesse erótico como o "Eros" dos antigos filósofos – o que não deve acontecer. Conheço casos de *dementia praecox* nos quais desapareceram todos os cuidados de autopreservação, mas permaneceram bem vivos os interesses eróticos.

19. ABRAHAM, K. "Die psychosexuellen Differenzen der Hysterie und der Dementia praecox". *Centralbl. f. Nervenheilk. u. Psychiat.*, XXXI, 1908.

ples transposição da teoria da libido para a demência precoce me parece impossível, porque essa doença apresenta uma perda que não pode ser explicada somente pela ausência de interesse erótico.

278   A atitude de reserva em relação à ubiquidade da sexualidade, que adotei no prefácio de minha "Psicologia da demência precoce", apesar de reconhecer a existência do mecanismo psicológico, foi ditada pelo enfoque da teoria da libido naquela época, cuja definição sexual não me permitia explicar os distúrbios das funções que afetam não só o campo (indeterminado) do instinto da fome, mas também o da sexualidade baseando-me numa teoria sexual da libido. Durante muito tempo pareceu-me inaplicável a teoria da libido à demência precoce. Mas em minha atividade analítica notei que, com o crescer da experiência, operava-se uma lenta mudança em meu conceito de libido: a definição descritiva no *Três ensaios* foi sendo paulatinamente substituída por uma definição genética da libido que me permitiu substituir a expressão "energia psíquica" pelo termo "libido". Precisei dizer a mim mesmo: Ainda que atualmente a função da realidade seja constituída de libido sexual apenas em grau mínimo e, em grau máximo, de outras "forças instintivas", é muito importante saber se a função da realidade não era, filogeneticamente falando, de origem sexual, pelo menos em grande parte. Não é possível responder diretamente a esta pergunta no que se refere à função da realidade. Mas podemos chegar a uma compreensão por via indireta.

279   Basta um rápido olhar sobre a história da evolução para ver que inúmeras funções complicadas às quais se deve negar atualmente qualquer caráter sexual, originalmente nada mais são do que ramificações do instinto de propagação. Como é sabido, na escala ascendente das séries animais, houve um deslocamento importante nos princípios da propagação: a grande quantidade de produtos de reprodução e, vinculada a ela, o acaso da fecundação, foi sendo reduzida cada vez mais em benefício de uma fecundação mais segura e uma proteção eficaz das crias. A energia que era usada na produção de óvulos e sêmen foi empregada para produzir os mecanismos de atração e de proteção das crias. Assim temos, na escala animal, as primeiras tendências artificiais a serviço do instinto de propagação e limitadas à época do cio. O caráter sexual originário desses fatores biológicos se perde no momento em que eles adquirem fixação orgânica e independência funcional. Embo-

Freud e a psicanálise

ra não possa haver a menor dúvida quanto à origem sexual da música, seria uma generalização fútil e de mau gosto incluí-la na categoria da sexualidade. Seria o mesmo que tratar da catedral de Colônia num capítulo da minerologia, já que também ela é formada de pedras.

Até agora falamos da libido como instinto de propagação ou instinto de conservação da espécie e permanecemos dentro dos limites da concepção que opõe a libido à fome, da mesma maneira como se costuma opor o instinto de conservação da espécie ao de autoconservação. É óbvio que na natureza não existe esta separação artificial. Nela só encontramos um instinto vital contínuo, uma vontade de existir que quer assegurar a reprodução de toda a espécie mediante a conservação do indivíduo. Esta concepção coincide com o conceito de vontade de Schopenhauer, porque o movimento que vemos de fora só o podemos captar interiormente como querer. Tendo já chegado à audaciosa suposição que a libido, destinada originalmente à produção de óvulos e sêmen, apresenta-se também, agora, solidamente organizada na função de construção do ninho e não admite outro emprego, então vemo-nos obrigados a incluir também qualquer desejo em geral, portanto também a fome, neste conceito. Já não temos o direito de distinguir em princípio entre o querer do instinto de construção do ninho e o querer comer. 280

Penso que já perceberam aonde vamos chegar com estas reflexões: estamos em vias de conseguir impor racionalmente a concepção energética, pois substituímos o funcionamento puramente formal pelo modo energético de atividade. Da mesma maneira como a ciência antiga falava sempre de interações no seio da natureza, e este ponto de vista antiquado foi substituído pela lei da conservação da energia, assim também aqui, no campo da psicologia, procuramos substituir a interação das forças psíquicas coordenadas entre si por uma energia concebida para ser homogênea. Deixamos, assim, campo livre à crítica justificada que acusa a escola psicanalítica de operar com um conceito místico de libido. 281

Por isso quero desfazer a ilusão de que toda a escola psicanalítica possua um conceito de libido facilmente compreensível e concreto, e declaro que *a libido com a qual operamos é não somente não concreta ou desconhecida, mas também uma incógnita absoluta, uma pura hi-* 282 *pótese, uma imagem ou uma ficha de jogo, tão intangível quanto a energia do mundo das concepções físicas.* Só assim podemos evitar as transgressões violentas das áreas de competência com que nos deparamos todas as vezes que queremos reduzir as forças coordenadas uma à outra. Jamais conseguiremos explicar a mecânica dos corpos sólidos ou dos fenômenos eletromagnéticos mediante uma teoria da luz, porque a mecânica e o eletromagnetismo não são luz. A rigor, não são as forças físicas que se transmutam umas nas outras, mas é a energia que muda suas formas de manifestação. As forças são de natureza fenomenológica. O que está na base de suas relações de equivalência é o conceito hipotético de energia, que evidentemente é de natureza apenas psicológica, e nada tem a ver com a chamada realidade objetiva. Nós ambicionamos realizar, na teoria da libido, o mesmo trabalho conceitual que a física realizou em seu próprio campo. Queremos que o conceito de libido ocupe o lugar que lhe compete, ou seja, a posição energética pura e simples, para que possamos conceber o processo vital em termos energéticos, substituindo a antiga "interação" por relações de equivalência absoluta. Nada pode perturbar-nos, se nos acusam de vitalismo. Estamos longe tanto de acreditar em uma força vital específica quanto de qualquer outra metafísica. Libido deve ser o nome da energia que se manifesta no processo vital e é sentida subjetivamente como aspiração e desejo. É praticamente desnecessário defender esta concepção. Entramos apenas numa poderosa corrente atual que visa entender o mundo dos fenômenos em termos energéticos. Suficiente é dizer que tudo quanto percebemos só pode ser entendido como efeito de uma força.

283   Na variedade dos fenômenos naturais vemos o desejo, a libido, nos mais diversos modos de aplicação e de formação. Em primeiro lugar encontramos a libido no estágio da vida infantil, totalmente sob a forma de instinto de nutrição, responsável pelo crescimento corporal. Com o desenvolvimento do corpo abrem-se sucessivamente novos campos de aplicação da libido. Um campo definitivo e importante de aplicação é a sexualidade que aparece inicialmente ligada à função de nutrição (ver a influência que têm as condições de nutrição sobre a reprodução nos animais inferiores e nas plantas). No setor da sexualidade a libido adquire uma forma cuja enorme importância nos autoriza a empregar o conceito ambíguo de libido em geral.

Encontramos a libido aqui primeiramente sob a forma de uma libido primordial indiferenciada que, como energia do crescimento, promove nos indivíduos a divisão celular, os brotos etc.

Desta libido primordial, que produziu milhões de sêmens e óvulos a partir de uma criatura diminuta, desenvolveram-se, com enorme limitação da fecundidade, ramificações cuja função é mantida por uma libido especificamente diferenciada. Esta libido diferenciada se acha agora "dessexualizada" porque foi privada de sua originária função de produzir óvulos e sêmens e não pode mais ser reconduzida à sua função primitiva. Assim, todo o processo evolutivo consiste num desvio progressivo da libido primordial, que só gerava produtos da reprodução, para as funções secundárias de atração e proteção das crias. Esta evolução pressupõe uma relação inteiramente diversa e muito mais complicada com a realidade, uma verdadeira função da realidade que se acha indissoluvelmente associada às necessidades da propagação da espécie. Quer dizer: a mudança que se opera no modo de propagação traz, como correlato, uma adaptação à realidade também intensificada. Evidentemente isto não significa que a função da realidade deva sua existência exclusivamente à diferenciação na reprodução. Estou plenamente consciente da enorme participação da função nutritiva.

Chegamos, assim, a uma percepção de certas condições originais da função da realidade. Seria completamente falso declarar que sua força instintiva é de natureza sexual. *Era* sexual em grau elevado, mas não de forma exclusiva.

O processo de desvio da libido primordial para funções secundárias se deu sempre sob a forma do chamado "suplemento libidinoso", isto é, a sexualidade foi privada de sua destinação originária e parte dela foi usada nos mecanismos de atração e proteção das crias, o que se intensifica filogeneticamente em escala crescente. Esta transferência da libido sexual do âmbito da sexualidade para o das funções secundárias ainda está se processando. O malthusianismo, por exemplo, é a continuação artificial da tendência natural. Todas as vezes que esta operação se processa com êxito, sem prejuízo para a adaptação do indivíduo, diz-se que houve sublimação, e, quando a tentativa falha, diz-se que houve repressão.

O ponto de vista descritivo da psicanálise considera a pluralidade dos instintos e, entre eles, o instinto sexual como fenômeno parcial; além disso, admite certos suplementos libidinosos para instintos não sexuais.

288   O ponto de vista genético é diferente: ele vê a pluralidade dos instintos saindo de uma unidade relativa, a libido; vê porções da libido se separando continuamente da função reprodutora e associando-se, como suplementos libidinosos, a novas funções que se vão formando, onde acabam se dissolvendo.

289   Sob este ponto de vista podemos afirmar, sem mais, que o doente mental retira sua libido do mundo exterior e, em consequência, sofre uma perda da realidade, cujo equivalente é a intensificação da atividade da fantasia.

290   Tentaremos agora introduzir este novo conceito de libido na doutrina da sexualidade infantil, tão importante para a teoria das neuroses. A libido, como energia do processo vital em geral, nós a encontramos atuando na criança principalmente no âmbito da função de nutrição. No ato de mamar a criança absorve alimento, através de um movimento rítmico, acompanhado de sinais de satisfação. Com o crescimento do indivíduo e desenvolvimento de seus órgãos, a libido cria para si novos rumos de necessidade, de atividade e de satisfação. O modelo primário da atividade rítmica, produzindo prazer e satisfação, transfere-se então para a zona de outras funções, tendo como fim último a sexualidade. Grande parte da "libido da fome" tem que se converter em "libido sexual". Esta passagem não se opera bruscamente, digamos na puberdade, mas aos poucos, no decorrer da infância. A libido só consegue libertar-se das características da função de nutrição muito lentamente e com dificuldade, para se revestir das características da função sexual.

291   Nesta etapa de transição, acho que precisamos distinguir duas fases: a fase da succção e a fase da atividade rítmica deslocada. Por sua natureza, a succção pertence ao âmbito da função de nutrição; mas ultrapassa-o, deixando de ser uma função de nutrição para converter-se em atividade rítmica que visa à busca de prazer e satisfação sem ingestão de alimento. Como órgão auxiliar aparece aqui a mão. Na fase da atividade rítmica deslocada, a mão se destaca ainda mais como órgão auxiliar; a busca de prazer abandona a zona oral e se dirige para outros setores. Em geral, são os demais orifícios do corpo que primeiro atraem o interesse libidinal, em seguida a pele e certos

Freud e a psicanálise 139

lugares dela. A atividade praticada nessas regiões e que pode apresentar-se sob a forma de esfregar, puxar etc., obedece a um certo ritmo e se destina a produzir prazer. Depois de permanecer mais ou menos longamente nestes setores, a libido migra para a zona sexual, onde pode motivar as primeiras tentativas de onanismo. Durante essa migração, a libido leva para a zona sexual vários elementos da função de nutrição, o que facilmente explica as numerosas e estreitas vinculações entre a função de nutrição e a função sexual. A migração da "libido" ocorre durante a fase pré-sexual que se caracteriza precisamente pelo fato de que a libido abandona gradualmente o caráter de instinto exclusivamente de nutrição e assume, parcialmente e aos poucos, o caráter de instinto sexual[20]. Na fase da nutrição, portanto, ainda não se pode falar de uma libido sexual em sentido próprio.

Em consequência disto, vemo-nos obrigados a dar uma outra classificação à sexualidade dita polimorfo-perversa do primeiro período da infância. O polimorfismo dos impulsos libidinais dessa fase se explica pela migração da libido, realizada paulatinamente e como por etapas, do setor da função de nutrição para o da função sexual. Desaparece assim o termo "perverso" severamente combatido pela crítica, por provocar uma falsa impressão.

Quando uma substância química se decompõe em seus elementos, estes constituem, sob tais condições, o produto dessa decomposição. Mas não podemos dizer que os elementos em geral são produtos de uma decomposição. As perversões são produtos de distúrbios da sexualidade desenvolvida, mas nunca os primeiros estágios da sexualidade, embora haja semelhança substancial entre os primeiros estágios e o produto da decomposição. À medida que a sexualidade se desenvolve, os primeiros estágios infantis – que não devem ser considerados como perversos, mas estágios transitórios – dissolvem-se na sexualidade normal. Quanto mais tranquila e fácil for esta retirada da libido de suas posições transitórias, tanto mais rápido e mais perfeito será o desenvolvimento da sexualidade. É da essência da sexualidade normal que todas as tendências ainda não sexuais da infância primiti-

---

20. Peço ao leitor que não interprete mal o modo figurativo de me expressar. Evidentemente não é a libido como energia que se liberta aos poucos da função de nutrição, mas é a libido como função que está ligada às lentas mudanças do crescimento orgânico.

va sejam descartadas o mais possível. Quanto menos isto se fizer, tanto *mais perversa* a sexualidade poderá se *tornar*. Aqui o termo "perverso" está perfeitamente em seu lugar. A condição fundamental para a perversidade é, portanto, um estado sexual infantil insuficientemente desenvolvido. A expressão "polimorfo-perverso" foi tomada da psicologia da neurose e retroprojetada na psicologia da criança onde, evidentemente, é de todo descabida.

IV. Neurose e fatores etiológicos na infância

294   Após nos termos certificado do que se deve entender por sexualidade infantil, podemos continuar nossa discussão sobre a teoria da neurose que havíamos iniciado e, depois, interrompemos. Acompanhamos a teoria da neurose até o ponto em que nos chocamos com a constatação de Freud de que a predisposição pela qual a experiência traumática se torna atividade patogênica seja sexual. Com base em nossas reflexões anteriores podemos entender o que significa predisposição sexual: é um retardamento, uma frenagem no processo de liberar a libido das atividades do estágio pré-sexual. Primeiramente deve-se entender esta perturbação como uma exagerada demora da libido em certas etapas, na sua passagem da função nutritiva para a função sexual. Isto produz um estado desarmônico, uma vez que atividades provisórias e propriamente superadas ainda persistem numa idade em que já deveriam ter acabado. Esta fórmula vale para todos os traços infantis em que são pródigos os neuróticos, fato esse que não escapa a nenhum observador atento. No campo da *dementia praecox* o infantilismo é tão acentuado que ajudou a dar um nome expressivo a um complexo de sintomas. Refiro-me à *hebefrenia*.

295   O assunto não termina com a constatação de que há uma simples demora em etapas provisórias. Enquanto parte da libido demora num certo degrau, o tempo corre e, com ele, o restante do desenvolvimento do indivíduo. O amadurecimento físico faz com que aumente sempre mais a distância e a discordância entre a atividade infantil que persiste e as exigências da idade mais adulta com suas condições de vida mudadas. E assim está lançado o fundamento da *dissociação da personalidade* e, com isso, o *conflito*, que é a verdadeira base da neu-

rose. Quanto mais libido estiver empenhada numa atividade retardada, mais intenso será o conflito. A vivência mais adequada para tornar manifesto este conflito é a traumática ou patogênica.

Conforme o demonstrou Freud em seus primeiros escritos, é fácil imaginar uma neurose surgindo dessa maneira. Esta concepção concorda bastante com os pontos de vista de Janet que atribuem à neurose um certo defeito. Poderíamos, a partir desse enfoque, considerar a neurose como produto de um retardamento no desenvolvimento da afetividade; e acredito que este aspecto possa parecer evidente para quem está inclinado a derivar, mais ou menos diretamente, as neuroses da carga hereditária ou da degeneração congênita. Infelizmente a realidade é mais complicada. Para facilitar-lhes a compreensão dessas complicações, permito-me trazer um exemplo banal de histeria que provavelmente me ajudará a expor essas complicações características e teoricamente muito importantes.

Os senhores se lembram do caso de uma jovem histérica, narrado por mim anteriormente, que, para surpresa geral, não reagiu a uma situação que todos esperavam fosse produzir profunda impressão sobre ela, e que teve forte reação patológica perante uma situação corriqueira. Aproveitamos o ensejo daquele caso para expressar nossa dúvida sobre o significado etiológico do trauma e examinar melhor a assim chamada predisposição que torna o trauma efetivo. As considerações que fizemos nos levaram ao resultado já mencionado acima: que, de forma alguma, é improvável esteja a origem de uma neurose num desenvolvimento afetivo retardado.

Os senhores perguntarão: em que consistia o retardamento da afetividade naquela histeria? A doente vivia num mundo de fantasia que só podemos qualificar de infantil. Não há necessidade de descrever estas fantasias pois os senhores, como neurologistas ou psiquiatras, têm ocasião diária de ouvir os preconceitos infantis, ilusões e reivindicações afetivas aos quais os neuróticos se abandonam. Nessas fantasias transparece um comportamento esquivo frente à dura realidade das coisas: há nelas certa falta de seriedade, algo lúdico que ora encobre jocosamente dificuldades reais, ora transforma ninharias em grandes dificuldades, sempre imaginando fantasmas para, assim, fugir das exigências da vida real. Vemos nisso imediatamente a atitude psíquica impensada que a criança toma perante a realidade, seu julgamento vacilante, sua orientação deficiente sobre as coisas do mundo externo e seu medo de obrigações desagradáveis. Com esta mentalidade infantil pode florescer viçosamente todo tipo de desejos fantasiosos e ilusões; é aqui que está o momento perigoso. Por meio desse tipo de fantasias as pessoas podem chegar a uma posição irreal e totalmente inadaptada perante o mundo, o que as levará um dia à catástrofe.

299 Seguindo a vida infantil, cheia de fantasias, da paciente em retrocesso até a primeira infância, encontramos diversas cenas bem evidentes que se prestaram a trazer novo alento a esta ou aquela variação fantasiosa, mas foi inútil procurar os assim chamados momentos "traumáticos" que tivessem dado origem a algo doentio ou, exatamente, à sua atividade fantasiosa anormal. Houve, na verdade, cenas traumáticas, mas não tiveram lugar na primeira infância; e as poucas cenas da primeira infância que foram lembradas não pareceram traumáticas. Foram vivências acidentais que passaram sem maior influência sobre suas fantasias. As fantasias mais antigas consistiam numa porção de impressões vagas e semientendidas que ela recebeu dos pais. Toda sorte de sentimentos estranhos giravam em torno do pai, oscilando entre medo, horror, aversão, repugnância, amor e arrebatamento. O caso foi igual a tantos outros casos de histeria que não apresentam nenhuma etiologia traumática, mas têm sua raiz numa atividade fantasiosa peculiar e prematura que conserva permanentemente o caráter do infantilismo.

300 Objetarão os senhores que, neste caso, é exatamente a cena dos cavalos em disparada que representa o trauma e que foi evidentemente o modelo daquela cena noturna, de dezoito anos após, quando a paciente não conseguiu esquivar-se dos cavalos a galope querendo, por isso, lançar-se ao rio, seguindo a vivência-modelo em que cavalos e carruagem se precipitam no abismo. Daquele momento em diante começou a sofrer também de estados crepusculares histéricos. Conforme já tentei mostrar-lhes acima, nada encontramos dessa vinculação etiológica no desenvolvimento dos sistemas de fantasia. É como se lá o perigo de vida, causado pelos cavalos espantados, tivesse transcorrido sem qualquer efeito notável. Em todos os anos que se seguiram àquela vivência não se manifestou nenhuma consequência desse susto. Como

Freud e a psicanálise

se o fato nunca tivesse acontecido. Nada obsta que seja mera fantasia, pois só tenho como suporte os depoimentos da paciente[21].

De repente, após 18 anos mais ou menos, a experiência se torna importante, é reproduzida e levada a um fecho consequente. A teoria antiga dizia: o afeto até então bloqueado forçou repentinamente uma saída para a superfície. Esta suposição é muito improvável e se torna ainda mais inconcebível se considerarmos que esta história dos cavalos espantados pode também não ser verdadeira. Seja como for: é assunto praticamente inaceitável que um afeto permaneça enterrado por longos anos e, de repente, venha à tona provocado por circunstância inadequada.   301

É suspeito o fato de os pacientes terem manifesta tendência para apontarem como causa de seu sofrimento uma vivência antiga qualquer; conseguem, com esta manobra inteligente, desviar a atenção do analista do presente e levá-lo a uma pista falsa do passado. Esta pista falsa foi o caminho da primeira teoria psicanalítica. Agradecemos a esta falsa hipótese o alto nível de compreensão – nunca antes alcançado – da determinação do sintoma neurótico, e que nunca teríamos alcançado se a pesquisa não tivesse trilhado este caminho que, na verdade, foi mostrado pela tendência enganadora do paciente. Acho que somente aquele que considera os acontecimentos do mundo como uma cadeia de contingências mais ou menos errôneas e, por isso, acredita que há necessidade constante da mão educadora do homem racional, pode chegar à conclusão que este caminho trilhado pela pesquisa foi um caminho errado no qual se precisaria colocar uma placa de alerta. Além da maior compreensão da determinação psicológica, agradecemos a este "erro" a formulação de questões de grande alcance. É para nós motivo de alegria e gratidão que Freud tivesse tido a coragem de se deixar levar por este caminho. Não são coisas desse gênero que estorvam o progresso da ciência, mas o fixismo conservador em pontos de vista assumidos no passado, o conservantismo da autoridade, a vaidade pueril do erudito e seu medo de errar. Esta falta de espírito de sacrifício prejudica muito mais o valor e grandiosidade do conhecimento   302

---

21. Nunca é demais lembrar que ainda existem pessoas que acreditam poder o psicanalista ser enganado mentirosamente por seu paciente. Isto é totalmente impossível: mentira é fantasia. E nós lidamos com fantasias.

científico do que um erro honesto. Quando terminará a briga supérflua para ver quem tem razão? Olhemos para a história da ciência: quantos *tiveram* razão e quantos *mantiveram* a razão?

303   Voltemos ao nosso assunto. A questão que se coloca agora é: se não é o trauma antigo que tem significado etiológico, então é preciso procurar a causa da neurose manifesta na retardação do desenvolvimento afetivo. Portanto, a afirmação da paciente que seus estados crepusculares histéricos provieram do susto com os cavalos deve ser considerado inválida, ainda que este susto tenha sido realmente o ponto de partida de sua doença manifesta. Esta vivência apenas *parece* importante, mas não o é na realidade. Isto vale também para a maioria dos outros traumas. Apenas *parecem* importantes enquanto criam a ocasião para o aparecimento de um estado já há muito tempo anormal. O estado anormal, conforme já vimos em maiores detalhes, é uma persistência anacrônica de um estágio infantil no desenvolvimento da libido. Os pacientes ainda conservam formas de utilização da libido que há muito deveriam ter abandonado. É quase impossível fazer um inventário dessas formas, pois são de uma diversidade muito grande. A mais frequente e quase nunca ausente é a atividade excessiva da fantasia que se caracteriza por uma impensada superacentuação dos desejos subjetivos. A atividade exagerada da fantasia é sempre sinal de aplicação deficiente da libido à realidade. Em vez de aplicar a libido numa adaptação bem exata às circunstâncias reais, fica ela presa em aplicações fantásticas. Denomina-se este estado *estado de introversão parcial* em que a aplicação da libido é ainda em parte fantasiosa ou ilusória ao invés de estar adaptada às circunstâncias reais da vida.

304   Uma concomitante regular dessa retardação do desenvolvimento afetivo é o *complexo pai e mãe*. Quando a libido não é usada plenamente para fins de adaptação à realidade, então ela é sempre mais ou menos introvertida[22]. O conteúdo material do mundo psíquico é constituído de reminiscências, isto é, do material do passado de cada

---

22. "Introversão" não significa que a libido fique, então, inativamente acumulada, mas é aproveitada de forma fantástica ou ilusionária na medida em que da introversão resultou uma regressão ao modo de adaptação infantil. A introversão pode levar também a um plano racional de agir.

indivíduo (sem considerar as percepções atuais). Quando a libido está parcial ou totalmente introvertida, ela ocupa áreas de reminiscências mais ou menos vastas em que estas adquirem uma vitalidade ou atividade que, de há muito, não lhes pertence. A consequência disso é que os doentes vivem mais ou menos num mundo que, na verdade, pertence ao passado. Eles lutam com dificuldades que alguma vez já tiveram um papel em suas vidas, mas que já deviam estar apagadas. Ainda se preocupam com coisas, ou melhor, precisam ocupar-se com coisas que já não deveriam ter importância. Eles se divertem ou se martirizam com representações que já foram importantes em sua época própria, mas que na idade adulta são irrelevantes.

Entre as coisas que foram de maior importância na idade infantil tem papel preponderante, no que se refere à influência, a personalidade dos pais. Mesmo que os pais tenham falecido há muito tempo e poderiam ter perdido ou deveriam ter perdido toda a importância, modificando-se a partir daí talvez completamente a situação de vida dos doentes, eles continuam sendo importantes para o paciente, e de certa forma presentes como se ainda estivessem vivos. O amor e a veneração, a resistência, a antipatia, o ódio e a revolta do doente ainda se fixam na imagem deles, distorcida pela afeição ou aversão, e que muitas vezes não tem mais grande semelhança com a realidade do passado. Este fato levou-me a não mais falar diretamente do pai e mãe, mas usar o termo "imago", pois nessas fantasias não se trata mais propriamente do pai e da mãe, mas de suas imagens subjetivas e frequentemente bastante distorcidas que, no entanto, marcam no espírito do doente uma presença fantasmagórica, ainda que muito influente.

O complexo da imagem dos pais, isto é, toda a gama de ideias referentes aos pais, revela um importante campo de aplicação da libido introvertida. Gostaria de observar que o complexo em si leva uma existência apenas fugaz enquanto não estiver preenchido com libido. De acordo com a terminologia antiga usada em meu *Estudos de associação*[23], designamos pelo nome de complexo um sistema de ideias já preenchido com libido e ativado por ela. Mas este sistema subsiste também como mera possibilidade de aplicação, mesmo que não esteja preenchido, temporária ou permanentemente, com libido.

305

306

---

23. JUNG, C.G. (org.). *Diagnostische Assoziationsstudien.*

146 Obra Completa – Vol. 4

307 Quando a teoria psicanalítica ainda estava envolvida pela concepção de trauma e, em vista disso, estava inclinada a procurar a *causa efficiens* da neurose no passado, pareceu-nos que o complexo pai e mãe era o assim chamado "complexo nuclear" – usando uma expressão de Freud. O papel dos pais parecia tão determinante que fomos tentados a procurar nele a culpa de todas as complicações futuras na vida do doente. Este ponto de vista eu o analisei, faz alguns anos, em meu trabalho *A importância do pai no destino do indivíduo*[24]. Também aqui nos deixamos levar pela tendência do doente que, seguindo a direção da libido introvertida, indicava para o passado. Dessa vez não era mais uma vivência acidental e externa que parecia produzir o efeito patogênico, mas um efeito psicológico que aparentemente provinha da dificuldade de o indivíduo se adaptar às condições do ambiente familiar. Era especialmente a desarmonia entre os próprios pais e entre os pais e a criança que parecia ser a responsável pelo surgimento na criança de correntes psíquicas, parcial ou totalmente incompatíveis com seu modo de vida.

308 Da grande quantidade de especulações que existiam a respeito dessa questão, apresentei, na obra acima citada, alguns casos, à guisa de exemplo, onde esses efeitos me davam a impressão de serem bem nítidos. Os efeitos que pareciam provir dos pais não se limitavam, por exemplo, à interminável queixa de seus descendentes neuróticos que punham a culpa de sua doença nas relações familiares ou na educação errada, mas se estendiam para acontecimentos e ações na vida do doente sobre as quais não poderíamos esperar semelhante determinação. A tendência de imitação tão viva no selvagem e na criança pode levar, em algumas crianças particularmente sensíveis, a uma identificação interior com os pais, isto é, a uma atitude mental tão semelhante que se produzem efeitos na vida real, parecidos inclusive nos detalhes, com vivências dos pais[25].

309 No que se refere ao material empírico dessa questão, devo remetê-los para a literatura existente. Mas não poderia deixar de informá-los que minha aluna Dra. Emma Fürst aduziu provas experimen-

---

24. Dissertação XIV deste volume.

25. Abstraio completamente da semelhança orgânica herdada que é responsável por muita coisa, mas não por tudo.

tais valiosas sobre o assunto em questão. Já fiz referência a estas pesquisas nas conferências da Clark University[26]. Fürst, usando o experimento de associações em famílias inteiras, estabeleceu o assim chamado tipo de reação de cada membro da família. Ficou evidente que existe muitas vezes um paralelismo inconsciente de associação entre pais e filhos que só pode ser explicado por uma intensa imitação ou identificação. Os resultados da pesquisa indicam um amplo paralelismo das tendências biológicas; isto pode explicar facilmente a coincidência, às vezes espantosa, do destino. Nosso destino é, via de regra, o resultado de nossas tendências psicológicas.

Esses fatos mostram claramente que não apenas os doentes, mas também as conclusões teóricas, baseadas nestas experiências, tendem a supor que a neurose é o resultado da influência caracterológica dos pais sobre os filhos. Esta suposição é ainda reforçada pela experiência – que serve de base à pedagogia – da moldagem da alma infantil, muitas vezes comparada com a cera mole que aceita e retém toda e qualquer impressão. Sabemos que as primeiras impressões da infância acompanham inexoravelmente o homem durante sua vida toda e que certas influências educacionais podem confinar o homem, enquanto viver, a certos limites igualmente inexoráveis. Nestas circunstâncias não é surpresa, mas fato normal, o aparecimento de conflitos entre personalidades moldadas pela educação e por outras influências do ambiente infantil e personalidades que se formaram pelo seu próprio modo de vida. Neste conflito entrarão todas as pessoas destinadas a levar uma vida independente e criativa.

A grande influência da infância sobre o desenvolvimento posterior do caráter torna facilmente compreensível por que gostaríamos de derivar a causa de uma neurose diretamente das influências do ambiente infantil. Devo confessar que encontrei casos onde qualquer outra explicação parecia menos plausível. Existem, realmente, pais que, devido ao seu procedimento contraditório, tratam os filhos de maneira tão absurda que estes fatalmente adoecerão. É, pois, regra entre os neurologistas livrar, sempre que possível, as crianças neuróticas da perigo-

---

26. Parte X de *Diagnostischen Assoziationsstudien*. A conferência de Jung, abordando este trabalho, feita sob o título "Familial Constellations", foi a segunda das *Clark Lectures* e constitui a 2ª parte da dissertação *Die Assoziationsmethode* [OC, 2].

sa atmosfera familiar e colocá-las sob influências mais sadias onde se desenvolverão bem melhor e, muitas vezes, sem qualquer cuidado médico, do que em casa. Existem muitos neuróticos que já o são desde crianças e, portanto, desde a infância nunca estiveram livres da doença. Nestes casos parece válido *em geral* o ponto de vista acima.

312 Este conhecimento que nos parece, por ora, definitivo, foi bastante aprofundado pelos trabalhos de Freud e da escola psicanalítica. Estudou-se até os mínimos detalhes a relação do doente com seus pais, pois é exatamente este relacionamento que devia ser considerado importante sob o aspecto etiológico. Percebeu-se logo que esses doentes ainda viviam, de fato, total ou parcialmente, em seu mundo infantil. E não tinham consciência disso. Ao contrário, esta é a difícil tarefa da psicanálise: estudar com tanta profundidade o modo de adaptação psicológica do doente que se possa colocar o dedo nos equívocos infantis. Como os senhores sabem, há entre os neuróticos grande número de pessoas que foram outrora crianças mimadas. Esses casos são os melhores e mais claros exemplos de infantilismo no modo de adaptação psicológica. Essas pessoas saem para o mundo com a expectativa de encontrar a mesma boa receptividade, carinho e sucesso fácil a que estavam acostumadas junto à mãe, em sua infância. Mesmo doentes perspicazes são incapazes de perceber que devem suas dificuldades na vida, juntamente com sua neurose, ao fato de arrastarem consigo uma carga emocional infantil. O pequeno mundo da criança, o ambiente familiar, é um modelo do grande mundo. Quanto mais a família tiver marcado a criança, tanto mais inclinada estará emocionalmente, quando adulta, a ver no grande mundo o seu pequeno mundo da infância. Naturalmente não devemos considerar isto um processo intelectual consciente. Ao contrário, o doente sente e vê a oposição entre o antes e o agora e procura adaptar-se da melhor forma possível. Talvez acredite estar bem adaptado, já que intelectualmente percebe muito bem a situação, mas isto não impede que a emoção esteja longe atrás da compreensão intelectual.

313 Não há necessidade de provar-lhes com exemplos este fenômeno. É constatação diuturna que nossos afetos nunca estão à altura de nossa compreensão. Acontece o mesmo com o doente, só que em intensidade muito maior. Talvez acredite, com exceção de sua neurose, ser pessoa normal e estar adaptado às condições da vida. Não se dá

Freud e a psicanálise

conta de que ainda não renunciou a certas posturas infantis, de que alimenta, bem no fundo, ainda esperanças e ilusões que nunca trouxe para o nível próprio da consciência. Acalenta toda espécie de fantasias prediletas que talvez raramente, mas, sem dúvida, nem sempre são tão conscientes que ele mesmo saiba que as possui. Muitas vezes só existem como expectativas, esperanças e preconceitos emocionais etc. Neste caso qualificamos as fantasias de inconscientes. De vez em quando, as fantasias surgem como pensamentos fugidios na consciência periférica para desaparecerem logo a seguir, de forma que o doente não é capaz de dizer se teve essas fantasias ou não. A maioria dos doentes só aprende a reter e observar os pensamentos esvoaçantes e fugidios durante o tratamento psicanalítico. Ainda que a maioria das fantasias tenha sido consciente por algum momento como pensamento fugidio, ainda não dá para chamá-las *conscientes* porque na maior parte das vezes são praticamente *inconscientes*. Por isso devemos chamá-las, com razão, *inconscientes*. (Há evidentemente também fantasias infantis que são bem conscientes e, por isso, reproduzíveis a qualquer tempo.)

V. As fantasias do inconsciente

O campo das fantasias inconscientes infantis tornou-se o autêntico objeto de pesquisa da psicanálise, pois este campo parece conter a chave da etiologia da neurose. Bem diferente do que aconteceu na teoria do trauma estamos aqui, forçados por todas as razões até agora mencionadas, inclinados a aceitar que devemos procurar na história da família o fundamento do presente psicológico.   314

Aqueles sistemas de fantasia que os pacientes revelam após simples interrogatório são, na maioria dos casos, de natureza composta e elaborados em forma de novela ou drama. Mas, apesar de sua elaboração, são de valor relativamente pequeno para a pesquisa do inconsciente. Exatamente por serem conscientes, estão demasiadamente expostos às exigências da etiqueta e da moral social. E por isso são despojados de todas as características pessoais penosas e também menos belas, tornando-se socialmente aceitáveis e revelando muito pouco. As fantasias mais valiosas e aparentemente mais influentes não   315 são conscientes, no sentido definido antes. Têm que ser cavadas por via da técnica psicanalítica.

316   Mesmo desejando ocupar-me mais de perto com a questão da técnica, devo enfrentar uma objeção que se ouve com muita frequência: que as assim chamadas fantasias inconscientes são *sugeridas* ao paciente e só existem, portanto, nas cabeças dos psicanalistas. Esta objeção é da mesma categoria vulgar que as acusações que nos atribuem erros simplórios de aprendizes. Acho que só pessoas com nenhuma experiência psicológica e sem nenhuma ciência histórico-psicológica são capazes de fazer tais acusações. Quem quer que tenha alguma noção de mitologia não deixará de perceber os paralelos espantosos entre as fantasias inconscientes, trazidas à luz pela escola psicanalítica, e as representações mitológicas. É absurda a objeção de que nosso conhecimento de mitologia é sugerido ao doente, pois a escola psicanalítica descobriu primeiro as fantasias e só depois familiarizou-se com a mitologia. É sabido que a mitologia está bem longe do campo da medicina.

317   Enquanto as fantasias permanecem inconscientes, o doente nada sabe de sua existência; e interrogá-lo sobre isso não faria sentido. Ouvimos com frequência, não só dos doentes, mas também dos chamados normais, o seguinte: "Se eu tivesse estas fantasias, deveria sabê-lo de alguma forma". O que é inconsciente é realmente algo que não sabemos. Nossos opositores também estão convencidos de que algo assim não existe. Este juízo *a priori* é escolástico e não há como fundamentá-lo. Não podemos aferrar-nos ao dogma de que só a consciência seja a psique; temos provas diárias de que nossa consciência só constitui parte da função psíquica. Os conteúdos de nossa consciência já se manifestam altamente complexos; a constelação de nosso pensamento, a partir do material contido na memória, é quase totalmente inconsciente. Por isso temos que aceitar, quer nos agrade quer não, algo psíquico não consciente que por ora é "mero conceito limítrofe negativo", como o *Ding an sich*, de Kant. Dado ao fato que percebemos atividades cuja origem não está na consciência, somos obrigados a atribuir à esfera do não consciente conteúdos hipotéticos, ou seja, presumir que as origens de certos efeitos estão no inconsciente, uma vez que não são conscientes. Não se pode dizer que esta concepção de inconsciente seja misticismo. Não temos a pretensão de saber ou afirmar algo de positivo sobre a situação do psiquismo no inconsciente. Usamos, por isso,

conceitos simbólicos, analogamente à nossa conceituação do consciente; e esta terminologia mostrou-se prática.

Esta conceituação é a única possível segundo o axioma *principia* 318 *praeter necessitatem non sunt multiplicanda* (os princípios não devem ser multiplicados além do necessário). Falamos, portanto, dos efeitos do inconsciente da mesma forma como dos fenômenos do consciente. Houve grande escândalo quando Freud afirmou que o inconsciente "só podia desejar", e considerou-se isto uma afirmação metafísica estranha, algo como os princípios da filosofia do inconsciente, de Hartmann. Esta indignação provém do fato de esses críticos partirem, sem eles mesmo o saberem, de uma concepção metafísica do inconsciente como *ens per se* e projetarem ingenuamente sobre nós esta sua conceituação não esclarecida epistemologicamente. Para nós o inconsciente não é uma entidade, mas apenas um termo sobre cuja essência metafísica não ousamos fazer ideias. Estamos em posição contrária à de certos psicólogos de gabinete que sabem tudo sobre a localização da psique no cérebro e sobre as correlações fisiológicas do processo mental; e sabem tanto que podem afirmar com toda certeza que, fora da consciência, só existem "processos fisiológicos do córtex".

Esta ingenuidade não nos pode ser imputada. Quando Freud diz 319 que o inconsciente só pode desejar, ele está descrevendo, em termos simbólicos, efeitos cuja origem *não é consciente*, mas que, do ponto de vista do pensamento consciente, só podem ser considerados como análogos aos desejos. A escola psicanalítica, contudo, está consciente de que se possa abrir a qualquer tempo a discussão se o "desejar" é a analogia adequada. Quem souber de outra melhor, será bem-vindo. Mas, em vez de colaborar, nossos oponentes se contentam com negar a existência desses fenômenos ou então, quando se admitem certos fenômenos, eles se abstêm de uma formulação teórica. Esta última posição é humanamente compreensível, pois não é dado a todos pensar teoricamente.

Quando alguém consegue libertar-se do dogma da identidade 320 entre consciente e psique e, então, admitir a possível existência de processos psíquicos extraconscientes, já não pode negar ou afirmar *a priori* nada sobre a potencialidade psíquica do inconsciente. Acusam a escola psicanalítica de *afirmar* certas coisas sem *base suficiente*. Parece-nos que a casuística – muito rica e quase rica demais – contida na literatura, traz base mais que suficiente. Aos nossos opositores ela parece insuficiente. Deve haver uma diferença real no conceito de "suficiente" e no que tange à validade desta base. Poderíamos perguntar: Por que a escola psicanalítica parece exigir bem menos provas para suas formulações do que seus oponentes?

321   A razão é simples. Um engenheiro que construiu uma ponte e calculou o quanto de peso pode suportar não precisa de outras provas para confirmar a capacidade da ponte. Mas um leigo cético, que não tem noção nenhuma de como se constrói uma ponte e da resistência do material empregado, exigirá bem outras provas para certificar-se da capacidade da ponte, pois não pode confiar na situação que encontra. É, sobretudo, o profundo desconhecimento que a oposição tem de nosso trabalho que a faz impor sempre mais exigências. Em segundo lugar estão os inúmeros mal-entendidos teóricos; é impossível para nós conhecê-los todos e esclarecê-los. Assim como encontramos junto a nossos pacientes sempre novos e sempre mais espantosos equívocos sobre os caminhos e fins do método psicanalítico, também nossos críticos são inesgotáveis em inventar equívocos. Os senhores já viram, quando discutimos o conceito de inconsciente, quais os falsos pressupostos de natureza filosófica que podem prejudicar a compreensão de nossa terminologia. É compreensível que uma pessoa que atribui sem querer ao inconsciente uma entidade absoluta faça outras exigências comprobatórias e até mesmo exorbitantes, como o fazem realmente nossos opositores. Se tivéssemos que demonstrar a imortalidade, deveríamos reunir montanhas de provas de grande peso, e bem diferentes das que se precisariam para demonstrar a existência de plasmódios num doente de malária. A expectativa metafísica ainda prejudica demais o pensar científico para que possamos assimilar facilmente os problemas da psicanálise.

322   Para fazer justiça aos nossos opositores, devemos frisar que a própria escola psicanalítica deu muito motivo para os equívocos, ainda que sem querer. Uma das principais fontes disso é a confusão que reina no campo teórico. Nós, infelizmente, não temos uma teoria muito representativa. Os senhores compreenderão isso quando virem num caso concreto com que dificuldades enormes temos que lidar. Segundo

Freud e a psicanálise

a opinião de quase todos os críticos, Freud não passa de um teórico. Mas, na verdade, ele é empírico; e isto reconhecem todos aqueles que, com boa vontade, procuram aprofundar-se nos trabalhos dele e se esforçam por ver os seus casos como ele os viu. Esta boa vontade falta a nossos opositores. Já ouvimos muitas vezes que nossos críticos consideram *antipático e nojento* pensar como Freud. Mas, como pode alguém aprender o método de Freud se ele está cheio de nojo? Exatamente porque não se faz esforço para assimilar os pontos de vista de Freud, adotados provavelmente como hipótese necessária de trabalho, é que se chega à conclusão absurda de que Freud é um teórico. Admite-se sem mais que o *Três ensaios sobre a teoria da sexualidade* seja mera teoria, inventada por uma cabeça puramente especulativa, e que coloca tudo dentro da cabeça do paciente através da sugestão. Isto significa subverter completamente a realidade. O jogo se torna fácil para o crítico; é o que ele quer. Não interessam a ele aquelas "poucas histórias de doentes" que o psicanalista traz conscienciosamente como fundamento de suas afirmações teóricas; só lhe interessam a teoria e a formulação teórica da técnica. Não estão aqui os pontos vulneráveis da psicanálise – pois ela é pura empiria – mas aqui está um campo vasto e insuficientemente cultivado onde o crítico pode se divertir à vontade. No campo da teoria há muitas incertezas e não poucas contradições. Estávamos cônscios disso bem antes que a douta crítica brindasse o nosso trabalho com sua atenção.

Após esta digressão, vamos voltar à questão das fantasias inconscientes. Como vimos, ninguém está autorizado a afirmar sem mais a existência ou propriedades dessas fantasias; para tanto seria preciso que se observassem efeitos na consciência cuja origem inconsciente pudesse ser descrita em termos de simbolismo consciente. A questão é se podemos realmente encontrar na consciência efeitos que correspondem a esta expectativa. A escola psicanalítica acredita ter encontrado semelhantes efeitos. Menciono, logo de saída, o fenômeno mais importante: *o sonho*.

Dele devemos dizer que entra na consciência como uma grandeza complexa cuja composição de elementos não é consciente. Somente após estabelecermos uma série de associações para cada imagem individual do sonho podemos demonstrar que estas imagens têm sua origem em certas reminiscências do passado mais próximo ou remoto. Às vezes nos perguntamos: Onde eu vi ou ouvi isto? E, então, pelo processo de associação ordinária vem a lembrança de que vivemos conscientemente certas partes do sonho no dia anterior ou há mais tempo. Até aqui todos concordam, pois são coisas de conhecimento geral. No mais, o sonho se nos apresenta como uma composição, via de regra, incompreensível de certos elementos, sobretudo não conscientes, só reconhecidos depois, mediante a associação[27]. Mas não é assim que certas partes do sonho sejam reconhecíveis em quaisquer circunstâncias e que daí possamos deduzir o seu caráter consciente; elas são muitas vezes, ou quase sempre, irreconhecíveis a princípio. Só depois nos damos conta de que já vivemos conscientemente esta ou aquela parte do sonho. A partir desse ponto de vista já podemos considerar o sonho como um produto de origem inconsciente.

325   A técnica para descobrir as origens inconscientes é aquela já mencionada antes e que foi usada por todos os pesquisadores dos sonhos bem antes de Freud. Procuramos simplesmente lembrar-nos de onde provieram as partes do sonho. A técnica psicanalítica de analisar um sonho baseia-se neste princípio bem simples. É fato que certas partes do sonho derivam de nossa vida enquanto acordados, de vivências que, por sua notória falta de importância, teriam caído certamente no esquecimento e já estavam a caminho do inconsciente definitivo. Essas partes do sonho são precisamente os efeitos de "representações inconscientes". Também houve críticas a esta expressão. Evidentemente não consideramos isto de maneira tão concreta e, às vezes, até grosseira, como nossos críticos. Certamente esta expressão nada mais é do que simbolismo da consciência; e jamais tivemos dúvida sobre isso. Mas ela é perfeitamente clara e serve muito bem como sinal para um fato psíquico desconhecido. Como já ficou dito, não nos resta outra alternativa para entender o inconsciente do que a analogia com o consciente. Não temos a petulância de ter entendido

---

27. Também isto poderia ser contestado como uma afirmação apriorística. Devo notar, porém, que esta concepção é a única *working hypothesis* aceita em geral e que corresponde à origem psicológica dos sonhos: os sonhos derivam de vivências e pensamentos do passado próximo. Movemo-nos, pois, em terreno conhecido.

Freud e a psicanálise

um assunto só porque inventamos para ele um nome pomposo e totalmente incompreensível.

O princípio da técnica psicanalítica da análise é, pois, extraordinariamente simples e conhecido há muito tempo. O procedimento a seguir continua de forma consequente. Quando nos detemos mais num sonho – o que nunca acontece fora da psicanálise – descobrimos mais reminiscências sobre as partes individuais dos sonhos. Mas há certas partes para as quais não conseguimos obter reminiscências. Estas, por bem ou por mal, precisamos deixá-las de lado. Quando falo de "reminiscências", entendo não apenas reminiscências de certos fatos concretos, mas também *reproduções de associações importantes*. O conjunto das reminiscências nós o denominamos "material do sonho". Este material é tratado segundo os métodos científicos aceitos em geral. Quando os senhores dispõem de um material experimental para ser trabalhado, comparam as partes individuais e as classificam de acordo com as semelhanças. O mesmo farão com o material do sonho; procurarão as características comuns, sejam de natureza formal ou material.

326

Assim procedendo, devemos livrar-nos, o quanto possível, de certos preconceitos. Observei que o principiante sempre espera encontrar esta ou aquela característica e, então, procura forçar o material neste sentido. Constatei este fato sobretudo em colegas que, devido aos preconceitos e equívocos bem conhecidos, eram opositores mais ou menos ferrenhos da psicanálise. Quando o destino me reservava a sorte de poder analisá-los e eles conseguiam finalmente uma perspectiva real do método, o primeiro erro que geralmente cometiam em seu próprio trabalho psicanalítico era o de violentar o material por causa de seus preconceitos; descarregavam sobre o material sua atitude anterior para com a psicanálise, que eles não conseguiam avaliar objetivamente, mas apenas de acordo com fantasias subjetivas.

327

Se nos abalançamos a peneirar um material do sonho, não podemos recuar diante de nenhuma comparação. O material consiste geralmente de imagens bem disparatadas donde é difícil extrair o *tertium comparationis* adequado. Devo renunciar a trazer aqui exaustivos exemplos, pois é impossível discutir um material tão abundante numa conferência. Gostaria de chamar a atenção para um trabalho

328

de Rank[28]. Lá verão como é vasto o material que pode ser levado em conta numa comparação.

329 Portanto, na exploração do inconsciente, empregamos a maneira usual de agir quando se trata de tirar conclusões a partir da comparação de materiais. Várias vezes ouvimos a objeção: Por que deveria o sonho ter algum conteúdo inconsciente? Esta objeção é, a meu ver, tão anticientífica quanto possível. Cada momento psicológico tem sua própria história. Cada frase que digo possui, além do significado que pretendo lhe dar conscientemente, um significado histórico e este pode ser bem diverso do seu significado consciente. Propositalmente estou me expressando de modo algo paradoxal: não acho que eu poderia esclarecer o significado histórico individual de cada frase. Isto é mais fácil em estruturas maiores e mais complicadas. Todos sabemos que, além do conteúdo manifesto de um poema, o poema em si é especialmente característico do poeta quanto à forma, conteúdo e origem. Enquanto o poeta colocou, em seu poema, a expressão eloquente de uma inspiração momentânea, o crítico literário vê nele e por trás dele coisas que o poeta nunca teria imaginado. A análise que um crítico literário faz do material de um poeta é perfeitamente comparável ao método da psicanálise, inclusive os erros que podem ocorrer.

330 É possível comparar o método psicanalítico sobretudo com a análise e síntese históricas. Digamos, por exemplo, que não entendemos o significado do rito do batismo, celebrado em nossas Igrejas hoje. O celebrante nos diz que o batismo significa a admissão da criança na comunidade cristã. Isto não nos satisfaz: Por que deve ser derramada água na cabeça da criança? Para entender este rito é preciso reunir um material comparativo da história dos ritos, isto é, das reminiscências da humanidade pertinentes ao caso, e sob os mais diversos pontos de vista:

1. O batismo significa claramente um rito de iniciação, uma consagração: por isso devemos buscar as reminiscências que conservam ritos de iniciação em geral.

---

28. RANK, O. "Ein Traum der sich selbst deutet". *Jb. F. Psychoanal. u. Psycopath. Forsch.*, II, 1910, p. 465s.

Freud e a psicanálise

2. O batismo se realiza com água: esta forma especial exige outra série de reminiscências, ou seja, os ritos nos quais se usa água.

3. O batizando recebe uma infusão de água: aqui se buscam todos os ritos onde ocorre a aspersão dos iniciandos com água, onde o batizando é submerso na água etc.

4. Deve-se trazer à baila todas as reminiscências da mitologia e todas as práticas supersticiosas que, de alguma forma, correm paralelas ao simbolismo do ato batismal.

Dessa forma conseguimos um estudo comparativo das ciências da religião sobre o ato do batismo. Descobrimos, assim, os elementos dos quais surgiu o ato batismal; descobrimos também seu significado original e tomamos conhecimento de um mundo mítico, rico em elementos constitutivos da religião, que nos permitem entender o sentido múltiplo e profundo do ato de batizar. Assim procede o analista com o sonho: ele reúne os paralelos históricos, ainda os mais remotos, para cada parte do sonho e procura reconstruir uma história psicológica do sonho e dos significados que estão em sua raiz. Com esta elaboração monográfica do sonho conseguimos, exatamente como na análise do ato do batismo, uma introspecção profunda na rede maravilhosamente delicada e significativa das determinações inconscientes – uma introspecção só comparável com a compreensão histórica de um ato que estávamos acostumados a ver de modo unilateral e superficial.

Este excurso sobre o método psicanalítico pareceu-me indispensável. Em vista dos equívocos muito difundidos e que procuram desacreditar constantemente o método psicanalítico, senti-me na obrigação de dar-lhes uma satisfação, ainda que de modo bem genérico, do método psicanalítico e de sua situação dentro da metodologia científica. Não duvido de que se faça uso superficial e impróprio desse método. Mas nem por isso um crítico inteligente pode sucumbir a um julgamento global contra o método, da mesma forma que um mau cirurgião não é obstáculo à validade da cirurgia em geral. Acredito também que nem todas as colocações da psicologia dos sonhos, feitas por psicanalistas, estejam isentas de equívocos e distorções. Isto provém, em boa parte, do fato de ser difícil para o médico, devido à sua formação no campo das ciências naturais, assimilar intelectualmente um método psicológico refinado, ainda que o aplique instintivamente de forma correta.

333   O método que lhes apresentei em largos traços é o que sigo e pelo qual me responsabilizo cientificamente. Dar conselhos sobre sonhos e fazer tentativas diretas de interpretação é, na minha opinião, absolutamente inútil e cientificamente inadmissível. Isto não é método, mas arbítrio que sofre o castigo da esterilidade dos resultados, como todo falso método.

334   Se procurei explicar os princípios do método psicanalítico pela análise do sonho foi porque o sonho é um dos melhores exemplos de conteúdos psíquicos cuja composição não permite uma compreensão direta e imediata. Quando alguém prega um prego com o martelo para nele dependurar algo, entendemos perfeitamente cada passo da operação; ela é para nós imediatamente evidente. O mesmo não se dá com o ato do batismo, onde cada fase é problemática. Por isso denominamos esses atos, cuja significação e finalidade não são imediatamente perceptíveis, de *atos simbólicos ou símbolos*. Com base neste raciocínio, qualificamos o sonho de *simbólico*, pois é um produto psicológico cuja origem, sentido e finalidade são obscuros e por isso é um dos produtos mais puros da constelação inconsciente. Freud diz muito bem que o sonho é a *via régia para o inconsciente*.

335   Além do sonho, há muitos outros produtos de constelação inconsciente. Temos, por exemplo, no experimento de associação, um meio de determinar exatamente as operações que procedem do inconsciente. Encontramos essas operações nas perturbações do experimento que chamei *indicadores de complexos*. A tarefa que o experimento de associação coloca para a pessoa examinada é tão fácil e simples que até uma criança pode executá-la sem problema. Surpreende, contudo, o grande número de perturbações da ação intencionada que é preciso registrar neste experimento. Os únicos fundamentos que podem ser apontados regularmente como causas das perturbações são as constelações, parcialmente conscientes e em parte inconscientes, produzidas pelos complexos. Na maioria dos casos, é fácil constatar a conexão dessas perturbações com complexos de cunho sentimental. Mas precisamos muitas vezes do método psicanalítico para explicar esta conexão, ou seja, temos que perguntar à pessoa

Freud e a psicanálise

examinada ou ao paciente quais as associações que lhe ocorrem com referência às reações perturbadas.

Assim conseguimos recolher o material histórico dessa perturbação que servirá de base ao julgamento. Houve quem objetasse: nesse caso a pessoa examinada pode dizer o que quiser ou, em outras palavras, pode dizer bobagens. Esta objeção é fruto da suposição inconsciente que o historiador que está coletando o material para sua monografia seja um idiota, incapaz de distinguir paralelos apenas aparentes e caia como pato em histórias mentirosas. O especialista no ramo tem meios de evitar os erros mais grosseiros com absoluta certeza e os mais refinados com certa probabilidade. A desconfiança de nossos opositores é, neste aspecto, divertida, pois é assunto conhecido para quem entende o trabalho psicanalítico que não é muito difícil perceber onde existe coerência ou não. Além disso, as afirmações fraudulentas servem, em primeiro lugar, para caracterizar a pessoa que as faz e, em segundo lugar, são facilmente identificadas como fraudulentas.

336

Precisamos considerar ainda outra objeção: Será que as reminiscências reproduzidas posteriormente foram de fato a base do sonho? Se eu, por exemplo, ler à noite uma interessante narrativa de alguma batalha e sonhar, depois, com a Guerra dos Bálcãs e, durante a análise, me lembrar, por associação, de certos detalhes da narrativa da batalha, até o mais rigoroso crítico constatará logo que minha associação retrospectiva, relativamente correta, é *veraz*. Conforme já mencionei, esta é uma das hipóteses mais frequentes da origem dos sonhos. E nada mais fizemos do que estender esta hipótese de trabalho consequentemente a todas as demais associações relativas a todas as outras partes do sonho. Enfim, afirmamos apenas que esta parte do sonho tem vínculo com esta associação, que tem algo a ver com isso, que existe qualquer relação entre as duas coisas. Certa vez um notável crítico disse que, através das interpretações psicanalíticas, era possível associar um pepino a um elefante; mostra-nos este crítico, pela associação que fez de pepino e elefante, que as duas coisas têm alguma relação associativa em sua mente. É preciso ter uma boa dose de ousadia e um julgamento magistral para poder afirmar que a mente humana produz associações inteiramente desconexas. Basta neste caso um mínimo de reflexão para entender o sentido dessa associação.

337

338   No experimento de associação podemos constatar os efeitos às vezes muito intensos que provêm do inconsciente exatamente pela interferência de complexos. A produção de erros no experimento de associação é, sobretudo, um protótipo dos erros que cometemos na vida diária, a maioria dos quais deve ser atribuída à interferência de complexos. Freud reuniu essas coisas em seu livro *Zur Psychopathologie des Alltagslebens*. Estão aí as assim chamadas ações sintomáticas que, de outro ponto de vista, podem ser chamadas "ações simbólicas", e lapsos propriamente ditos, como esquecimento, falhas na dicção etc. Todos esses fenômenos são efeitos de constelação inconsciente e, portanto, outras tantas portas de entrada para o reino do inconsciente. Quando são cumulativos, devem ser chamados *neurose* que, sob este aspecto, manifesta-se como disfunção e deve ser entendida como efeito de constelação inconsciente.

339   O experimento de associação é, não raras vezes, um meio de abrir diretamente o inconsciente, ainda que seja simples técnica para conseguir uma boa seleção de produção de erros que, então, pode ser aproveitada pela psicanálise para explorar o inconsciente. Este é, ao menos por ora, o campo de aplicação seguro do experimento de associações. Contudo, é possível que tenha outros dados muito importantes a fornecer que nos permitam vislumbrar diretamente o inconsciente. Mas considero que o problema ainda não esteja suficientemente maduro para sobre ele me pronunciar.

VI. O complexo de Édipo

340   Após o que expus sobre o nosso método, talvez os senhores tenham adquirido mais confiança em seu caráter científico e estejam inclinados a aceitar que as fantasias trazidas à baila, até agora, pelo trabalho psicanalítico, não sejam apenas suposições arbitrárias e ilusões dos psicanalistas. Talvez estejam dispostos também a ouvir pacientemente o que esses produtos inconscientes da fantasia nos têm a dizer.

341   As fantasias dos adultos, enquanto conscientes, são de uma variedade incrível e assumem formas muito individuais. Por isso é impossível fazer delas uma descrição geral. Outra coisa é a gente entrar no mundo inconsciente de fantasias do adulto por meio da análise. Nesse mundo também é grande a variedade do material fantasioso, mas

Freud e a psicanálise   161

nem de longe encontramos aquelas muitas peculiaridades individuais como no consciente. Vamos encontrar, sim, material mais típico que, não raro, repete-se de forma semelhante em diversas pessoas. São constantes, por exemplo, ideias que aparecem como variações daquelas encontradas na religião e mitologia. O fato é tão evidente que podemos afirmar ter encontrado nessas fantasias os precursores das ideias mitológicas e religiosas.

Não pretendo prolongar-me em exemplos sobre isso. Podem ler a respeito meu livro *Wandlungen und Symbole der Libido* (*Transformações e símbolos da libido*). Quero lembrar apenas que o símbolo central do cristianismo – o *sacrifício* – desempenha importante papel nas fantasias do inconsciente. A Escola de Viena designa este fenômeno pelo termo equívoco de *complexo de castração*. O emprego paradoxal desse termo provém da posição singular que a Escola de Viena adotou com relação à sexualidade. No meu livro acima citado dei atenção especial ao problema do sacrifício. Devo limitar-me a esta ligeira referência e falar agora da origem do material inconsciente da fantasia.

No inconsciente da criança as fantasias são bem mais simples, correspondendo às proporções do meio infantil. Graças aos esforços conjuntos da escola psicanalítica, descobrimos que a fantasia mais frequente da infância é o chamado *complexo de Édipo*. Também esta terminologia parece totalmente inadequada. Todos sabemos que o trágico destino de Édipo consistiu em casar com a mãe e matar o pai. O que aparece aos olhos do adulto como trágico conflito está longe de sê-lo para a psique da criança; é inconcebível para o leigo no assunto que a criança tenha um conflito desses. Mas, após algumas considerações, torna-se claro que o *tertium comparationis está precisamente na estreita restrição do destino de Édipo a seus dois pais*. Esta restrição é característica da criança, pois o destino dos adultos não se limita aos pais. Até aqui, Édipo só apresenta um conflito infantil, mas na dimensão da idade adulta. A denominação *complexo de Édipo* não quer dizer que se considere este conflito em sua forma adulta, mas em sua dimensão enfraquecida e reduzida, própria da infância. Antes de tudo quer significar apenas que as solicitações de amor da criança se dirigem ao pai e à mãe, e à medida que essas solicitações tiverem atingido certa intensidade, a ponto de defenderem com ciúme o objeto visado, podemos falar de um complexo de Édipo.

342

343

344 Este enfraquecimento e redução do complexo de Édipo não devem ser entendidos como diminuição da soma total de afeto, mas como menor participação no afeto sexual característico da criança. Nesse sentido os afetos infantis têm aquela intensidade absoluta que, nos adultos, é característica do afeto sexual. O garoto gostaria de ter a mãe só para ele e ver-se livre do pai. Às vezes as crianças se forçam por entre os pais da maneira mais ciumenta possível. Esses desejos e intenções assumem no inconsciente uma forma mais concreta e mais drástica. As crianças são pequenas pessoas primitivas e, por isso, sempre prontas a matar; e esta ideia é facilmente concebível no inconsciente porque este costuma expressar-se de forma bem drástica. Como a criança, "via de regra", é inofensiva, também este desejo aparentemente perigoso é, em geral, inofensivo. Digo "via de regra", porque há casos em que as crianças dão lugar a seus impulsos assassinos não só de maneira indireta, mas também direta. Mas como a criança é incapaz de intuitos planificados em geral, também não se pode dar importância demasiada a seu intuito assassino. Isto vale também para o intuito edipiano com relação à mãe. Os leves indícios dessa fantasia podem ser facilmente controlados pelo consciente, por isso todos os pais estão convencidos de que seus filhos não têm o complexo de Édipo. Os pais, a exemplo dos enamorados, quase sempre são cegos. Se eu dissesse que o complexo de Édipo é antes de tudo uma fórmula para expressar o desejo infantil com referência ao pai e à mãe, e para expressar o conflito que este desejo faz surgir – e todo desejo interesseiro faz surgir conflitos – sem dúvida o assunto pareceria mais aceitável.

345 A história da fantasia de Édipo é especialmente interessante porque nos ensina muito sobre o desenvolvimento das fantasias inconscientes em geral. Normalmente pensamos que o problema de Édipo seja um problema do filho homem. É ledo engano. A libido sexual só alcança a verdadeira diferenciação relativamente tarde na puberdade, fixando então o sexo do indivíduo. Antes disso, a libido sexual tem um *caráter genital indiferenciado*, que se denomina também *bissexual*. Portanto, não é surpreendente que também meninas carreguem o *complexo de Édipo*. Pelo que sabemos até agora, o primeiro amor sempre se dirige à mãe, seja a criança do sexo masculino ou feminino. Neste estágio, quando o amor à mãe é intenso, o pai é mantido à distância como um rival. Naturalmente a mãe não tem nenhum significado se-

Freud e a psicanálise

163

xual para a criança nesta tenra idade; e por isso o termo *complexo de Édipo* é inadequado. Nesta idade, a mãe ainda tem o sentido de um ser protetor, acolhedor e nutriente e, como tal, fonte de prazer.

É característico que a palavra infantil para designar a mãe seja *mama*, o mesmo termo do seio materno. Dra. Beatrice Hinkle contou-me o resultado de uma pesquisa onde as crianças gostavam de definir a mãe como aquela que dava comida, chocolate etc. Dificilmente se pode afirmar que, para as crianças dessa idade, o alimento seja apenas símbolo de sexo, ainda que isto seja às vezes verdadeiro, mais tarde, quando adultos. Basta um olhar superficial sobre a história das civilizações para vermos quão poderoso é o prazer da comida. As festanças colossais no Império Romano decadente exibiam de tudo, menos a sexualidade reprimida; ao menos disso não podemos acusar os romanos daquele tempo. Não há dúvida de que os excessos eram uma compensação, mas não da sexualidade; eram antes compensação das desprezadas funções morais que nós gostamos de considerar, erroneamente, como lei imposta de fora aos homens. Os homens têm as leis que eles fazem para si.

346

Conforme expus acima, não identifico *eo ipso* sensação de prazer com sexualidade. Na primeira infância, a participação da sexualidade na sensação de prazer é ínfima. Mas, nem por isso, o ciúme deixa às vezes de ter papel importante; também ele não pertence sem mais à esfera sexual, pois a inveja de alimento sempre teve boa parte nas primeiras manifestações de ciúme. Basta observar os animais. Certamente haverá bem cedo um acréscimo de elemento erótico. Esse elemento vai se fortalecendo com o correr dos anos até o complexo de Édipo assumir sua forma clássica. Com os anos, o conflito assume, no filho, uma forma mais masculina e, portanto, mais típica, enquanto, na filha, desenvolve-se a inclinação específica pelo pai, com a correspondente atitude de ciúme contra a mãe. Poderíamos chamar este complexo de *complexo de Electra*. É sabido que Electra jurou vingança de morte contra sua mãe Clitemnestra que assassinou o marido e, portanto, arrebatou de Electra o amado pai.

347

Ambos os complexos de fantasias se desenvolvem com o amadurecimento e entram num novo estágio apenas no período da pós-puberdade, quando o jovem se separa dos pais. O símbolo dessa separação, já

348

mencionado antes, é o *símbolo do sacrifício*. Quanto mais se desenvolve a sexualidade, tanto mais o indivíduo se força para fora da família a fim de conseguir a independência e autonomia. Acontece, porém, que a história da criança está estreitamente vinculada à família e sobretudo aos pais, de modo que é muito difícil libertar-se inteiramente de seu meio infantil, ou seja, de suas atitudes infantis. Se não conseguir libertar-se internamente, *o complexo de Édipo ou de Electra fará surgir um conflito e, então, está aberta a possibilidade de perturbações neuróticas.* A libido, já sexualmente desenvolvida, apodera-se da forma encontrada no complexo e produz sentimentos e fantasias que provam cabalmente a existência ativa dos complexos até agora inconscientes e relativamente inativos.

349 A primeira consequência é o aparecimento de forte resistência contra os impulsos imorais que brotam dos complexos agora ativados. As consequências para o comportamento consciente podem ser de natureza diversa. Se forem diretas, manifestam-se no filho vigorosas resistências contra o pai e uma atitude terna e de dependência com relação à mãe. Se forem indiretas, ou seja, compensadas, em vez da resistência contra o pai, há uma submissão peculiar a ele e uma atitude irritadiça e de rejeição para com a mãe. Pode ocorrer também que consequências diretas e compensadas se alternem. O mesmo vale para o complexo de Electra. Se a libido sexual estagnasse nesta forma de conflito, o conflito de Édipo ou de Electra levaria ao assassinato e incesto. Evidentemente não se chega a estas consequências entre pessoas normais, nem mesmo entre os homens primitivos "amorais", senão a humanidade já teria perecido. Ao contrário, é fato natural que as coisas que nos rodeiam todo dia percam o atrativo sedutor e levem a libido a procurar objetos mais novos; isto é um importante regulador que previne o assassinato e o incesto. O normal e natural, portanto, é o desenvolvimento da libido para objetos fora da família; a estagnação da libido dentro da família é fenômeno anormal e doentio. Contudo, é sempre um fenômeno que pode ser encontrado também em pessoas normais.

350 A fantasia inconsciente do sacrifício, da qual dei um exemplo minucioso em minha obra *Wandlungen und Symbole der Libido*, que acontece muito tempo após a puberdade, ou seja, na idade madura, é uma continuação direta dos complexos infantis. A fantasia do sacrifício significa a desistência dos desejos infantis. Demonstrei-o na obra

Freud e a psicanálise   165

supracitada e apontei ao mesmo tempo os paralelos na história das religiões. Não é de admirar que este problema tenha papel importante na religião, pois a religião é um dos auxílios mais eficazes no processo psicológico de adaptação. O que mais impede novos progressos na adaptação psicológica é o apego conservador ao antigo, ou seja, às atitudes primitivas. O homem não pode simplesmente conservar inalteradas sua personalidade antiga e seus objetos de interesse do passado, caso contrário sua libido estagnaria no passado, o que seria um empobrecimento para ele. Aqui a religião é de grande valia porque, através de pontes adequadas de símbolos, conduz a libido, que se encontra no relacionamento com os objetos infantis (pais), para os representantes do passado, para os deuses, facilitando assim a transição do mundo infantil para o mundo adulto. Assim a libido se torna apta para a função social posterior.

Freud tem uma concepção especial do complexo de incesto que   351
deu azo a novas e duras controvérsias. Parte do fato de que o complexo de Édipo é quase sempre inconsciente e supõe ser uma consequência de repressão moral. Talvez não me expresse bem quando lhes transmito o ponto de vista de Freud com estas palavras. Contudo, na concepção dele, o complexo de Édipo aparece como reprimido, ou seja, deslocado para o inconsciente por uma *reação* das tendências conscientes, de forma a parecer que o complexo de Édipo nasceria na consciência se o desenvolvimento da criança se processasse livremente e sem influência de tendências culturais[29].

Freud chama a barreira que impede a manifestação aberta do   352
complexo de Édipo de *barreira do incesto*. Ao que se deduz de suas proposições, ele imagina a barreira do incesto como constituída de uma experiência que atua para trás, ou seja, uma correção da realidade, onde o inconsciente se esforça por encontrar uma satisfação ilimitada e imediata, sem considerar os outros. Nisto concorda com Schopenhauer que afirma ser o egoísmo da vontade cega tão forte que um homem é capaz de matar seu irmão só para engraxar suas botas com a gordura dele. Freud acha que a barreira psicológica do incesto pode ser comparada com as proibições do incesto que já encon-

---

29. Stekel foi o que mais frisou este aspecto.

tramos entre os povos primitivos. Acha também que estas proibições são prova de que o incesto é realmente desejado, razão por que se criaram leis contra ele já entre os primitivos. Freud considera por isso a tendência ao incesto *um desejo sexual bem concreto*. Chama este complexo de complexo nuclear da neurose, e está propenso a reduzir a ele – como princípio de tudo – praticamente toda a psicologia das neuroses, bem como muitos outros fenômenos da esfera psíquica.

VII. A etiologia da neurose

353   Com esta nova concepção de Freud, voltamos à questão da etiologia da neurose. Vimos que a teoria psicanalítica partiu de uma experiência traumática na infância que, mais tarde, revelou-se parcial ou totalmente irreal. Por isso a teoria mudou de rumo e procurou o fator etiológico significante no desenvolvimento de fantasias anormais. A pesquisa do inconsciente, levada avante por mais de uma década por um número sempre maior de estudiosos, trouxe à luz um vasto material empírico que mostrou ser o complexo de incesto um elemento muito importante e nunca ausente na fantasia patológica. Descobriu-se, porém, que o complexo de incesto não era um complexo especial de gente neurótica; mostrou ser um componente da psique infantil normal. Não se pode deduzir de sua mera existência se este complexo dará origem a uma neurose ou não. Para ser patogênico é preciso que origine um conflito; o complexo que em si é inativo precisa ser ativado e intensificado a ponto de irromper um conflito.

354   Assim chegamos a uma nova e importante questão. Se o "complexo nuclear" infantil não passa de uma forma geral, em si não patogênica, e que precisa de uma ativação especial, conforme vimos anteriormente, então todo o problema etiológico fica deslocado. Neste caso, cavaremos em vão nas reminiscências da primeira infância, pois esta nos dá apenas as formas gerais dos conflitos posteriores, mas não os próprios conflitos. Não vem ao caso que a infância também já tenha conflitos, pois os conflitos da infância são bem diferentes dos conflitos dos adultos. Aqueles que, desde a infância, sofrem de neurose crônica, já não sofrem do mesmo conflito como quando crianças. Talvez a neurose tenha surgido quando a criança tinha que ir para a escola. Nesta época, o conflito estava entre a vida agradável

Freud e a psicanálise

em casa e um dever existencial, isto é, entre o amor aos pais e a obrigação de ir à escola. Hoje, o conflito está entre as delícias de uma cômoda vida burguesa e as duras exigências da vida profissional. Apenas parece ser o mesmo conflito primitivo. É como se os "Teutschen" das guerras de libertação se comparassem com os antigos germanos que se rebelaram contra o jugo romano.

Acho melhor descrever o desenvolvimento ulterior da teoria recorrendo ao exemplo daquela mulher cuja história relatamos numa preleção anterior. Provavelmente os senhores se lembram que achávamos, na explicação anamnética, que o pavor diante dos cavalos levava a uma recordação de cena semelhante na infância, quando então discutimos a teoria do trauma. Achávamos que o verdadeiro elemento patológico deveria ser procurado em sua fantasia exagerada que provinha de certo retardamento na evolução psicossexual. Agora devemos aplicar os pontos de vista teóricos já conquistados ao surgimento desse quadro patológico, para compreender como, naquele momento, foi trazida à constelação exatamente aquela experiência infantil.   355

O caminho mais simples para explicar este acontecimento noturno é procurar as circunstâncias daquele momento. Antes de mais nada, procurei informar-me sobre o ambiente social da paciente, na época. Descobri que a jovem senhora conhecia um moço com o qual pretendia noivar; ela o amava e esperava ser feliz com ele. E nada mais consegui. Mas a investigação não deve esmorecer diante dos resultados negativos de um questionário superficial. Há maneiras indiretas de atingir o objetivo quando as diretas falham. Voltamos àquele momento especial em que a mulher correu diante dos cavalos. Indagamos sobre a companhia em que estava e que espécie de comemoração festiva era aquela da qual participava. Fora um jantar de despedida de sua melhor amiga que partiria para outro país em busca da cura de uma doença nervosa. A amiga era casada e feliz, conforme ouvimos, e era também mãe de uma criança. Suspeitamos da afirmação que ela era feliz, pois, se o fosse realmente, talvez não tivesse razões de ser nervosa e necessitar de tratamento.   356

Conduzindo a abordagem para outro ângulo, soube que a paciente, após ter sido controlada por seus amigos, fora levada de volta para a casa de seu anfitrião, uma vez que era o abrigo mais próximo. Ali foi   357

168   Obra Completa — Vol. 4

tratada com grande amabilidade em seu esgotamento. Neste ponto ela interrompeu a narrativa, tornou-se confusa e procurou fugir para outro assunto. Evidentemente, surgira uma reminiscência desagradável. Após a superação de obstinada resistência, soube que naquela noite acontecera algo bem marcante: o amável anfitrião lhe havia feito uma ardente declaração de amor, criando uma situação que, devido à ausência da anfitriã, devia ser considerada embaraçosa e penosa. Esta declaração de amor foi para ela como um raio em céu azul. Mas uma pequena dose de crítica nos diz que tais coisas não caem do céu; elas têm uma história anterior. Minha tarefa, nas semanas seguintes, foi desencavar, pedaço por pedaço, uma longa história de amor, até conseguir um quadro completo, e que resumirei a seguir.

358   Enquanto criança, a paciente fora demasiadamente masculina; só gostava de jogos típicos de garotos, zombava de seu sexo e evitava as maneiras e ocupações femininas. Após a puberdade, quando o problema erótico poderia tê-la envolvido mais de perto, começou a fugir dos ambientes sociais, odiava e desprezava tudo o que lembrasse, ainda que de longe, o verdadeiro destino biológico da pessoa humana e passou a viver num mundo de fantasias que nada tinha a ver com a realidade brutal. E assim, até aos 24 anos, fugiu de todas aquelas pequenas aventuras, esperanças e expectativas que, normalmente, mexem com o coração da mulher nesta idade. Foi então que conheceu mais de perto dois homens que viviam a quebrar a cerca que se formara ao redor dela. O Sr. A era esposo de sua melhor amiga. O Sr. B era solteiro e amigo do Sr. A. Gostava de ambos. Mas teve logo a impressão de que gostava muito mais do Sr. B. Surgiu de imediato um relacionamento íntimo entre eles e já se falava num possível noivado. Devido a seu relacionamento com o Sr. B, e por meio de sua amiga, teve frequentes contatos com o Sr. A, cuja presença a abalava de maneira inexprimível e a tornava nervosa.

359   Neste período, a paciente participou de um acontecimento social importante. Seus amigos também lá estavam. Absorta em seus pensamentos, brincava com seu anel, quando este lhe escapou das mãos e caiu sob a mesa. Os dois senhores o procuraram e aconteceu que o Sr. B o encontrou. Com um sorriso significativo, ele o colocou em seu dedo e disse: "Você sabe o que isto significa". Ela, tomada de uma sensação estranha e irresistível, arrancou o anel do dedo e jo-

Freud e a psicanálise 169

gou-o pela janela. Criou-se, naturalmente, uma situação desagradável e ela abandonou o recinto com visível mau humor.

Pouco depois quis o assim chamado destino que ela passasse as férias de verão num balneário onde se encontravam também o Sr. e a Sra. A. A Sra. A começou a ficar visivelmente nervosa e muitas vezes não saía do quarto devido a indisposições de saúde. A paciente tinha oportunidade então de passear sozinha com o Sr. A. Certa vez, saíram de barco. Ela estava eufórica e, de repente, caiu na água. Não sabia nadar. Foi com muito esforço que o Sr. A conseguiu tirá-la, quase inconsciente. Nesta oportunidade ele a beijou. Com este gesto romântico, os laços se estreitaram. Para desculpar-se a seus próprios olhos, ela envidou todos os esforços para tornar-se noiva do Sr. B, repetindo a cada dia que era o Sr. B que ela amava. Este jogo estranho não escapou aos olhos perspicazes do ciúme feminino. A Sra. A, sua amiga, percebeu o segredo e martirizava-se por isso; crescia seu nervosismo. Chegou ao ponto de ter que procurar a cura em outro país[30]. 360

Na festa de despedida manifestou-se uma oportunidade perigosa. A paciente sabia que a amiga e rival viajaria nesta mesma noite e que o Sr. A ficaria sozinho em casa. Esta oportunidade ela não a mentalizou claramente, como acontece com certas mulheres que têm uma capacidade incrível de pensar apenas com os "sentimentos" e não com a inteligência, de forma que lhes parece que nunca pensaram certas coisas. De qualquer forma, não esteve à vontade durante a festa. Sentia-se extremamente nervosa. Acompanhou a comitiva que levou a Sra. A à estação de embarque, presenciando a partida. No caminho de volta, sobreveio o estado crepuscular histérico. Perguntei-lhe o que pensou ou sentiu naquele exato momento em que ouviu os cavalos se aproximando. Respondeu que apenas teve um sentimento de pânico, um sentimento de que algo ameaçador se aproximava, do qual ela não podia fugir. O resto os senhores já sabem: foi trazida, exausta, para a casa do anfitrião, o Sr. A. 361

Para uma inteligência comum, este desfecho parece normal. O leigo no assunto dirá: "É bem compreensível. Ela queria aproveitar toda e qualquer oportunidade, não importando a maneira, certa ou errada, 362

---

30. Cf. § 218s. e 297s., deste volume.

para entrar na casa do Sr. A". A pessoa entendida no assunto poderia, no entanto, repreender o leigo devido à maneira incorreta de exprimir-se e dizer-lhe que a paciente não tinha consciência do porquê de seu comportamento e que, portanto, não se podia falar de uma *intenção* de voltar à casa do Sr. A. Há, sem dúvida, psicólogos inteligentes que conseguem discutir a finalidade desse comportamento com base em inúmeros fundamentos teóricos; fundamentos que repousam no dogma da identidade entre consciência e psique. Mas a psicologia inaugurada por Freud reconheceu, há bastante tempo, que os atos psicológicos, sob o ponto de vista de sua importância finalística, não podem ser julgados pelos motivos conscientes, mas devem ser medidos apenas pelo critério objetivo de seu resultado psicológico. Já não se pode negar que há tendências inconscientes influenciando profundamente as reações das pessoas e os efeitos que delas dimanam.

363 O que aconteceu na casa do Sr. A correspondeu plenamente ao que afirmamos. A paciente fez uma cena sentimental e o Sr. A viu-se obrigado, por sua vez, a fazer uma declaração de amor. Considerada à luz dos últimos acontecimentos, *toda a história anterior parece engenhosamente orientada para este objetivo*, enquanto que a consciência da paciente se opunha a isto o tempo todo.

364 Teoricamente podemos deduzir dessa história a convicção de que uma "situação" inconsciente ou tendência encenou o pânico diante dos cavalos, aproveitando provavelmente a reminiscência infantil, dos cavalos disparando para a inevitável catástrofe. Vista à luz de todo o material, a cena dos cavalos que deu início à doença foi apenas a última pedra de um edifício previamente concebido. O pavor e o efeito aparentemente traumático da experiência ocorrida na infância são apenas encenações; encenações de cunho especial, típicas da histeria, de forma que a encenação é quase igual à realidade. Sabemos com base em centenas de experiências que certos sofrimentos histéricos são encenados para conseguir determinadas reações dos circunstantes. Não obstante, estes sofrimentos são reais. Os doentes não só pensam que estão com dores, mas, do ponto de vista psicológico, são tão reais como as dores de origem orgânica; e, não obstante, são encenadas.

365 A utilização das reminiscências para encenação de um quadro patológico ou de uma aparente etiologia chama-se *regressão da libi-*

Freud e a psicanálise

171

do. A libido se volta para reminiscências e as ativa, *de modo a simular uma aparente etiologia*. Segundo a antiga teoria, poderia parecer, neste caso, que o pavor diante dos cavalos foi devido ao trauma antigo. A semelhança das cenas é indiscutível e, em ambos os casos, o pavor é extremamente real para a paciente. Todavia, não temos motivos para duvidar de suas afirmações a este respeito pois elas concordam plenamente com outras experiências que já tivemos. A asma nervosa, o estado de medo histérico, as depressões e exaltações psicogênicas, as dores, as cãibras etc. são bem reais e, se um médico já sofreu ele mesmo de sintoma patogênico, sabe que a sensação é absolutamente real. Reminiscências ativadas regressivamente, ainda que de natureza totalmente fantástica, são tão reais quanto reminiscências de fatos realmente vividos.

Conforme indica a expressão "regressão da libido", entende-se por este modo retroativo de aplicação da libido uma reversão para estágios anteriores. Em nosso exemplo é possível ver claramente como se dá o processo de regressão. Na festa de despedida, onde se mostrou propícia a oportunidade de ficar sozinha com o anfitrião, a paciente recuou diante da ideia de aproveitar a ocasião, mas deixou-se dominar por seus desejos até agora não admitidos. A libido não foi empregada conscientemente para o fim visado, mas *foi desconhecida* e por isso teve que se manifestar através do inconsciente sob o manto do pavor perante um perigo avassalador. Seu sentimento na hora da aproximação dos cavalos ilustra bem nossa formulação: sentiu que neste instante aconteceria algo inevitável.

O processo de regressão é bem descrito numa imagem usada por Freud. A libido é semelhante a um rio que, ao encontrar uma barreira, reflui e causa inundação. Se o rio cavou, anteriormente, em suas cabeceiras, outros canais de escoamento, estes vão agora ser enchidos devido ao represamento, de forma a parecerem verdadeiros leitos de rios, mas são de existência transitória. Não que o rio tenha escolhido definitivamente o antigo trajeto, só o fez enquanto dura a obstrução em seu leito principal. Os leitos secundários conduzem a água não porque foram rios independentes desde o início, mas porque foram outrora, quando da formação do leito principal, estágios ou possibilidades passageiras, cujos vestígios estão disponíveis e podem eventualmente ser úteis no caso de inundações.

368   Esta imagem pode ser aplicada diretamente ao desenvolvimento do uso da libido. Ao tempo do desenvolvimento infantil da sexualidade ainda não se encontrou a direção definitiva, o leito principal do rio. A libido procura todos os caminhos laterais possíveis e só, aos poucos, manifesta-se a forma definitiva. Quando o rio cavou seu leito principal, todos os canais subsidiários secam e perdem sua importância, deixando apenas vestígios de sua atividade anterior. Assim também desaparece, via de regra, a importância dos exercícios preliminares da sexualidade infantil, restando apenas vestígios. Surgindo mais tarde alguma obstrução, de maneira que o represamento da libido realimente os antigos canais, então este estado é propriamente algo novo e, ao mesmo tempo, anormal. Contudo, o estado infantil primitivo é um modo normal de aplicação da libido, ao passo que a reversão da libido a estágios infantis é algo anormal. Portanto, sou da opinião de que Freud não está certo quando denomina de "perversas" as manifestações infantis da sexualidade, pois uma manifestação normal não pode ser designada por um termo patológico. Esta terminologia incorreta teve consequências perniciosas também na confusão do público científico. É a aplicação, a pessoas normais, de conhecimentos auferidos de neuróticos, na suposição de que o caminho secundário anormal, trilhado pela libido, seja ainda o mesmo fenômeno que ocorre na criança.

369   A assim chamada *amnésia da infância* que gostaria de mencionar é uma aplicação "retrógrada", igualmente ilegítima, de termos oriundos da patologia. A amnésia é uma condição patológica que consiste na "repressão" de certos conteúdos conscientes; é impossível que seja a mesma coisa que a amnésia anterógrada das crianças que consiste numa *incapacidade intencional de reprodução*, encontrada, por exemplo, entre os primitivos. Esta incapacidade de reprodução data do nascimento e pode ser entendida a partir de motivos biológicos óbvios. Seria uma hipótese espantosa admitir que esta qualidade, totalmente diferente, da consciência infantil pudesse ser reduzida a repressões sexuais, segundo o modelo da neurose. A amnésia neurótica é uma punção na continuidade da memória, ao passo que a memória da primeira infância é constituída de ilhas isoladas na continuidade da não memória. Este estado é exatamente o contrário do que encontramos na neurose, de modo que a expressão "amnésia" é absolutamente in-

Freud e a psicanálise   173

correta. A "amnésia da infância" é uma dedução da psicologia da neurose, assim como a "disposição polimorfo-perversa" da criança.

Este erro de formulação teórica aparece claramente na doutrina do assim chamado "período de latência sexual" na infância. Freud observou que as manifestações sexuais da primeira infância – que eu chamo de *fenômenos do estágio pré-sexual* – desaparecem após algum tempo e reaparecem apenas bem mais tarde. O que Freud denomina "masturbação infantil" (portanto, todas aquelas manipulações quase sexuais de que já falamos) voltaria mais tarde como verdadeiro onanismo. Este processo de desenvolvimento seria biologicamente único. Segundo esta teoria deveríamos admitir, por exemplo, que uma planta forma um botão do qual se desenvolve uma flor; mas, antes que esta esteja plenamente desenvolvida, é reabsorvida e escondida no botão para, depois, reaparecer numa forma semelhante. Esta suposição impossível é consequência da afirmação de que as atividades infantis do estágio pré-sexual sejam fenômenos sexuais e que as manipulações parecidas com masturbação sejam realmente masturbações. Vinga-se aqui a terminologia incorreta e a desmesurada ampliação do conceito de sexualidade. Por isso, Freud teve que reconhecer que havia um desaparecimento da sexualidade, ou seja, um período de latência sexual. O que ele chama de desaparecimento nada mais é do que o *verdadeiro começo da sexualidade*, tendo sido os fatos precedentes apenas preâmbulos, sem qualquer caráter propriamente sexual. E assim se explica facilmente a impossibilidade do fenômeno do período de latência.

370

A teoria do período de latência é exemplo típico do erro de admitir-se uma sexualidade na primeira infância. Não se trata de erro de observação, pois a hipótese do período de latência mostra bem o quanto Freud observou o aparente reinício da sexualidade. O erro está na concepção. Como já dissemos anteriormente, o πρῶτον ψεῦδος (erro fundamental) está numa concepção algo antiquada da pluralidade dos instintos. Aceitando a ideia da existência de dois ou mais instintos, lado a lado, devemos necessariamente concluir que, não estando manifesto ainda um deles, está todavia presente *in nuce*, de acordo com a antiga teoria da inclusão. Em física, diríamos assim: quando uma barra de ferro passa do estado quente para o estado incandescente, a lumi-

371

174 Obra Completa – Vol. 4

nosidade da incandescência já estava presente *in nuce* no estado quente. Isto são projeções arbitrárias das ideias humanas para a esfera transcendental que contrariam as exigências da teoria do conhecimento. Por isso não temos o direito de falar da existência de um instinto sexual *in nuce*, pois estaríamos dando interpretação arbitrária a fenômenos que poderiam ser explicados de forma bem mais condizente. Só podemos falar da manifestação da função de nutrição, da função sexual etc., quando a função correspondente atingiu a superfície com clareza indiscutível. Só falamos da luminosidade quando o ferro visivelmente está ardendo e não quando apenas está quente.

372   Freud, como pesquisador, está convencido de que a sexualidade do neurótico não pode ser comparada simplesmente com a sexualidade infantil, pois é bem diferente quando, por exemplo, uma criança de dois anos está suja e quando um catatônico de quarenta anos está sujo. A situação da primeira é normal, mas a do outro é absolutamente patológica. Freud inseriu no *Três ensaios*[31] uma curta passagem dizendo que a *forma infantil da sexualidade neurótica se deve às vezes exclusivamente, ou ao menos parcialmente, à regressão*. Isto significa que, mesmo nos casos em que devemos admitir tratar-se do mesmo desvio infantil antigo, a função desse desvio é intensificada regressivamente. Com isso Freud admite que a sexualidade infantil dos neuróticos é *em grande parte um fenômeno de regressão*. Que isto deve ser assim, foi evidenciado pelas recentes pesquisas. Elas demonstram que as observações feitas junto a neuróticos sobre sua psicologia da infância também valem para a pessoa normal. Em suma, podemos dizer que a história do desenvolvimento da sexualidade infantil do neurótico só difere em pequenos detalhes daquela da pessoa normal, detalhes esses que escapam totalmente à avaliação científica. Diferenças gritantes são excepcionais.

373   Quanto mais penetrarmos na essência do desenvolvimento infantil, mais nos convenceremos de que também lá encontramos tão pouco de definitivo quanto no trauma infantil. Mesmo pesquisando minuciosamente a história, nunca descobriremos por que os povos residentes no solo alemão tiveram este destino e os residentes na Gá-

---

31. FREUD, S. *Drei Abhandlungen zur Sexualtheorie*. Leipzig/Viena: [s.e.], 1905, p. 30.

Freud e a psicanálise

lia tiveram outro destino. Quanto mais nos afastarmos, em pesquisas analíticas, da época da neurose manifesta, menos esperança temos de encontrar a verdadeira *causa efficiens* da neurose, pois a desproporção dinâmica se dilui mais e mais à medida que entramos no passado. Se nossa teoria busca as causas da neurose no passado remoto, então fazemos o jogo de nossos pacientes que nos querem afastar ao máximo do presente crítico. O *conflito patogênico está sobretudo no presente*. É a mesma coisa que um povo querer atribuir ao passado suas condições políticas miseráveis de agora. Seria como se os alemães do século XIX quisessem atribuir sua desunião e incapacidade política à dominação romana, em vez de procurar no presente as causas das dificuldades. É no presente que residem sobretudo as causas eficientes e as possibilidades de superar as dificuldades.

Grande parte da escola psicanalítica ainda pensa que a sexualidade da infância é *conditio sine qua non* da neurose e por isso não só o teórico – que pesquisa o período infantil por mero interesse científico –, mas também o prático são de opinião que devem revirar a história infantil para lá encontrar as fantasias condicionantes. Um esforço inútil! Enquanto isso passa despercebido ao analista o mais importante, ou seja, o conflito e suas reivindicações no presente. Neste nosso caso, nada entenderíamos das condições que levaram ao ataque histérico se fôssemos procurar a causa na infância remota. Aquelas reminiscências determinaram antes de tudo o elemento formal; mas o elemento dinâmico brota do presente. E apenas o exame do significado do momento atual é verdadeiro conhecimento.

374

Não posso deixar de mencionar que não culpo Freud pessoalmente pelas muitas concepções errôneas. Sei muito bem que Freud, como empírico, sempre publicava apenas formulações provisórias, às quais não atribuía valor eterno. Mas é sabido também que o público científico tende a fazer disso um credo e um sistema que, por um lado, é cegamente aceito e, por outro, cegamente contestado. O que posso dizer é que da soma dos trabalhos de Freud resultaram certas concepções médias que, cá e lá, são tratadas com demasiado dogmatismo. Também originaram certos axiomas, tecnicamente errados, que não podemos atribuir sem mais a Freud. É sabido que, na mente do criador de ideias novas, as coisas são mais fluidas e flexíveis do que na mente dos discípulos. Falta a eles a força criadora vital que é

375

substituída pela fidelidade dogmática, da mesma forma que o adversário só se prende à letra morta das palavras porque não lhe é dado entender o conteúdo vital. Sei que Freud reconhece até certo ponto a orientação finalista das neuroses e, por isso, minhas palavras não se dirigem tanto a ele, mas a seu público que discute seus pontos de vista.

376 Do que ficou dito, deveria sobrar a evidência de que só chegaremos ao conhecimento da história de uma neurose quando entendermos como os momentos individuais estão ordenados finalisticamente. Podemos entender agora por que aquele elemento na história pregressa de nosso caso era patogênico e entendemos também por que escolheu exatamente este simbolismo. Pelo conceito de regressão a teoria foi libertada da rija fórmula da importância das vivências infantis, e o conflito atual assumiu aquela importância que empiricamente lhe era devida. O próprio Freud já introduziu em seu *Três ensaios sobre a teoria sexual* o conceito de regressão reconhecendo que a experiência não autoriza procurarmos a causa de uma neurose exclusivamente no passado. Se, no entanto, acontecer que o material de reminiscências se torne efetivo sobretudo pela ativação regressiva, então devemos perguntar se talvez o efeito, aparentemente determinante, das reminiscências não deva ser atribuído à regressão da libido em geral.

377 Conforme vimos antes, o próprio Freud deixou transparecer em seu *Três ensaios sobre a teoria sexual* que o infantilismo da sexualidade neurótica *deve sua existência, na maior parte das vezes, à regressão*. Esta afirmação merece bem outro destaque do que recebeu em *Três ensaios* (Freud fez isto sobejamente em suas obras posteriores). *Admitida a regressão da libido, elimina-se em grande parte a importância etiológica das vivências infantis.* De qualquer forma, sempre nos pareceu estranho que os complexos de Édipo ou Electra tivessem força determinante no surgimento da neurose, pois esses complexos estão presentes em todo ser humano, mesmo naqueles que não conheceram pai ou mãe e foram criados por pais adotivos. Examinei casos desse tipo e encontrei o complexo de incesto tão desenvolvido quanto em todos os outros pacientes. Pareceu-me boa prova de que o complexo de incesto é antes uma formação regressiva da fantasia do que uma realidade, e que os conflitos surgidos do complexo de incesto devem ser atribuídos mais ao apego anacrônico a atitudes infantis do que a verdadeiros desejos incestuosos, que são apenas fantasias camufladas

de regressão. A partir dessa concepção, as vivências infantis só têm alguma importância para a neurose se se tornarem importantes através de uma regressão da libido. A prova de que isto deva ser assim é o fato de que nem o trauma sexual infantil e nem o complexo de incesto – presente em todo ser humano – causam histeria. A neurose só ocorre quando o complexo de incesto é ativado pela regressão.

Assim chegamos à pergunta: *Como é que a libido se torna regressiva?* A fim de podermos responder, precisamos examinar melhor as condições sob as quais se produz a regressão. Ao tratar desse problema, costumo dar a meus pacientes o seguinte exemplo: Quando um montanhista decide escalar determinado pico, pode acontecer que encontre um obstáculo insuperável como, por exemplo, uma formação rochosa abissal, impossível de transpor. Após procurar, sem êxito, outro caminho, ele volta e renuncia, com tristeza, a escalar esta montanha. Dirá: "Com os meios que tenho não posso vencer este obstáculo. Tentarei escalar outra montanha mais fácil".

Vemos, nesta atitude, um emprego normal da libido: o homem, ao se defrontar com a impossibilidade, volta e reorienta a libido – que não conseguiu atingir aqui seu objetivo – para a escalada de outra montanha.

Mas digamos que a parede rochosa não fosse intransponível para os meios físicos do homem e que ele apenas, por medo, recuou diante de um empreendimento algo difícil. Neste caso, há duas possibilidades:

1. O homem lastima sua covardia e promete ser menos medroso na próxima vez; provavelmente pensará também que, devido a seu medo, não deveria empreender escaladas tão perigosas. Seja como for, está admitindo que não tem capacidade moral suficiente para superar as dificuldades. Ele reorienta a libido, que não conseguiu o objetivo original, para uma autocrítica construtiva e para traçar um plano de como realizar seu desejo de escalar uma montanha, levando em conta suas condições morais.

2. A segunda possibilidade é que o homem não reconheça sua covardia e diz sem mais que a parede rochosa é fisicamente intransponível, mesmo percebendo com clareza que o obstáculo seria superável se tivesse coragem para tanto. Prefere, no entanto, en-

ganar-se. E, assim, cria-se a situação psicológica que interessa ao nosso problema.

381   No fundo, o homem sabe que fisicamente é possível superar o obstáculo, apenas faltam-lhe as condições morais. Esta última afirmação ele a descarta *a limine* devido a seu caráter desagradável. É tão presunçoso que não pode admitir sua covardia. Vangloria-se de sua coragem e prefere declarar impossíveis as coisas ao invés de declarar insuficiente sua coragem. Este procedimento coloca-o em contradição consigo mesmo. Por um lado, tem conhecimento exato da situação; por outro, foge desse conhecimento e se esconde atrás da ilusão de que é muito corajoso. Reprime o conhecimento verdadeiro e procura impor à realidade seu julgamento subjetivo e ilusório. Esta contradição causa a divisão da libido e as duas metades se confrontam em campos opostos. Coloca seu desejo de escalar a montanha contra a opinião, por ele formada, com base em argumentos artificiais, de que o obstáculo é intransponível. Ele recusa não por impossibilidade real, mas por causa de uma barreira artificialmente inventada por ele. E, assim, entra em desunião consigo mesmo. A partir desse momento vai lutar internamente consigo mesmo. Algumas vezes terá primazia o reconhecimento de sua covardia, outras vezes, a bravata e o orgulho. De qualquer forma, a libido está presa a uma guerra civil inútil, e o homem se torna incapaz de novos empreendimentos. Nunca realizará o desejo de escalar uma montanha porque se engana redondamente sobre suas qualidades morais. Sua eficiência fica reduzida, ele não está perfeitamente adaptado – ou se pudermos dizer assim – está neurótico. A libido que recuou diante do obstáculo não levou a uma autocrítica honesta, nem a uma tentativa desesperada de superar o obstáculo a qualquer preço; apenas trouxe a afirmação simplória de que a passagem era absolutamente impossível, e toda coragem heroica seria inútil.

382   Este tipo de reação, nós o qualificamos de *infantil*. É, em geral, característico da criança e dos ingênuos nunca procurar os erros em si mesmos, mas sempre nas coisas externas, bem como forçar seu julgamento subjetivo sobre as coisas.

383   Este homem resolveu o problema de modo infantil, isto é, substituiu o modo de adaptação do primeiro montanhista por um modo de

adaptação de mentalidade infantil. *Isto é regressão*. Sua libido recua diante de um obstáculo que não pode ser vencido, e substitui a ação real por uma ilusão infantil.

Este caso é fato cotidiano na práxis da neurose. Gostaria de lembrar apenas o caso corriqueiro em que muitas moças são acometidas repentinamente de doenças histéricas quando precisam decidir-se sobre o noivado. Como exemplo, vou trazer o caso de duas irmãs. A diferença de idade entre elas era de um ano. Eram parecidas em atributos e caráter: tiveram a mesma educação e cresceram no mesmo ambiente e sob a mesma influência dos pais. Eram aparentemente sadias e nenhuma teve perturbação nervosa séria. Um observador perspicaz teria percebido, porém, que a mais velha era mais querida pelos pais. Esta estima dos pais era devida a certo grau de sensibilidade que a moça demonstrava. Ela requeria mais carinho e era mais precoce no desenvolvimento e na inteligência. Além disso, apresentava certos traços infantis encantadores – estas coisas que, devido a seu caráter contraditório e ainda não bem definido, fazem o charme de uma pessoa. Não é de admirar, pois, que os pais tivessem especial satisfação com a filha mais velha.

Quando atingiram a idade de casar, conheceram, mais ou menos na mesma época, dois jovens, e logo surgiu a possibilidade de casamento. Como sempre, também aqui surgiram problemas. Ambas eram muito novas e com pouca experiência de vida. Os rapazes também eram novos e suas posições precisavam melhorar. Estavam no começo de suas carreiras, apesar de serem pessoas capazes. As jovens estavam em condições sociais que lhes permitiam fazer certas exigências. A situação era de tal ordem que ensejava dúvidas sobre a conveniência desse casamento. Além disso, as moças conheciam pouco seus maridos *in spe* e não tinham certeza de seu amor por eles. Daí haver muitas hesitações e dúvidas. Era a irmã mais velha que tinha as maiores hesitações em suas decisões. A par dessas hesitações, houve momentos dolorosos com os dois rapazes que, evidentemente, queriam uma definição. Nestes momentos, a irmã mais velha ficava mais agitada do que a outra. Algumas vezes corria, chorando, para a mãe e desabafava sua incerteza. A mais nova era mais decidida e pôs fim a esta situação indecisa, dando sua palavra afirmativa ao pretendente. Estava livre, assim, da incerteza e, daí para frente, as coisas correram bem.

386 Quando o pretendente da moça mais velha soube que a mais nova dera o seu sim, foi procurar sua dama e rogou, impetuosamente, que desse a palavra definitiva de aceitação. Seu gesto impetuoso a irritou e assustou, ainda que estivesse inclinada a seguir o exemplo da irmã. Respondeu de modo altivo e evasivo, o que levou o rapaz a fazer-lhe sérias advertências que, por sua vez, provocaram uma resposta mais irritada por parte dela. Finalmente, veio uma cena de choro e ele foi embora chateado. Em casa, comentou o fato com a mãe. Esta ponderou que a moça evidentemente não lhe convinha e seria melhor procurar outra. A moça, por sua vez, entrou em profunda dúvida se realmente amava este homem. Pareceu-lhe, de repente, impossível unir seu destino a este homem e ter que deixar seus queridos pais. A coisa foi indo até que houve o rompimento completo. Daí para frente ficou mal-humorada, mostrava claros sinais de grande ciúme de sua irmã mais nova, mas não queria admitir que sentia ciúmes. O bom relacionamento com os pais também acabou. Em lugar da antiga afeição infantil, ostentava ares macambúzios que, não raro, transformavam-se em forte irritabilidade. Houve semanas de depressão. Enquanto a irmã mais nova festejava seu casamento, ela fora tratar-se de um problema intestinal de ordem nervosa. Não há por que prosseguir esta história: tornou-se um caso de histeria comum.

387 Na análise desse caso, revelou-se uma forte resistência contra o problema sexual. A resistência era devida a inúmeras fantasias perversas que a moça alimentava, mas sem querer admitir o fato. Ao tentarmos descobrir donde poderiam provir essas fantasias perversas, imprevisíveis numa moça tão jovem, soubemos que, aos oito anos, defrontara-se na rua com um exibicionista. O susto paralisou-a e a figura indecente a acompanhou muito tempo depois em seus sonhos. A irmã mais nova estivera junto na ocasião. Na noite após ter-me contado o fato, sonhou com um homem, de terno cinza, que se dispunha a fazer o mesmo que o exibicionista. Acordou com um grito de horror.

388 A primeira associação com o terno cinza foi com o terno cinza do pai: o pai vestia um terno cinza quando, aos seis anos de idade, fez uma excursão, sozinha, com ele. Este sonho colocava evidentemente o pai em relação com o exibicionista. Deveria haver alguma razão para isso. Será que acontecera alguma coisa com o pai que ativou esta associação? Esta questão encontrou forte resistência por parte da paciente, mas não lhe saiu da cabeça. Nas sessões seguintes reproduziu algumas reminiscências da infância, em que observara o pai trocando de roupa. Certo dia chegou embaraçada e chocada, contando que havia tido uma visão terrível, mas absolutamente nítida: de noite, na cama, sentira-se, de repente, como criança de dois ou três anos e aí vira seu pai, em atitude obscena, junto a sua cama. Esta narrativa foi saindo aos pedaços, certamente com grande luta interna. Seguiram-se, depois, lamentações profundas de como é terrível um pai fazer tais coisas com sua filha.

Nada é mais improvável do que o pai ter feito isto com a paciente: é mera fantasia que, provavelmente, só foi arquitetada no curso da análise a partir da mesma necessidade de causalidade que também induziu certa vez o analista a supor que a histeria era causada apenas por esse tipo de impressões. **389**

Este caso me parece apropriado para explicar *a importância da teoria da regressão* e, ao mesmo tempo, mostrar as origens dos erros teóricos até agora. Vimos que as irmãs tinham, originalmente, apenas leves diferenças. Mas a partir do noivado seus caminhos se dividiram completamente. Pareciam agora caracteres infinitamente díspares. Uma, cheia de saúde e alegria de viver, mulher animada e corajosa que se submete voluntariamente às exigências naturais da vida; a outra, sombria, mal-humorada, cheia de amargura e veneno, avessa a todo esforço para levar uma vida decente, egoísta, chicaneira, um peso para os outros. Esta diferença marcante só se manifestou por ocasião do noivado, quando uma delas superou com êxito as dificuldades e a outra *não*. Para ambas o desmoronamento da situação estava por um fio de cabelo. A mais nova era mais calma, e por isso mais resoluta, e encontrou a palavra certa no momento certo. A mais velha era mais mimada e sensível, sendo mais influenciada por suas emoções, e por isso não encontrou a palavra certa no momento certo e também não encontrou coragem para renunciar a seu orgulho e voltar às boas. Esta pequena causa teve grande efeito. As condições de ambas as irmãs eram originariamente quase iguais. O fiel da balança foi a maior sensibilidade da irmã mais velha. **390**

Donde proveio esta sensibilidade que teve consequências tão desastrosas? A análise nos revelou a existência de uma sexualidade de **391** caráter fantástico-infantil extraordinariamente bem desenvolvida. E revelou também uma fantasia incestuosa com referência ao pai. Presumindo que essas fantasias já existiam e atuavam há bastante tempo, temos uma solução rápida e adequada do problema da sensibilidade. É fácil entender por que a moça era tão sensível. Estava completamente enredada em suas fantasias e tinha uma atração secreta pelo pai. Nestas circunstâncias, seria verdadeiro milagre se ela estivesse preparada para o amor e para o casamento.

392   Quanto mais seguirmos, nesta nossa necessidade de causalidade, o desenvolvimento dessas fantasias até sua origem, maiores se tornam as dificuldades da análise, ou seja, maiores se tornam as resistências, como nós a chamamos. Finalmente chegamos a esta cena impressionante, àquele ato obsceno, cuja improbabilidade já afirmamos. A cena tem todo o caráter de uma construção posterior. Por isso temos que considerar aquelas dificuldades que chamamos de "resistências" – ao menos nesta fase da análise – não como defesas contra a conscientização de uma lembrança penosa, mas como oposição à construção dessa fantasia.

393   Perguntamos, então, admirados: O que forçou a paciente a engendrar essa fantasia? Podemos supor até que o analista obrigou a paciente a inventá-la, caso contrário nunca teria chegado a uma ideia tão absurda. Não duvido que houve e há casos em que o analista, devido a sua necessidade de causalidade e ainda sob a influência da teoria do trauma, tenha compelido pacientes a inventarem esse tipo de fantasias. Mas o analista não teria chegado a esta teoria se não tivesse seguido a linha de pensar do paciente pela qual tomou parte neste movimento retrógrado da libido que chamamos de *regressão*. O analista concluiu apenas consequentemente aquilo que o paciente temia concluir, ou seja, uma regressão, um recuo da libido até as últimas consequências.

394   Quando a análise traça a regressão da libido, nem sempre segue o caminho do desenvolvimento histórico, mas o de uma fantasia formada posteriormente, que se baseia apenas, em parte, em realidades anteriores. Também em nosso caso trata-se de vivências só em parte reais e elas recebem sua grande importância apenas depois, quando a libido regride. E sempre que a libido se apodera de certa reminiscência, podemos contar que ela vem elaborada e transformada, pois em tudo o que a libido toca, ela dá vida, dramatiza e sistematiza. Devemos admi-

Freud e a psicanálise 183

tir, no mesmo caso, que a maior parte do material só ficou importante depois, quando a libido regressiva ajuntou tudo o que lhe servia em seu caminho e fez disso uma fantasia. Esta, correspondendo à direção regressiva de seu movimento, chegou finalmente ao pai e colocou sobre ele aqueles desejos sexuais infantis. Exatamente como sempre se pensou: que a idade áurea ou o paraíso são coisas do passado.

Sabendo, pois, no nosso caso, que os materiais fantasiosos trazidos pela análise só se tornam significativos depois, não estamos em condições de explicar o surgimento da neurose através desses materiais. Caso contrário, estaríamos andando em círculo. O momento crítico que explica a neurose foi aquele em que ambos estavam prontos para se encontrar, mas a sensibilidade inoportuna da paciente, e talvez também a do parceiro, deixaram escapar o momento adequado.

Poderíamos dizer – e a concepção psicanalítica se inclina a isto – que a sensibilidade crítica surgiu de uma pré-história psicológica especial que determinou este desfecho. Sabemos que a sensibilidade, dentro de uma neurose psicogênica, é sempre um sintoma de desunião consigo mesmo, um sintoma de luta entre duas tendências divergentes. Cada qual dessas tendências tem sua pré-história psicológica e, no nosso caso, podemos mostrar claramente que aquela resistência que formava a base da sensibilidade crítica estava, na verdade, historicamente presa a certas atividades sexuais infantis e também à assim chamada experiência traumática – coisas próprias para lançar certa sombra sobre a sexualidade. Isto seria bastante plausível, não tivesse a irmã da paciente sofrido quase as mesmas coisas sem ser atingida pelas mesmas consequências, ou seja, não ficou neurótica.

Deveríamos admitir que a paciente vivenciou estas coisas de uma forma especial e bem mais duradoura do que a irmã mais nova. Com o passar do tempo, teriam sido mais significativos para ela os acontecimentos da primeira infância? Se fosse o caso em tão alto grau, então poder-se-ia ter percebido algum efeito mais forte já naquela época. No entanto, os acontecimentos da infância eram coisa passada e esquecida, tanto para ela como para a irmã. Por isso outra suposição é possível sobre aquela sensibilidade crítica: ela não provém daquela pré-história específica, mas de outro lugar qualquer. O observador atento de crianças pode constatar em lactantes uma sensibilidade exacerbada. Tratei, certa vez, de paciente histérica que me trouxe uma carta de sua mãe, escrita quando tinha dois anos. A mãe escrevia sobre a paciente e sua irmã: a primeira era amável e empreendedora, a segunda tinha dificuldades com as pessoas e as coisas; a primeira ficou histérica e a segunda catatônica. Estas diferenças profundas que atingem a primeira infância não podem ser consideradas como acontecimentos acidentais da vida, mas como diferenças inatas. Sob este ponto de vista não se pode afirmar que a pré-história psicológica especial da paciente tenha a culpa pela sensibilidade demonstrada no momento crítico; seria mais correto dizer que foi a sensibilidade inata que se manifestou naturalmente e de forma mais violenta perante uma situação incomum.

398 Este excesso de sensibilidade traz muitas vezes um enriquecimento da personalidade e contribui mais para seu charme do que para o esfacelamento de um caráter. Só quando surgem situações difíceis e incomuns, a vantagem se transforma muitas vezes em grande desvantagem e o raciocínio calmo é perturbado por afetos inoportunos. *Nada mais errôneo do que considerar, sem mais, este excesso de sensibilidade como componente doentio de um caráter.* Se fosse assim, deveríamos considerar uma quarta parte da humanidade como patológica. Mas, se esta sensibilidade possui tais consequências destrutivas sobre o indivíduo, então não é possível considerá-la normal.

399 Somos forçosamente levados a esta contradição quando confrontamos tão rigidamente, como aqui, as duas concepções sobre a importância da pré-história psicológica. Na verdade, uma não exclui a outra. Uma certa sensibilidade inata leva a uma pré-história especial, isto é, a uma vivência especial dos acontecimentos infantis que, por sua vez, não ficam indiferentes no processo de desenvolvimento da cosmovisão da criança. *Acontecimentos ligados a fortes impressões nunca passam sem deixar marcas na pessoa sensível.* Ficam marcas que não raro atuam pela vida afora. Estas vivências podem exercer influência determinante sobre todo o desenvolvimento mental da pessoa. E precisamente experiências asquerosas e decepcionantes no campo da sexualidade são típicas para horrorizar de tal forma a pessoa sensível que, por anos a fio, opõe as maiores resistências à ideia de sexualidade.

400 Conforme nos mostra a teoria do trauma, estamos muito inclinados, após conhecermos estes casos, a atribuir totalmente – ou em grande parte – o desenvolvimento afetivo da pessoa ao acidental. A

Freud e a psicanálise

teoria primitiva do trauma ia muito longe neste sentido. Não se pode esquecer que também o mundo – e isto em primeiro lugar – é um fenômeno subjetivo. *A vivência de impressões acidentais também é ação nossa.* Quer dizer que as impressões não se nos impõem incondicionalmente, mas é a nossa disposição que coloca as condições da impressão. Uma pessoa com a libido represada terá, via de regra, bem outras impressões, isto é, bem mais fortes do que aquela que tem sua libido organizada em rica atividade. Uma pessoa sensível terá profunda impressão de um acontecimento que deixa outra, menos sensível, absolutamente fria.

Por isso, além da impressão acidental, devemos considerar também as condições subjetivas. Nossas considerações anteriores e sobretudo a discussão de um caso concreto mostraram que *a condição subjetiva mais importante é a regressão.* A experiência prática nos mostra que a atividade da regressão é tão grande e impressionante que talvez nos inclinássemos a atribuir o efeito das vivências acidentais exclusivamente ao mecanismo da regressão. Sem dúvida, há muitos casos onde tudo é encenado, onde até as vivências traumáticas são puros artefatos da fantasia e onde as poucas vivências reais são substituídas por elaborações fantasiosas posteriores. Podemos afirmar tranquilamente que não existe *um só* caso de neurose em que o valor emocional da vivência anterior não tenha sido intensificado pela regressão da libido; ou em que apareçam grandes traços do desenvolvimento infantil como sendo de importância extraordinária, mas cujo valor é quase só de regressão (por exemplo, o relacionamento com os pais).

A verdade, como sempre, está no meio. A pré-história tem seguramente seu valor histórico determinante, e a regressão reforça este valor. Às vezes sobressai a importância traumática da pré-história, outras vezes apenas sua importância regressiva. Estas considerações querem referir-se também às vivências sexuais infantis. Há casos de vivências sexuais brutais que justificam de certa forma a sombra que foi lançada sobre a sexualidade e que tornam compreensível a resistência posterior do indivíduo ao sexo. (Quero dizer, neste momento, que também outras impressões horrorosas que não sexuais podem acarretar um sentimento duradouro de insegurança que faz com que o indivíduo tenha uma atitude indecisa perante a realidade.) Onde faltam acontecimentos reais com inegável potencialidade traumática – e este é o caso da maioria das neuroses – aí predomina o mecanismo da regressão.

403   Poderiam objetar-nos que não temos critério para julgar a potencialidade do efeito de um trauma, já que é um conceito muito relativo. Não é bem assim; nós temos um critério no conceito da média das pessoas normais. Aquilo que pode causar à pessoa normal uma impressão forte e duradoura também exerce influência determinante no caso de neurose. Mas o que é sofrido normalmente e entra para o esquecimento, a isto não se deve atribuir, sem mais, força determinante para a neurose. Nos casos em que ocorre inesperadamente algo traumático, é muito provável que esteja presente uma regressão, ou seja, uma encenação puramente secundária. *Quanto mais cedo se diz ter surgido uma impressão na infância, tanto mais suspeita é sua eficácia.* Os animais e os homens primitivos não têm aquela grande capacidade de recordar impressões que ocorreram uma só vez, como a possuem os homens civilizados. Também as crianças de tenra idade não têm a mesma capacidade de impressão que as crianças de mais idade. É indispensável para a impressionabilidade um maior desenvolvimento das faculdades mentais. Podemos supor tranquilamente que, quanto mais cedo um paciente alocar em sua infância uma vivência impressionante, mais probabilidade existe de que seja fantasiosa ou regressiva. Só podemos esperar impressões mais abrangentes em vivências da infância mais tardia. De qualquer forma, só podemos atribuir importância regressiva aos acontecimentos da primeira infância, por exemplo, de cinco anos para trás. Mas também nos anos seguintes, a regressão desempenha, por vezes, um papel dominador. E também não se pode dar importância muito pequena às vivências acidentais. *No estágio mais avançado de uma neurose, a vivência acidental e a regressão atuam juntas num círculo vicioso: o recuo diante da vivência leva à regressão e a regressão aumenta as resistências contra a vivência.*

404   Antes de prosseguirmos em nossas considerações, devemos abordar a questão da importância teleológica das fantasias regressivas. Poderíamos contentar-nos com a suposição de que essas fantasias são mero substitutivo da ação real e, por isso, não têm maior importância. Dificilmente será assim. Já vimos que a teoria psicanalítica tende a ver nas fantasias (ilusões, preconceitos etc.) o fundamento da neu-

Freud e a psicanálise

rose, pois seu caráter denuncia uma tendência que muitas vezes se opõe diretamente ao agir razoável. Muitas vezes parece que o doente usa sua pré-história exatamente para demonstrar que não consegue agir razoavelmente, deixando no analista – que, como toda pessoa, facilmente se inclina a simpatizar com o doente (isto é, identifica-se inconscientemente) – a impressão de que os argumentos do doente são verdadeira etiologia. Em outros casos, as fantasias têm mais o caráter de ideais maravilhosos que substituem a crua realidade por belas e airosas fantasias. Há evidentemente aqui maior ou menor megalomania que compensa satisfatoriamente a inércia e a deliberada incompetência do doente. As fantasias tipicamente sexuais revelam muitas vezes sua clara intenção de acostumar o paciente com seu destino sexual e, assim, ajudá-lo a superar sua resistência.

Se concordarmos com Freud que a neurose é uma tentativa frustrada de cura, precisamos também reconhecer às fantasias um duplo caráter: por um lado, a tendência doentia e de resistência; por outro, a tendência de pressa e de tentativa. Na pessoa normal, quando a libido fica represada por causa de um obstáculo, ela força a uma introversão e reflexão; assim também surge no neurótico, nas mesmas circunstâncias, uma introversão e uma atividade fantasiosa mais intensa. Só que ele estaciona aqui: *prefere o modo de adaptação infantil por ser o mais fácil*. Não percebe que está fazendo um mau negócio ao trocar uma vantagem momentânea por uma desvantagem duradoura. Também para as autoridades civis é mais fácil e mais cômodo ignorar todas aquelas providências chatas de saneamento; mas, ao irromper uma epidemia, o pecado de omissão se vinga. *Se o neurótico reclama todo tipo de facilidades infantis, também deve suportar as consequências.* Se não estiver disposto a isso, as consequências irão engoli-lo.

Seria incorreto, em geral, negar às fantasias aparentemente doentias dos neuróticos qualquer valor teleológico. São realmente inícios de espiritualização e procura de novos caminhos de adaptação. O retrocesso para o infantil não significa apenas regressão e estagnação, mas também possibilidade de descobrir um novo plano de vida. A regressão é, na verdade, uma condição básica do ato de criação. Recomendo-lhes mais uma vez a leitura do meu trabalho sobre a libido.

VIII. Princípios terapêuticos da psicanálise

407 O conceito de regressão foi possivelmente uma das descobertas mais importantes da psicanálise. Não só foram derrubadas ou ao menos largamente modificadas antigas formulações sobre a história do desenvolvimento da neurose, mas o *conflito atual* recebeu também sua valorização específica.

408 Vimos, no caso da senhora com os cavalos, que a encenação sintomática só pôde ser entendida quando foi considerada como expressão do conflito atual. Aqui a teoria psicanalítica faz coro com os resultados do experimento de associação, do qual falei nas preleções da Clark University. O experimento de associação aplicado a um neurótico nos dá uma série de indicações sobre determinados conflitos de natureza atual, que denominamos complexos. Estes complexos contêm exatamente aqueles problemas e dificuldades que levaram o paciente a estar em desarmonia consigo mesmo. Trata-se, em geral, de conflitos de amor. Do ponto de vista do experimento de associação, a neurose aparece como algo bem distinto do que do ponto de vista da teoria psicanalítica primitiva. Segundo este último ponto de vista, a neurose parece uma configuração que tem suas raízes na primeira infância e que cresce sufocando o normal. Do ponto de vista do experimento de associação, a neurose aparece como reação a um conflito atual que se manifesta com a mesma frequência nas pessoas normais, mas que por elas é resolvido sem maiores dificuldades. O neurótico, porém, fica parado no conflito e sua neurose parece mais ou menos consequência dessa parada. Dizemos, por isso, que os resultados do experimento de associação falam bem alto em favor da teoria da regressão.

409 Com base na antiga concepção "histórica" da neurose, julgávamos ser fácil entender por que um neurótico, com seu forte complexo parental, tinha tão séria dificuldade para adaptar-se ao mundo. Mas sabendo agora que a pessoa normal tem os mesmos complexos e que, em princípio, passa pelo mesmo desenvolvimento psicológico que o neurótico, não podemos aduzir como explicação certos desenvolvimentos dos sistemas de fantasias. A colocação verdadeiramente esclarecedora do problema é de ordem prospectiva. Já não se pergunta: O paciente tem complexo de pai ou de mãe, ou fantasias in-

Freud e a psicanálise 189

cestuosas inconscientes? Sabemos, hoje em dia, que todos os temos. Foi um erro pensarmos outrora que só os neuróticos os possuíam. Perguntamos antes: *Quais as obrigações que o paciente não quer cumprir? Quais as dificuldades que deseja evitar?*

Se a pessoa humana procura adaptar-se plenamente, sua libido estará sempre ocupada de maneira correta e em grau suficiente. Caso contrário, estará bloqueada e produzirá sintomas regressivos. O não cumprimento do esforço de adaptação, isto é, a hesitação do neurótico diante da dificuldade é, no fundo, *a hesitação de toda criatura diante de um esforço novo ou de adaptação.* O adestramento dos animais nos mostra bem isso e, em muitos casos, esta explicação é suficiente, em princípio. Considerado sob este ponto de vista, parece errôneo o modo antigo de explicação que pretendia reduzir a resistência do neurótico ao seu estado de dependência das fantasias. Seria, contudo, unilateral se firmássemos nosso ponto de vista apenas em princípios. Existe também dependência de fantasias, mesmo que estas sejam secundárias, em geral. A dependência de fantasias (ilusões, preconceitos etc.) transforma-se aos poucos em costume, a partir de inúmeras regressões diante de obstáculos que foram aparecendo desde a tenra idade. E, assim, desenvolve-se um hábito formal, bem conhecido de todos os estudiosos da neurose. É o caso daqueles pacientes que usam de sua neurose como desculpa para eximir-se das obrigações. O recuo habitual gera uma evidência também habitual de que a vida se constitui de fantasias e não de cumprimento de obrigações. Esta dependência da fantasia faz com que o neurótico ache a realidade, em certo sentido, menos real, menos valiosa e menos interessante do que ela é para a pessoa normal. Conforme já frisei, os preconceitos e resistências fantasiosos podem surgir, às vezes, de experiências que não estavam premeditadas; em outros termos não eram desilusões (ou algo parecido) intencionalmente procuradas. 410

A raiz última e mais profunda da neurose parece ser a sensibilidade inata que já causa dificuldades ao bebê quando mama no seio materno, sob a forma de excitação e resistências desnecessárias[32]. Des- 411

---

32. "Sentimentalismo" é obviamente apenas um termo. Também poderíamos dizer reagibilidade ou labilidade. É sabido que existem vários termos em uso.

coberta pela psicanálise, a história, aparentemente etiológica da neurose, nada mais é, em certos casos, do que um relatório de fantasias, reminiscências etc., bem escolhidas e direcionadas que o paciente extraiu da libido não utilizada na adaptação biológica. E, assim, as fantasias supostamente etiológicas são apenas compensações, dissimulações e fundamentações artificiais de um trabalho não realizado na vida real. O círculo vicioso, de que falamos acima, entre recuo diante da realidade e regressão para o fantasioso é especialmente adequado para dar a ilusão de um vínculo causal, aparentemente decisivo, o que leva não só o paciente, mas também o analista a acreditar nele. Neste mecanismo, as experiências acidentais intervêm mais como "circunstâncias mitigadoras". Mas é preciso reconhecer sua existência real e atuante.

412 Preciso dar em parte razão àqueles críticos que, após lerem as histórias psicanalíticas dos doentes, têm a impressão de ser tudo um requinte de fantasias. Só cometem o erro de atribuir os artefatos fantasiosos e os simbolismos violentos, trazidos de um passado remoto, à sugestão e à fértil fantasia do analista e não à fantasia incomparavelmente mais fértil dos pacientes. É verdade que no material fantasioso de uma história psicanalítica de um doente há muito requinte artificial. Há muitos casos em que cai na vista a capacidade inventiva do paciente. E quando os críticos dizem que seus próprios casos de neurose não apresentam semelhantes fantasias, não deixam de ter certa razão. Não duvido de que os pacientes não tenham consciência da maior parte de suas fantasias. Uma fantasia no estado inconsciente só existe "realmente" quando tem algum efeito demonstrável sobre a consciência, por exemplo, na forma de um sonho. Caso contrário, podemos tranquilamente dizer que ela é irreal. Quem não repara nos efeitos muitas vezes quase imperceptíveis das fantasias inconscientes sobre a consciência ou dispensa a análise dos sonhos – que é fundamental e tecnicamente inquestionável – este facilmente não percebe que seus pacientes tenham fantasias. E, por isso, esta objeção tão frequente nos causa sorrisos.

413 É preciso reconhecer, porém, que existe algo de verdadeiro nesta objeção. A tendência regressiva do paciente que é reforçada pela atenção do psicanalista ao inconsciente, isto é, ao fantasioso, continua inventando e funcionando também durante a psicanálise. Pode-se dizer

até que esta atividade cresce muito durante a psicanálise, pois o paciente se vê fortalecido em sua tendência regressiva pelo interesse de seu médico e, por isso, fantasia em grau maior. Eis a razão por que os críticos já disseram várias vezes que uma terapia consciente da neurose deve ir em direção contrária àquela da psicanálise; em outras palavras, que é tarefa primordial da terapia arrancar o paciente de suas fantasias doentias e trazê-lo de volta à vida real.

O psicanalista, evidentemente, sabe disso, mas sabe também até onde vai chegar com o simples "arrancar" o neurótico de suas fantasias. Nós, médicos práticos, não vamos preferir um método de tratamento difícil e complicado, combatido por todas as autoridades, a um método simples, claro e fácil. Conheço muito bem a sugestão hipnótica e o método de persuasão de Dubois e só não os emprego por causa de sua ineficácia relativa. Também não uso diretamente a "reéducation de la volonté", pois obtenho melhores resultados da psicanálise. **414**

Se empregamos a psicanálise, temos que acompanhar as fantasias regressivas dos pacientes. A psicanálise está numa posição bem mais moderna, no que se refere à avaliação dos sintomas, do que os outros métodos psicoterapêuticos. Estes partem da pressuposição de que a neurose é uma configuração absolutamente doentia. Em toda terapia neurológica, até hoje nunca se pensou em ver na neurose também uma tentativa de cura e, portanto, atribuir um sentido teleológico bem especial às configurações neuróticas. A exemplo de todas as doenças, também a neurose é um compromisso entre as causas patogênicas e a função normal. A partir da febre, a medicina moderna não só identifica a própria doença, mas vê nela uma reação oportuna do organismo; assim também a psicanálise não vê *eo ipso* na neurose o antinatural e o doentio, mas como tendo ela um sentido e finalidade. **415**

Daí provém a atitude de pesquisa e de expectativa da psicanálise com relação à neurose. A psicanálise se abstém de formular um juízo sobre o valor dos sintomas até conseguir entender quais as tendências que estão na base deles. Se conseguíssemos destruir uma neurose com a mesma facilidade com que extirpamos, por exemplo, um carcinoma, uma grande quantidade de energia aproveitável iria junto com esta destruição. Nós, porém, salvamos essa energia; tornamo-la útil aos objetivos de cura quando buscamos o sentido dos sintomas, ou **416** seja, quando acompanhamos o movimento regressivo do paciente. Quem não está familiarizado com a essência da psicanálise terá dificuldade de entender como pode surgir um efeito terapêutico se o médico entra nas fantasias "prejudiciais" do paciente. Não só os opositores da psicanálise, mas também os próprios doentes duvidam do valor terapêutico de um método que dá atenção exatamente àquilo que o paciente condena como inútil e lamentável, isto é, suas fantasias. Muitos pacientes dizem que seus médicos anteriores os proibiam de ocupar-se com as fantasias, e que só poderiam declarar que estavam bem quando estivessem livres, ao menos momentaneamente, dessa praga terrível. Por isso ficavam agradavelmente surpresos ao saber que aproveitaria ao seu estado de saúde serem levados, pelo tratamento, justamente para lá, de onde tentavam sempre fugir.

417   Podemos responder a esta objeção o seguinte: tudo depende do comportamento do paciente com relação às suas fantasias. Fantasiar era para o paciente uma atividade totalmente passiva e involuntária. Vivia sonhando, como se diz. Também o "divagar" dos pacientes nada mais é do que fantasia involuntária. O que a psicanálise exige do paciente é apenas, aparentemente, o mesmo; só um conhecedor muito superficial da psicanálise pode confundir o sonhar passivo do paciente com a ação da psicanálise. A psicanálise exige exatamente o contrário daquilo que o paciente vinha fazendo até agora. O paciente é semelhante a uma pessoa que, por descuido, caiu na água e está afundando, enquanto a psicanálise exige dele que seja um mergulhador. Não foi por acaso que caiu dentro desse lugar específico. Ali existe um tesouro submerso, mas só um mergulhador consegue trazê-lo à superfície.

418   Isto significa que o paciente julga suas fantasias desprovidas de sentido e valor, quando as examina com os olhos da razão. Na verdade, porém, as fantasias têm esta grande influência sobre os pacientes porque elas são de grande importância. São antigos tesouros submersos que podem ser recuperados apenas por um mergulhador. Isto significa que o paciente tem que voltar-se, agora, intencionalmente para sua vida interior e o que sonhava antes tem que, agora, pensar consciente e deliberadamente. Esta nova arte de pensar sobre si mesmo tem tanta semelhança com seu estado anterior de espírito quanto a tem o mergulhador com o afogando. A sua compulsão primitiva ganhou sentido e objetivo, isto é, tornou-se *trabalho*. O paciente, assis-

Freud e a psicanálise

tido por seu analista, ocupa-se agora de suas fantasias com o objetivo de não se perder dentro delas, mas de descobri-las, pedaço por pedaço, e trazê-las à luz do dia. Adquire, assim, um ponto de vista objetivo sobre sua vida interior e tudo quanto temia ou odiava antigamente, agora ele o assume. Eis o princípio de toda terapia psicanalítica.

Devido à sua doença, o paciente estava total ou parcialmente fora da vida real. Negligenciava por isso muitas de suas obrigações, seja no campo social, seja no campo puramente humano. Precisa voltar a cumprir essas obrigações individuais se quiser ficar curado. Apenas por precaução, gostaria de dizer que estas obrigações não devem ser entendidas como postulados éticos em geral, mas como obrigações para consigo mesmo; e aqui vale também observar que não se trata de interesses puramente egoístas, pois a pessoa humana é também um ser social – o que os individualistas facilmente esquecem. A pessoa comum sente-se melhor compartilhando uma virtude comum do que possuindo um vício individual, por mais atraente que seja. Só os neuróticos ou pessoas muito estranhas se deixam enfeitiçar por este tipo de interesses especiais.

O neurótico recuou diante destas obrigações e sua libido afastou-se, ao menos em parte, das tarefas impostas pela realidade; por isso, ela se tornou introvertida, isto é, voltou-se para a vida interior. Uma vez que se desistiu completamente de superar determinadas dificuldades reais, a libido voltou-se para o caminho da regressão, o que significa que a fantasia tomou largamente o lugar da realidade. Inconscientemente (e muitas vezes também conscientemente) o neurótico preferiu o sonho e a fantasia à realidade. Para trazer o doente de volta à realidade e ao cumprimento de suas obrigações, a análise se propõe seguir o mesmo caminho "falso" da regressão, trilhado pela libido do doente, de forma que o início da psicanálise pareça um apoio às alienações doentias do paciente. Mas a psicanálise segue este caminho fantasioso do doente a fim de reconduzir a libido, que é a parte valiosa das fantasias, para a consciência e as obrigações da realidade. E isto só pode ser feito extraindo-se as fantasias juntamente com a libido presa a elas. Não estivesse a libido presa a elas, poderíamos deixá-las entregues a si mesmas e à sua existência sombria. É inevitável que o doente, que se vê confirmado em sua tendência regressiva no

419

420

início da psicanálise, leve – sob resistência sempre maior – o interesse analítico para as profundezas do mundo sombrio do inconsciente.

421 Por isso, é absolutamente compreensível que todo analista, como pessoa normal, sinta também ele as maiores resistências contra a tendência regressiva do paciente, pois sabe muito bem que esta tendência é patológica. Na qualidade de médico, acredita estar agindo certo ao não entrar nas fantasias do doente. É compreensível até que sinta repulsa por esta tendência, pois é de fato repugnante ver uma pessoa entregue por inteiro às suas fantasias, achando que só ela é importante e admirando-se a si mesma o tempo todo. A média das fantasias neuróticas é desagradável, quando não diretamente nojenta, para o gosto da pessoa normal. Este juízo de valor estético deve ser posto de lado pelo psicanalista ou por qualquer outro médico que queira realmente ajudar a algum doente. Não pode ter nojo de trabalho sujo. Há certamente muitos doentes corporais que se curam sem exames mais acurados ou tratamentos radicais, e sim através de simples métodos físicos em geral, dietéticos ou de sugestão. Mas os casos mais difíceis exigem terapia baseada em exame minucioso e conhecimento profundo da doença. Nossos métodos psicoterapêuticos antigos eram medidas gerais que, em casos mais fáceis, não só não faziam mal, mas eram de real proveito. Muitos doentes, contudo, eram impermeáveis a esses métodos. Nestes casos só a psicanálise resolve, ainda que não se diga ser a psicanálise meio de curar tudo. Esta afirmação nos acarreta uma crítica malévola. Sabemos muito bem que a psicanálise falha em certos casos. Também não pretendemos poder curar todas as doenças.

422 O trabalho de mergulho da análise retira, aos pedaços, material sujo do fundo lamacento que, para se conhecer seu valor, precisa, antes, ser purificado. As fantasias sujas não têm valor. O valioso é a libido, presa a elas, que se torna novamente utilizável após o serviço de limpeza. Parece, às vezes, ao psicanalista profissional e a todo especialista, que também as fantasias são de valor especial e não só a libido, presa a elas. Mas este valor não afeta, de imediato, o paciente. As fantasias são de valor científico para o médico apenas na mesma proporção em que interessa cientificamente ao cirurgião se o pus contém estafilococos ou estreptococos. Ao paciente isto não interessa. O médico fará bem ao paciente se resguardar seu interesse científico, para

não levar o paciente a ter mais satisfação em suas fantasias do que o necessário. A importância etiológica que se atribui – injustificadamente a meu ver – às fantasias explica por que se dá tanto espaço, na literatura psicanalítica, às longas discussões casuísticas sobre as diversas formas de fantasias. Quando se sabe que tudo, neste campo, é possível, a valorização inicial das fantasias e o esforço para nelas descobrir o momento etiológico vão se desvanecendo aos poucos. Nenhuma casuística, por mais desenvolvida, será capaz de exaurir este oceano. Teoricamente, também todo caso é inexaurível.

Na maioria dos casos, a produção de fantasias termina após certo tempo, mas isto não permite concluir que as possibilidades da fantasia se tenham esgotado. O fim da produção significa apenas que não há mais libido no caminho da regressão. O fim do movimento regressivo acontece quando a libido assume as tarefas reais da vida presente e se desgasta na solução delas. Há casos, porém – e não são poucos –, em que o paciente continua a produzir fantasias intermináveis, seja por autorrecreação, seja por orientação errônea do analista. Esta última é mais frequente nos iniciantes que, cegados pela casuística psicanalítica antiga, fixam-se na suposta importância etiológica das fantasias e procuram pescar sempre mais fantasias no fundo da infância pregressa, na vã esperança de lá encontrar a solução para as dificuldades neuróticas. *Não veem que a solução está na ação e no cumprimento de certas obrigações imprescindíveis da vida.* Objeta-se que a neurose consiste precisamente no fato de o paciente ser incapaz de cumprir estas exigências da vida, e que a terapia, pela análise do inconsciente, tem a finalidade de capacitá-lo para isso ou, ao menos, proporcionar-lhe os meios necessários. [423]

Assim formulada, a objeção é correta, mas é preciso acrescentar que ela só é válida quando o paciente tem real consciência dos detalhes das tarefas a cumprir, e não apenas conhecimento acadêmico, ou seja, um delineamento teórico em geral. É típico do neurótico faltar-lhe este conhecimento dos detalhes, ao passo que está bem orientado, de acordo com sua inteligência, sobre as obrigações da vida em geral e talvez procure, com empenho exagerado, cumprir as prescrições da moral em vigor para todos. Por isso mesmo, sabe muito pouco ou mesmo nada sobre as suas obrigações de vida, incomparavelmente mais importantes. Não basta, portanto, seguir o paciente cega- [424]

mente em seu caminho regressivo e empurrá-lo para dentro de suas fantasias infantis por causa de um interesse etiológico extemporâneo. Várias vezes já ouvi de pacientes que ficaram inutilmente presos a um tratamento psicanalítico: "O analista acha que deve existir ainda um trauma infantil ou alguma fantasia que estou reprimindo". Exceto os casos em que esta suposição foi correta, constatei outros em que o empecilho era o seguinte: a libido fora alçada pela análise, mas voltara às profundezas devido à falta de uso. E isto porque a atenção do médico estava totalmente voltada para o aspecto infantil e não percebeu qual a tarefa de adaptação que o paciente devia executar no momento. O resultado foi que a libido sempre retornava ao fundo, porque não se lhe dava chance para alguma atividade.

425 Há muitos pacientes que chegam por si sós a descobrir suas obrigações vitais. E relativamente cedo deixam de produzir fantasias regressivas porque preferem viver na realidade do que fantasiar. É pena que isto não aconteça com todos os pacientes. Não são poucos os que se recusam, por longo tempo ou até indefinidamente, a cumprir suas obrigações e preferem o devaneio inútil e neurótico. (Chamo a atenção novamente que, sob a palavra "devaneio", nem sempre devemos entender um fenômeno consciente.)

426 Em vista desses fatos e conhecimentos, mudou, no decorrer dos anos, o caráter da psicanálise. Em seus primeiros passos, a psicanálise foi uma espécie de método cirúrgico que pretendia remover da psique o corpo estranho ou o afeto bloqueado; em sua forma posterior, passou a ser uma espécie de método histórico que procurava investigar a história evolutiva da neurose nos menores detalhes e traçar seu perfil voltando às primeiras origens.

427 É inegável que este último método deveu sua existência a um forte interesse científico e a uma empatia pessoal cujos vestígios encontramos claramente nas narrativas casuísticas até hoje. Foi graças a esta circunstância que Freud descobriu onde residia o efeito terapêutico da psicanálise. Antigamente o efeito era procurado na descarga do afeto traumático; agora achamos que as fantasias trazidas à tona estão intimamente associadas à pessoa do analista. Freud chamou este processo de *transferência*, porque o paciente transferia suas fantasias que, antes, estavam ligadas às imagens dos pais para o analista.

Freud e a psicanálise 197

A transferência não se limita à esfera puramente intelectual, mas a libido, presa às fantasias, se abate, juntamente com as fantasias, sobre o analista. Todas aquelas fantasias sexuais que circundavam a imagem dos pais, cercam agora o analista; e quanto menos o paciente se dá conta disso, mais fortemente se liga inconscientemente ao analista.

Esta descoberta é de fundamental importância em vários sentidos, e sobretudo de grande proveito biológico para o paciente. Quanto menos se dedicar ao mundo real, mais aumentarão as fantasias e mais cortado será do mundo. É próprio do neurótico uma atitude conturbada para com a realidade, ou seja, tem uma adaptação em grau menor. A transferência para o analista dá ao paciente uma ponte para sair da família e entrar na realidade; ou, em outras palavras, para sair do ambiente infantil e entrar no mundo dos adultos, representando o analista parte desse mundo extrafamiliar. 428

Por outro lado, a transferência é grande estorvo ao progresso do tratamento, pois, através dela, o paciente identifica o analista – que deveria representar parte da realidade extrafamiliar – com o pai e a mãe, paralisando-se o efeito benéfico dessa conquista. Quanto mais o paciente considerar o analista objetivamente, reconhecendo nele uma pessoa comum, maior proveito tirará da transferência. E quanto menos o considerar como pessoa comum e mais o identificar com o pai, menor será o proveito e maior o prejuízo da transferência. O paciente estará apenas ampliando o âmbito de sua família pela inclusão de uma personalidade semelhante aos pais. Ele mesmo continuará, como antes, no ambiente infantil e, por isso, em sua constelação infantil. E, assim, perdem-se as vantagens que poderiam advir da transferência. 429

Há pacientes que se entregam com a maior boa vontade à psicanálise e são extremamente férteis na produção de fantasias, sem, contudo, fazer o mínimo progresso, ainda que a neurose pareça ter sido vasculhada em todo o seu processo até os recantos mais obscuros. O analista, com visão puramente histórica, pode facilmente incidir em erro e deve perguntar-se nestes casos: O que ainda falta ser analisado? São estes os casos de que falamos anteriormente, onde já não se trata de analisar materiais históricos, mas do problema da ação, de superar em primeiro lugar a atitude infantil. A análise histórica mostra sempre de novo que o paciente se comporta infantilmente para 430 com o analista, mas não diz como alterar esta situação. Até certo ponto, esta desvantagem da transferência está presente em todos os casos. Aos poucos ficou evidente que a parte da psicanálise, tratada até aqui, por mais interessante e útil que seja do ponto de vista científico, é, na prática, de importância bem menor do que *a análise da transferência*, de que falaremos a seguir.

431 Antes de entrar nos detalhes desta parte da análise, extremamente importante do ponto de vista prático, gostaria de chamar a atenção para um paralelo entre a primeira parte da análise e uma certa instituição histórico-cultural: a instituição religiosa da *confissão*.

432 Nada fecha tanto o homem sobre si mesmo e o separa do convívio dos demais do que a "posse" de segredos que julga importantes e que guarda ansiosa e ciosamente. Muitas vezes são os atos e pensamentos "pecaminosos" que separam os homens e os mantêm afastados uns dos outros. Aqui a confissão tem, não raro, um verdadeiro efeito de redenção. A incrível sensação de alívio que costuma seguir-se ao ato da confissão deve ser atribuída à readmissão daquele que estava perdido no seio da comunidade humana. A solidão e o isolamento moral anterior, tão difíceis de suportar, cessam com a confissão. E aqui está o verdadeiro valor psicológico da confissão.

433 Além desse, há necessariamente outros efeitos: pela transferência do segredo e de todas as fantasias inconscientes que o acompanham surge uma certa vinculação moral do indivíduo com o confessor que chamamos de "relação de transferência". Quem tem experiência psicanalítica, sabe quanto sobe o conceito pessoal do analista quando o paciente chega a confiar-lhe os seus segredos. É espantoso, muitas vezes, como a conduta do paciente muda após esta confissão. Provavelmente a Igreja visava também a esta consequência. O fato de a maior parte da humanidade não só precisar de orientação, mas achar ótimo ser dirigida e tutelada, justifica até certo ponto o valor moral que a Igreja atribuiu à confissão. O sacerdote, investido de todos os atributos da autoridade paterna, é o líder e pastor responsável de seu rebanho. Ele é o *pai confessor* e os membros da comunidade são seus *filhos penitentes*.

434 Neste sentido, o sacerdote e a Igreja substituem os pais, e neste sentido libertam as pessoas da estreiteza dos laços familiares. Na me-

Freud e a psicanálise   199

dida em que o sacerdote for uma personalidade de moral elevada,
com nobreza de alma inata e correspondente espírito cultural, a instituição da confissão pode ser exaltada como brilhante método de orientação e educação que, realmente, cumpriu uma enorme tarefa edu-
cativa nesses mais de mil e quinhentos anos. Enquanto a Igreja cristã
da Idade Média conseguiu ser guardiã das artes e das ciências – o que
se deve a sua grande tolerância para com o elemento mundano da
época – a confissão pôde ser um admirável meio educativo. Mas a
confissão perdeu o valor educativo, ao menos para as pessoas mais
cultas, quando a Igreja demonstrou ser incapaz de manter a liderança
no campo intelectual, o que foi uma consequência da rigidez espiritual. O homem mais bem-dotado moral e culturalmente já não quer,
hoje em dia, seguir um credo ou um dogma rígidos. Quer compreender. Não admira, pois, que ponha de lado tudo o que não entende – e
o símbolo religioso pertence àquelas coisas de difícil compreensão.
Por isso, a religião é uma das primeiras a sobrar. O sacrifício do intelecto exigido pela fé positiva é um ato de violência contra o qual se
revolta a consciência dos indivíduos mais desenvolvidos.

No que concerne à análise, a relação de transferência e depen-   435
dência para com o analista pode ser considerada suficiente, na maioria dos casos, para assegurar certo efeito terapêutico, se o analista for
uma personalidade imponente e capaz de guiar responsavelmente
seus pacientes e ser "um pai para o seu povo". Mas uma pessoa de
mentalidade moderna e culta luta, consciente ou inconscientemente,
por governar-se a si mesma e andar com os próprios pés no campo da
moral. Quer tomar em suas mãos o leme que já esteve muito tempo
em mãos alheias. Quer compreender ou, em outras palavras, quer ser
pessoa adulta. Sem dúvida, é mais fácil ser dirigido, mas isto já não
agrada ao homem culto de hoje; ele sente que o espírito da época exige dele a *autonomia moral*. A psicanálise tem que levar em consideração esta exigência e, por isso, recusar o desejo do paciente de sempre
mais direção e instrução. O médico analista conhece muito bem sua
imperfeição para saber que não está em condições de ser pai e diretor. Seu maior empenho só pode consistir em educar seus pacientes a
serem personalidades independentes, libertando-os da vinculação inconsciente às limitações infantis. A psicanálise precisa, por isso, analisar a transferência, tarefa que o sacerdote não pode realizar. A aná-

lise da transferência visa cortar a ligação inconsciente (e consciente) ao analista e colocar o paciente sobre os próprios pés. Este, ao menos, é o objetivo do tratamento[33].

436   Vimos, anteriormente, que a transferência traz toda espécie de dificuldades no relacionamento entre analista e paciente, pois o analista é sempre assimilado, mais ou menos, à família. A primeira parte da análise, a descoberta dos complexos, é fácil e simples, graças ao fato de que todos gostam de descarregar seus segredos dolorosos; e é também uma satisfação especial ter conseguido alguém que ouça compreensivamente todas aquelas coisas a que os outros não querem dar a mínima atenção. É uma sensação especialmente agradável para o paciente ser compreendido e ter um analista disposto a compreender seus pacientes a todo custo, seguindo-os inclusive em todos os descaminhos possíveis. Há pacientes que têm um "teste" especial, alguma pergunta especial, ao qual o analista deve submeter-se; se não puder ou não quiser fazê-lo ou, ainda, não lhe der importância, ele não vale nada. O sentimento de receber compreensão tem um charme particular para as almas solitárias dos doentes que são insaciáveis em sua exigência de serem "compreendidos".

437   Devido a esta disposição do paciente, o início da análise é relativamente fácil. Neste período da análise consegue-se às vezes efeitos terapêuticos impressionantes que podem levar o iniciante a um otimismo terapêutico e a uma superficialidade analítica nada condizentes com a seriedade e dificuldades específicas da tarefa psicanalítica. Em nenhum outro campo é tão desprezível o trombetear dos efeitos terapêuticos do que na psicanálise, porque ninguém melhor do que o psicanalista para dizer que o efeito terapêutico depende, em última análise, da colaboração da natureza e do próprio paciente. Acho que o psicanalista pode orgulhar-se de seu maior aprofundamento na essência e estrutura da neurose, um aprofundamento que excede, de longe, os conhecimentos anteriores neste campo. Mas não se pode poupar as publicações psicanalíticas até hoje da acusação de terem apresentado a psicanálise às vezes sob uma falsa luz. Há publicações terapêuticas que dão ao não iniciado a impressão de ser a psicanálise

---

33. Cf. para tanto minha exposição em *Die Psychologie der Übertragung* [OC, 16/2, 1958].

Freud e a psicanálise

um truque relativamente fácil, ou uma espécie de artifício com resultados espantosos.

A primeira parte da análise – em que procuramos compreender o paciente e dessa forma produzir grande alívio nele – é a responsável por essas ilusões terapêuticas. Na maioria dos casos, as melhoras que às vezes acontecem no início da análise não são propriamente frutos do tratamento psicanalítico, mas apenas alívios passageiros que favorecem muito o processo da transferência. Depois que foram vencidas as primeiras resistências contra a transferência, é esta uma situação ideal para o neurótico. Ele não precisa fazer esforço algum e, assim mesmo, alguém vai encontrá-lo no mínimo a meio caminho, alguém com vontade específica e inusitada de compreendê-lo e que também não se deixa aborrecer ou desanimar, ainda que o paciente faça todo o possível para levá-lo a isso com seus caprichos e obstinação infantis. Nesta paciência se derretem finalmente as mais fortes resistências, de modo que o paciente não mais hesita em colocar o analista entre os deuses de sua família, isto é, assimilá-lo ao meio familiar infantil. **438**

Ao mesmo tempo, o paciente satisfaz outra necessidade: consegue uma relação extrafamiliar, respondendo a uma necessidade biológica. E assim o paciente tira um duplo proveito da relação de transferência: uma personalidade da qual se pressupõe, por um lado, uma atenção amorosa particularizada – que, sob este prisma, ocupa o lugar do pai e da mãe – e que, por outro lado, sendo extrafamiliar, ajuda o paciente a cumprir uma tarefa difícil e de vital importância, sem correr perigo algum. Quando, juntamente com esta aquisição, surge um grande efeito terapêutico, o que não é raro, então a crença do paciente na perfeição da situação agora alcançada se fortalece. É evidente que, nestas circunstâncias, não tem a mínima vontade de abrir mão desses proveitos. Se depender dele, preferirá continuar ligado ao analista para sempre. Começam, então, a aparecer inúmeras fantasias que visam alcançar este objetivo de qualquer forma. Grande papel desempenha nisso a erótica que é explorada e exagerada para demonstrar a impossibilidade da separação. É compreensível que o paciente coloque obstinada resistência ao analista quando este tenta desfazer a relação de transferência. **439**

Não podemos esquecer que a aquisição de um relacionamento extrafamiliar é uma obrigação vital para o neurótico – como, aliás, **440** para qualquer pessoa – e uma obrigação que ele até agora não cumpriu ou a cumpriu de maneira bem restrita. Gostaria de rebater energicamente a opinião muito difundida de que, por relacionamento extrafamiliar, sempre se entenda um relacionamento sexual. Em muitos casos poderíamos dizer: não é este precisamente o caso. Inclusive é um erro neurótico muito apreciado achar que a adaptação correta ao mundo consista na indulgência para com o sexo. Também neste campo a literatura psicanalítica não está isenta de erros e há publicações que não permitem tirar outras conclusões. Este erro, porém, é bem mais velho do que a psicanálise e não pode, por isso, ser atribuído a ela. O profissional médico traquejado conhece muito bem esta recomendação, e eu já tive vários pacientes que agiam de acordo com esta receita. Quando um psicanalista chega a receitar isso, é porque partilha do erro do paciente que acredita provirem suas fantasias sexuais da *sexualidade* represada (reprimida). Naturalmente, se fosse este o caso, a receita seria salutar. Mas não se trata disso e, sim, de uma libido regressiva que tende para o infantil e procura fugir das obrigações reais, exagerando as fantasias. Se apoiarmos esta tendência regressiva, estaremos simplesmente reforçando a disposição patológica infantil do neurótico. O neurótico precisa aprender aquela adaptação mais elevada que a cultura exige do homem adulto. Quem possui a declarada tendência de ir para o fundo pode fazê-lo sozinho; não precisa da psicanálise para isso.

441   Também não devemos cair no extremo oposto e pensar que, através da psicanálise, criamos exclusivamente personalidades excepcionais. A psicanálise está fora da moral tradicional; ela não precisa ater-se, em princípio, a nenhum padrão moral em geral; ela é e deve ser um meio de dar vazão às tendências individuais, desenvolvê-las e sintonizá-las, o mais possível, com a personalidade global. *A psicanálise deveria ser um método biológico que combinasse o maior bem-estar subjetivo com a atividade biológica mais valiosa.* Já que a pessoa humana é constituída não só como indivíduo, mas também como ser social, não podem estas duas tendências inerentes à natureza humana ser separadas uma da outra, ou uma ser submetida à outra, sem causar grande prejuízo à pessoa humana.

442   No melhor dos casos, o doente sai da análise como ele mesmo é, isto é, em harmonia consigo mesmo, nem bom nem mau, mas como um ser natural. Se por educação entendermos um meio que pretende,

Freud e a psicanálise

através da poda e do cerceamento, transformar uma árvore numa bela forma artificial, então a psicanálise não é um método educativo. Mas os que têm a concepção mais elevada de educação hão de preferir aqueles métodos que entendem que, para se criar uma árvore, é preciso que ela realize, da melhor forma possível, todas as condições de crescimento nela colocadas pela natureza. Nós sucumbimos facilmente ao medo ridículo de que, se o homem for realmente o que é, será um ser praticamente insuportável; e se todos os seres humanos fossem, como realmente são, surgiria uma catástrofe social horrorosa. Muitos individualistas de hoje veem, de modo excessivamente unilateral, no "homem como ele realmente é" só o elemento eternamente insatisfeito, anárquico e ganancioso, e esquecem que precisamente estes homens criaram as formas sólidas da civilização moderna que possui maior firmeza e resistência do que as correntes subterrâneas dos anarquistas. O fortalecimento da personalidade social é uma das condições mais indispensáveis da existência humana. Se não fosse assim, o homem deixaria de existir. O possessivo e o rebelde que encontramos na psicologia do neurótico não é o "homem como ele realmente é", mas uma distorção infantil. O homem normal é na verdade "respeitador das normas civis e morais", ele cria as leis e as observa, não que elas lhe sejam impostas de fora – isto seria uma concepção infantil –, mas porque prefere a ordem e a lei ao capricho, à desordem e à ausência de legislação.

Para interceptar a transferência temos que lutar contra forças que não apenas encerram um valor neurótico, mas que têm um significado normal em geral. *Quando pretendemos libertar o doente da relação de transferência, exigimos dele algo que nunca ou raras vezes exigimos da pessoa comum, isto é, que ele se supere completamente.* Apenas algumas religiões impuseram esta exigência aos homens. E é este desafio que torna tão difícil a segunda parte da análise. 443

Existe entre as crianças um preconceito comum de que o amor dá direito a fazer exigências. *O conceito infantil de amor é receber presentes dos outros.* Com base nesta definição, os pacientes fazem exigências e comportam-se de modo semelhante à maioria dos normais, cuja avidez infantil não chega a um grau tão elevado por causa do cumprimento de suas obrigações vitais e pela satisfação da libido que este cumprimento acarreta, e também porque uma certa falta de 444 temperamento não os inclina a um comportamento apaixonado. O perigo fundamental na neurose está no fato de o paciente, ao invés de fazer um esforço de adaptação próprio e especial, que exige alto grau de autoeducação, faz suas exigências infantis (vivenciadas regressivamente) e começa a regatear. O analista dificilmente concordará com as exigências que o paciente lhe faz pessoalmente; mas, em certas circunstâncias, tentará comprar sua liberdade através de propostas de compromisso: por exemplo, a aprovação de liberdades morais cujo princípio pode significar um rebaixamento genérico do nível cultural. Mas isto só coloca o paciente num grau mais baixo e o torna inferior. Não se trata, em última análise, de uma questão de civilização, mas de uma barganha para livrar-se da constrangedora situação de transferência oferecendo, em troca, outras (supostas) vantagens. Oferecer vantagens compensadoras ao paciente vai contra seus verdadeiros interesses. Com isso nunca se libertará de sua doença, isto é, de sua avidez e indolência infantis. Somente a autossuperação poderá livrá-lo.

> *Da força que tudo encerra*
> *Só se livra quem se supera.*

445   O neurótico tem que provar que pode viver tão bem quanto a pessoa normal. Deve, mesmo, poder mais que a pessoa normal, pois precisa renunciar a uma grande dose de infantilidade, que ninguém exige da pessoa normal.

446   Muitas vezes os pacientes querem provar a si mesmos, através de aventuras, que é possível continuar vivendo infantilmente. Seria erro do analista querer impedi-los. Há experiências que é preciso fazer, não há como substituí-las pelo raciocínio. Essas experiências são de inestimável valor para o paciente.

447   Em nenhum outro estágio da análise como neste, é importante que o próprio analista tenha sido analisado. Se o próprio analista tiver um tipo de avidez infantil e inconsciente, jamais terá condições de alertar seus pacientes para isso. É um conhecido segredo que pacientes perspicazes leem, durante a análise, na mente do analista, para ver se encontram lá a fórmula curadora ou o contrário. É impossível evitar, mesmo com a análise mais acurada, que o paciente não adote instintivamente a maneira como seu analista resolve seus próprios

problemas vitais. Contra isso nada se pode fazer, pois a personalidade ensina mais do que volumosos livros, cheios de sabedoria. De nada adiantam os subterfúgios para o analista esconder sua personalidade; mais cedo ou mais tarde cairá sua máscara. *Um médico analista que leva a sério sua profissão é colocado diante da exigência inexorável de comprovar em si mesmo os princípios da psicanálise.* Terá a grata surpresa de verificar como inúmeras dificuldades técnicas da análise desaparecem. Evidentemente, não me refiro aqui ao estágio inicial da análise – que poderíamos chamar de estágio da detecção dos complexos –, mas falo desse último estágio, sumamente espinhoso, em que se trata da assim chamada "solução da transferência".

Pude constatar muitas vezes que principiantes consideram a transferência um fenômeno totalmente anormal que deveria ser "combatido". Nada mais errado. Em princípio, temos que considerar a transferência como simples falsificação, uma espécie de caricatura sexual do vínculo social que une a sociedade humana e que também produz as ligações mais íntimas entre pessoas da mesma mentalidade. Esta ligação é uma das condições sociais mais importantes e seria erro cruel recusar esta tentativa social ao paciente. É necessário apenas purificar esta torrente de seus componentes regressivos, de seu sexualismo infantil. Desta forma, o fenômeno da transferência poderá ser transformado no instrumento mais adequado da adaptação.

448

O único grande perigo seria este: as exigências infantis e inconscientes do analista se identificarem com as próprias exigências do paciente. *Isto só pode ser evitado se o analista se submeter a uma rigorosa análise em mãos de outro.* Só assim aprenderá o que significa propriamente análise e experimentará de per si as sensações que ela provoca na psique. Todo analista inteligente perceberá que isto vai redundar em benefício de seus pacientes. Há médicos que acham ser suficiente a *autoanálise*. Isto é psicologia do Barão de Münchhausen que não os levará a nada. Esquecem-se de que um dos fatores terapêuticos mais eficazes é a sujeição ao julgamento objetivo de um outro. É sabido que o homem é totalmente cego quando se trata de ir contra si mesmo. O analista tem que abandonar em primeiro lugar o isolacionismo e a mistificação autoerótica se quiser ajudar seus pacientes a se tornarem personalidades autônomas e socialmente maduras.

449

206 Obra Completa — Vol. 4

450   Sei que concordei com Freud quando defendi a exigência – que me parecia evidente – de que o médico psicanalista deve cumprir suas obrigações vitais de forma adequada. Se não o fizer, nada poderá impedir que sua libido insuficientemente utilizada se abata sobre seus pacientes e falseie, em suma, toda a análise. Pessoas imaturas e incompetentes que são neuróticas e que só mantêm um pé na realidade fazem geralmente da análise um absurdo. *Exempla sunt odiosa!* Os medicamentos na mão de um louco sempre foram veneno e morte. Da mesma forma como exigimos do cirurgião, além do conhecimento técnico, mão hábil, coragem, presença de espírito e poder de decisão, também devemos esperar do psicanalista um *check up* psicanalítico absolutamente sério de sua própria personalidade, antes de confiar-lhe um doente. Gostaria mesmo de dizer que a aquisição e o manejo da técnica psicanalítica pressupõem do médico não apenas um dom psicológico, mas *principalmente um esforço sério de moldar o próprio caráter.*

451   A técnica da "solução da transferência" é a mesma que já vimos antes. É claro que vai consumir um bom espaço de tempo o problema do que fazer com a libido que o paciente retirou da pessoa do analista. Também aqui há um grande perigo para o iniciante: resvalar para o aconselhamento e para dar sugestões. Esta tática do analista é muito cômoda para o paciente e, por isso mesmo, prejudicial. Neste assunto importante, como em todos os assuntos da psicanálise, devemos deixar ao paciente e aos seus impulsos a iniciativa e o comando, mesmo que o caminho nos pareça errado. O erro é uma condição de vida tão importante quanto a verdade.

452   Neste segundo estágio da análise, que esconde arrecifes e bancos de areia, muito devemos à *análise dos sonhos.* No início da análise, os sonhos serviam principalmente para detectar as fantasias; aqui eles são preciosos guias para o uso da libido. Os trabalhos fundamentais de Freud trouxeram enorme enriquecimento ao conhecimento que tínhamos da determinação do conteúdo manifesto do sonho através dos materiais históricos e das tendências de desejos. Freud mostrou como os sonhos dão acesso a uma porção de materiais subliminares, sobretudo recordações que, por alguma razão, ficaram submersos. De acordo com o espírito de seu método absolutamente histórico, Freud mostra sobretudo o aspecto analítico. Apesar do valor incontestável dessa concepção, não podemos assumir exclusivamente este

Freud e a psicanálise

ponto de vista, pois a concepção histórica unilateral não leva suficientemente em consideração o sentido teleológico (defendido principalmente por Maeder[34]) dos sonhos. O pensar inconsciente seria insuficientemente caracterizado se o considerássemos apenas do ponto de vista de sua determinação histórica. Para uma avaliação completa temos que levar necessariamente em consideração seu sentido teleológico ou prospectivo. Se analisarmos a história do Parlamento inglês até as primeiras origens, teremos uma ideia bem clara de sua evolução e de como chegou à forma com que se apresenta hoje. Mas com isto nada ficou dito ainda sobre sua função prospectiva, isto é, sobre as tarefas que deverá executar agora e no futuro.

O mesmo vale para os sonhos que foram valorizados unilateralmente em sua função prospectiva pelas superstições de todos os tempos e raças. Haverá, sem dúvida, muita coisa de verdade nisso. Não nos atrevemos a dizer que o sonho tenha uma previsão profética; mas podemos supor com razão que há neste material subliminar combinações de eventos futuros e que são subliminares simplesmente porque ainda não atingiram o grau de clareza suficiente para se tornarem conscientes. Refiro-me a esses pressentimentos vagos que às vezes temos em relação ao futuro e que nada mais são do que combinações sutis e subliminares, mas cujo valor objetivo ainda não somos capazes de perceber.

453

As tendências futuras do doente são elaboradas com a ajuda desses componentes teleológicos do sonho. E se este trabalho tiver êxito, o paciente passa do tratamento e da relação semi-infantil da transferência para uma vida cuidadosamente preparada dentro dele e que ele mesmo escolheu e com a qual ele se declara satisfeito, após madura reflexão.

454

Percebe-se facilmente que o método psicanalítico não se presta para uso na policlínica e por isso deve permanecer sempre nas mãos daqueles poucos que, devido às suas aptidões psicológicas e educacionais inatas, têm especial inclinação e sentem particular alegria nesta profissão. Nem todo médico é um bom cirurgião; da mesma for-

455

---

34. Cf. "Die Symbolik in den Legenden, Märchen, Gebräuchen und Träumen". *Psychiat.-neur. Wschr.*, X, 1908.

ma, nem todos podem ser psicanalistas. Devido ao caráter predominantemente psicológico da atividade psicanalítica será difícil que a medicina a monopolize. Mais cedo ou mais tarde outros ramos do saber vão apoderar-se da psicanálise, seja por questões práticas, seja por interesse teórico. Enquanto a ciência oficial considerar a psicanálise como absurdo total e continuar a excluí-la da discussão ampla, não admira que outros setores se apossem desse material antes que a medicina oficial. E isto é bem provável porque a psicanálise constitui também um método de pesquisa psicológico em geral e é um princípio heurístico de primeira linha no campo das ciências do espírito.

456　　Foram, sobretudo, os trabalhos da Escola de Zurique que demonstraram o emprego da psicanálise como método de pesquisa no campo das doenças mentais. A pesquisa psicanalítica da *dementia praecox* deu-nos, por exemplo, a mais valiosa contribuição para a configuração psicológica dessa doença importante. Seria longo demais expor os resultados dessas pesquisas. A teoria dos determinantes psicológicos dessa doença já é um campo bastante vasto em si, e se quiséssemos discutir ainda os problemas simbólicos da *dementia praecox*, deveria apresentar-lhes um vasto material que seria impossível analisar nesta conferência que pretende apenas dar uma visão geral.

457　　A questão da *dementia praecox* complicou-se muito porque a incursão feita, há pouco tempo, pela psicanálise no campo da mitologia e do estudo comparado das religiões nos deu uma visão profunda do simbolismo na história dos povos. Quem estava familiarizado com o simbolismo dos sonhos e da esquizofrenia ficou impressionado com o incrível paralelismo entre os símbolos usados pelo homem de hoje e os símbolos que acompanharam a história dos povos. É notável, sobretudo, o paralelismo entre os símbolos étnicos e os símbolos da esquizofrenia. Essa relação complicada da psicologia com o problema da mitologia me deixa impossibilitado de explicar-lhes melhor minha concepção da *dementia praecox*. Pela mesma razão não posso explicar os resultados da pesquisa psicanalítica no campo da mitologia e do estudo comparado das religiões. Seria impossível sem trazer os materiais correspondentes. O resultado mais importante dessas pesquisas é, por enquanto, o conhecimento do grande paralelismo entre o simbolismo étnico e individual. No estágio em que se encontram os estudos é difícil prever as perspectivas dessa psicologia comparativa

Freud e a psicanálise

dos povos. Tudo indica que o estudo psicanalítico da essência dos processos subliminares vai receber grande enriquecimento e aprofundamento da parte da pesquisa mitológica.

IX. Um caso de neurose infantil

Nesta conferência devo me limitar a uma exposição mais ou menos genérica sobre a natureza da psicanálise. A discussão detalhada dos métodos e teorias exigiria grande quantidade de material casuístico e sua exposição prejudicaria a visão de conjunto. Mas, para dar-lhes uma ideia do estado atual e concreto do tratamento psicanalítico, resolvi trazer um caso, bem curto, de análise de uma menina de 11 anos. O tratamento analítico foi feito por minha assistente, M. Moltzer. Devo adiantar que este caso, seja pela duração, seja pelo transcurso, não é característico da psicanálise comum, tampouco quanto é característico um indivíduo em relação aos demais. Em parte alguma é tão difícil abstrair de regras válidas em geral como na psicanálise, por isso é melhor se abster de demasiadas formulações. Não nos esqueçamos que cada caso é um caso único, apesar da grande uniformidade dos conflitos ou complexos, pois cada indivíduo é único. Cada caso exige do analista um interesse individual; e assim também é diferente, de caso a caso, o transcurso da análise e sua exposição.

458

A apresentação deste caso é um pequeno corte na realidade do mundo infinitamente variegado da psicologia e mostra aquelas particularidades aparentemente bizarras ou arbitrárias que o capricho do assim chamado acaso semeia na vida humana. Não tenho a intenção de esconder nada do que se refere às minúcias do interesse psicanalítico, pois não quero dar a impressão de que a psicanálise seja um método enfeixado em fórmulas rígidas. A precisão científica do pesquisador procura sempre as regras e categorias onde encerrar o mais vivo dos seres vivos. Por outro lado, o médico e o pesquisador devem, livres de qualquer fórmula, deixar atuar sobre si a realidade viva em toda a sua riqueza sem leis. Pretendo também me esforçar para apresentar-lhes este caso em sua naturalidade e espero mostrar-lhes como uma análise se desenvolve de modo bem diferente do que se poderia esperar, com base em pressupostos puramente teóricos.

459

460 Trata-se de menina inteligente, de 11 anos, de família culta.

461 A história de sua doença é a seguinte: várias vezes a menina teve que sair da sala de aula por sentir repentinas náuseas e dor de cabeça. Em casa, tinha que ir para a cama. De manhã não queria, às vezes, levantar-se e ir à escola. Também tinha pesadelos, e era esquisita e irresponsável. A mãe me procurou e eu lhe disse que isto poderia ser sinal de neurose e que por detrás poderia estar oculto algo sobre o qual deveríamos ouvir a própria criança. Esta suposição não é arbitrária, pois sabe qualquer observador atento que, quando as crianças estão inquietas e mal-humoradas, há algo que as molesta e lhes causa sofrimento.

462 A criança confessou à mãe a seguinte história: havia um professor de quem gostava muito. Mas no último trimestre seu rendimento escolar não fora bom e, por isso, acreditava ter decaído na estima do professor. A partir daí começou a se sentir mal nas aulas dele. Não experimentou apenas distanciamento mas até certa hostilidade contra ele. Transferiu, então, o interesse sentimental para um rapaz pobre com quem dividia o pão que levava para a escola. Também lhe dava dinheiro para comprar pão. Em conversa com este rapaz, zombou, certa vez, desse professor chamando-o de "bode". O rapaz se fixou nela cada vez mais e se julgou no direito de cobrar às vezes um tributo na forma de pequenos presentes em dinheiro. Sobreveio a ela o medo de que o rapaz pudesse contar ao professor que ela o chamara zombeteiramente de "bode". Prometeu dois francos ao rapaz se ele jurasse não contar nada ao professor. Daí para frente, ele começou com chantagem. Exigia, sob ameaças, dinheiro e a perseguia no caminho para a escola. Estava desesperada. Seus acessos de mal-estar estavam intimamente ligados a esta história. Após esta confissão, esperava-se que voltasse a serenidade, mas isto não aconteceu.

463 Constatamos muitas vezes que a simples narração de fatos angustiantes já possui enorme efeito terapêutico, o que, aliás, já afirmei antes. Contudo, esses efeitos não costumam durar muito, ainda que o efeito benéfico possa, às vezes, durar bastante tempo. Semelhante confissão está longe de ser análise. Não obstante, há neurologistas que acreditam ser a análise apenas uma anamnese ou confissão mais ampliada.

Pouco tempo depois, a criança teve um violento ataque de tosse   464
e perdeu um dia de aula. No dia seguinte estava perfeitamente bem e
foi à aula. No terceiro dia, outro ataque violento de tosse, acompanhado de dores no lado esquerdo, febre e vômitos. Tirada a tempera-
tura, acusou a marca de 39,4°C. O médico suspeitou de pneumonia.
Mas, no dia imediato, tudo havia desaparecido. Sentia-se bem e da
febre e do mal-estar nem vestígios.

A pequena paciente só chorava, não querendo se levantar da   465
cama. Este comportamento estranho me levou a suspeitar de que se
tratava de neurose bem séria. Sugeri, então, um tratamento analítico.

Primeira sessão. Na primeira sessão a menina demonstrou um   466
constrangimento medroso; tinha um sorriso forçado e desagradável.
Em primeiro lugar pedimos que falasse sobre o seguinte: como a gente se sente quando pode ficar de cama. Disse que é ótimo, pois há
sempre gente ao lado; todos vêm para junto da cama fazer uma visita;
pode-se ouvir as histórias que a mamãe lê, especialmente *a história de
uma princesa doente que só ficaria boa quando fosse satisfeito seu desejo: que ficasse com ela seu pequeno amigo, um rapaz pobre.*

Expusemos a ela a evidente relação dessa história com sua pró-   467
pria história de amor e doença. Começou a chorar e disse que gostaria de ir brincar com as outras crianças, senão elas iriam embora.
Atendemos prontamente a seu desejo; saiu correndo, mas voltou depressa, algo confusa. Explicamos a ela que havia voltado não porque
temesse que os companheiros fossem embora, mas porque ela quis
vir embora, devido às suas resistências.

Segunda sessão. Na segunda sessão, mostrou-se menos temerosa   468
e menos inibida. O assunto abordado foi *o professor.* Sentia-se constrangida de falar sobre ele. Finalmente saiu a envergonhada constatação de que ela ainda gostava muito dele. Esclarecemos que não precisava se envergonhar disso; ao contrário, este amor seria garantia preciosa de que renderia o máximo em suas aulas. "Posso, então, gostar
dele?", perguntou com semblante alegre a garotinha.

Com esta explicação, sentiu-se a criança justificada em sua esco-   469
lha amorosa. Parece que tinha medo de admitir seus sentimentos pelo professor. O porquê desse medo não é tão simples explicar. É opinião corrente até agora que a libido de uma pessoa que ainda está

dentro do liame incestuoso só consegue com dificuldade se apoderar de uma pessoa extrafamiliar; e esta opinião tem certa plausibilidade que é difícil descartar. Mas devemos objetar que a libido dela se apoderou com grande veemência do rapaz pobre que, por sua vez, é um objeto extrafamiliar. É preciso concluir, pois, que a dificuldade não está na transferência da libido para um objeto extrafamiliar, mas em outra circunstância qualquer. *O amor ao professor significava uma tarefa mais difícil*; era uma pretensão bem maior do que o amor ao rapaz, que não apresentava nenhum desafio ao comportamento moral da menina. A sugestão, dada na análise, de que o amor poderia fazê-la render o máximo, trouxe de volta a criança para sua tarefa real, ou seja, adaptar-se ao professor.

470   Se a libido recua diante de uma tarefa necessária, isto ocorre devido ao comodismo humano em geral que se encontra não apenas na criança, mas está largamente desenvolvido no homem primitivo e nos animais. Esta preguiça e comodismo primitivos são os motivos fundamentais contra o esforço de adaptação. Se a libido não for usada para isso, ela estagnará e fará a inevitável regressão para objetos ou modos de adaptação existentes anteriormente. Daí surge então a chocante ativação do complexo do incesto. A libido se afasta do objeto que é difícil de atingir e que exigiria esforço demasiado, voltando-se para objetos mais simples e finalmente para o mais simples de todos, isto é, as fantasias infantis que são transformadas, então, em verdadeiras fantasias incestuosas. O fato de encontrarmos sempre um desenvolvimento exagerado das fantasias incestuosas onde ocorre um distúrbio na adaptação psicológica poderia ser encarado, também, como já afirmamos antes, como um fenômeno regressivo. Assim as fantasias incestuosas seriam de importância secundária e não causal, e o medo do ser humano natural diante de qualquer esforço seria a causa primeira. O recuo do homem diante de certas tarefas não deveria ser explicado, pois, como se ele preferisse a relação incestuosa, mas ele volta a cair nela forçosamente porque teme o esforço. Em outras palavras, deveríamos admitir que o medo do esforço consciente se identifica com a preferência pela relação incestuosa. Isto seria, evidentemente, um erro, pois não só o homem primitivo, como também os animais têm grande aversão a qualquer esforço intencionado e cultivam a preguiça absoluta até que sejam forçados pe-

Freud e a psicanálise 213

las circunstâncias a agir. Não podemos afirmar dos homens primitivos e dos animais que o medo do esforço de adaptação seja a causa da preferência pela relação incestuosa e, no caso desses últimos, nem podemos falar de uma relação incestuosa.

É bem característico que a criança não demonstre satisfação pelo fato de poder dar o melhor de si pelo professor, mas, em primeiro lugar, por poder *amá-lo*. Foi isto o que ouviu de imediato, pois isto lhe convinha. Seu alívio proveio da confirmação de que seu amor pelo professor estava justificado – mesmo sem grande esforço anterior. 471

A conversa prosseguiu até a história da chantagem que ela tornou a contar minuciosamente. Soubemos ainda que tentou arrombar seu cofrinho; não o conseguindo, quis subtrair sorrateiramente a chave de sua mãe. Também manifestou-se sobre a causa da história toda: ela zombara do professor porque fora mais atencioso com as outras do que com ela. Sem dúvida tinha pior desempenho em suas aulas, sobretudo em matemática. Certa vez não entendera bem uma questão, mas não se atrevera a pedir explicações por medo de perder a estima do professor. Cometeu, por isso, erros que motivaram seu atraso e a perda efetiva da consideração do professor. Depois disso, naturalmente, ficou numa situação difícil com relação a ele. 472

Nesta mesma época aconteceu uma menina passar mal em sua sala de aula e ser levada para casa. Pouco depois sucedeu a ela o mesmo. Tentava, assim, fugir da escola com a qual já não simpatizava. A perda da consideração do professor levou-a, por um lado, a ultrajá-lo e, por outro, à história com o rapaz pobre que é evidente compensação da relação perdida com o professor. O esclarecimento que lhe demos foi uma simples sugestão: se formulasse perguntas oportunas para melhor compreensão da matéria, estaria prestando bom serviço ao professor. Esta sugestão teve ótimo resultado na análise; a partir daí, a menina se firmou como melhor aluna e nunca mais perdeu uma aula de matemática. 473

Merece destaque a história da chantagem, pois ela mostra o caráter compulsivo e da falta de liberdade. É um fenômeno que ocorre regularmente. Quando alguém permite que sua libido fuja de tarefas necessárias, ela se torna autônoma e escolhe, indiferente aos protestos do sujeito, seus próprios objetivos e os persegue com tenacidade. 474

É comum, pois, alguém com vida preguiçosa e inativa ser tomado pela compulsividade da libido, isto é, por todo tipo de medos e obrigações involuntários. O medo e superstição de muitos povos bárbaros são a melhor prova disso; mas também nossa história cultural, sobretudo a cultura da Antiguidade, confirma isto em larga escala. Pelo não uso da libido, deixamo-la entregue a si mesma. Não se pode acreditar, porém, que é possível escapar por longo tempo da compulsividade da libido mediante atividades forçadas. Só podemos atribuir conscientemente tarefas à libido em medida bem limitada. Outras tarefas de ordem natural ela as escolhe; pois está destinada para isso. Se essas tarefas forem evitadas, então não adianta nem mesmo a vida mais ativa, pois *temos que levar em conta todas as condições da natureza humana*. Inúmeras neurastenias devidas ao trabalho em demasia devem ser atribuídas a esta causa, pois o trabalho feito sob atrito interno cria esgotamento nervoso.

475   *Terceira sessão.* Na terceira sessão a menina contou um sonho que teve aos cinco anos de idade e que a marcou profundamente. "Nunca esquecerei este sonho em toda a minha vida", disse ela. Gostaria de acrescentar que este tipo de sonho é de particular interesse. Quanto mais tempo um sonho permanece espontaneamente na memória, tanto maior importância lhe devemos dar. O sonho foi este: "*Fui ao mato com meu irmão procurar amoras. De repente apareceu um lobo e correu atrás de mim. Fugi por uma escada acima e o lobo me acompanhou. Caí da escada e o lobo me mordeu na perna. Acordei morta de medo*".

476   Antes de abordarmos as associações que nos serão fornecidas pela paciente, vamos tentar, arbitrariamente, um juízo sobre o possível conteúdo do sonho para ver se as associações da criança vão na mesma linha de nossa suposição. O início do sonho traz à lembrança a história de Chapeuzinho Vermelho que ela, certamente, conhecia. O lobo comeu a vovó, assumiu sua aparência e comeu também Chapeuzinho Vermelho. O caçador, porém, matou o lobo, abriu-lhe a barriga e Chapeuzinho Vermelho saiu sã e salva.

477   Este tema é encontrado em inúmeros mitos espalhados pelo mundo inteiro; é o tema bíblico de Jonas. O sentido que está imediatamente por detrás é de cunho astromitológico: o sol é engolido pelo monstro marinho e, de manhã, nasce novamente. Evidentemente,

Freud e a psicanálise

toda a astromitologia nada mais é do que psicologia projetada para os céus e, sobretudo, psicologia inconsciente – pois os mitos não foram e não são ideados conscientemente, mas brotam do inconsciente da pessoa humana. Daí a extraordinária semelhança ou identidade entre as formas mitológicas que encontramos às vezes em raças separadas espacialmente desde sempre, por assim dizer. Explica-se assim, por exemplo, a extraordinária difusão do símbolo da cruz, independente do cristianismo, da qual nos deu exemplo sobretudo a América. É inadmissível que os mitos tenham sido criados só para explicar fenômenos meteorológicos ou astronômicos; eles são em primeiro lugar manifestações de impulsos inconscientes, à semelhança dos sonhos. Estes impulsos foram ocasionados pela libido regressiva no inconsciente. O material que vem à luz é naturalmente material infantil, ou seja, fantasias oriundas do complexo de incesto. É fácil, pois, constatar, em todos os chamados mitos do sol, teorias infantis sobre procriação, nascimento e relação incestuosa. Na história de Chapeuzinho Vermelho está presente a fantasia de que a mãe deve comer alguma coisa que é parecida com uma criança, e que se deve cortar a barriga da mãe para que a criança nasça. Esta fantasia é uma das mais frequentes e pode ser constatada sempre de novo.

De acordo com esta consideração psicológica em geral, podemos concluir que a criança estava elaborando, neste sonho, o problema da procriação e do nascimento. Quanto ao lobo, deveríamos lhe reservar o lugar do pai ao qual a criança atribui inconscientemente algum ato de violência contra a mãe. Também este tema pode ser baseado em muitos mitos que contêm o problema da violentação da mãe (No que tange aos paralelos mitológicos, gostaria de lhes indicar a coletânea de Boas[35] onde se encontra farto material das tradições dos índios americanos e, depois, o livro de Frobenius, *Das Zeitalter des Sonnengottes*, bem como os trabalhos de Abraham, Rank, Riklin, Jones, Freud, Maeder, Silberer, Spielrein[36] e minhas próprias pesquisas[37]).

478

---

35. O antropólogo Franz Boas (1858-1942); cf. sobretudo BOAS, F. *Indianische Sagen von der Nord-pacifischen Küste Amerikas*. Berlim: [s.e.], 1895.

36. Cf. Referências.

37. *Wandlungen und Symbole der Libido*. Nova edição: *Symbole der Wandlung* [OC, 5].

479   Depois dessa consideração geral, que fiz por questões teóricas, mas que na prática não é assim, vejamos o que nos tem a dizer a criança sobre seu sonho. É óbvio que deixamos a criança falar simplesmente sobre o sonho, sem influenciá-la de forma alguma. Ela começa pela mordida na perna e conta que *certa feita uma mulher que tivera um filho lhe disse que ainda podia mostrar o lugar na perna onde a cegonha a mordera.* Este modo de falar é, na Suíça, uma variante simbólica muito difundida do nascimento e procriação. Podemos constatar um paralelismo completo entre nossa interpretação e o processo de associação da criança. A primeira associação que a criança trouxe, sem nenhuma influência nossa, aborda o problema que havíamos ventilado, em base apenas teórica. Sei, no entanto, que os incontáveis casos, publicados na literatura psicanalítica e que são verdadeiros e isentos de qualquer influência, não conseguiram derrubar a acusação de nossos adversários de que sugerimos aos doentes nossa interpretação. E, assim, também este caso não convencerá ninguém que esteja predisposto a nos atribuir o erro crasso de aprendiz ou, quem sabe, até a falsificação.

480   Após esta primeira associação, perguntamos à paciente o que lhe sugeria o lobo. Respondeu: *"Lembro-me do pai quando está zangado".* Também esta associação coincidiu absolutamente com nossa consideração teórica. Poder-se-ia objetar que estas considerações foram feitas exclusivamente para esta finalidade e carecem, pois, de validade geral. Acho que esta objeção fenece por si quando se adquiriu o conhecimento psicanalítico e mitológico correspondente. Só com base em conhecimento positivo pode-se reconhecer a validade de uma hipótese.

481   Vimos que a primeira impressão trocou o lobo com a cegonha. A associação com o lobo nos trouxe o pai. No mito popular, a cegonha é o pai, pois ele traz a criança. A aparente contradição entre a história – onde o lobo é a mãe – e o sonho – onde ele é o pai – não tem importância para o sonho. Podemos dispensar, pois, uma explanação detalhada. Abordei em detalhes o problema dos símbolos bissexuais em minha obra *Wandlungen und Symbole der Libido* (*Transformações e símbolos da libido*). Sabemos que a legenda de Rômulo e Remo elevou à categoria de pais tanto o pássaro Picus quanto a loba.

Freud e a psicanálise

O medo do lobo, no sonho, é portanto o medo do pai. A sonha- 482
dora explicou que tinha medo do pai porque ele era muito severo
com ela. Ele também lhe dissera que os sonhos aterradores sobrevêm
quando a gente praticou algo de errado. Por isso perguntara certa vez
ao pai: "O que a mãe faz de errado, pois ela também tem sempre sonhos aterradores?"

O pai bateu nela certa vez porque chupava o dedo. Mas continua- 483
va fazendo isso, mesmo proibida. Seria este o erro cometido? Dificilmente, pois o chupar o dedo é um costume infantil anacrônico que já
não é interessante nesta idade; servia mais para irritar o pai que a casti-
gava por causa disso e batia nela. Assim aliviava sua consciência de pe-
cados inconfessos e bem mais sérios: soubemos, por exemplo, que *induziu certo número de garotas da mesma idade à masturbação mútua.*

Devido a essas tendências sexuais, tinha medo do pai. Não po- 484
demos esquecer que teve este sonho aos cinco anos de idade, quando não eram viáveis ainda estes atos sexuais. Assim, devemos considerar a história com as garotas o motivo do medo atual do pai, e não
do medo naquela época. Mas podemos supor que se trata de algo
parecido, ou seja, um desejo sexual inconsciente que corresponde
na psicologia ao ato proibido, como vimos antes. O caráter e valorização morais desse ato são bem mais inconscientes para uma criança do que para um adulto. Para entender o que, outrora, poderia ter
impressionado a criança, precisamos indagar sobre o que aconteceu
*aos cinco anos de idade: foi o ano em que nasceu o irmãozinho mais
novo. Portanto, já naquela época o pai lhe causava medo.* As associações de que falamos acima mostram clara relação entre as inclinações sexuais e o medo.

O problema sexual que a natureza dotou de sensações prazerosas 485
positivas aparece neste sonho revestido de medo, ao que tudo indica,
por causa do pai severo que representa a educação moral. Este sonho
apresenta pela primeira vez uma impressionante manifestação do
problema sexual, evidentemente provocada pelo nascimento recente
do irmãozinho, quando todas estas questões vêm à tona nas crianças.
Mas pelo fato de o problema sexual estar ligado, em toda parte, à história de certa sensação de prazer corporal, que a educação procura
desvalorizar aos olhos das crianças, ele só pode se manifestar aparentemente sob a capa do medo de culpa moral.

486   Por mais plausível que pareça esta explicação, para mim é insuficiente porque é superficial. Deslocamos a dificuldade para a educação moral, na suposição incomprovada de que a educação cause semelhantes neuroses. Isto não quer dizer que pessoas com nenhuma formação moral também não fiquem neuróticas ou sofram de temores doentios. Além disso, a lei moral não é apenas um mal ao qual é preciso resistir, mas uma necessidade que nasce do mais profundo anseio do homem. A lei moral nada mais é do que manifestação exterior do impulso inato do homem de se dominar e se controlar. Este impulso para a domesticação ou civilização se perde nas profundezas insondáveis e nebulosas da história da evolução e, por isso, não pode ser considerado como resultado de certa legislação imposta de fora. Seguindo seus instintos, o próprio homem criou suas leis para si. Portanto, se considerarmos apenas as influências morais da educação, dificilmente entenderemos as razões do medo e repressão de que é alvo o problema sexual na criança. As verdadeiras razões são bem mais profundas: estão na própria natureza da pessoa humana, talvez no seu trágico dilema entre civilização e natureza ou entre sua consciência individual e o sentir coletivo.

487   É claro que teria sido inútil explicar à criança os grandes aspectos filosóficos do problema; não produziria o menor efeito. Para ela, bastava lhe tirar a ideia de que estava fazendo algo errado ao se interessar pela procriação da vida. Na explicação analítica desse complexo, fizemos ver a ela quanto prazer e curiosidade manifestava com referência ao problema da geração e como este seu medo infundado era prazer, só que ao contrário. O caso da masturbação foi tratado com tolerância compreensiva e a conversa se limitou a alertar a criança para a inutilidade de seu proceder, fazendo-a ver que seus atos sexuais eram, em grande parte, satisfação da curiosidade, mas que esta poderia ser satisfeita de maneira bem melhor. O grande medo que sentia do pai correspondia também a uma grande expectativa que, devido ao nascimento do irmãozinho, estava fortemente ligada ao problema da geração. Esta explicação justificou a criança em sua curiosidade. E assim foi removida grande parte de um conflito moral.

488   *Quarta sessão.* Na quarta sessão, a menina pareceu mais amável e confiante. A maneira forçada e artificial desaparecera completamente. Trouxe um sonho que tivera após a última sessão: "*Eu era alta*

Freud e a psicanálise

como a torre da Igreja e podia ver tudo. Aos meus pés havia crianças bem pequenas, do tamanho de flores. Aí veio um policial. Eu lhe disse: 'Se me repreender, vou tirar-lhe a espada e cortar-lhe a cabeça'".

Na análise do sonho, fez a seguinte observação: "Gostaria de ser mais alta do que meu pai, para que tivesse de me obedecer". O policial ela o associou imediatamente a seu pai que era militar e tinha também uma espada. Está evidente que o sonho satisfez seus desejos: como torre de Igreja, era bem mais alta do que seu pai, e, se este ousasse repreendê-la, cortar-lhe-ia a cabeça. O sonho satisfez também seu desejo infantil de ser "alta", isto é, ser adulta e ter seus próprios filhos, pois no sonho brincavam criancinhas a seus pés. Com este sonho ela sobrepuja seu grande medo do pai, donde se espera um grande progresso na liberdade pessoal e na segurança do sentimento. — 489

Teoricamente, podemos apontar este sonho como exemplo típico do sentido compensador e da função teleológica dos sonhos. Um sonho desses não pode deixar de trazer um certo sentimento de maior autoconsciência, o que é de grande importância para o bem-estar pessoal. Pouco importa que o simbolismo não fosse reconhecido pela consciência da criança, pois não há necessidade de conhecimento consciente para extrair dos símbolos os efeitos emocionais correspondentes. Trata-se, aqui, de um saber devido a pressentimentos que, por exemplo, garantiu desde sempre a eficácia dos símbolos religiosos; estes, para ampliar seu campo de ação, não exigem nenhum saber consciente, mas influem nas almas dos fiéis através da sensação do pressentimento. — 490

Quinta sessão. Na quinta sessão, a menina contou o sonho que tivera neste meio-tempo: "*Eu estava, com toda a minha família, em cima do telhado. As janelas das casas e o outro lado do vale brilhavam como se estivessem em fogo. O sol que despontava se refletia nisso. De repente vi que uma casa, na esquina de nossa rua, estava realmente em chamas. O fogo se aproximava e atingiu nossa casa. Corri para a rua. Minha mãe atirava tudo o que era possível para mim. Estendi o avental e ela atirou, além de outras coisas, uma boneca. Vi que, na casa, as pedras queimavam, mas o madeirame permanecia intacto*". — 491

A análise desse sonho esbarrou em dificuldades especiais. Prolongou-se, por isso, por duas sessões. Levaria muito tempo para descrever todo o material que este sonho revelou; devo me restringir ao — 492 necessário. As associações decisivas sobre o sentido do sonho começam com a estranha figura em que, na casa, queimam as pedras e não o madeiramento. Em certos casos, sobretudo em sonhos mais longos, vale a pena extrair as partes mais notáveis e analisá-las em primeiro lugar. Este procedimento não é exemplar, mas pode ser desculpado pela necessidade prática da abreviação.

493   "Era maravilhoso, como num conto de fadas", disse a pequena paciente a respeito desse trecho do sonho. Mostramos em seguida a ela que contos de fadas são sempre muito significativos. Respondeu: "Mas nem todos os contos de fadas têm sentido, como, por exemplo, o da *Bela Adormecida*. O que pode significar isso?" A explicação foi dada nestes termos: a Bela Adormecida tem que dormir durante cem anos o sono enfeitiçado até ser libertada. Somente aquele que superou, com amor, todas as dificuldades e ultrapassou, com astúcia, a sebe de espinhos, pôde libertá-la. Da mesma forma, devemos, às vezes, esperar muito tempo para alcançar o que desejamos.

494   Esta explicação satisfez, por um lado, a compreensão da criança e, por outro, está em perfeita consonância com o argumento desse conto de fadas. A Bela Adormecida tem relação explícita com um mito muito antigo de primavera e fertilidade e contém, ao mesmo tempo, um problema que tem estreita afinidade com a situação psicológica de uma menina de onze anos, algo precoce. O argumento da Bela Adormecida pertence a todo um ciclo de legendas em que uma virgem, guardada por um dragão, é libertada por um herói. Sem querer entrar na interpretação desse mito, apresento seus componentes astronômicos ou meteorológicos que aparecem claramente no mito de "*Edda*": a terra, como virgem, é presa pelo inverno e por ele coberta de gelo e neve. O jovem sol primaveril, qual herói fogoso, liberta-a da prisão do frio invernal onde esperou por longo tempo seu libertador.

495   A associação que a menina apresentou foi escolhida por ela apenas como exemplo de um conto de fadas sem sentido e não como associação direta à imagem do sonho da casa em chamas. Sobre esta parte, ela apenas observou: "era maravilhoso, como num conto de fadas" e queria dizer "impossível"; pedras queimando era algo impossível, absurdo e próprio de contos de fadas. A explicação dada lhe mostrou que "impossível" e "próprio de conto de fadas" só eram par-

Freud e a psicanálise   221

cialmente idênticos, uma vez que contos de fadas têm muito signifi-cado. Ainda que este exemplo de conto de fadas nada pareça a ter de imediato com o sonho, merece atenção especial porque apareceu, como por encanto, enquanto o sonho era analisado. O inconsciente preparou exatamente este exemplo que não pode ser mero acaso, mas é característico da situação momentânea. Na análise de um so-nho temos que prestar atenção para essas casualidades aparentes, pois também na psicologia não existem acasos cegos, apesar de estar-mos sempre inclinados a admitir que foi puro acaso. Esta objeção po-demos ouvi-la de nossos críticos tantas vezes quantas quisermos. Mas para a pessoa de espírito realmente científico só existem relações cau-sais e não acasos. Do fato de a menina ter escolhido como exemplo exatamente a Bela Adormecida devemos concluir que isto tem um fundamento relevante na psicologia da criança. Este fundamento chama-se *comparação ou identificação parcial com a Bela Adormeci-da*, isto é, existe na psique da criança um complexo que encontra sua expressão no motivo da Bela Adormecida. A explicação dada à crian-ça levou em consideração esta conclusão.

Contudo, ela não fica totalmente satisfeita e ainda duvida que os contos de fadas tenham algum significado. Outro exemplo de conto de fadas incompreensível é apresentado pela pequena paciente: *Bran-ca de Neve*, encerrada num caixão de vidro, em seu sono de morte. É fácil perceber que Branca de Neve pertence ao mesmo ciclo de mitos que a Bela Adormecida. Branca de Neve no caixão de vidro contém indícios ainda mais claros do mito das estações. O material mítico es-colhido pela criança aponta para uma comparação intuitiva com a terra, ainda presa pelo frio invernal que espera ansiosa pelo sol pri-maveril libertador. 496

Este segundo exemplo confirma o primeiro e a explicação já dada. Não é provável que o segundo exemplo, que reafirma o sentido do pri-meiro, tenha sido sugerido pela explicação dada. O simples fato de Branca de Neve ter sido trazida como outro exemplo de conto de fa-das sem sentido mostra que a criança desconhecia a identidade de Branca de Neve e a Bela Adormecida. Isto nos permite supor que tam-bém Branca de Neve proveio da mesma fonte desconhecida que a Bela Adormecida, ou seja, de um complexo que aguarda acontecimentos futuros. Estes acontecimentos podem ser comparados com a liberta-ção da terra da prisão invernal e sua fertilização pelos raios do sol pri- 497 maveril. Já em épocas remotas o símbolo do sol primaveril fecundo era um touro, animal que encarnava a força genésica mais poderosa. Mas, uma vez que não podemos, sem mais, constatar a conexão entre os conhecimentos que adquirimos mais indiretamente e o sonho, vamos reter o que conseguimos e prosseguir na análise do sonho.

498   A imagem do sonho a seguir é a da pequena aparando no avental a boneca. Sua associação mais imediata nos informa que sua atitude e toda a situação do sonho correspondem a uma imagem familiar a ela. Mostra uma cegonha sobrevoando uma aldeia; embaixo estão meninas que abrem seus aventais e gritam para que lhes traga uma criancinha. Ao que a paciente acrescenta que ela, de há muito, gostaria de ter um irmãozinho ou irmãzinha. Esse material que ela trouxe espontaneamente está agora em conexão bem evidente com os motivos míticos de que falamos acima. Vemos que se trata realmente, também no sonho, do problema do instinto procriativo que está despertando. Naturalmente, nada dissemos à menina sobre essas conexões.

499   Após uma pausa, veio-me abruptamente a seguinte associação: quando tinha 5 anos, deitou-se certa vez na estrada e um ciclista passou por cima de seu baixo ventre. Esta história altamente inverossímil se revelou, como era de se esperar, mera fantasia que se transformou em paramnésia. Nada disso jamais aconteceu, mas soubemos que as meninas, na escola, *deitavam-se transversalmente umas sobre as barrigas das outras e faziam movimentos com as pernas*.

500   Quem leu as análises infantis que Freud e eu[38] publicamos, há de reconhecer nesse jogo infantil o mesmo *motivo básico do mexer as pernas* a que, no contexto da situação em geral, deve-se atribuir uma tendência sexual oculta. Esta nossa posição, comprovada por nossos trabalhos anteriores, coincide com a associação que a paciente manifesta a seguir: "Gostaria muito mais de ter uma criança viva do que uma boneca".

501   Este material peculiar, trazido pela criança a partir da fantasia da cegonha, sugere os princípios típicos de uma teoria da sexualidade infantil e, ao mesmo tempo, revela o lugar onde se fixa atualmente a fantasia da menina.

---

38. Cf. *Über Konflikte der kindlichen Seele* [OC, 17].

Freud e a psicanálise · 223

É interessante saber que o motivo do *pisar ou mexer as pernas*   502
também se encontra na mitologia. Reuni as provas disso em meu livro
sobre a libido. O uso dessas fantasias infantis no sonho, a paramnésia
com o ciclista e a tensão da espera que se revela no motivo da Bela
Adormecida mostram que o interesse íntimo da criança está em certos
problemas que precisam ser solucionados. Provavelmente porque a libido foi atraída pelo problema de geração é que a atenção na escola foi
relaxada, e o aproveitamento se tornou pior. Num trabalho que publi-
quei em *Zentralblatt für Psychoanalyse*, com o título *Uma contribuição à psicologia do boato*[39], demonstrei, com um caso concreto, o
quanto esse problema fascina as meninas de doze e treze anos. O fascí-
nio desse problema é a causa de todo tipo de mexericos indecentes entre as crianças, mas que visam também ao esclarecimento mútuo, e que
naturalmente nada têm de belo, acabando por deturpar, muitas vezes,
a fantasia das crianças. Nem o maior cuidado pode evitar que um dia a
criança descubra o grande segredo e, provavelmente, o será de forma
mais suja. Seria melhor que as crianças aprendessem certos segredos
importantes da vida de forma limpa e a tempo; assim não precisariam
ser esclarecidas, daquela maneira suja, pelos colegas.

Esses e outros indícios nos alertaram de que o momento era pro-   503
pício para um esclarecimento sexual adequado. A menina prestou
muita atenção nas palavras que lhe dirigi sobre o assunto e, então, fez
a pergunta que a afligia: Quer dizer que não posso realmente ter um
filho? Esta pergunta exigiu uma resposta sobre a maturidade sexual.

Oitava sessão. A oitava sessão ela a abriu dizendo haver percebi-   504
do claramente que não poderia ter filhos já agora. Havia, pois, abandonado completamente esta ideia. No entanto, ela não me estava cau-
sando boa impressão. Descobri que ela havia mentido para o professor. Chegara tarde à escola e dissera ao professor que fora obrigada a
acompanhar o pai a um lugar qualquer e, por isso, atrasara-se. De
fato, a preguiça a impediu de se levantar a tempo. Mentiu para não
perder as boas graças do professor. A derrota moral sofrida por nossa
paciente exige uma explicação. Segundo os princípios da psicanálise,

---

39. Dissertação IV deste volume.

esta fraqueza estranha e repentina só pode acontecer quando o analisando não tira as conclusões pertinentes àquele momento da análise, mas mantém o espírito aberto a várias outras possibilidades. Isto quer dizer que, no nosso caso, a psicanálise parece ter trazido a libido até a superfície de modo que poderia ter ocorrido um progresso da personalidade, mas por uma razão qualquer não aconteceu a adaptação e a libido recuou para seu caminho de regressão anterior.

505   *Nona sessão*. A nona sessão mostrou que este fora o caso. A paciente reteve para si importante fato em seu esclarecimento sexual que desmentia a explicação psicanalítica sobre o conceito de maturidade sexual: calou o fato de que na escola havia um boato segundo o qual *uma garota de 11 anos tivera um filho de um garoto da mesma idade.* Provou-se que o boato não tinha fundamento e que era apenas fantasia correspondente a um desejo dessa idade. Boatos geralmente começam assim, conforme tentei mostrar em meu estudo de caso, acima referido: *Psicologia do boato*. Servem para dar azo às fantasias inconscientes e, nesta função, fazem as vezes tanto do sonho quanto do mito. Este boato mantém outro caminho livre: ela não precisa esperar; com 11 anos já se tem um filho. A oposição entre boatos aceitos como verdadeiros e a explicação analítica gera resistências contra esta, de forma a ser imediatamente desacreditada. Com ela caem todas as outras constatações e informações, e surge um estado momentâneo de dúvida e incerteza; o que significa que a libido volta a dominar seu caminho anterior, torna-se regressiva. Este é o momento de reincidência.

506   *Décima sessão*. Na décima sessão se manifestaram detalhes importantes na história de seu problema sexual. A princípio, temos um fragmento muito importante de seu sonho: "*Encontrava-me, com outras pessoas, numa clareira de floresta, circundada por belos abetos. Começou a chover, relampejar e trovejar; em pouco tempo estava escuro. De repente vi, no alto, uma cegonha*".

507   Antes de iniciar a análise desse sonho, não posso deixar de apontar para o lindo paralelo com certas representações mitológicas. Para quem conhece os trabalhos[40] de Adalbert Kuhn e Steinthal, aos quais

---

40. Cf. *Wandlungen und Symbole der Libido*. Op. cit. [anotação].

se referiu recentemente Abraham, não causa espécie a incrível combinação de tempestade e cegonha. A tempestade, desde tempos remotos, significa o ato fecundador da terra, o acasalamento do pai céu com a mãe terra, onde o raio assume o papel do falo alado, isto é, da cegonha, cujo significado psicossexual qualquer criança conhece. O sentido psicossexual da tempestade não é conhecido por todos e, certamente, não por nossa pequena paciente. Em vista de toda a constelação psicológica descrita acima, deve-se atribuir, sem dúvida, sentido psicossexual à cegonha. Parece difícil aceitar, em princípio, que a tempestade esteja ligada com a cegonha e que também tenha um significado psicossexual. Mas, se lembrarmos que a experimentação psicanalítica já descobriu um grande número de conexões puramente mitológicas nos produtos psíquicos inconscientes, podemos concluir que, também neste caso, a conexão psicossexual não está ausente. Sabemos de outras experiências que os estratos inconscientes que já produziram alguma vez imagens mitológicas ainda estão ativos no homem moderno e continuam sua produção. Só que a produção fica restrita aos sonhos e à sintomatologia das neuroses e psicoses, já que a *correção da realidade* é tão forte no espírito moderno que impede sua projeção sobre o real.

Voltemos à análise do sonho: a associação que nos levou ao cerne da imagem do sonho surgiu da ideia da *chuva durante a tempestade*. Textualmente: "Pensava em água – meu tio morreu afogado na água – é horrível ficar debaixo da água, no escuro – mas a criança precisa também se afogar na água? Ela bebe a água que está na barriga da mãe? Engraçado: quando eu estava doente, minha mãe mandou a água ao médico. Achei que ele misturaria nela algo como xarope, do qual nasceriam as crianças, e que minha mãe deveria beber". 508

Vemos, com absoluta clareza, nesta série de associações, que a criança liga ideias psicossexuais e até mesmo de fertilização com a chuva durante a tempestade. 509

Vemos, também aqui, o paralelismo impressionante entre a mitologia e as fantasias do homem moderno. A série de associações é tão rica em conexões simbólicas que permitiria uma dissertação inteira. O simbolismo do afogamento foi brilhantemente interpretado pela própria criança como fantasia de gravidez – o que já foi descrito, de há muito, pela literatura psicanalítica. 510

511 Na *décima primeira sessão*, a criança narrou espontaneamente as teorias infantis sobre fertilização e nascimento. Pensava que o pai colocava sua urina na barriga da mãe e, assim, nascia o embrião. Ficava, portanto, a criança desde o começo na água, isto é, na urina. Outra versão era que a urina era bebida juntamente com o xarope receitado pelo médico; formava-se, então, a criança na cabeça; abria-se depois a cabeça para ajudar ao crescimento da criança; usava-se chapéu para esconder o feto. Fez uma espécie de desenho para ilustrar um nascimento pela cabeça. Esta ideia é arcaica e bem mitológica. Basta lembrar o nascimento de Palas Atená, que saiu da cabeça do pai. Também é mitológico o sentido fertilizador da urina; encontramos prova disso nas canções Rudra dos *Rigveda*[41]. Gostaria de lembrar um fato que aconteceu com a paciente e que foi corroborado pela mãe: bem antes da análise, a menina contou que vira, certa vez, um boneco dançando em cima da cabeça de seu irmão, à semelhança das caixas de surpresa. Esta fantasia provavelmente deu origem à teoria do nascimento pela cabeça.

512 O desenho da paciente tinha grande afinidade com certas criações típicas que encontramos entre os Batak, da Sumatra. São uma espécie de bastões mágicos ou colunas de antepassados que consistem de figuras sobrepostas. A explicação, considerada absurda, que os próprios Batak dão de seus bastões mágicos está em perfeita consonância com a mentalidade da criança enredada nos laços infantis. Dizem que as figuras sobrepostas são membros de uma família que, devido a seu proceder incestuoso, foram enlaçados por uma cobra e por outra mordidos até a morte. Esta explicação anda paralela com as fantasias de nossa paciente: conforme vimos no primeiro sonho, também suas fantasias sexuais giram em torno do pai. Como entre os Batak, a condição é a relação incestuosa.

513 Uma terceira versão foi a teoria do crescimento da criança no tubo digestivo. Esta versão tem uma fenomenologia sintomática característica, totalmente de acordo com a teoria freudiana. Seguindo sua fantasia, de que as crianças nasciam do vômito, a menina tentou muitas vezes provocar em si mesma náuseas e vômitos. No banheiro

---

41. Cf. *Wandlungen und Symbole der Libido*. Op. cit., p. 213.

Freud e a psicanálise   227

fazia pressões sobre o corpo para ver se saía uma criança. Isto posto, não é de admirar que os primeiros e principais sintomas, na neurose manifesta, fossem os de náusea.

Já levamos a análise deste caso tão longe que podemos, agora, dar uma visão geral. Descobrimos que atrás dos sintomas neuróticos há processos emocionais complicados que estão em evidente conexão com os sintomas. Se ousarmos tirar conclusões gerais com base neste material limitado, podemos reconstruir o curso da neurose mais ou menos assim: 514

A lenta aproximação da puberdade deu à libido da criança uma orientação mais emocional do que objetiva perante a realidade. Ela começou a se apaixonar pelo professor e o prazer sentimental proveniente das fantasias amorosas teve papel mais importante do que o pensamento de que este amor *exigia maiores esforços*. Por isso, a atenção diminuiu e o rendimento também. E o bom relacionamento com o amado professor entrou em crise. Ele ficou impaciente e a menina que se tornou exigente, devido a certas condições familiares, ficou ressentida em vez de melhorar o desempenho. A libido da criança foi se afastando do professor e do trabalho e descambou para a dependência compulsiva daquele rapaz pobre que se aproveitou ao máximo da situação. Se o indivíduo permitir, consciente ou inconscientemente, que a libido fuja de um trabalho necessário, essa libido não utilizada (também chamada "reprimida") provoca todo tipo de acidentes internos e externos, ou seja, sintomas os mais diversos que assaltam o indivíduo de forma dolorosa. Nessas condições, a resistência contra a frequência à escola aproveitou a primeira oportunidade que se apresentou: o caso da menina que foi mandada para casa porque se sentiu mal. A pequena paciente imitou a situação.   515

Uma vez fora da escola, o caminho de suas fantasias estava aberto. Pela regressão da libido, foram ativadas aquelas fantasias geradoras de sintomas que adquiriram uma influência como nunca, pois jamais desempenharam um papel tão importante como agora. Passaram a assumir um conteúdo significativo e parece mesmo que são responsáveis pelo fato de a libido ter regredido até elas. Podemos dizer que a criança, devido a seu caráter essencialmente fantasioso, via no professor a figura do pai e, por isso, desenvolveu resistências incestuosas contra ele. Conforme já expliquei acima, acho mais simples e provável a hipó-   516 tese de que para ela era conveniente ver, temporariamente, no professor, o pai. E uma vez que preferia acudir aos secretos impulsos da puberdade, ao invés das obrigações da escola e do professor, deixou que sua libido se fixasse no rapaz, com referência ao qual ela fez certas promessas a si mesma e que a análise acabou descobrindo. Mas, ainda que a análise tivesse demonstrado que ela tinha resistências incestuosas contra o professor, devido à transferência da imagem paterna, essas resistências nada mais teriam sido do que fantasias exageradas de segundo plano. O primeiro motor foi a comodidade, ou, dito em linguagem científica, o *princípio do menor esforço*.

517 Creio ter boas razões para dizer – e digo-o apenas de passagem – que nem sempre é o legítimo interesse nos processos sexuais e em sua natureza desconhecida que permitem a regressão para as fantasias infantis. Encontramos também em adultos, que conhecem tudo sobre a sexualidade, as mesmas fantasias regressivas, sem que haja fundamento legítimo para isso. Tive, muitas vezes, a impressão de que os jovens procuram manter sua pretensa ignorância na análise – apesar de estarem esclarecidos – visando chamar a atenção para este fato e não para a tarefa da adaptação. Ainda que me pareça inegável que certas crianças aproveitam de sua ignorância real ou aparente, é preciso acentuar, por outro lado, que os jovens têm direito ao esclarecimento sexual. E seria de grande proveito para muitas crianças se recebessem este esclarecimento, de forma respeitosa e decente, no lar, ao invés de recebê-lo, de maneira debochada, junto aos colegas de escola.

518 Ficou demonstrado, através da análise, que, independentemente do desenvolvimento progressivo da vida da criança, teve lugar um movimento regressivo que causou a neurose, a desunião consigo mesma. À medida que a análise foi se adaptando à tendência regressiva, descobriu a presença de uma curiosidade sexual típica e que se preocupava com problemas bem determinados. A libido, presa nesse labirinto de fantasias, tornou-se novamente útil assim que liberta, através do esclarecimento, do peso das fantasias errôneas e infantis. Com isso, abriram-se os olhos da criança para seu posicionamento diante da realidade e para suas reais potencialidades. O resultado não se fez esperar: a menina pôde assumir uma posição crítico-objetiva diante de seus desejos imaturos de adolescente e renunciar ao impossível, usando sua libido em coisas possíveis, a saber, no trabalho e na

obtenção das boas graças do professor. A análise produziu, neste caso, não apenas uma grande paz, mas também um inaudito progresso intelectual na escola, levando a criança a ser a melhor aluna da classe, fato confirmado pelo professor.

Em princípio, esta análise não difere muito da análise de um 519 adulto. Exceto o esclarecimento sexual, em lugar do qual teríamos algo bem semelhante: o esclarecimento sobre o infantilismo de sua atitude anterior perante a realidade e como adquirir uma atitude mais racional. A análise é uma refinada técnica da maiêutica socrática e não teme trilhar os caminhos mais obscuros da fantasia neurótica.

Com este exemplo bem resumido, presumo ter-lhes dado uma 520 visão não apenas do andamento concreto de um tratamento e das dificuldades técnicas, mas também da beleza da alma humana e de seus inúmeros problemas. Usei, de propósito, certos paralelos com a mitologia para mostrar-lhes como podem servir numa consideração psicanalítica. Gostaria de chamar a atenção para o emprego ulterior dessa descoberta: a predominância de elementos mitológicos na psique da criança nos dá uma indicação da gradual evolução do espírito da pessoa que se liberta do "espírito coletivo" da primeira infância, o que deu azo à antiga teoria de um estado de saber perfeito anterior e posterior à existência do indivíduo.

As referências ao mitológico que encontramos nas crianças tam- 521 bém as encontramos na *dementia praecox* e no sonho. Isto é um campo vasto e fértil para estudos psicológicos comparativos. O objetivo longínquo a que levam estes estudos é uma *filogenia do espírito* que, à semelhança da formação do corpo, só atingiu sua forma atual após inúmeras transformações. O que ainda hoje possui como órgãos de certa forma rudimentares, encontramo-lo em plena atividade em outras variantes mentais e em certos estados patológicos.

Com esta explanação, cheguei ao ponto em que se encontra nos- 522 sa pesquisa e expus, ao menos, aqueles conhecimentos e hipóteses de trabalho que caracterizam meu trabalho atual e para o futuro. Esforcei-me por apresentar certos pontos de vista que divergem das hipóteses de Freud, não para contradizê-las, mas para ilustrar o desenvolvimento orgânico das ideias que ele introduziu nesta ciência. Não se trata de perturbar o desenvolvimento da ciência adotando um ponto de vista o mais contraditório possível e usando uma nomenclatura totalmente diferente – isto é privilégio de uns poucos; mas também eles se veem obrigados, após certo tempo, a descer de seu trono isolado e se associar ao lento progresso da experiência média e da avaliação. Espero que os críticos não digam novamente que tirei minhas hipóteses do ar. Jamais ousaria passar por cima das hipóteses já existentes se não fossem as centenas de experiências a me indicar que meus pontos de vista se confirmam na práxis. Não podemos colocar esperanças grandes demais no resultado de um trabalho científico; mas se encontrar um círculo de leitores, presumo que sirva para esclarecer vários mal-entendidos e para remover um número de obstáculos que se colocam no caminho da compreensão da psicanálise. Evidentemente, meu trabalho não pode substituir a falta de experiência psicanalítica. Quem quiser participar do debate psicanalítico tem que estudar profundamente seus casos, antes e depois, como se faz na escola psicanalítica.

X

Aspectos gerais da psicanálise[*]

A psicanálise é hoje uma ciência e uma técnica. A partir dos resultados da técnica, desenvolveu-se, no decorrer dos anos, uma nova ciência psicológica que poderíamos chamar "psicologia analítica". Gostaria de usar a expressão de Bleuler, "psicologia profunda", se este tipo de psicologia só se referisse ao inconsciente.

Este ramo específico da psicologia ainda é bastante desconhecido do grande público ligado à psicologia e medicina, pois que desconhece também os fundamentos técnicos. Isto se deve, em boa parte, ao fato de ser este novo método de natureza essencialmente psicológica e, portanto, não pertence ao campo da medicina e nem da filosofia. O médico possui normalmente conhecimento psicológico limitado e o filósofo nada entende de medicina. Falta, pois, solo propício para plantar a ideia do novo método. Além disso, o próprio método parece a muitos tão arbitrário que não conseguem conciliá-lo com sua consciência científica. As formulações de Freud, o fundador desse método, privilegiam demasiadamente o *momento sexual*; isso trouxe preconceitos e afastou muitos cientistas. Nem preciso dizer que semelhante antipatia não é fundamento racional para rejeitar um novo método. Temos, na psicanálise, muita casuística e formulações casuísticas, mas pouca discussão de princípios. Também esta falta colaborou para que o método fosse pouco conhecido e, por isso, considerado não cientí-

---

[*] Conferência pronunciada em inglês na Sociedade Psicomédica, em Londres, a 5 de agosto de 1913. Publicada pela primeira vez sob o título *Psycho-Analysis*. *Transactions of the Psycho-Medical Society*, 1913. Cockermouth [nova edição, em *Collected Papers on Analytical Psychology* (Londres, 1916 e 1917/Nova York, 1920)].

fico. Quem não reconhece a cientificidade do método também não pode reconhecer o caráter científico de seus resultados.

525 Antes de abordar os princípios do método psicanalítico, preciso falar de dois preconceitos bem usuais. O primeiro: a psicanálise nada mais é do que uma *anamnese* algo complicada e profunda. A anamnese se baseia na informação dos familiares e nas respostas que o paciente dá ao ser interrogado. O psicanalista faz naturalmente sua anamnese de forma tão cuidadosa quanto qualquer outro especialista. Mas isto não é análise, e sim apenas anamnese. A análise é uma redução dos conteúdos atuais da consciência, de natureza por assim dizer fortuita, a seus determinantes psicológicos. Mas isto nada tem a ver com a reconstrução anamnética da história da doença.

526 O segundo preconceito que, via de regra, baseia-se num conhecimento superficial da literatura psicanalítica, afirma que a psicanálise é um *método de sugestão* através do qual se inculca no paciente uma espécie de sistema de aprendizagem que produzirá curas, a exemplo da *Mental Healing* e *Christian Science*. Muitos psicanalistas que de há muito vêm lidando com a psicanálise empregaram antigamente a terapia da sugestão e sabem, portanto, muito bem o que é sugestão e o que não é. Sabem que o método de trabalho do psicanalista está em oposição direta ao do hipnotizador. Ao contrário da terapia sugestiva, o psicanalista se esforça para não impor ao paciente aquilo que ele não vê ou percebe como evidente. O psicanalista luta sempre contra o desejo do neurótico de receber sugestões e conselhos; procura tirá-lo desse papel passivo, fazer que use seu juízo e senso crítico e torná-lo apto a levar uma vida autônoma. Muitas vezes já se disse que foram impostas ao paciente interpretações e que estas eram de caráter arbitrário. Gostaria que esses críticos tentassem impor interpretações arbitrárias a meus pacientes que muitas vezes são pessoas de grande inteligência e cultura e até mesmo colegas de profissão. Saltaria aos olhos a irresponsabilidade de semelhante procedimento. Na psicanálise dependemos do paciente e de sua força julgadora já que a essência da análise consiste em levá-lo ao conhecimento de si mesmo. Os princípios da psicanálise são totalmente diferentes dos princípios da terapia da sugestão; e nisto esses métodos não podem ser comparados.

Já se tentou comparar a análise com o método de raciocínio de Dubois[1] que é um processo essencialmente racional. Mas esta comparação não é válida, pois o psicanalista evita argumentar com o paciente. Deve naturalmente ouvir e anotar os conflitos conscientes e os problemas do paciente, mas não para satisfazer seus desejos e lhe dar sugestões e conselhos. A análise não resolve os problemas de um neurótico por conselhos e raciocínio consciente. Não duvido que um bom conselho em hora certa possa fazer muito bem. Mas não sei donde vem a ideia de que o psicanalista sempre pode dar o conselho certo no momento exato. Muitas vezes, ou quase sempre, o conflito neurótico é de tal ordem que é impossível dar um conselho. É sabido que os pacientes desejam um conselho autoritativo para se livrarem da responsabilidade e poderem se justificar diante de si e dos outros, invocando o conselho da autoridade. No que diz respeito à racionalização e persuasão como terapias, sua eficácia é tão confiável quanto a da hipnose. O que desejo acentuar é que há uma diferença, em princípio, entre essas terapias e a psicanálise.

Em oposição a todos os métodos anteriores, a psicanálise procura superar as perturbações da psique neurótica a partir do inconsciente e não do consciente. Para isto temos que contar naturalmente com os conteúdos conscientes do paciente, pois só é possível atingir o inconsciente dessa forma. Os conteúdos conscientes pelos quais começa nosso trabalho são inicialmente os materiais fornecidos pela anamnese. Em muitos casos esses materiais fornecem os tão desejados pontos de referência que esclarecem o paciente sobre a origem psicógena de seus sintomas. Este trabalho só é necessário quando o paciente está convencido de que sua neurose tem origem orgânica. Mas também nos casos em que o paciente tem absoluta certeza de que seu sofrimento é de natureza psíquica, um olhar crítico na anamnese só pode ser proveitoso, pois isto lhe desvenda um contexto psicológico do qual não tinha conhecimento. Frequentes vezes são trazidos à luz problemas que precisam de uma discussão especial. Este trabalho pode durar várias sessões. Finalmente, a elucidação do material consciente chega a um ponto tal que nem o paciente nem o médico podem trazer

---

1. Cf. § 41, nota 6, deste volume.

algo decisivo. No melhor dos casos, termina-se com a formulação do problema que se mostra quase sempre insolúvel.

529 Como exemplo, tomemos o caso de um homem saudável, mas que entre os 35 e 40 anos veio a sofrer de neurose. Sua situação de vida estava garantida e tinha mulher e filhos. Juntamente com a neurose, desenvolveu-se uma forte resistência contra o trabalho profissional. Disse que os primeiros sintomas neuróticos se fizeram sentir quando teve que vencer determinada dificuldade em sua vida profissional. Depois seu estado foi piorando sempre que enfrentava dificuldades semelhantes. Havia melhoras passageiras da neurose sempre que ocorriam casos especiais de sorte em sua vida profissional. A discussão crítica da anamnese revelou o seguinte problema: o paciente sabe que poderia abandonar seu trabalho profissional, conseguindo aquela satisfação que acarretaria a desejada melhora de sua neurose. O que não consegue é melhorar sua produtividade porque as resistências contra o trabalho o impedem. Este problema é, racionalmente, insolúvel. Por isso o tratamento psicanalítico tem que começar pelo ponto crítico, isto é, pelas resistências contra o trabalho.

530 Tomemos outro exemplo: uma senhora com mais de 40 anos, casada, mãe de quatro filhos, adoece, há quatro anos, por causa da morte de um filho seu. Uma nova gravidez, com o nascimento de outro filho, trouxe grande melhora da neurose. Ela raciocina: se pudesse ter mais outro filho, melhoraria ainda mais. Sabe, porém, que não pode ter outro filho. Procura então empregar sua energia em causas filantrópicas, mas não encontra a menor satisfação. Percebeu que experimentava alívio em suas aflições quando conseguia dedicar vivo interesse a alguma coisa. Mas sentia-se totalmente incapaz de descobrir algo que lhe trouxesse satisfação duradoura e vivo interesse. É evidente a insolubilidade racional desse problema. O trabalho psicanalítico deve começar pela questão: O que impede a paciente de levar seus interesses para além da criança?

531 Não pretendemos conhecer de antemão a resposta a esses problemas e por isso devemos confiar nas linhas-mestras que a individualidade do paciente nos fornece. Para encontrar essas linhas-mestras não basta um interrogatório consciente do paciente, nem um aconselhamento de tipo racionalista, pois os obstáculos que nos impedem encontrá-las são ocultos à consciência. Não existe um caminho esquemático prévio

Freud e a psicanálise 235

para chegar aos obstáculos inconscientes. A única regra que a psicanálise coloca neste caso é: deixar o paciente falar sobre o assunto que ele quiser. Tudo que o paciente disser, o analista tem que ouvir atentamente e simplesmente anotar, sem impingir a ele sua própria opinião. Observamos, por exemplo, que o paciente do primeiro caso começou a falar de seu casamento que, supúnhamos, fosse um casamento bem-sucedido. Ouvimos que o paciente tem grande dificuldade com o caráter de sua mulher e não consegue entendê-la. Esta revelação leva o analista a comentar que o trabalho profissional não é o único problema, mas que também o relacionamento com a esposa precisa de uma revisão. A este comentário se segue uma rica cadeia de associações do paciente, toda ela ligada a seu casamento. Há associações sobre histórias de amor, anteriores ao seu casamento. Essas vivências, contadas em detalhes, deixam transparecer que o paciente sempre foi um pouco estranho em suas relações mais íntimas e quase sempre no sentido de certo egoísmo infantil. Esta observação é nova e surpreendente para ele, e explica vários fracassos que teve com mulheres.

Nem todos os casos permitem levar tão longe o princípio do simples deixar falar. Muitos pacientes já não se lembram de seu material psíquico. Outros têm uma resistência positiva contra o falar abertamente: alguns, porque o que lhes ocorre é, em primeiro lugar, muito doloroso para ser dito sem mais ao médico, cuja responsabilidade talvez desconfiem; outros, porque aparentemente nada se lhes ocorre e, portanto, forçam-se a falar sobre coisas que lhes são mais ou menos indiferentes. Esta última situação – falar sem nada dizer – não significa que o paciente esteja *conscientemente* escondendo certos conteúdos dolorosos, mas pode ser algo inconsciente. Em tais casos pode ser útil a recomendação de que o paciente não force uma situação, mas que manifeste as primeiras ideias que lhe ocorrem, por mais insignificantes ou descabidas que pareçam. Em certos casos, nem esta recomendação produz efeito. E, então, o analista é obrigado a utilizar certos recursos. Um deles é o experimento de associações que normalmente consegue informações válidas sobre as principais tendências do indivíduo naquele momento. Sobre este experimento, muito já foi falado e escrito de forma que me abstenho de repisar o tema.

Um segundo recurso que é, na verdade, o instrumento próprio da psicanálise, é a análise dos sonhos. Já presenciamos tanta oposição

532

533

à análise dos sonhos que uma breve explicação de seus princípios não será supérflua. A interpretação e significado dos sonhos têm evidente má fama. Não faz muito tempo que se praticava a oniromancia e nela se acreditava; também não faz muito tempo que pessoas mais ou menos esclarecidas viviam sob o encanto da superstição. É compreensível, pois, que nossa época tenha certo pavor da superstição que foi superada apenas em parte. Esta resistência medrosa contra a superstição motivou boa parte da oposição contra a análise dos sonhos, mas a psicanálise não tem nada a ver com isso. Escolhemos o sonho como objeto não porque lhe devotemos uma admiração supersticiosa, mas porque é um produto psíquico independente da consciência. Procuramos no paciente associações livres, mas pouco ou nada encontramos, ou apenas algo forçado e indiferente. O sonho é uma associação livre, uma fantasia solta; não é forçado e é um fenômeno psíquico tanto quanto a associação[2].

534   Não posso ocultar que, na prática, sobretudo no início de uma análise, não conseguimos realizar uma análise completa dos sonhos sob todos os pontos de vista. Normalmente vamos juntando as associações oníricas até que o problema que o paciente está escondendo de nós se torne tão claro que possa ser reconhecido por ele mesmo. Então esse problema é submetido a uma elaboração consciente até se chegar à conclusão de que estamos novamente diante de uma questão irrespondível.

535   Os senhores perguntarão: O que fazer quando o paciente não sonha absolutamente nada? Posso lhes garantir que todos os pacientes, mesmo os que dizem nunca ter sonhado antes, começam a sonhar quando passam pela análise. Por outro lado, acontece também que pacientes que sonhavam bastante, de repente não são capazes de se lembrar de seus sonhos. Adotei a norma empírica e prática de que o paciente que não sonha tem bastante material consciente que ele está escondendo por alguma razão. Uma delas, a mais comum, é: "Estou nas mãos do analista e estou disposto a ser tratado. Mas é ele que deve fazer o trabalho; vou ficar passivo". Às vezes a razão é de natureza mais séria, como, por exemplo, pacientes que não conseguem

---

2. A parte que se segue no original é idêntica à dos § 324-331, deste volume.

Freud e a psicanálise

reconhecer em si mesmos certos aspectos morais duvidosos, projetam seus erros sobre o analista e concluem calmamente que ele é fraco do ponto de vista moral e, portanto, não podem lhe contar certas coisas desagradáveis.

Quando o paciente não sonha desde o começo ou para de sonhar, então há algum material escondido que é passível de uma elaboração consciente. Neste caso, o relacionamento pessoal entre analista e paciente deve ser considerado como o obstáculo mais importante. Ele pode impedir a ambos, paciente e analista, de ver com clareza a situação. Não se pode esquecer que concomitantemente com o interesse que o analista deve demonstrar em penetrar na psicologia do paciente, este, por sua vez, se for uma pessoa de espírito ativo, procurará sentir a psicologia do analista e se posicionará assim perante ele. Na medida em que o analista não vê a si mesmo e seus problemas inconscientes, também permanece cego perante a atitude de seu paciente. Por isso reafirmo que o analista deve ele mesmo ter sido analisado, caso contrário a análise poderá se tornar para ele uma grande desilusão, pois, em certas circunstâncias, pode empacar e perder a cabeça. Em casos como este é grande a tentação de dizer que a psicanálise é uma tolice, para não ter que reconhecer que foi ele mesmo que entornou o caldo. Se o analista estiver seguro de sua própria psicologia, poderá dizer com tranquilidade ao paciente que ele não sonha porque ainda existe material consciente a ser examinado. Nesses momentos é preciso estar seguro de si mesmo, pois o que se ouve de críticas e julgamentos impiedosos pode derrubar quem não está preparado para isso. A consequência imediata da perda de equilíbrio emocional pelo analista é que começa a discutir com o paciente para manter sua influência sobre ele. E aí a análise se torna impossível.

536

A princípio, os sonhos devem ser usados apenas como ponte. Não é apenas desnecessário dar, no início de uma análise, uma interpretação completa de um sonho, como também imprudente. É muito difícil dar uma interpretação completa e exaustiva de um sonho. As interpretações que encontramos às vezes na literatura psicanalítica são em grande parte formulações tendenciosas e discutíveis. Incluo aqui também as tendenciosas reduções sexuais da Escola de Viena. Em vista da enorme multiplicidade de um material onírico, temos que nos prevenir contra as formulações tendenciosas. Muitas vezes é da maior im-

537

238 Obra Completa – Vol. 4

portância, no começo de um tratamento psicanalítico, a multiplicidade de significados de um sonho e não seu significado único. Isto sonhou, por exemplo, uma paciente no começo do tratamento: *Estava num hotel, numa cidade desconhecida. De repente, acontece um incêndio. Seu marido e seu pai estão presentes e ajudam-na a se salvar.*

538 A paciente era inteligente, estranhamente cética e convencida de que a análise de sonhos era um absurdo. Tive a maior dificuldade de convencê-la a tentar uma análise de sonhos. Escolhi o aspecto mais marcante do sonho – o incêndio do hotel – como ponto de partida das associações. Ela me contou que lera recentemente num jornal que um hotel em Zurique fora consumido num incêndio. Lembrava-se desse hotel porque já se hospedara nele. Havia conhecido lá um cavalheiro com o qual tivera um caso amoroso não muito recomendável. Em conexão com esta história, transpareceu que a paciente já tivera uma série de aventuras semelhantes, todas de caráter frívolo. Este trecho importante da história anterior foi trazido pela primeira associação a uma parte do sonho. Neste caso, era desnecessário mostrar à paciente a clarividência do sentido do sonho. Com sua atitude frívola, da qual o ceticismo era apenas uma faceta especial, poderia ter recusado friamente qualquer tentativa semelhante. Mas, depois que a frivolidade de sua atitude foi reconhecida e a ela demonstrada através do material que ela mesma forneceu, foi possível analisar mais a fundo os sonhos que se seguiram.

539 É recomendável, pois, que, no início, só se utilizem os sonhos para chegar ao material crítico por meio de suas associações. Este é o caminho mais prudente e mais indicado, sobretudo para os principiantes na análise. Uma tradução arbitrária dos sonhos é totalmente desaconselhável. Seria uma prática supersticiosa, calcada na suposição que os sonhos têm um significado simbólico preestabelecido. Não existem significados prefixados. Há certos símbolos que ocorrem muitas vezes, mas não estamos em condições de ir além de constatações gerais. Dizer, por exemplo, que a cobra sempre tem significado apenas fálico nos sonhos é tão errado quanto negar que tenha algum significado fálico. Cada símbolo tem ao menos dois significados. O significado muitas vezes sexual dos símbolos oníricos é, no máximo, um dos significados. Não posso aprovar, sem mais, o significado exclusivamente sexual que aparece em certos escritos psicanalíticos, nem o significado

Freud e a psicanálise

de simples satisfação de desejos infantis, pois, baseado em minha experiência, devo reputá-los unilaterais e insatisfatórios. Como exemplo, trago um sonho muito simples de um jovem paciente meu. Ele sonhou: *Subia com minha mãe e minha irmã uma escada. Chegando ao topo, fomos informados de que minha irmã teria um bebê.*

Gostaria de mostrar inicialmente como este sonho pode ser traduzido em sexualismo, com base na concepção anteriormente em voga. Sabe-se que a fantasia incestuosa tem papel importante num neurótico; portanto, a imagem "com a mãe e a irmã" poderia ser entendida como alusão a este sentido. A "escada" tem um significado sexual já bem firmado: o "ato sexual", devido à sua subida rítmica. O bebê que a irmã ia ter nada mais é do que a consequência lógica dessas premissas. Assim traduzido, o sonho seria uma nítida satisfação dos assim chamados desejos infantis. Os senhores sabem que isto é uma parte importante da teoria freudiana dos sonhos.

Analisei este sonho com base no seguinte raciocínio: Se disser que a escada é símbolo do ato sexual, como posso tomar como reais a mãe, a irmã e a criança, e não simbolicamente? Se, baseado na afirmação de que as imagens oníricas são simbólicas, atribuo valor simbólico a algumas delas, o que me dá o direito de excetuar outras? Se atribuo valor simbólico à subida da escada, também devo atribuir o mesmo valor às imagens chamadas mãe, irmã e bebê. E, dessa forma, não traduzi o sonho, mas o analisei. O resultado foi surpreendente. Vou apresentar, palavra por palavra, as associações referentes a cada parte do sonho, de forma que os senhores mesmos possam formar um juízo sobre o material. Devo antecipar que o jovem havia concluído, poucos meses antes, seus estudos universitários. Depois, não conseguiu se decidir na difícil escolha de uma profissão, e ficou neurótico. Abandonou, por isso, o trabalho. Sua neurose assumiu, entre outras, a característica homossexual.

Suas associações referentes à mãe foram: "Já faz muito tempo, muito tempo mesmo, que não a vejo. Devo me censurar por causa disso. Não é correto que eu a menospreze".

Mãe está aqui no lugar de algo que foi negligenciado de maneira irresponsável. Perguntei ao paciente: O que é? Ao que ele respondeu embaraçado: "*Meu trabalho*".

544 Com relação à irmã associou: "Já faz anos que não a vejo. Tenho saudades dela. Lembro-me, sempre que nela penso, do momento em que dela me despedi. Beijei-a com verdadeiro amor e nesta oportunidade entendi pela primeira vez o que significa verdadeiro amor por uma mulher". Era óbvio para o paciente que a "irmã" era a mesma coisa que *amor por uma mulher*.

545 Associou à escada: "Subir – chegar ao alto – fazer carreira – crescer, tornar-se grande".

546 Ao bebê associou: "Recém-nascido – renovação – renascimento – tornar-se nova pessoa".

547 Ouvir simplesmente esses materiais foi o suficiente para entender imediatamente que o paciente não satisfez, no sonho, desejos infantis, mas deveres biológicos que ele negligenciou em seu infantilismo neurótico. A justiça biológica que é inexorável obriga às vezes a pessoa a pôr em dia, no sonho, os deveres negligenciados.

548 Este sonho é exemplo típico da função prospectiva e teleológica dos sonhos em geral, ressaltada especialmente por meu colega Maeder. Se nos fixarmos na unilateralidade do significado sexual, não vamos captar o verdadeiro significado dos sonhos. O sexual no sonho é, em primeiro lugar, um meio de expressão e não o sentido e objetivo do sonho. A descoberta do sentido prospectivo ou teleológico dos sonhos é de grande importância sobretudo quando a análise já avançou tanto que o olhar do paciente se volta melhor para o futuro do que para seu mundo interior e para o passado.

549 No que se refere ao manejo do simbolismo, podemos aprender também deste sonho, que não é possível haver um simbolismo dos sonhos predeterminado em seus detalhes, mas, no máximo, uma frequência média de símbolos com um significado de cunho bem geral. No que se refere especificamente ao chamado *sentido sexual* dos sonhos, tracei para mim, a partir de minha experiência, as seguintes regras práticas:

550 Se, no início do tratamento de um paciente, a análise dos sonhos mostrar um significado indiscutivelmente sexual, então este significado tem que ser tomado como *real*, isto é, existe a necessidade de submeter os problemas sexuais do paciente a uma acurada revisão. Se, por exemplo, a fantasia incestuosa for o conteúdo essencial do so-

nho então é preciso submeter a um exame minucioso as relações infantis do paciente com seus pais, irmãos e outras pessoas capazes de fazer o papel de pai ou mãe. Mas se um sonho apresentar, num estágio avançado da análise, como conteúdo essencial, a fantasia de incesto – portanto, uma fantasia que se pressupõe realizada – não se deve, sem mais, atribuir-lhe valor real, mas considerá-la *simbólica*. Resolve-se esta situação pela fórmula seguinte: o sentido oculto do sonho é expresso por via analógica, através da fantasia de incesto. Neste caso não se deve atribuir à fantasia sexual um valor real, mas simbólico. Se tivéssemos ficado presos ao valor real, teríamos reduzido o paciente sempre de novo à sexualidade e teríamos impedido o progresso do desenvolvimento da personalidade. A salvação do paciente não está em ser remetido constantemente à sexualidade primitiva, senão acaba se fixando num grau cultural inferior e nunca atinge sua liberdade humana, nem a saúde completa. A volta ao barbarismo não é vantagem nenhuma para o homem civilizado.

A fórmula acima, segundo a qual o sentido sexual de um sonho é uma expressão simbólica ou analógica, vale também para os sonhos no início da análise. Mas a razão prática que nos levou a não considerar o valor simbólico dessas fantasias sexuais foi o fato de as fantasias sexuais anormais do neurótico só terem um autêntico valor real na medida em que elas o influenciarem em seu agir. As fantasias dificultam-lhe não apenas uma melhor adaptação à sua situação, mas induzem-no a todo tipo de atos verdadeiramente sexuais, às vezes até mesmo ao incesto, como nos mostra a experiência. Nestas circunstâncias, pouco adiantaria considerar apenas o conteúdo simbólico; primeiro é necessário resolver o aspecto concreto.

Estas considerações, como já perceberam, baseiam-se numa concepção de sonho diferente da de Freud. A experiência me forçou a ter outra concepção na prática. Freud considera o sonho uma camuflação simbólica dos desejos reprimidos que entrariam em conflito com os objetivos da personalidade. Eu me vejo obrigado a considerar de outra forma a estrutura do sonho: para mim, o sonho é, em primeiro lugar, a imagem subliminal da situação psicológica atual do indivíduo em estado de vigília (acordado). Ele nos dá um resumo dos materiais subliminares de associações que são constelados pela situação psicológica do momento. O sentido volitivo do sonho – que Freud denomina desejo reprimido – é para mim essencialmente um modo de expressão.

553   Biologicamente falando, a atividade do consciente representa a luta de adaptação psicológica do indivíduo. A consciência procura se adaptar às necessidades momentâneas, ou dito de outra forma: apresentam-se tarefas que o indivíduo precisa levar a termo. Em alguns casos, a solução é desconhecida *a priori*, por isso a consciência procura a solução seguindo sempre a experiência do passado. Não temos nenhum motivo para supor que o material psíquico subliminal obedeça a outras leis que o material supraliminal. A exemplo do consciente, o inconsciente se agrupa em torno de tarefas biológicas e procura as soluções na analogia do que já se passou. Sempre que desejamos assimilar algo desconhecido, nós o fazemos por analogia. Exemplo corriqueiro disso é o conhecido fato que se deu ao tempo do descobrimento da América pelos espanhóis: os nativos tomaram os cavalos dos conquistadores por grandes porcos, pois só conheciam estes últimos. É sempre desse modo que conhecemos as coisas. É este também o fundamento essencial do simbolismo. É um apreender por analogia. O sonho é uma compreensão subliminal por analogia. Seus desejos aparentemente reprimidos são tendências volitivas que fornecem às ideias inconscientes o material de expressão verbal. No que se refere especificamente a este ponto, estou de pleno acordo com Adler, outro discípulo de Freud. Quanto ao fato de os materiais de expressão do inconsciente serem elementos volitivos ou tendências, isto se deve ao arcaísmo do pensamento onírico, um problema que abordei em outras ocasiões[3].

554   Devido a esta concepção diferente da estrutura dos sonhos, o curso posterior da análise vai assumir aspecto diverso. A consideração simbólica das fantasias sexuais no curso posterior da análise leva necessariamente não a uma redução da personalidade às tendências primitivas, mas a um alargamento e desenvolvimento contínuo da atitude espiritual do paciente, isto é, a um enriquecimento e aprofundamento do pensar, o que sempre foi a arma mais poderosa do ser humano, em sua luta pela adaptação. Para ser consequente neste

---

3. *Wandlungen und Symbole der Libido*. Op. cit., p. 23.

Freud e a psicanálise 243

novo caminho, cheguei à conclusão que as forças motoras, religiosas e filosóficas – a chamada necessidade metafísica do homem – devem receber uma atenção positiva durante o trabalho analítico. Não devem ser destruídas pela simples redução a suas raízes sexuais primitivas, mas devem servir aos objetivos biológicos como fatores psicologicamente úteis. E, assim, essas forças motoras retomam a função que lhes é própria desde os tempos imemoriais.

Assim como o homem primitivo foi capaz, com a ajuda dos símbolos religiosos e filosóficos, de se libertar de sua condição original, também o neurótico poderá, dessa forma, libertar-se de sua doença. É desnecessário dizer que não pretendo seja inoculada nele uma crença em dogmas religiosos ou filosóficos; mas é preciso construir nele novamente aquela mesma atitude psicológica que, nos estágios primitivos da cultura, vinha caracterizada por uma crença viva em dogmas religiosos ou filosóficos. Uma atitude religiosa ou filosófica não é a mesma coisa que crença num dogma. O dogma é uma formulação intelectual passageira, a manifestação de uma atitude religiosa e filosófica condicionada pelo tempo e pelas circunstâncias. Mas a atitude em si mesma é uma conquista cultural e uma função biológica de suma importância. Ela cria os motivos que levam o homem a sair de si mesmo e, quando necessário, a dar a vida pelo bem da espécie.

555

E assim o homem atinge, em seu existir consciente, aquela unidade e totalidade, aquela confiança e capacidade de sacrifício que o animal feroz possui instintiva e inconscientemente. Toda redução, todo desvio desse caminho que foi traçado para o desenvolvimento da cultura, fará do homem, no máximo, um animal deteriorado; jamais o assim chamado homem natural. Eu me convenci da absoluta certeza dessa orientação psicológica através de muitíssimos sucessos e insucessos em minha práxis analítica. Não ajudamos o neurótico poupando-o das exigências da cultura, mas fazendo-o participar da dolorosa construção do desenvolvimento cultural. Os sofrimentos por que passará neste trabalho tomarão o lugar de sua neurose. A neurose e suas complicações nunca são seguidas daquele sentimento gostoso de trabalho realizado e dever cumprido, mas o sofrimento oriundo do trabalho produtivo e da superação de dificuldades reais traz momentos de paz e satisfação que dão ao homem aquele sentimento inestimável de realmente ter vivido sua vida.

556

XI

Sobre a psicanálise[*]

557   Após muitos anos de experiência, sei agora que é muito difícil discutir sobre psicanálise em reuniões públicas e congressos. Há tantas concepções errôneas, tantos preconceitos contra certos pontos de vista psicanalíticos que é quase impossível chegar a um consenso numa discussão pública. Sempre achei mais proveitosa uma conversa calma sobre o assunto do que uma acalorada discussão *coram publico*. Contudo, tendo a honra de ter sido convidado pelo comitê organizador deste congresso para falar como representante do movimento psicanalítico, darei o melhor de mim para discutir alguns problemas teóricos fundamentais da psicanálise. Devo me restringir a este ponto porque não é possível colocar para este auditório tudo o que a psicanálise significa e procura ser, e suas várias aplicações nos campos da mitologia, religiões comparadas, filosofia etc. Mas, se vou discutir certos problemas teóricos que são fundamentais para a psicanálise, devo pressupor que meu auditório esteja familiarizado com o progresso e os principais resultados da pesquisa psicanalítica. Infelizmente, acontece muitas vezes que pessoas que nunca leram a literatura psicanalítica se presumam capazes de julgar a psicanálise. Estou absolutamente convencido de que ninguém pode formar um juízo neste campo se não tiver estudado os escritos básicos da escola psicanalítica.

558   Apesar de ter sido elaborada em detalhes a teoria de Freud sobre a neurose, não se pode dizer que seja clara ou fácil de entender no seu

---

[*] Conferência pronunciada em inglês no 17° Congresso de médicos, em Londres, em 1913 sob o título "On Psychoanalysis" [Publicada pela primeira vez em *Collected Papers on Analytical Psychology* (Londres, 1916 e 1917/ Nova York, 1920)].

Freud e a psicanálise

todo. Isto justifica minha intenção de dar-lhes um breve resumo de seus pontos de vista fundamentais sobre a teoria da neurose.

Sabem os senhores que a teoria original de que a histeria e as neuroses correlatas tenham sua origem num trauma ou num choque sexual da primeira infância foi abandonada há 15 anos atrás. Ficou logo evidente que o trauma sexual não podia ser a verdadeira causa da neurose pela simples razão de se ter percebido que o trauma era algo praticamente universal. Difícil é encontrar um ser humano que não tenha tido um choque sexual na primeira infância e, proporcionalmente, poucos desenvolvem uma neurose na vida futura. O próprio Freud logo percebeu que muitos pacientes que relatavam uma experiência traumática da infância apenas inventaram a história do assim chamado trauma; nunca ocorrera na realidade, era pura criação da fantasia. E mais: numa análise posterior tornou-se bastante óbvio que, mesmo quando o trauma efetivamente ocorreu, nem sempre é responsável pelo todo da neurose, ainda que pareça às vezes que a estrutura da neurose dependa totalmente do trauma. Se a neurose fosse consequência inevitável do trauma, não se entende por que o número dos neuróticos não é muito mais numeroso.

O efeito aparentemente ponderável do choque se deveu à fantasia mórbida e exagerada do paciente. Freud também percebeu que esta mesma atividade fantasiosa se manifestava relativamente cedo em maus hábitos que ele chamava perversões infantis. Sua nova concepção da etiologia da neurose se baseou neste ponto de vista, e ele atribuiu a neurose a alguma atividade sexual da primeira infância. Esta concepção levou-o a seu ponto de vista mais recente de que o neurótico está "fixado" num certo período de sua primeira infância porque parece preservar, direta ou indiretamente, certos traços dela em sua atitude mental. Freud tentou ainda classificar ou diferenciar as neuroses, bem como a *dementia praecox*, de acordo com o estágio do desenvolvimento infantil em que ocorreu a fixação. Segundo esta teoria, o neurótico é inteiramente dependente de seu passado infantil, e todos os problemas de sua vida futura, seus conflitos e deficiências morais, parecem derivar das poderosas influências desse período. Consequentemente, a principal tarefa do tratamento é resolver esta fixação infantil que seria uma vinculação inconsciente da libido sexual a certas fantasias e hábitos infantis.

561 Esta é, a meu ver, a essência da teoria de Freud sobre a neurose. Mas ela esquece a importante questão: Qual é a causa dessa fixação da libido em fantasias e hábitos da infância? É preciso lembrar que quase todos tiveram alguma vez fantasias e hábitos infantis, iguais aos do neurótico, mas não se fixaram neles; e por isso não ficaram neuróticos depois. O segredo etiológico da neurose não está, portanto, na simples *existência* de fantasias infantis, mas na chamada *fixação*. As reiteradas constatações dos neuróticos afirmando a existência de fantasias sexuais infantis são irrelevantes, na medida em que atribuem a elas sentido etiológico, pois encontramos as mesmas fantasias em indivíduos normais, fato que constatei muitas vezes. Parece que é característica apenas a fixação.

562 Por isso é necessário exigir prova da realidade dessa fixação infantil. Freud, que era um empírico sincero e escrupuloso, jamais teria levado avante esta hipótese sem o suficiente embasamento. Este embasamento foi fornecido pelos resultados da pesquisa psicanalítica sobre o inconsciente. A psicanálise revela a presença inconsciente de numerosas fantasias que têm suas raízes no passado infantil e estão agrupadas em torno do assim chamado "complexo nuclear" que, nos homens, pode ser designado complexo de Édipo e, nas mulheres, complexo de Electra. Essa terminologia é bem adequada ao seu significado. O trágico destino de Édipo e Electra desenrolou-se todo dentro dos estritos limites do ambiente familiar, assim como o destino de uma criança está todo dentro do lar. Por isso, o complexo de Édipo e o de Electra são muito característicos de um conflito infantil. A existência desses conflitos na infância foi comprovada pela pesquisa psicanalítica. Supõe-se que a fixação teve lugar no âmbito desse complexo. A existência muito poderosa e atuante do complexo nuclear no inconsciente do neurótico levou Freud à hipótese de que o neurótico tem uma fixação ou apego especial a ele. Não é a mera existência desse complexo – pois todos o têm no inconsciente –, mas o apego muito forte a ele que caracteriza o neurótico. Ele é muito mais influenciado por este complexo do que a pessoa normal; muitos exemplos comprobatórios disso podem ser encontrados em qualquer uma das histórias de casos neuróticos da literatura psicanalítica.

563 Temos que admitir ser este ponto de vista muito plausível porque a hipótese da fixação está baseada no fato evidente de que certos períodos da vida humana, sobretudo a infância, deixam às vezes traços

permanentes. A única questão é saber se isto é uma explicação suficiente. Se examinarmos pessoas que foram neuróticas desde a infância, parece confirmada a hipótese, pois veremos o complexo nuclear agindo de modo permanente e poderoso durante a vida toda. Mas se tomarmos casos que nunca mostraram traços marcantes de neurose, exceto no momento exato em que sucumbiram, e estes casos são frequentes, esta explicação se torna duvidosa. Se existir esta coisa chamada fixação, não é possível erigir sobre ela nova hipótese, dizendo que às vezes, em certos períodos da vida, a fixação fica relaxada e ineficaz, enquanto em outros períodos ela se fortalece. Nesses casos constatamos que o complexo nuclear é tão poderoso e ativo quanto nos casos que aparentemente corroboram a teoria da fixação. Aqui justifica-se uma atitude crítica, especialmente quando consideramos a observação, frequentes vezes repetida, de que o momento da explosão da neurose não é casual; via de regra a questão é bem mais complexa. Normalmente o *momento ocorre quando é exigido um novo ajustamento psicológico, uma nova adaptação.* Esses momentos facilitam a explosão de uma neurose, o que todo neurologista experiente sabe.

Este fato me parece de suma importância. Se a fixação fosse real, 564 esperaríamos encontrar uma influência constante; em outras palavras, uma neurose que dura a vida inteira. Evidentemente, não é o caso. A determinação psicológica de uma neurose se deve apenas em parte a uma predisposição infantil; deve haver uma causa também no presente. Se examinarmos cuidadosamente a espécie de fantasias e fatos infantis aos quais o neurótico está preso, somos obrigados a concordar que nada há neles que seja especificamente neurótico. Indivíduos normais têm mais ou menos as mesmas experiências internas e externas e podem estar presos a elas de forma espantosa, sem desenvolver uma neurose. Os povos primitivos estão bem mais ligados à sua infantilidade. Começa a nos parecer, agora, que a chamada fixação é um fenômeno normal, e que a importância da infância para a atitude posterior é natural e prevalece em toda parte. O fato de o neurótico parecer estar profundamente influenciado por seus conflitos infantis mostra que se trata não tanto de fixação, mas do uso peculiar que ele faz de seu passado infantil. Parece que exagera sua importância e atribui a ele um valor totalmente artificial. Adler, um discípulo de Freud, tem opinião semelhante.

565   Seria injusto afirmar que Freud se limita à hipótese da fixação; também estava consciente do problema que acabo de apresentar. Ele chamava de "regressão" o fenômeno da reativação ou exagero posterior de reminiscências infantis. Mas na visão de Freud parece que os desejos incestuosos do complexo de Édipo são a causa real da regressão para as fantasias infantis. Se fosse o caso, teríamos que postular uma intensidade inesperada das tendências incestuosas primitivas. Isto levou Freud a sua recente comparação entre o que ele chama de "barreira ao incesto" nas crianças e o "tabu do incesto" no homem primitivo. Supõe que o desejo do incesto real fez com que o homem primitivo baixasse normas contra ele. Para mim, o tabu do incesto é apenas um entre os numerosos tabus de toda espécie, oriundo do medo supersticioso dos primitivos – um medo que existia independentemente do incesto e de sua proibição. Estou disposto a atribuir tão pouca força aos desejos incestuosos da infância quanto da humanidade primitiva. Nem mesmo procuro o motivo da regressão nos desejos incestuosos primitivos ou em quaisquer outros desejos sexuais. Devo admitir que uma etiologia puramente sexual da neurose me parece demasiado estreita. Não fundamento esta crítica em algum preconceito contra a sexualidade, mas no conhecimento profundo da problemática em seu todo.

566   Sugiro, pois, que a teoria psicanalítica seja libertada do enfoque puramente sexual. Em seu lugar, gostaria de introduzir na psicologia da neurose um *enfoque energético*.

567   Todos os fenômenos psicológicos podem ser considerados manifestações de energia, da mesma forma que todos os fenômenos físicos foram entendidos como manifestações energéticas desde que Robert Mayer descobriu a lei da conservação da energia. Subjetiva e psicologicamente, esta energia é concebida como *desejo*. Eu a chamo de *libido*, usando a palavra em seu sentido original que não é, de forma alguma, apenas sexual. Salústio a usa exatamente como nós a usamos aqui, quando diz: "Eles tinham mais prazer nas armas e nos cavalos de guerra do que nas meretrizes e orgias"[1].

---

1. Magis in armis et militaribus equis quam in scortis et conviviis libidinem habebant. *Catilina*, 7.

Numa perspectiva mais ampla, a libido poderia ser entendida como a energia vital em geral, ou como o *élan vital*, de Bergson. A primeira manifestação dessa energia na criança é o instinto nutritivo. A partir desse estágio, a libido evolui lentamente, através de inúmeras variantes do ato de mamar, para a função sexual. Por isso não considero o ato de mamar um ato sexual. O prazer de mamar não pode ser considerado um prazer sexual, mas um prazer de nutrição, pois não está provado em parte alguma que o prazer em si mesmo seja sexual. Este processo de evolução continua pela vida afora até a maturidade e vem acompanhado por uma adaptação crescente ao mundo exterior. Quando a libido encontra, no processo de adaptação, um obstáculo, ocorre uma acumulação que, normalmente, causa um esforço concentrado para superar o obstáculo. Mas quando o obstáculo parece intransponível e o indivíduo abandona o trabalho de superá-lo, a libido acumulada regride. Ao invés de ser empregada para um esforço concentrado, a libido abandona seu trabalho atual e retorna para um mundo anterior e mais primitivo de adaptação.

568

Os melhores exemplos dessas regressões são encontrados em casos histéricos onde uma desilusão no amor ou no casamento precipitou uma neurose. Manifestam-se sob forma de distúrbios digestivos, falta de apetite, sintomas dispépticos de toda espécie etc. Nesses casos, a libido regressiva, retraindo-se da tarefa de adaptação, impõe-se às funções nutritivas e provoca sérios distúrbios. Efeitos semelhantes podem ser observados em casos onde não há distúrbios da função nutritiva, mas, em seu lugar, há o reflorescimento de reminiscências do passado longínquo. Temos, então, uma reativação das imagens paternas, do complexo de Édipo. Aqui os acontecimentos da primeira infância – até então nada importantes – tornam-se bem importantes. Foram reativados regressivamente. Se removermos o obstáculo do caminho da vida, todo este sistema de fantasias infantis cai por terra e se torna inativo e ineficaz como antes. Mas não esqueçamos que, até certo ponto, este sistema está em ação o tempo todo, influenciando-nos de maneira invisível. Este ponto de vista se aproxima da hipótese de Janet de que as partes superiores ("parties supérieures") de uma função são substituídas por suas partes inferiores ("parties inférieures"). Gostaria de lembrar também a concepção de Claparède sobre os sintomas neuróticos como reflexos emocionais de uma natureza primitiva.

569

250   Obra Completa – Vol. 4

570   Por tudo isso, já não procuro a causa de uma neurose no passado, mas no presente. Procuro saber qual a tarefa necessária que o paciente não quer cumprir. A extensa lista de suas fantasias infantis não me dá uma explicação etiológica suficiente, pois sei que essas fantasias foram apenas infladas pela libido regressiva que não encontrou a saída natural numa forma nova de adaptação às exigências da vida.

571   Os senhores poderiam perguntar por que o neurótico tem uma tendência especial a não cumprir suas tarefas necessárias. Gostaria de acentuar que nenhuma criatura se ajusta fácil e mansamente a novas condições. A lei da inércia é válida em qualquer lugar.

572   Uma pessoa sensível e de certa forma desequilibrada, como é o caso do neurótico, encontra dificuldades especiais e tarefas talvez mais incomuns do que uma pessoa normal que tem que seguir apenas um caminho bem batido de uma existência trivial. Para o neurótico não há um modo de vida estabelecido porque seus objetivos e tarefas são, em geral, de caráter particularmente individual. Procura seguir o caminho mais ou menos incontrolado e semiconsciente das pessoas normais, sem perceber que sua natureza crítica e muito diferente exige dele maior esforço do que é exigido da pessoa normal. Há neuróticos que mostraram sua elevada sensibilidade e sua resistência à adaptação já nas primeiras semanas de vida, na dificuldade que tinham em tomar o seio materno e nas suas reações exageradamente nervosas etc. Para esta peculiaridade na predisposição do neurótico é impossível encontrar uma etiologia psicológica, porque é anterior a qualquer psicologia. Esta predisposição – que podemos chamar "sensibilidade congênita" ou outra coisa – é a causa das primeiras resistências à adaptação. Uma vez bloqueado o caminho da adaptação, a energia biológica que chamamos libido não encontra sua saída ou atividade apropriadas e a forma de adaptação adequada é substituída por uma forma anormal ou primitiva.

573   Na neurose falamos de uma atitude infantil ou da predominância de fantasias e desejos infantis. Assim como as impressões infantis são muito importantes nas pessoas normais – também são muito influentes na neurose; mas não têm importância etiológica; são meras reações e, em geral, são fenômenos secundários e regressivos. É certo, como diz Freud, que as fantasias infantis determinam a forma e o

desenvolvimento subsequente da neurose, mas isto não é uma etiologia. Mesmo que haja fantasias sexuais pervertidas cuja existência pode ser demonstrada na infância, não podemos considerá-las como tendo importância etiológica. Uma neurose não é causada pelas fantasias sexuais infantis, e o mesmo deve ser dito do sexualismo da fantasia neurótica em geral. Não é um fenômeno primário baseado numa predisposição sexual pervertida, mas um fenômeno apenas secundário e uma consequência da falta de aplicação adequada da libido armazenada. Reconheço que é um ponto de vista bem antigo, mas isto não quer dizer que não possa ser verdadeiro. O fato de o paciente achar que suas fantasias infantis são a causa real de sua neurose não prova que esteja correto em sua suposição ou que uma teoria baseada nestas suposições esteja correta. Pode parecer que assim seja e devo admitir que muitos casos dão esta impressão. De qualquer forma, é perfeitamente compreensível que Freud tenha chegado a esta conclusão. Todos que têm alguma experiência psicanalítica haverão de concordar comigo neste particular.

Resumindo: Não é possível encontrar a verdadeira etiologia da neurose nas variadas manifestações do desenvolvimento sexual infantil e nas fantasias a que elas dão origem. O fato de essas fantasias serem exageradas na neurose e ocuparem o primeiro plano é consequência da energia acumulada ou libido. A perturbação psicológica na neurose e a própria neurose podem ser qualificadas como *um ato de adaptação que fracassou*. Esta qualificação poderia reconciliar alguns pontos de vista de Janet com o ponto de vista de Freud de que a neurose é, de certa forma, uma tentativa de autocura – um ponto de vista que pode ser aplicado, e já o foi, a muitas outras doenças.

E aqui surge a questão se é aconselhável trazer à luz, pela análise, todas as fantasias do paciente, se as consideramos de nenhuma importância etiológica. Até agora a psicanálise se esforçou em decifrar essas fantasias porque eram consideradas etiologicamente importantes. Meu novo ponto de vista sobre a teoria da neurose não afeta o procedimento psicanalítico. A técnica continua a mesma. Ainda que não tenhamos mais a pretensão de estar cavando a última raiz da doença, temos que pôr a descoberto as fantasias sexuais porque a energia que o paciente precisa para alcançar a saúde, ou seja, a adaptação, está ligada a elas. Por meio da psicanálise é restabelecida a conexão entre a consciência e a libido inconsciente. E, assim, a libido inconsciente é trazida para o controle da vontade. Só dessa forma pode a energia seccionada voltar a ser disponível para o cumprimento das tarefas vitais necessárias. Assim considerada, a psicanálise não mais parecerá simples redução do indivíduo a seus desejos sexuais primitivos, mas, se corretamente entendida, será uma tarefa altamente moral e de imenso valor educativo.

XII

Questões atuais da psicoterapia *

Correspondência entre

C.G. Jung e R. Loÿ

Prefácio

Bastam algumas palavras para explicar as razões dessa correspondência epistolar e do intuito de publicá-la.

Após ser introduzido, teórica e praticamente, na terapia da sugestão, pelo Prof. Forel, eu a pratiquei por longos anos e ainda a utilizo em certos casos. Quando tomei conhecimento do alto significado dos trabalhos psicanalíticos de Freud, estudei-os e me arrisquei, aos poucos, a fazer análise também. Entrei em contato com o centro de pesquisas psicanalíticas mais próximo: Zurique. Mas, no que se refere à parte técnica, quase tudo dependia de mim. Por isso, quando era malsucedido, tinha que me perguntar quem ou o que devia ser culpado disso: apenas eu que não sabia empregar o "método psicanalítico exato", ou o próprio método que não servia para todos os casos. A interpretação dos sonhos era para mim uma pedra de escândalo: não podia me convencer de que existisse um simbolismo válido em geral e que este simbolismo fosse exclusivamente sexual, como afirmavam

---

* Publicado sob o título acima, com o subtítulo "Ein Briefwechsel mit Dr. C.G. Jung Privatdozenten der Psychiatrie in Zürich. Herausgegeben von Dr. R. Loÿ, dirigierendem Arzt des Sanatoriums l'Abri in Montreux-Territet". Leipzig/Viena: Franz Deuticke, 1914.

alguns psicanalistas. Suas interpretações me pareciam trazer, muitas vezes, o selo da arbitrariedade.

Quando li uma exposição de Freud em *Zentralblatt für Psychoanalyse*[1], tive uma sensação de afinidade com o que eu pensava: "Há anos dei a seguinte resposta à pergunta de como se tornar um analista: analisando os próprios sonhos. Esta preparação é suficiente para muitas pessoas, mas não para todas que desejam aprender análise. Nem todos sabem interpretar seus próprios sonhos, sem ajuda de terceiros. Enumero como um dos muitos méritos da escola de Zurique ter fixado como condição e exigência que todo aquele que quisesse fazer análise em outros se submetesse, primeiro, ele próprio a uma análise com especialista no assunto. Quem quiser tomar a sério este trabalho, deverá escolher este caminho que oferece mais do que uma vantagem; o sacrifício de se abrir a uma pessoa estranha, sem ser forçado a isso pela doença, será amplamente recompensado. Não só podemos realizar o desejo de conhecer o que está oculto em nós, em bem menos tempo e com menor dispêndio de afetividade, mas podemos também auferir impressões e convicções a nosso respeito que em vão procuraríamos em livros e conferências".

Dr. Jung declarou-se disposto a assumir minha análise. Havia, porém, um obstáculo: a distância que nos separava. Por isso, algumas questões que surgiram nas entrevistas analíticas e não puderam ser discutidas a fundo foram abordadas na correspondência.

Quando a correspondência atingiu a proporção atual, perguntei-me se outros colegas não poderiam encontrar o mesmo estímulo que eu encontrei: psicanalistas iniciantes que precisavam de uma linha diretriz no emaranhado da literatura psicanalítica, médicos práticos que só conheciam a psicanálise através dos violentos ataques que ela sofreu (muitas vezes por parte de pessoas não qualificadas e sem experiência no assunto).

Achei que a resposta só poderia ser positiva. Solicitei autorização do Dr. Jung para a publicação. De boa vontade a concedeu.

---

1. "Ratschläge für den Arzt bei der psychoanalytischen Behandlung". *Zentralbl. f. Psychoanal.*, II, 1912, p. 487.

Não duvido que o leitor será grato a ele, como eu o sou. Acredito que não existia uma exposição mais concisa e mais compreensível do método psicanalítico e de alguns problemas que ele levanta.

Sanatorium L'Abri, Montreux-Territet, 14 de dezembro de 1913.

Dr. R. Loÿ

I
12 de janeiro de 1913 (Loÿ)

O que você disse na nossa última entrevista foi para mim um estímulo extraordinário. Esperava que você me esclarecesse sobre a interpretação de meus sonhos e a de meus pacientes na linha da interpretação de Freud. Mas, ao invés disso, você me colocou diante de uma visão inteiramente nova: o sonho como meio de restaurar o equilíbrio moral, produzido pelo subconsciente. É certamente uma ideia válida. Mais válida, no entanto, pareceu-me a outra sugestão: você considera as tarefas da psicanálise bem mais profundas do que eu imaginava; não se trata tanto de afastar os sintomas patológicos perturbadores, mas que o analisando aprenda a se conhecer perfeitamente – não apenas a conhecer suas experiências de angústia – e sobre este conhecimento construa e modele sua nova vida. Ele mesmo tem que ser o construtor, o analista fornece apenas as ferramentas.

Para começar, gostaria de lhe propor a seguinte questão: como justificar o antigo procedimento de Breuer e Freud e que agora foi totalmente abandonado por Freud e por você, mas que é usado por Frank como único método: "Ab-reação dos afetos reprimidos pela semi-hipnose. Por que você abandonou o método catártico? Por favor, explique. Será que a semi-hipnose tem na psicocatarse outro valor do que a sugestão durante o sono, empregado na terapia sugestiva? Ou seja, apenas aquele valor que o analista lhe atribui ou pensa atribuir, apenas o valor que a fé do paciente lhe atribui? Em outras palavras: a sugestão em estado de vigília tem o mesmo valor que a sugestão em estado hipnótico, como afirma Bernheim, após ter usado por muitos anos a sugestão na hipnose? Você poderá objetar que devemos falar de psicanálise e não de sugestão. Acho o seguinte: a *sugestão* de que a psicocatarse produza no estado hipnótico um efeito terapêutico (com limitações, idade do paciente etc.) não será ela mais importante nos efeitos terapêuticos da psicocatarse? Frank diz em *Affektstörungen*[2]: "Quando se trata do conteúdo das ideias reproduzidas, essas concepções unilaterais, a sugestionabilidade e a sugestão quase não entram no tratamento psicocatártico em estado de semissono". É verdade isto? E o próprio Frank acrescenta: "Como pode a ruminação dos sonhos infantis *em si* conduzir a um alívio das ansiedades armazenadas, seja no estado hipnótico ou em outro estado qualquer? Não seria de supor que esta ruminação aumenta os estados de ansiedade?" (Eu mesmo observei isto, mais do que era do meu agrado). Dizemos ao paciente: "Primeiro vamos agitar, depois virá a paz". E ela vem. Mas não viria, *apesar desse processo de agitação*, porque o paciente vai adquirindo aos poucos, devido às frequentes conversas fora da semi-hipnose, tal confiança no analista que se torna susceptível à sugestão direta de que haverá uma melhora e a cura? Vou mais longe ainda: na análise *em estado de vigília* não será a fé do paciente – que acredita que o *método empregado o curará* e que vai confiando sempre mais no médico – a causa principal da cura? E mais: Em qualquer método terapêutico bem aplicado, não será a fé nele, a confiança no médico, uma das causas principais do sucesso? Não digo a única causa, pois não se pode negar que os procedimentos físicos, dietéticos e químicos, se bem selecionados, têm efeitos *próprios* quando voltados para a cura, ao lado dos evidentes efeitos da sugestão indireta.

II
28 de janeiro de 1913 (Jung)

578   Quanto à sua pergunta sobre a aplicabilidade do procedimento catártico, tenho a dizer que adoto a seguinte posição: todo procedimento é bom quando ele ajuda. Por isso aceito qualquer procedimento de sugestão, inclusive a Christian Science, Mental Healing etc. "A truth is a truth, when it works" (uma verdade é uma verdade quando

---

2. FRANK, L. "Affektstörungen. Studien über ihre Ätiologie und Therapie". Berlim, 1913.

Freud e a psicanálise 257

funciona). Outra questão é se o médico, de formação científica, consegue justificar perante a consciência a venda de garrafinhas com água de Lourdes porque esta sugestão é às vezes proveitosa. Também a assim chamada terapia de sugestão altamente científica emprega os meios do curandeiro e do xamã exorcista. Por que não o poderia também eu? O público não tem mentalidade muito avançada e ainda espera do médico que faça milagres. Devemos dizer que são espertos – ainda que de uma esperteza chã – aqueles médicos que sabem cercar-se da aura de curandeiro. Não têm apenas a melhor práxis, mas também os melhores resultados de cura. Isto se deve ao seguinte: sem considerar as neuroses, muitas doenças corporais são agravadas e complicadas, em grau bem maior do que suspeitamos, pelo material psíquico. O exorcista médico já denuncia por seus gestos que ele valoriza muito aquele componente psíquico enquanto dá oportunidade à fé do paciente de se fixar na misteriosa personalidade do médico. Assim, o médico conseguiu cativar também a psique do paciente e esta vai ajudá-lo a trazer saúde para o corpo. O melhor de tudo é o médico acreditar em suas fórmulas. Do contrário, cairá na incerteza científica e perderá o tom convincente e seguro. Durante certo tempo também pratiquei com entusiasmo a terapia hipnótica da sugestão. Mas me aconteceram três coisas desagradáveis que gostaria de trazer a seu conhecimento:

579   Certa vez, procurou-me uma camponesa bem magra, com aproximadamente 56 anos de idade, que queria ser hipnotizada por causa de diversos problemas neuróticos. A paciente não era fácil de ser hipnotizada, era muito inquieta e sempre abria os olhos – mas finalmente consegui. Quando, após mais ou menos meia hora, eu a acordei, ela pegou minha mão e expressou sua efusiva gratidão com uma enxurrada de palavras. Disse-lhe eu: "A senhora ainda não está curada. Guarde sua gratidão para o final do tratamento". "Não estou agradecendo por isso", cochichou ela, enrubescendo, "mas porque o senhor foi tão *decente*". Olhou para mim com um ar de carinhosa admiração e saiu. Fiquei olhando por longo tempo para o lugar onde ela esteve e me perguntei estupefato: "Tão decente?" Meu Deus, será que ela pensou... ? Este fato despertou em mim, pela primeira vez, a suspeita de que esta mulher depravada, com a lógica infame do instinto feminino (naquele tempo eu o denominei instinto "animal"), entendia

mais de hipnotismo do que eu com todo o cabedal de conhecimentos, haurido dos livros eruditos. Era uma vez minha inocência!

580   O segundo caso é o de uma mocinha elegante, coquete, de aproximadamente 17 anos, que veio ao meu consultório com sua mãe, uma senhora de aspecto bastante sofrido. A mocinha sofria, desde tenra idade, de *enurese noturna* (fato que ela explorava, além de outros, para não ser mandada à Itália para estudar). Lembrei-me logo da sabedoria da velha camponesa. Tentei hipnotizar a garota. Ela ria de forma doentia e impediu a hipnose durante vinte minutos. Eu, naturalmente, conservei a calma e pensava: sei por que você ri; você se enamorou de mim, mas darei provas de minha decência em agradecimento por ter perdido meu tempo com seu sorriso provocante. Finalmente consegui hipnotizá-la. O resultado foi imediato. A enurese parou. Comuniquei, por isso, à jovem que, em vez de vê-la quarta-feira, gostaria de vê-la somente no sábado. No sábado a moça apareceu de cara amarrada, denunciando que não fora curada. A enurese voltara. Pensei na velha camponesa e disse: "Quando foi que a enurese voltou?" E ela (inocentemente): "Na noite de quarta para quinta-feira". Pensei comigo: aí está; ela quer provar que eu devia tê-la consultado também na quarta-feira; uma semana sem me ver era demasiado para um coração sensível e amoroso. Eu, porém, estava resolvido a não dar trelas a este lirismo e disse: "Estaria errado se continuasse com a hipnose nestas circunstâncias. Devemos interrompê-la por três semanas para que a enurese possa cessar novamente. Aí voltará para o tratamento". Meu coração malicioso sabia que nesta época eu estaria de férias e o curso sobre tratamento hipnótico estaria terminado. Após as férias, meu substituto me contou que ela aparecera e dissera que a enurese havia sumido, mas ficou profundamente desapontada por não me encontrar. A velha camponesa estava certa.

581   O terceiro caso foi o tiro de misericórdia no meu entusiasmo pela terapia da sugestão. O caso realmente não era para menos. Uma senhora de 65 anos entrou no meu consultório apoiada em muletas. Sofria desde os 17 anos de uma dor no joelho que a prendia à cama, por vezes durante semanas. Não obtivera êxito com nenhum médico e já tentara todo tipo de cura. Após deixar que ela despejasse sobre mim a torrente de sua história, disse-lhe: "Tentarei hipnotizá-la; talvez lhe faça bem". Ela: "Com muito prazer". Incli-

Freud e a psicanálise

nou a cabeça para o lado e já estava dormindo, antes que eu dissesse ou fizesse qualquer coisa. Entrou em sonambulismo e mostrou todas as formas de hipnose que seria possível desejar. Após 30 minutos, tive a maior dificuldade em acordá-la. Finalmente desperta, saltou da cadeira e disse: "Estou curada; sinto-me bem; o senhor me curou". Timidamente tentei fazer alguma observação, mas seu laudatório superava minha voz. Ela realmente conseguia andar. Corei e disse, envergonhado, ao colega que me assistia na época: "Isto é o que se chama uma terapia hipnótica bem-sucedida!" Foi o enterro do meu relacionamento com a terapia da sugestão. A fama de terapeuta, devida a este caso, envergonhava-me e me causava depressão. Quando, passado um ano, apareceu-me de novo a bondosa velha, no início do curso de hipnose, dessa vez com dor nas costas, eu já havia descambado para um cinismo irremediável; vi escrito no seu rosto que havia simplesmente lido no jornal a notícia da reabertura de meu curso. Aquele lirismo odioso conseguiu para ela uma dor passageira nas costas a pretexto de me ver e ser novamente curada de forma teatral. Foi esta exatamente a verdade.

Como você vê, um homem com consciência científica não pode digerir impunemente tais casos. Amadurecia em mim a decisão de renunciar à sugestão antes de ser rotulado de salvador. Queria entender o que realmente ocorre na alma das pessoas. De repente me pareceu infantil demais querer sumir com uma doença usando passes mágicos e que isto poderia ser o único resultado de nossos esforços em criar uma psicoterapia. Por isso a descoberta de Breuer e Freud surgiu como autêntico salva-vidas. Assumi o método deles com genuíno entusiasmo e logo percebi quão certo estava Freud quando, desde longa data, isto é, desde os *Estudos sobre Histeria*, começou a lançar luzes sobre as circunstâncias do assim chamado trauma. Cedo fiz a experiência que os traumas de evidente coloração etiológica só às vezes estavam presentes. Na maioria das vezes sua presença era improvável. Muitos traumas eram de pouca importância e, mesmo, normais, de modo que podiam ser considerados, no máximo, como um pretexto para a neurose. O que, no entanto, apurou mais a minha crítica foi ver que não poucos traumas eram mero produto da fantasia e nunca aconteceram. Esta constatação bastou para me tornar cético a respeito de toda a teoria do trauma. (Abordei este assunto detalhadamente em minhas conferências sobre a teoria da psicanálise.) Já não podia conceber que a experiência catártica, várias vezes repetida, de um trauma exagerado pela fantasia ou totalmente inventado pudesse ter um sentido terapêutico diferente do de um procedimento sugestivo. É bom se der bons resultados. Mas isto no caso de não existir a consciência científica nem o impulso para a verdade. Constatei em muitos casos, sobretudo em doentes de maior cultura, a limitação terapêutica desse método. Ele é um bom esquema, e cômodo, para o médico, pois não coloca a seu intelecto exigências especiais de adaptação. A teoria e a prática são de uma simplicidade impressionantes: "A neurose vem de um trauma. O trauma é ab-reagido". Se a ab-reação acontece sob hipnotismo ou com o uso de outros artifícios mágicos (sala escura, luz especial etc.), lembrei-me logo da sábia velha que não apenas me abriu os olhos para a influência mágica dos lances mesméricos, mas também sobre a natureza da hipnose.

583   Mas o que me afastou definitivamente do método indireto e relativamente eficaz da sugestão, por sua vez também baseado numa teoria de falsa eficácia, foi o conhecimento simultâneo de que atrás da desconcertante e decepcionante confusão das fantasias neuróticas há um *conflito* que podemos classificar como *moral*. Começou, então, para mim uma nova era de entendimento. Pesquisa e terapia se uniram para encontrar os fundamentos e a solução *racional* do conflito. Isto significava psicanálise para mim. Até chegar a esta concepção, Freud já havia construído a sua teoria sexual da neurose e trazido à discussão grande quantidade de perguntas que me pareciam, todas elas, da máxima importância. Tive a ventura de acompanhar Freud e de trabalhar com ele na perseguição do problema da sexualidade na neurose. Você talvez se lembre de alguns trabalhos meus, mais antigos, em que demonstrei sempre minha dúvida sobre o sentido da sexualidade. Este é o ponto em que já não concordo com Freud.

584   Preferi responder às suas perguntas de uma forma algo inconsequente. Gostaria de voltar ao que ficou pendente: *semi-hipnose* ou *hipnose total* são apenas diferentes graus de intensidade da boa vontade inconsciente para com o hipnotizador. Quem pode fazer grandes distinções aqui? É inconcebível para um pensamento crítico evitar, no método catártico, a sugestionabilidade e a sugestão. Estão presentes

Freud e a psicanálise 261

em toda parte como atributos humanos em geral, mesmo em Dubois[3] e nos psicanalistas que acreditam estar agindo de modo puramente racional. *Aqui não adianta nenhuma técnica e nenhum auto-ocultamento – o médico age, querendo ou não, e provavelmente em primeiro lugar, através de sua personalidade, ou seja, sugestivamente.* No método catártico, é mais importante para o paciente estar muitas vezes com o médico, vendo a confiança e a fé que ele deposita em si mesmo e em seu método, do que a conjuração de velhas fantasias. A fé, a autoconfiança e, talvez, a devoção com que o médico trabalha são coisas bem mais importantes para o paciente (que ele capta por via das coisas imponderáveis) do que a repetição de velhos traumas[4].

Deveríamos fazer um levantamento na história da medicina, de tudo que alguma vez já ajudou no tratamento; talvez chegássemos então à terapia verdadeiramente necessária, ou seja, à psicoterapia. Não tiveram êxito espetacular as antigas farmácias que vendiam poções? Êxito obtido simplesmente pela fé. | 585

Apesar de todas as salvaguardas de ordem racional, o paciente procura apreender a personalidade do analista. Por isso coloquei a exigência de que o psicoterapeuta é tão responsável pela limpeza de suas mãos como o cirurgião. Ainda sustento ser um requisito indispensável que o psicanalista se submeta ele mesmo ao processo analítico, uma vez que sua personalidade é um dos fatores mais importantes da cura. | 586

Os pacientes leem intuitivamente o caráter do analista; perceberão que é um homem com defeitos, *mas que se esforça, em cada ato que pratica, em cumprir sua obrigação humana no sentido mais amplo.* Acho que este é o primeiro fator da cura. Tive muitas vezes a oportunidade de observar que o analista progride em seu tratamento tanto quanto ele avançou em seu próprio desenvolvimento moral. Acredito que esta resposta seja suficiente para sua pergunta. | 587

---

3. Cf. § 41, nota 6.

4. Disse-me, certa vez, uma paciente que estivera em tratamento, sem êxito duradouro, com um colega mais jovem: "Fiz com ele grande progresso e sinto-me bem melhor agora do que antes. Ele tentou analisar os meus sonhos. Mas nunca os entendeu. Esforçou-se, porém, muito. Ele é realmente um bom médico".

III
2 de fevereiro de 1913 (Loÿ)

588   Você respondeu várias de minhas perguntas em tom decididamente positivo. Você mantém como certo que, na cura pelo método
catártico, cabe o papel principal à confiança depositada no analista e
em seu método e não à "ab-reação" de traumas reais ou supostos.
Concordo. Também concordo com sua afirmação de que os êxitos
das antigas farmácias com suas poções milagrosas, das curas de Lourdes, dos sucessos dos Mental Healers, Christian Scientists e outros
curandeiros não devem ser atribuídos aos métodos empregados, mas
à fé nesses milagreiros.

589   Mas agora surge um ponto crítico: o augúrio pode permanecer
augúrio enquanto ele mesmo acreditar que a vontade dos deuses se
manifesta nas entranhas do animal sacrificado. Quando não mais
acredita nisso, pode fazer a seguinte pergunta: Devo continuar aproveitando de minha autoridade augural para promover o bem da na-
ção, ou devo agir de acordo com as minhas novas e talvez mais acer-
tadas convicções? Ambos os caminhos podem ser seguidos. O primeiro significa oportunismo. O segundo significa procura da verdade e
honestidade científica. Olhando pelo lado do médico: o primeiro caminho talvez traga sucesso terapêutico e fama; o segundo talvez objeções, como: não deve ser levado a sério. O que mais aprecio em Freud
e em sua escola é exatamente esta procura da verdade. Mas sobre isso
há outro julgamento: "É impossível a um praticante muito ocupado
acompanhar a evolução dos pontos de vista desse pesquisador e de
sua escola atual" (FRANK. *Affektstörungen*, Introdução, p. 2).

590   É fácil desconsiderar esta sátira, mas a autocrítica tem que ser tomada mais a sério. Podemos nos perguntar: Já que a ciência está em
contínuo progresso, tenho eu o direito de ignorar, em princípio,
qualquer método ou combinação de métodos pelos quais posso conseguir resultados terapêuticos?

591   Considerando mais de perto os motivos de sua rejeição contra o
uso da hipnose (ou de uma semi-hipnose, o grau não importa) como
auxiliar no *tratamento por sugestão* (que todo analista e todo método
terapêutico emprega, quer queira quer não, seja qual for o nome), é
preciso dizer: o que fez você recusar a hipnose nada mais foi que a

Freud e a psicanálise

dita "transferência" para o analista que não pode ser eliminada nem no procedimento puramente psicanalítico, nem em outro método qualquer; e ela representa uma parte muito importante no êxito do tratamento. Quanto à exigência imposta ao psicanalista de ser responsável pela limpeza de suas mãos, concordo plenamente, é uma conclusão lógica. Mas será que o recurso eventual à hipnose, num tratamento psicoterapêutico, é mais "augural" do que o uso indispensável, para fins terapêuticos, da "transferência para o analista"? Em ambos os casos especulamos sobre a fé como agente curador. Não é possível que, no sentimento que o paciente ou a paciente trazem para o analista, esteja por trás algo mais do que um desejo sexual? Em muitos casos sua impressão é correta, e mais de uma mulher foi suficientemente sincera em confessar que o início da hipnose vinha acompanhado de uma sensação voluptuosa. Mas, não é verdade sempre – ou como explicar então o sentimento subjacente na hipnotização de um animal por outro, por exemplo, do passarinho pela cobra? Certamente você dirá que predomina aqui o sentimento do *medo* que é uma inversão da libido, ao passo que no estado hipnótico ao qual a mulher sucumbe antes de estar debaixo do homem predomina a pura *libido sexualis*, talvez misturada ainda com o medo.

Como quer que seja, não consigo, a partir de seus três casos, elaborar uma distinção ética entre "docilidade inconsciente para com o hipnotizador" e "transferência para o analista" e, com base nesta distinção ética, condenar a eventual combinação da psicanálise com a hipnose, como meio auxiliar. Você estará se perguntando por que me prendo tanto ao emprego da hipnose e respectivamente ao estado hipnótico. Porque acredito que há casos que podem ser curados mais rapidamente assim do que com um tratamento puramente psicanalítico. Por exemplo, curei completamente, em menos de cinco ou seis consultas, uma jovem de 15 anos que sofria de enurese noturna desde tenra infância, mas no resto plenamente saudável, primeira aluna da escola etc., e que havia se submetido a todo tipo de tratamento sem o menor êxito.

592

Do ponto de vista psicanalítico, talvez eu tivesse procurado relações entre a enurese e a condição psicossexual, esclarecido a jovem etc.; não podia fazê-lo; a jovem só dispunha das curtas férias pascais para o tratamento; simplesmente a hipnotizei e o mal desapareceu.

593

264 Obra Completa – Vol. 4

594 Em segundo lugar: emprego a hipnose na psicanálise para ajudar o paciente a superar as "resistências".

595 Em terceiro lugar: emprego a semi-hipnose na "reconstrução", junto com a psicanálise, para apressar o processo.

596 Cito como exemplo uma paciente com mania de lavar que me foi encaminhada após um ano de tratamento com o Dr. X. Foi-lhe explicado o sentido simbólico de suas cerimônias de lavação, mas ela se tornava cada vez mais agitada durante a "ab-reação" dos pretensos traumas da infância, porque se convencera por autossugestão de que estava muito velha para ser curada, de que não via "imagens" etc. Usei, pois, a hipnose para ajudá-la a reduzir o número de lavações – "de forma que o sentimento de ansiedade ficaria afastado" – e para treiná-la a jogar objetos no chão e recolhê-los sem lavar as mãos depois etc.

597 Após estas considerações, gostaria que você, se estiver disposto a prosseguir neste assunto, desse-me razões mais convincentes por que o tratamento hipnótico deve ser condenado, ou me explicar como fazer sem ele ou como substituí-lo nos casos acima mencionados. Se eu estivesse convencido abandonaria este método, como você o fez. Mas aquilo que o convenceu não me convenceu a mim. *Si duo faciunt idem, non est idem.*

598 Gostaria de passar agora para um assunto importante ao qual você fez referência; mas apenas de passagem e colocando uma questão. Parece-me evidente que atrás das fantasias neuróticas existe quase sempre (ou sempre) um conflito moral e atual. Pesquisa e terapia coincidem; sua tarefa é encontrar as causas e a solução racional do conflito.

599 Bem. Mas é possível encontrar sempre a solução racional? De acordo com o tipo de pacientes (crianças, mocinhas e mulheres de famílias "piedosas" – ou hipócritas – católicas e protestantes), o caminho é obstruído por "razões oportunistas". Outra vez o amaldiçoado oportunismo! Um colega estava certo ao começar dando instrução sexual a um jovem francês que se masturbava. Aí entrou no meio, qual possessa, uma avó beata e surgiu uma situação desagradável. O que fazer em situações como esta? O que fazer em casos de conflito moral entre o amor e o dever (conflitos no casamento)? Ou, entre instinto e dever moral em geral? O que fazer no caso de uma jovem com sintomas histéricos ou de ansiedade, que está necessitada de

Freud e a psicanálise   265

amor mas não tem oportunidade de casar ou não encontra um homem adequado e, por ser de "boa família", deseja permanecer casta?
Simplesmente atuar sobre os sintomas com sugestão? Isto é errado,
quando se conhece um caminho melhor.

Como conciliar as duas consciências que se tem? A consciência
de quem não deseja manter *intramuros* sua fidelidade à verdade, e a
do médico que precisa curar ou, quando não pode curar de acordo
com sua convicção, devido a estes motivos oportunistas, precisa ao
menos dar algum alívio? Vivemos no presente, mas com ideias e ideais
do futuro. Este é *nosso* conflito. Como resolvê-lo?

IV
4 de fevereiro de 1913 (Jung)

Você me deixou algo embaraçado com suas perguntas na carta
de ontem. Você entendeu bem o espírito que ditou minha última carta. Alegro-me por ter reconhecido este espírito. Não são muitos os
que podem se vangloriar desse liberalismo. Estaria enganando a mim
mesmo se dissesse que eu era um prático. Sou, em primeiro lugar, um
pesquisador, o que me dá outra concepção de muitos problemas. Na
minha última carta omiti, de propósito, as necessidades práticas de
um médico, principalmente para lhe mostrar quais os motivos que
podem levar alguém a abandonar a terapia por hipnose. Para derrubar uma possível objeção, quero dizer que não abandonei a hipnose
por não querer nada com as forças básicas da psique humana, mas
porque desejava exatamente lutar aberta e diretamente com elas. Sabendo quais forças atuavam na hipnose, eu a abandonei simplesmente para eliminar todas as vantagens indiretas desse método. Nós, psicanalistas, constatamos com pesar diariamente – e nossos pacientes
também – *que não trabalhamos com a "transferência para o analista"*[5], *mas contra ela e apesar dela*. Especulamos não sobre a *fé*, mas
sobre a *crítica* do doente. Gostaria de, por ora, dizer apenas isto sobre esta delicada questão.

---

5. Definido em sentido freudiano como transferência para o médico de fantasias infantis e sexuais. Uma concepção mais avançada de transferência reconhece nela o importante processo da *intuição* que se serve, sobretudo, de análogos infantis e sexuais.

266   Obra Completa – Vol. 4

602   Conforme mostra sua carta, estamos de acordo no que se refere ao aspecto teórico do tratamento por sugestão. Podemos partir, então, para nos entendermos também nas questões práticas. Suas observações sobre o dilema – médico feiticeiro ou médico científico – levou-nos ao centro da discussão. Esforço-me por não ser um fanático, ainda que muitos me acusem de fanatismo. Isto pelo reconhecimento de métodos de pesquisa e de resultados, não que os métodos psicanalíticos sejam empregados a qualquer preço em toda parte. Fui médico prático por tempo suficiente para entender que a prática obedece e deve obedecer a outros preceitos do que a busca da verdade. Poderíamos dizer que a prática está sujeita, em primeiro lugar, à lei do oportunismo. O pesquisador faria grande injustiça ao prático se o acusasse de não empregar o "único verdadeiro" método científico. Dizia-lhe na minha última carta: "Uma verdade é uma verdade quando ela funciona". (A truth is a truth when it works.) Por outro lado, o prático também não deve reprovar o pesquisador se ele, na sua busca da verdade e de novos e talvez melhores métodos, segue e experimenta caminhos incomuns. O prejuízo disso não atingirá o prático, mas o pesquisador e talvez seu paciente. O prático deve empregar aqueles métodos que ele sabe usar melhor e que dão relativamente os melhores resultados. Meu liberalismo, como você vê, estende-se até a Christian Science. Mas acho muito inoportuno que este prático Frank difame a pesquisa, da qual não pode participar, e a linha de pesquisa à qual ele deve seu próprio método. É hora de parar com esta mania de querer derrubar qualquer ideia nova que surja. Ninguém exige que Frank e seus correligionários sejam psicanalistas. Nós garantimos a eles o direito à existência, por que sempre querem tirar o nosso?

603   Conforme o demonstram minhas próprias "curas", não duvido do efeito do tratamento por sugestão. Apenas tenho a impressão de que poderia descobrir coisa melhor. E esta impressão é justificada. Não deveria soar para sempre:

> *Quando alcançamos nesta vida o bom*
> *O melhor nos parece fraude e ilusão*[6].

---

6. *Fausto*. Parte I, cena noturna.

Afirmo claramente: se eu estivesse em seu lugar, muitas vezes ficaria em apuros usando apenas a psicanálise. Mal posso imaginar, num sanatório, uma práxis geral sem outros meios auxiliares do que a simples psicanálise. O sanatório de Bircher, em Zurique, adotou o princípio da psicanálise, ao menos a maioria de seus assistentes; mas toda uma série de outros fatores educativos atuam sobre os pacientes, sem os quais as coisas estariam mal. Em minha práxis exclusivamente psicanalítica, já lamentei várias vezes não poder me valer de outros métodos de educação que estão sempre disponíveis num instituto – mas só em determinados casos, ao se tratar de pessoas especialmente descontroladas ou primitivas. Quem ousaria afirmar que descobrimos a psicanálise? Há casos em que ela funciona pior do que outro método qualquer. Mas quem disse que a psicanálise deve ser usada sempre e em toda parte? Só um fanático o afirmaria. Os pacientes a serem submetidos a ela devem ser relacionados. Pacientes que eu não julgo adequados à psicanálise, eu os envio a outros médicos. Isto acontece raras vezes, pois os doentes mesmos fazem sua escolha. Os pacientes que procuram o psicanalista sabem, na maioria das vezes, por que vão a ele e não a outro médico. E, além disso, há inúmeros neuróticos que se prestam muito bem para a psicanálise. Nessas coisas, qualquer esquema deve ser abandonado. Não se queira atravessar a parede batendo com a cabeça. Depende das circunstâncias do caso e do *médico assistente*, se é conveniente a simples hipnose, o tratamento catártico ou a psicanálise. Cada médico auferirá os melhores resultados se utilizar o instrumento que ele melhor conhece.

604

Exceções à parte, *devo dizer que a psicanálise vai melhor para mim e também para meus pacientes do que qualquer outro tratamento*. Não é apenas a intuição que me diz, mas também a longa experiência, que muitos casos, refratários a qualquer outro método, podem ser resolvidos pela psicanálise. Sei que muitos outros colegas fizeram a mesma constatação, e médicos que atuam exclusivamente na prática. Seria improvável que um método de pouco valor tivesse tão grande adesão.

605

Quando a psicanálise tiver sido aplicada num caso adequado, então *devem* ser encontradas também soluções racionais dos conflitos. Gostaria de adiantar a objeção de que muitos conflitos são insolúveis. Há pessoas que assumem este ponto de vista porque só pensam em

606

soluções externas – que, vistas a fundo, não são soluções de forma alguma. Quando alguém não se dá bem com a esposa, pensa que o conflito ficará resolvido se casar com outra. Precisa-se ter visto esses casamentos para saber que não representam nenhuma solução. O velho Adão entra num novo casamento para estragá-lo, como fez com o primeiro. *Uma verdadeira solução de conflitos é exclusivamente a interior, na medida em que o paciente é levado a uma outra atitude.*

607 No primeiro caso, não há necessidade de nenhuma psicanálise, *mas, no último caso, temos a verdadeira tarefa da psicanálise.* O conflito entre "amor e dever" precisa ser resolvido em nível de caráter, onde "amor e dever" não são mais opostos, o que eles na verdade não são. Também o célebre conflito entre "instinto e moral convencional" deve ser solucionado de tal forma que ambos os fatores sejam considerados, e isto só é possível mediante a mudança de caráter. Esta mudança a psicanálise pode operar. Em tais casos, soluções externas são piores que nenhuma. A ocasião determinará qual o caminho que o médico deverá tomar e qual é a sua obrigação. Considero que a questão da consciência da fidelidade à sua convicção científica é menos importante do que a questão de como pode ser mais útil a seu paciente. O médico também precisa às vezes ser um áugure. O mundo quer ser enganado ("mundus vult decipi") –, mas o efeito curativo não é uma ilusão. É verdade que existe um conflito entre convencimento ideal e possibilidade concreta. Mas estaremos preparando mal o solo para a futura semente, se esquecermos as tarefas do presente e só quisermos cultivar ideais. Seria um sonho. Não esqueçamos que Kepler fez horóscopos por dinheiro e que inúmeros artistas estão condenados a trabalhar por salários.

V
9 de fevereiro de 1913 (Loÿ)

608 Temos a mesma paixão quando pensamos na pesquisa pura, e a mesma determinação de curar, quando pensamos na terapia. E queremos também plena liberdade para o pesquisador e para o médico em todos os sentidos – plena liberdade de escolher e experimentar os métodos que melhor o levem ao objetivo. Neste último ponto estamos

Freud e a psicanálise

de acordo; mas há um postulado que precisamos fundamentar, se quisermos o reconhecimento dos outros para o nosso ponto de vista.

Temos que responder a uma pergunta que já foi formulada nos **609** Evangelhos: O que é a *verdade*? Eu acho que definições claras devem ser dadas aos conceitos básicos em qualquer campo. Como obter uma definição prática do conceito "verdade"? Talvez uma alegoria possa nos ajudar.

Imaginemos um prisma gigante, colocado diante do sol, que de- **610** compõe seus raios, sem que os homens o saibam. Abstraio aqui dos raios químicos, invisíveis, ultravioletas. As pessoas que vivem no lugar iluminado pelos raios azuis dirão: O sol emite apenas luz azul. Elas têm razão, e também não têm: pela sua posição, estão em condições de conhecer apenas *parte da verdade*. O mesmo acontece com as pessoas atingidas pelos raios vermelhos, amarelos e das zonas intermédias. E elas se esforçarão para impor aos outros a *sua* verdade parcial, até que, por visitas mútuas, chegam à conclusão unânime de que o sol emite raios de várias cores. É uma verdade abrangente, mas ainda não é *a* verdade. Somente quando uma lente gigantesca reunir novamente os raios decompostos e quando os raios invisíveis, químicos e de calor tiverem dado prova de seus efeitos específicos, surgirá um conhecimento mais conforme à verdade. O homem perceberá, então, que o sol emite luz branca que é decomposta pelo prisma em vários raios com propriedades diferentes, e que esses raios são recompostos, pela lente, num feixe de luz branca.

Este exemplo mostra que o caminho para a verdade passa por **611** uma série de observações *comparativas* e *abrangentes*, cujos resultados devem ser controlados por *experiências* escolhidas ao acaso até que se possam estabelecer *hipóteses* e *teorias* aparentemente bem fundamentadas; mas estas hipóteses e teorias caem por terra logo que uma única nova observação ou uma única nova experiência as contradiga.

O caminho é penoso e como resultado obteremos unicamente **612** uma *verdade relativa*. Mas ela é suficiente por ora, se explicar as conexões mais importantes dos fatos do passado, a fim de iluminar os do presente, e predisser os do futuro, para que estejamos em condições de nos adaptarmos através de nossos conhecimentos. A *verdade*

270 Obra Completa – Vol. 4

absoluta só é acessível a uma onisciência que tivesse conhecimento de todas as conexões e combinações possíveis; mas isto é impossível porque é infinito o número de conexões e combinações. Por isso só conheceremos verdades aproximadas. Se forem descobertas novas conexões e construídas novas combinações, mudarão completamente o quadro e as possibilidades do saber e poder. Quantas reviravoltas causam à vida das pessoas cada uma das novas descobertas dos cientistas: quão tímida foi a primeira teoria da eletricidade e quão inconcebíveis são os resultados.

613 Isto são lugares comuns, mas é preciso repeti-los quando vemos como é tornada amarga a vida dos inovadores em qualquer campo científico e, agora sobretudo, dos seguidores do método psicanalítico. Todos admitem esses lugares-comuns enquanto se trata de assunto de discussão "acadêmica", mas só enquanto isso; assim que um caso concreto entra em discussão, surgem as simpatias e antipatias que perturbam o julgamento. Por isso deve o pesquisador lutar incansavelmente pela liberdade de pesquisa em todos os campos, apelando para a lógica e a honestidade. E não deve permitir que déspotas de conotação política ou religiosa invoquem "razões de conveniência" para destruir ou restringir esta liberdade. Razões de conveniência podem estar e estão em outros lugares; não aqui. Finalmente temos que acabar com o dito medieval "a filosofia é a serva da teologia" (philosophia ancilla theologiae), bem assim com o uso de criar cadeiras universitárias para partidos políticos ou religiosos. Todo fanatismo é inimigo da ciência que, acima de tudo, deve ser independente.

614 Quando retornamos da busca da verdade para a terapia, vemos logo que também aqui concordamos. Na prática, a conveniência *deve* imperar: o médico da região amarela deve se adaptar aos pacientes da região amarela, assim como o médico da região azul deve se adaptar aos seus pacientes; ambos têm o mesmo objetivo. E o médico que vive na luz branca deve levar em consideração as experiências passadas dos pacientes da região amarela ou azul, apesar de seu maior conhecimento ou devido a ele. Nesses casos o caminho para a cura é longo e difícil, e talvez leve mais facilmente a um beco sem saída do que nos casos em que deve lidar com pacientes que, como ele, já atin-

Freud e a psicanálise

giram o conhecimento da luz branca, ou, em outras palavras, quando seus pacientes já "se peneiraram". Com esses pacientes "peneirados", pode o psicanalista trabalhar com métodos exclusivamente da psicanálise; pode se considerar feliz por não precisar "bancar o áugure".

Mas o que são esses métodos da psicanálise? Se o entendi bem, trata-se de trabalhar aberta e diretamente *com as forças básicas da alma humana* para que sejam abertos os olhos do paciente, esteja ele doente, sadio ou num estágio intermediário – pois doença e saúde se misturam imperceptivelmente – para o que acontece no seu íntimo. Ele precisa aprender a conhecer os automatismos que são hostis ao desenvolvimento de sua personalidade e, através desse conhecimento, deve aprender a se livrar deles; mas deve aprender também a explorar e fortalecer os automatismos favoráveis. Precisa aprender a tornar real seu autoconhecimento e aprender a dominar os mecanismos de sua mente de modo a se estabelecer um equilíbrio entre a esfera do sentimento e da razão. Qual a participação *sugestiva* do médico em tudo isso? Não acredito que se possa evitar de todo a sugestão até que o doente se sinta realmente *libertado*. Evidentemente esta liberdade é o que deve ser buscado e ela deve ser *ativa*. O doente que simplesmente obedece a uma sugestão, só o faz enquanto permanece viva a "transferência para o médico".   615

Mas para se ajustar a todas as circunstâncias o paciente deve ter-se fortalecido "de dentro para fora". Não deverá mais precisar das muletas da fé, deverá ser capaz de encarar criticamente todas as tarefas teóricas e práticas, e resolvê-las ele mesmo. Este é o seu ponto de vista, ou será que não entendi bem?   616

Pergunto-me a seguir: Não deveria cada caso ser tratado de modo diferente – *dentro do método psicanalítico*? Se cada caso é um caso em si, deve exigir um tratamento individual.   617

"Não há doenças, existem apenas doentes" ("Il n'y a pas de maladies, il n'y a que des malades"), dizia um médico francês cujo nome não recordo. Mas, *falando em geral*, qual o curso que deve tomar a análise, de um ponto de vista técnico, e que desvios ocorrem com maior frequência? Gostaria muito de aprender isto de você. Já sei que estão fora de cogitação todos os "truques augurais", o escurecimento do consultório, máscaras, clorofórmio etc.   618

272 Obra Completa — Vol. 4

619   A psicanálise, purificada o quanto possível das influências suges-
tivas, apresenta uma diferença essencial da psicoterapia *à la Dubois*.
Em Dubois é proibida de antemão qualquer conversa sobre o passado, e são colocadas em primeiro lugar "razões morais para a recuperação"; ao passo que a psicanálise usa o material subconsciente do
passado e presente do paciente para promover o autoconhecimento.
Outra diferença está na concepção da moralidade: a moral é sobretudo "relativa". Mas que forma dar à moral quando a sugestão não
pode ser evitada? Você dirá: a conveniência deve decidir. De acordo,
quando se trata de idosos ou de pessoas adultas que têm que viver
num ambiente não muito esclarecido. Mas se alguém está lidando
com crianças, a semente do futuro, não é um sagrado dever esclare-
cê-las sobre os fundamentos instáveis das assim chamadas concepções morais do passado que têm apenas base dogmática, e educá-las
para a liberdade plena, revelando-lhes corajosamente a verdade? Pergunto isto, não visando ao médico analista, mas sobretudo ao educa-
dor. Não seria uma tarefa do psicanalista promover a fundação de *escolas progressistas*?

VI
11 de fevereiro de 1913 (Jung)

620   A relatividade da "verdade" já é conhecida de há muito e não serve de obstáculo para nada. E se o fosse, impediria apenas a crença em
dogmas e autoridade. Mas nem isso ela faz.

621   Você me pergunta – ou, antes, me informa – sobre o que é a psicanálise. Antes de fazer considerações sobre os seus pontos de vista,
permita-me tentar primeiro demarcar o território e dar uma definição de psicanálise.

622   Psicanálise é, antes de tudo, apenas um método, que preenche
todas as rigorosas exigências que o conceito de um "método" requer
hoje. Quero dizer de imediato que a psicanálise não é uma *anamnese*,
como gostam de acreditar os que tudo sabem sem nunca terem
aprendido nada. É essencialmente um caminho para investigar as associações inconscientes às quais é impossível chegar examinando
apenas o consciente. A psicanálise também não é um método de exame, a exemplo de um teste de inteligência, ainda que este erro seja

comum em certos círculos. Nem é um método de catarse para ab-reagir traumas reais ou imaginários, com ou sem hipnose.

Psicanálise é um método que torna possível a *redução analítica de conteúdos psíquicos a sua expressão mais simples, e descobre a linha de menor resistência no desenvolvimento de uma personalidade harmoniosa*. Na neurose não há uma direção uniforme de vida porque as tendências contrárias frustram e impedem a adaptação psicológica. A psicanálise, pelo que pudemos ver até hoje, parece ser a única terapia racional da neurose. 623

Não é possível estabelecer um programa de aplicação da psicanálise. Há somente princípios gerais e normas de trabalho para análise individual (Para esta última, quero remetê-lo ao trabalho de Freud, no vol. I da *Internationale Zeitschrift für ärztliche Psychoanalyse*)[7]. Minha única norma de trabalho é conduzir a análise como uma conversa perfeitamente comum e sensível, e evitar toda aparência de magia médica. 624

O princípio mais importante da técnica psicanalítica é analisar *os conteúdos psíquicos que se apresentam num dado momento*. Qualquer interferência por parte do analista com o objetivo de forçar a análise a seguir um curso sistemático é um erro grosseiro de técnica. *O que chamamos de acaso é a lei e ordem da psicanálise.* 625

No início da psicanálise, vem em primeiro lugar naturalmente a anamnese e o diagnóstico. O procedimento analítico subsequente vai se desenvolver de modo bem diferente em cada caso. É quase impossível ditar normas. O máximo que se pode dizer é que frequentes vezes, no início, há que superar uma série de resistências contra o método e o analista. É preciso dar aos pacientes, que não têm noção alguma de psicanálise, uma compreensão do método. E aos que conhecem alguma coisa é preciso esclarecer os preconceitos que não raro existem, e responder às objeções que são levantadas pela crítica científica. Em ambos os casos, os preconceitos são devidos a interpretações arbitrárias, superficialidade e crassa ignorância dos fatos. 626

---

7. "Weitere Ratschläge zur Technik der Psychoanalyse: I. Zur Einleitung der Behandlung". *Intern. Z. f. ärztl. Psychoanal.*, I, 1913.

627 Se o paciente também é médico, seu hábito de sempre saber melhor as coisas se demonstra muito cansativo. Uma discussão teórica com colegas inteligentes é muito válida. Mas com colegas pouco inteligentes e beatos é melhor começar logo com a análise. No inconsciente dessas pessoas você tem um aliado que não deixa você ser derrubado. Logo os primeiros sonhos demonstram a pobreza de suas críticas e de todo o belo edifício de ceticismo, supostamente científico, só vai restar um montinho de vaidade pessoal. Tive experiências interessantes a este respeito.

628 É melhor deixar os pacientes falarem livremente e se limitar a apontar, cá e lá, alguma conexão. Quando tiver exaurido o material consciente, vai-se aos sonhos que lhe darão o material subliminar. Quando as pessoas não têm sonhos, ou porque assim o afirmam ou porque os esquecem, normalmente ainda existe algum material consciente que precisa ser produzido e discutido, mas que é calado devido a resistências. Quando o consciente foi esvaziado, então vêm os sonhos que, como você sabe, são o principal objeto da análise.

629 A maneira de conduzir a análise e o que deve ser dito ao paciente depende, em primeiro lugar, do material com que se lida; em segundo lugar, da habilidade do analista e, em terceiro lugar, da capacidade do paciente. Quero enfatizar que só se deve assumir uma análise com conhecimento bem sólido. E aí entra também um bom conhecimento da literatura existente até agora. Sem isso, o resto é chute.

630 Mais não sei dizer. Aguardo outras perguntas.

631 Quanto à questão da moralidade e da educação, isto pertence a um estágio posterior da análise onde encontra ou deve encontrar solução por si mesma. *Não se deve transformar a psicanálise num receituário.*

VII
16 de fevereiro de 1913 (Loÿ)

632 Você escreve que é necessário um sadio conhecimento da literatura para uma introdução à psicanálise. Concordo, mas com uma observação: quanto mais se lê, mais claramente se percebe que há inúmeras contradições entre os escritores e menos se sabe – enquanto não se tiver experiência pessoal suficiente – a que ponto de vista aderir, uma

Freud e a psicanálise

vez que se fazem, muitas vezes, afirmações sem prova alguma. Por exemplo, eu pensei (e confirmado nisto por minha própria experiência com a terapia sugestiva) que a transferência para o analista deveria ser condição essencial para a cura do paciente. Mas você escreve: "A psicanálise não se baseia na *fé* do paciente, mas no seu *espírito crítico*. Stekel, no entanto, escreve o contrário (Ausgänge der psychoanalytischen Kuren, em *Zentralblatt für Psychoanalyse*, III, fasc. 4, p. 176): "O amor ao analista pode ser uma força conduzente à recuperação. Os neuróticos não se curam pelo amor a si mesmos, eles se curam pelo amor ao analista. Eles fazem isto para agradá-lo..." Não estaria aqui o acento no poder da sugestão? E Stekel se considera pura e simplesmente um analista. Por outro lado, você observa em sua carta de 28 de janeiro: "A personalidade do analista é um dos fatores mais importantes da cura". Isto não poderia significar o seguinte: Quando o analista inspira respeito no paciente e é digno de seu amor, o paciente seguirá seu exemplo para agradá-lo e se esforçará para vencer sua neurose e, assim, cumprir suas obrigações humanas no mais amplo sentido?

Acho que só é possível alguém sair dessa incerteza quando tiver suficiente experiência pessoal. Neste caso, também saberá qual o procedimento mais adequado à sua própria personalidade e que dará os melhores resultados terapêuticos. Esta é outra razão para a gente mesmo se submeter a uma análise, para saber o que se é. Concordo mais com sua definição de psicanálise em seu sentido negativo: a psicanálise não é anamnese, nem método de exame a modo de um teste de inteligência e nem uma psicocatarse. Mas sua definição no sentido positivo de que "a psicanálise é um método para descobrir a linha de menor resistência no desenvolvimento de uma personalidade harmoniosa" me parece aplicar-se apenas à preguiça do paciente e não para soltar a libido sublimada em vista de um novo objetivo na vida.

Você diz que, na neurose, não há direção uniforme porque tendências contrastantes impedem a adaptação psíquica. Certo. Mas será que a adaptação psíquica não tomará rumos diferentes de acordo com a vontade do paciente, agora curado, de querer redimensionar sua vida simplesmente para evitar a dor (linha da menor resistência) ou para obter o máximo de prazer? No primeiro caso, será mais passivo e apenas se reconciliará com a "sobriedade da realidade"

(STEKEL, p. 187). No segundo caso, ele "se tomará de entusiasmo" por alguma coisa ou pessoa. Mas o que determina se ele será mais ativo ou passivo em sua "segunda" vida? Você acha que este fator determinante aparece espontaneamente no curso da análise e que o analista deve se abster cuidadosamente de influir no peso da balança? E se ele não se contiver na canalização da libido do paciente para determinada direção, deverá renunciar ao direito de ser chamado psicanalista, e deve ser considerado um "moderado" ou "radical"? (FURTMÜLLER. "Wandlungen in der Freud'schen Schule". *Zentralblatt*, III, fasc. 4-5, p. 191). Acho que você já respondeu a esta questão, ao escrever em sua carta de 11 de fevereiro: "Qualquer interferência pelo analista é um erro grosseiro de técnica. O assim chamado acaso é a lei e ordem da psicanálise". Mas, tirada do contexto, esta afirmação talvez não corresponda totalmente ao que você quer dizer.

635 Quanto a esclarecer o paciente sobre o método psicanalítico antes de iniciar a análise, você parece concordar com Freud e Stekel: melhor de menos do que demais. Um conhecimento inoculado no paciente permanece sempre meio conhecimento, e meio conhecimento gera "querer conhecer melhor", o que apenas impede o progresso da análise. Após ligeira explanação, deixar primeiro o paciente falar, assinalando uma conexão cá e lá; e, então, quando o material consciente estiver exaurido, ir para os sonhos.

636 Aqui se coloca outra dificuldade em meu caminho que já tive oportunidade de mencionar em nossa conversa: o paciente começa a adotar o tom, a linguagem e o jargão do analista (seja por imitação consciente, transferência ou simples desafio, para combater o analista com suas próprias armas). – Como evitar que ele produza toda sorte de fantasias como se fossem traumas reais da primeira infância, e *sonhos* supostamente espontâneos, mas que na realidade são *sugeridos*, seja direta ou indiretamente, mesmo que involuntariamente?

637 Contei-lhe então que Forel (em *Der Hypnotismus*) fazia seus pacientes sonharem o que ele queria e eu repeti esta experiência sem dificuldades. E quando o analista não quiser *sugerir nada*, deve permanecer calado a maior parte do tempo e deixar o paciente falar – exceto quando, ao interpretar os sonhos, deve dar sua interpretação ao paciente?

VIII
18 de fevereiro de 1913 (Jung)

Concordo plenamente com sua observação que reina confusão na literatura psicanalítica. Agora mesmo, há diferentes pontos de vista em andamento na fixação teórica dos resultados analíticos, para não mencionar os muitos desvios individuais. Em contrapartida à concepção quase totalmente causal de Freud, desenvolveu-se, aparentemente em absoluta contradição com Freud, a concepção puramente finalista de Adler, ainda que, na realidade, seja um complemento essencial da teoria de Freud. Prefiro me manter neutro, analisando ambos os pontos de vista. Não é de admirar que reine grande discordância sobre as recentes questões da psicanálise, quando consideramos a dificuldade que elas trazem. Um dos problemas mais difíceis é o do efeito terapêutico da psicanálise e seria espantoso se já tivéssemos obtido certeza absoluta.

A observação de Stekel é muito interessante. O que ele diz sobre o amor ao analista é obviamente verdadeiro. Mas é simplesmente uma constatação de fato e não um objetivo ou um princípio normativo da terapia analítica. Se fosse um objetivo, muitas curas poderiam ocorrer, mas também muitos fracassos poderiam ter sido evitados. O objetivo é educar o paciente de tal forma que ele fique bom por si mesmo e por determinação própria e não para que proporcione ao analista alguma espécie de vantagem. Seria, contudo, absurdo do ponto de vista terapêutico não permitir ao paciente ficar bom só porque quer agradar ao seu analista. O paciente deve saber o que está fazendo e isto é tudo. Não cabe a nós prescrevermos o caminho pelo qual ficará curado. Parece-me, naturalmente (do ponto de vista psicanalítico), um uso ilegítimo da influência sugestiva forçar o paciente a ficar bom sem o amor ao seu analista. Esta espécie de coerção às vezes se vinga cruelmente. O "faça isto e será salvo" já não se recomenda na terapia das neuroses, bem como em qualquer outro campo da vida. Além disso, contradiz os princípios do tratamento analítico; estes evitam toda coerção e procuram deixar cada qual crescer a partir de dentro. Não me oponho, como você sabe, à influência sugestiva em geral, mas apenas a motivações duvidosas. Se o analista exigir que seu paciente fique bom sem o amor a ele (analista), o paciente vai apelar para a prestação de favores recíprocos e procurará extorqui-los. Posso apenas prevenir contra esta prática. Um motivo ainda mais forte para a recuperação – também mais saudável e eticamente mais valioso – é a visão profunda que o paciente deve ter da situação real, um reconhecimento das coisas como estão e como poderiam estar. Se ele tiver alguma fibra, perceberá que não pode continuar sentado na charneca da neurose.

640 Não posso concordar com sua interpretação de minhas afirmações sobre o efeito terapêutico da personalidade do analista. Escrevi[8] que sua personalidade tem um efeito terapêutico porque o paciente *lê* a personalidade do analista e não quer que ele fique bom *sem o amor ao* analista. O analista não pode evitar que o paciente comece a proceder com relação a seus conflitos da mesma forma como ele próprio procede, pois nada é mais penetrante do que a empatia de um neurótico. *Mas qualquer transferência forte também consegue este objetivo.* Tornando-se amável ao paciente, o analista simplesmente contorna uma porção de resistências que o paciente teria que superar, mas que certamente deverá superar depois. E assim nada se ganha com esta técnica; o único proveito é que o início da análise se torna mais fácil para o paciente, ainda que isto tenha suas vantagens. Arrastar-se através de uma cerca de arame farpado, sem ter um objetivo sedutor, revela uma força de vontade ascética que não se pode esperar de uma pessoa normal e muito menos de um neurótico. O próprio cristianismo cujas exigências são de nível elevado não esquece de nos animar com o reino dos céus como recompensa por nosso esforço terreno. Na minha opinião, o analista está credenciado a falar das vantagens que advêm do fervor da análise. Ele não pode apresentar a si mesmo ou a sua amizade, por gestos ou promessas, como recompensa, a não ser que esteja seriamente resolvido a fazê-lo.

641 Quanto à sua crítica sobre minha tentativa de definir a psicanálise, deve-se observar que a linha de menor resistência é o caminho que passa por sobre a montanha íngreme quando um touro feroz nos aguarda no caminho do vale suave. Em outras palavras, a linha de menor resistência é um compromisso com *todas* as eventualidades, e não precisamente com a preguiça. É um preconceito achar que a linha de menor resistência coincide com o caminho da inércia. (É o que pensávamos quando fazíamos nossos exercícios de latim na esco-

---

8. Talvez uma referência ao § 587 deste volume ou a uma carta não publicada.

Freud e a psicanálise

la.) A preguiça é apenas uma vantagem temporária e leva a consequências que envolvem as piores resistências. No todo, não coincide, portanto, com a linha de menor resistência. A vida ao longo da linha de menor resistência não é sinônimo de caça implacável a desejos interesseiros. Se alguém viver assim, perceberá com pesar que não estava seguindo a linha da menor resistência, porque o homem também é um ser social e não apenas um feixe de instintos egoístas, como querem alguns. Pode-se ver isto nos primitivos e nos animais que vivem em rebanhos; eles têm um senso social bem desenvolvido. Sem esta função, o rebanho não poderia existir. Também o homem, como animal de rebanho, não precisa, em princípio, submeter-se a leis impostas de fora; ele traz, *a priori*, dentro de si uma lei social, qual necessidade inata. Como você vê, coloco-me em total oposição a certas colocações que, segundo minha opinião, estão incorretas e que surgem cá e lá dentro da escola psicanalítica.

A linha da menor resistência não significa *eo ipso* evitar o desprazer, mas o justo equilíbrio entre prazer e desprazer. Uma atividade *exclusivamente* desprazerosa leva à exaustão e não dá resultado algum. A pessoa humana deve poder se alegrar em sua vida, caso contrário não vale a pena o esforço de viver.

Não compete a nós julgarmos a direção que tomará no futuro a vida do paciente. Não devemos imaginar que sabemos mais do que a própria natureza dele, caso contrário seríamos educadores da pior espécie. (Ideias básicas de natureza semelhante podem ser encontradas no método Montessori[9].) A psicanálise é apenas um meio para tirar as pedras do caminho da natureza, e não um método (como o hipnotismo muitas vezes pretende ser) mediante o qual se colocam dentro do paciente coisas que lá antes não estavam. É melhor renunciar, pois, a qualquer tentativa de dar direção e só realçar o que a análise traz à luz para que o paciente veja tudo com maior clareza e tire as conclusões cabíveis. Não acreditará por muito tempo naquilo que ele mesmo não adquiriu, e tudo o que lhe foi imposto por autoridade o manterá infantil. Ele deve ser colocado em situação tal que consiga tomar a própria vida em suas mãos. A arte da análise consiste em trilhar, sem preconceito, também os caminhos errôneos do paciente e,

---

9. Dra. Maria Montessori (1870-1952).

280 Obra Completa – Vol. 4

assim, recolher as ovelhas desgarradas. Se trabalharmos segundo esquemas preconcebidos, estragaremos os melhores efeitos da psicanálise. Devo reafirmar, pois, o que disse e que você criticou: "Qualquer interferência do analista é um erro grosseiro de técnica. O assim chamado acaso é a lei e ordem da psicanálise".

644 Você sabe que é difícil abandonar o pretensioso preconceito de querermos corrigir a natureza e lhe impor nossas "verdades" limitadas. Na terapia das neuroses fazemos tantas experiências maravilhosas, imprevistas e imprevisíveis, que deveríamos perder qualquer esperança de saber melhor e querer prescrever o caminho. O contorno e o caminho errado são necessários. Se negarmos isso, devemos negar também que os erros da história tenham sido necessários. Isto seria uma concepção do mundo calcada no pedantismo. Esta concepção não serve para a psicanálise.

645 A questão de quanto o analista sugere involuntariamente ao paciente é delicada. Certamente é maior do que admitimos até agora na psicanálise. A experiência me provou que os pacientes logo começam a se servir de ideias que aprenderam na psicanálise, o que se manifesta também na configuração dos sonhos. Impressões desse tipo podemos encontrar no livro de Stekel, *Die Sprache des Traumes*. Tive certa vez uma experiência bem ilustrativa: Uma senhora muito inteligente tinha, desde o começo, enormes fantasias de transferência que se moviam dentro de um esquema erótico. Mas ela não admitia isso de forma alguma. Naturalmente seus sonhos a denunciavam e minha pessoa vinha sempre escondida sob alguma outra pessoa, nem sempre fácil de identificar. Uma longa série desses sonhos me levou finalmente a observar: "Como vê, é sempre assim: a pessoa com a qual realmente sonha vem substituída e mascarada por outra pessoa no conteúdo manifesto do sonho". A paciente havia negado categoricamente este mecanismo até então. Mas, desta vez, não pôde fugir e teve que concordar com minha regra de trabalho – mas só para me pregar uma peça. No dia seguinte, trouxe-me um sonho em que eu e ela aparecíamos numa situação claramente lasciva. Fiquei perplexo e pensei logo na minha regra. Sua primeira associação ao sonho foi a pergunta maliciosa: "Não é verdade que a pessoa com a qual a gente realmente sonha sempre é substituída por outra no conteúdo manifesto do sonho?"

Freud e a psicanálise 281

A paciente se aproveitou da experiência e encontrou a fórmula 646
protetora pela qual pudesse expressar abertamente suas fantasias de
forma bastante inocente.

Este exemplo mostra como os pacientes usam dos conhecimentos 647
que adquiriram na análise. Usam-nos para fazer simbolismos. Quem
acredita em símbolos absolutamente fixos fica preso na própria rede.
Isto já aconteceu com mais de um analista. É um negócio enganador e
pouco confiável exemplificar certos teoremas com sonhos ouvidos durante uma análise. São provas apenas os sonhos provindos de pessoas
comprovadamente não influenciadas. Nesses casos, deveríamos, no
máximo, excluir a leitura telepática do pensamento. Mas, admitindo
esta possibilidade, deveríamos submeter muitas outras coisas a uma rigorosa revisão, inclusive muitas sentenças judiciais.

É preciso dar plena atenção ao fator sugestivo, mas não devemos 648
ir longe demais. O paciente não é um saco vazio onde podemos enfiar tudo o que queremos; ele traz consigo seus próprios conteúdos
que se defendem contra a sugestão e que procuram se impor. A "sugestão" analítica apenas altera a expressão, não o conteúdo – como
pude constatar frequentes vezes. A expressão, é o mutável sem limites, mas o conteúdo é firme e só atingível com o tempo e dificilmente.
Se não fosse assim, a terapia sugestiva seria a mais eficaz, gratificante
e fácil – uma verdadeira panaceia. Mas infelizmente não é assim,
como o reconhecem todos os hipnotizadores honestos.

Voltando à sua questão se é possível que pacientes, usando fala- 649
ciosamente, mas talvez sem querer, o modo de se expressar do analista, possam induzi-lo a erro, quero dizer que isto é um problema bem
sério. É preciso que o médico analista tome todo o cuidado e se muna
de toda a autocrítica para não ser induzido a erro pelos sonhos do paciente. Pode-se dizer que os pacientes usam quase sempre em seus sonhos os modos de expressão que aprenderam na análise. Interpretações de símbolos antigos são novamente inseridos nos sonhos como
símbolos. Assim acontece, não raro, que situações sexuais, por exemplo, que apareceram simbolicamente em sonhos antigos, apareçam
"descobertas" em sonhos posteriores e novamente – notar bem – de
forma simbólica como expressões analisáveis de ideias de natureza
diferente escondidas atrás delas. O sonho, não muito raro, de uma
relação sexual incestuosa não é, de forma alguma, um conteúdo

"descoberto", mas um sonho tão simbólico e tão analisável quanto outro qualquer. Só podemos chegar à ideia paradoxal de que semelhante sonho seja "descoberto", se estivermos bem familiarizados com a teoria sexual da neurose.

650 É possível que o paciente engane o analista, por maior ou menor tempo, com suas artimanhas e fingimentos propositais, como pode acontecer em qualquer outro ramo da medicina. Com essas coisas, quem mais se prejudica é o próprio paciente, uma vez que deverá pagar todo engano e subterfúgio com o aumento ou multiplicação de seus sintomas. Enganar prejudica-o terrivelmente, de tal forma que não consegue abandonar este vezo de uma vez por todas.

651 A questão da técnica da análise vamos deixá-la para uma conversa pessoal.

IX
23 de fevereiro de 1913 (Loÿ)

652 De sua carta de 16 de fevereiro, gostaria de destacar em primeiro lugar, o final, onde você assinala ao fator sugestivo o devido lugar na psicanálise: "O paciente não é um saco vazio onde podemos enfiar qualquer coisa, mas ele traz consigo certos conteúdos com os quais a gente tem que contar sempre de novo". Concordo plenamente com esta afirmação, pois minhas experiências a confirmam. E você continua: as sugestões analíticas involuntárias deixam este conteúdo intacto, mas a expressão pode ser destorcida sem limites, a exemplo de Proteu. Seria uma espécie de "jogo burlesco" no qual o analisando procura fugir do analista que o está imprensando e que se lhe apresenta como inimigo. Até que, pelo trabalho conjunto do paciente e analista – aquele entregando espontaneamente seu conteúdo psíquico e este apenas interpretando e explanando – a análise consegue trazer tanta luz à escuridão da psique do paciente que ele pode ver as verdadeiras relações e, sem nenhum plano previamente arquitetado pelo analista, tirar as conclusões certas e aplicá-las à sua vida futura. Esta nova vida seguirá a linha da menor resistência – ou não será melhor dizer das menores resistências – como um "compromisso com todas as necessidades", num equilíbrio perfeito de dor e prazer. Não

Freud e a psicanálise 283

cabe a nós decidirmos arbitrariamente o que serve e o que não serve ao paciente; sua própria natureza decidirá. Em outras palavras, nós assumimos quase que a função da parteira cujo único papel é trazer à luz do dia uma criança viva, mas que deve evitar uma série de erros se pretende manter a criança viva e não ferir a mãe.

Isso tudo está bem claro para mim porque é a aplicação ao trata-   653
mento psicanalítico de um princípio básico que deveria ter valor universal: nunca fazer violência à natureza! Também admito que o psicanalista deve seguir os "caminhos aparentemente errados" de seu paciente se pretende que ele chegue a assumir convicções próprias e se liberte de uma vez por todas da dependência infantil da autoridade. Nós mesmos, como indivíduos, aprendemos no passado e só podemos aprender agora cometendo erros para saber como evitá-los no futuro; e a humanidade como um todo criou as condições de seus estágios de desenvolvimento, presentes e futuros, seguindo mais os caminhos errados do que os corretos. Será que muitos neuróticos – não sei se você concorda, mas creio que sim – não ficaram doentes, em parte, porque sua crença infantil na autoridade foi destruída? Choram agora sobre os destroços de sua fé e estão apavorados porque não conseguem encontrar um substituto que lhes diga claramente para onde devem ir. Ficam emparedados entre infantilismos aos quais não querem renunciar e as tarefas do presente e futuro (conflito moral). Vejo também, sobretudo nesses casos, quanta razão você tem ao dizer que seria um erro tentar substituir sua fé perdida na autoridade por outra fé em autoridade que só aproveitaria enquanto durasse. E assim temos seu veredicto sobre o uso deliberado da influência sugestiva na psicanálise e quanto ao especular sobre "a transferência para o médico" como objetivo da terapia analítica. Já não contesto sua afirmação: "Qualquer interferência do psicanalista é um erro grosseiro de técnica. O assim chamado acaso é a lei e a ordem da psicanálise". E, mais, concordo plenamente quando você diz que o altruísmo deve ser inato no homem como animal gregário. O contrário seria espantoso.

Estou propenso a aceitar que são primários os instintos altruístas   654
e não os egoístas. Amor e confiança da criança pela mãe que a nutre, acaricia, protege e mima; amor do homem pela mulher, como um desabrochar em outra personalidade; amor pelo filhote e cuidado com

ele; amor aos parentes etc. Os instintos egoístas, contudo, devem sua existência unicamente ao desejo de possessão exclusiva do objeto amado; o desejo de possuir a mãe com exclusividade, em oposição ao pai, irmão e irmã; o desejo de ter uma mulher só para si; o desejo de possuir joias, roupas etc. Talvez você diga que estou sendo paradoxal e que os instintos sejam altruístas, sejam egoístas, nascem juntos no coração do homem e que todo instinto é ambivalente por natureza. Mas eu pergunto: São nossos instintos e sentimentos realmente ambivalentes? São talvez bipolares? Podemos comparar as qualidades das emoções? O amor é realmente o oposto do ódio?

655   Seja como for, é uma felicidade que o homem traga dentro de si sua lei social como uma necessidade inata, pois do contrário a situação ficaria ruim para nossa humanidade civilizada que deveria se sujeitar a leis impostas unicamente de fora: com o desaparecimento da primitiva fé religiosa na autoridade, cairá rápida e infalivelmente na anarquia total. Deveríamos nos perguntar então se não seria melhor manter, pela força, uma fé exclusivamente religiosa na autoridade, como o fazia a Idade Média? Os benefícios da civilização que deseja garantir a cada indivíduo tanta liberdade externa quanto é compatível com a liberdade dos outros mereceriam este sacrifício, tanto quanto é válido o sacrifício em prol da livre pesquisa. Mas a época desse emprego da força contra a natureza já passou, e a humanidade civilizada abandonou esses caminhos errados, não arbitrariamente, mas obedecendo a uma necessidade interior, e por isso devemos olhar para frente com um pressentimento feliz do futuro. A humanidade, progredindo em conhecimentos e obedecendo às suas próprias leis, há de encontrar seu caminho entre as ruínas da fé na autoridade para alcançar a autonomia moral do indivíduo.

X
Março de 1913 (Jung)

656   Em vários tópicos de sua carta me pareceu que o problema da "transferência" era para você especialmente crítico. Esta sua preocupação se justifica plenamente. A transferência é, de fato, no momento atual, o problema central da análise.

Você sabe que Freud considera a transferência uma projeção das fantasias infantis sobre o analista. Neste caso, é uma relação erótico-infantil. Vista, porém, de fora e superficialmente, a transferência não parece de forma alguma uma relação erótico-infantil. Enquanto for um caso da assim chamada transferência positiva, pode-se facilmente reconhecer o conteúdo erótico-infantil. Mas quando for uma transferência negativa, só encontramos resistências que, às vezes, escondem-se sob formas teóricas, aparentemente críticas ou céticas. Em certo sentido o fator determinante nessas relações é o relacionamento do paciente com a autoridade, isto é, em última análise, com o pai. Em ambas as formas de transferência, o analista é tratado como se fosse o pai – tanto com afeição como com hostilidade. Segundo esta concepção, a transferência atua como resistência logo que surge a questão de resolver a atitude infantil. Mas esta forma de transferência precisa ser destruída uma vez que o objetivo da análise é a autonomia moral do paciente. 657

Este objetivo é bem elevado, dirá você. Sem dúvida, é elevada e distante, mas não fora do alcance, pois uma das tendências predominantes de nossa civilização atual é a busca da individualização, a tal ponto que nossa época pode ser definida por esta tendência (cf. MÜLLER-LYER. *Die Familie*). Quem não acreditar neste objetivo último e cultivar o conhecido causalismo científico estará propenso a assumir apenas o elemento hostil da transferência e deixar o paciente numa relação positiva com o pai, *de acordo com os ideais de uma época cultural ultrapassada*. Sabe-se que a Igreja Católica é uma das organizações mais poderosas dessa tendência. Não ouso negar que há muitas pessoas mais felizes por estarem sob coação de outros, do que se estivessem entregues à autodeterminação (cf. SHAW. *Man and Superman*). Faríamos, porém, grave injustiça a nossos pacientes neuróticos se quiséssemos enquadrá-los todos na categoria de não livres. Entre os neuróticos há muitos que não precisam ser lembrados de seus deveres e obrigações sociais; nasceram para serem portadores de novos ideais culturais. São neuróticos enquanto se curvam perante a autoridade e recusam a liberdade à qual foram destinados. Enquanto olharmos a vida apenas retrospectivamente, como é o caso dos escritos psicanalíticos da escola de Viena, nunca faremos justiça a essas pessoas e nunca levaremos a eles a esperada salvação. Dessa maneira, 658

286 Obra Completa — Vol. 4

apenas os educaremos para serem crianças obedientes e favorecere-
mos aquilo que os torna doentes, isto é, o atraso conservador e a submissão à autoridade. Até certo ponto, esta é a maneira correta de lidar com pessoas que sofrem de uma insubordinação infantil e que
não conseguem ainda se adequar à autoridade. Mas o impulso que
leva os outros a se livrar de sua relação conservadora com o pai não é,
de forma alguma, um desejo infantil de insubordinação, mas uma
pressão muito forte de busca da própria personalidade; e esta luta é
para eles uma obrigação vital indeclinável. A psicologia de Adler faz
mais justiça a esta situação do que a de Freud.

659 Para um tipo de pessoas (os insubordinados infantis), a transferência positiva significa um progresso essencial, de importância cura-
tiva; para o outro tipo (os obedientes infantis), significa um retrocesso pernicioso, um modo conveniente de fugir das obrigações vitais. A
transferência negativa será, para os primeiros, um aumento de insubordinação, ou seja, um retrocesso e uma fuga das obrigações vitais;
para os últimos, um progresso em direção à cura (para os dois tipos,
cf. ADLER. *Trotz und Gehorsam*).

660 Como você vê, a transferência tem que ser encarada diferente-
mente, de acordo com o caso de que se trata.

661 O processo psicológico da transferência – seja negativo, seja positivo – consiste numa "ocupação libidinal" da personalidade do analista, isto é, ele representa um valor emocional. (Como você sabe, entendo por libido mais ou menos o que os antigos entendiam pelo
princípio cosmogônico de *Eros*, ou, na linguagem moderna, o que se
entende por "energia psíquica".) Inclinando-se para o analista ou a
ele se opondo, o paciente está ligado a ele e não pode deixar de
acompanhar e imitar a atitude psíquica do analista. Dessa forma ele é
levado a sentir junto (empatia). E isto o médico não pode impedir,
nem usando toda a sua boa vontade ou sua técnica, pois a empatia
age segura e instintivamente, apesar do discernimento consciente,
por mais forte que ele seja. Se o próprio analista for neurótico e insuficientemente adaptado às exigências da vida exterior ou à sua própria personalidade, o paciente vai imitar este defeito e retratá-lo em
sua própria atitude; as consequências você pode imaginar!

662 Também não concebo a transferência como simples projeção das
fantasias erótico-infantis. Ainda que ela seja isto, se considerada de um

Freud e a psicanálise   287

determinado ponto de vista, eu vejo nela, como já escrevi numa carta anterior, o processo da *empatia* e *da adaptação*. Sob este aspecto, as fantasias erótico-infantis, apesar de seu inegável valor real, aparecem mais como material de comparação ou imagens analógicas de algo ainda não compreendido do que como desejos autônomos. Esta me parece a razão fundamental de serem inconscientes. O paciente que ainda não conhece a atitude correta procura, por via da comparação analógica, abarcar o perfil da relação certa com o analista, usando seu material de experiência infantil. Não é de estranhar que ele recorra exatamente às relações mais íntimas da infância na tentativa de descobrir a fórmula adequada para sua relação com o analista, porque esta relação também é muito íntima, mas difere tanto da relação sexual quanto a relação da criança com os pais. Esta última relação – da criança com os pais – que o cristianismo estabeleceu como fórmula simbólica do relacionamento humano em geral, serve para restaurar no paciente aquela espontaneidade da camaradagem humana que lhe foi tirada pela invasão da valorização sexual e social (valorização do ponto de vista da força etc.). A valorização puramente sexual ou outra mais ou menos primitiva e bárbara anulam a relação direta, puramente humana, e isto cria um estancamento da libido que facilmente leva a formações neuróticas. Através do conteúdo das fantasias de transferência, o paciente é trazido de volta à lembrança da relação infantil que, despida de suas qualidades infantis, dá-lhe um quadro belo e claro do relacionamento humano direto, além da valorização *exclusivamente* sexual. Só posso atribuir esta concepção retrospectiva da relação infantil como puramente sexual a uma interpretação errônea, ainda que não se possa negar haver nela certo conteúdo sexual.

Resumidamente, gostaria de dizer o seguinte, da transferência   663
positiva: A libido do paciente se apodera da pessoa do analista sob a forma de expectativa, esperança, interesse, confiança, amizade e amor. A transferência produz inicialmente uma projeção de fantasias infantis, muitas vezes de coloração predominantemente erótica com referência ao analista. Nesta fase, a transferência é, via de regra, de caráter notadamente sexual, ainda que o componente sexual permaneça relativamente inconsciente. Mas este processo emocional serve de ponte para o momento maior da empatia, pela qual o paciente se conscientiza da inadequação de sua própria atitude ao reconhecer a atitude do analista e que ele aceita como adaptada às exigências da

vida e como normal. Sendo lembrado da relação infantil com a ajuda da análise, o paciente é levado a ver o caminho que o leva para fora dos valores subsidiários, puramente sexuais, ou de força, adquiridos na puberdade e reforçados pelos preconceitos sociais. Este caminho leva a um relacionamento humano puro e a uma intimidade baseada não na existência de fatores sexuais ou de força, mas no valor da personalidade. Este é o caminho da liberdade que o analista deveria mostrar a seus pacientes.

664 Não posso calar, nesta altura, que a obstinada afirmação dos valores sexuais não teria sido mantida com tanta pertinácia se não tivessem tido um profundo significado neste período da vida em que a propagação é de suma importância. A descoberta do valor da personalidade humana está reservada a uma idade mais madura. Para as pessoas jovens, a busca dos valores da personalidade é muitas vezes pretexto para fugirem de suas obrigações biológicas. E, por sua vez, a saudade exagerada de pessoas mais velhas pelos valores sexuais da juventude é uma fuga míope e muitas vezes covarde de um dever que exige o reconhecimento do valor da personalidade e a submissão à hierarquia dos valores culturais. O neurótico jovem tem medo do aumento de seus deveres vitais e o neurótico mais velho do estreitamento e limitação dos bens já conquistados.

665 Esta concepção da transferência, como você deve ter observado, está intimamente vinculada com a aceitação dos "deveres" biológicos entre os quais estão incluídas as tendências ou determinantes que produzem cultura no homem com a mesma lógica que produzem no passarinho o ninho artisticamente trançado e, no cervo, a galhagem. A concepção puramente causal, para não dizer puramente materialista, das últimas décadas, procura explicar toda a formação orgânica como reação da matéria viva. Ainda que seja uma linha de pensamento heuristicamente válida, no que se refere a uma verdadeira explicação, ela só remete a uma postergação mais ou menos engenhosa e a uma minimização do problema. Gostaria de lembrar a excelente crítica de Bergson a este respeito. As causas externas podem responder, no máximo, pela metade da reação, a outra metade se deve aos atributos peculiares da própria matéria viva, sem os quais a formação de certa reação jamais poderia ocorrer. Temos que aplicar este princípio também à psicologia. A psique não apenas *reage*, ela dá sua resposta própria às influências que atuam sobre ela, e, ao menos, a metade da

Freud e a psicanálise 289

formação resultante se deve inteiramente à psique e aos determinantes colocados dentro dela. A cultura nunca pode ser entendida como reação ao ambiente. Esta explicação superficial podemos deixar tranquilamente para o século XIX. São justamente esses determinantes que aparecem como imperativos psicológicos, e temos provas diárias de sua força compulsiva. O que eu chamo de "dever biológico" é idêntico a esses determinantes.

Finalizando, quero voltar a um ponto que lhe causou estranheza. É a questão *moral*. Observamos, em nossos pacientes, tantos impulsos ditos imorais que, involuntariamente, impõe-se ao psicoterapeuta o pensamento: O que aconteceria se esses desejos fossem todos satisfeitos? Você deve ter percebido nas minhas cartas anteriores que esses desejos não devem ser levados tão a sério. Trata-se, na maioria dos casos, de exigências exageradas que são trazidas para fora pela libido represada do paciente e contra sua vontade. A canalização da libido para o cumprimento das obrigações vitais mais simples é, na maioria dos casos, suficiente para reduzir a zero a pressão desses desejos. Mas, em certos casos, é fato notório que as tendências "imorais" não são eliminadas pela análise; manifestam-se mais e mais claramente até se tornar evidente que elas pertencem às obrigações biológicas do indivíduo. Isto acontece especificamente no caso de certas exigências sexuais que visam a uma valorização individual da sexualidade. Não é caso patológico, é uma questão social que exige uma solução ética. Para muitos é uma obrigação biológica trabalhar na solução dessa questão, isto é, encontrar soluções práticas de qualquer tipo. (Como sabemos, a natureza não se contenta com teorias.) Não temos, atualmente, uma verdadeira moralidade sexual, apenas uma atitude legalista para com a sexualidade; exatamente como na Idade Média não havia uma moralidade de ganhar dinheiro, mas apenas preconceitos e pontos de vista legalistas. Não estamos ainda em condições de distinguir entre comportamento moral e imoral no campo da atividade sexual livre. Isto se manifesta claramente no tratamento costumeiro, ou, melhor, no mau tratamento, que se dispensa as mães solteiras. Toda a hipocrisia repulsiva e o incremento da prostituição e de doenças venéreas nós os devemos à condenação legal e bárbara de certos comportamentos sexuais e à nossa incompetência de desenvolver um senso moral mais refinado para as enormes diferenças psicológicas que existem no campo da atividade sexual livre.

666

290 Obra Completa — Vol. 4

667   A existência desse problema muito complicado e prementemente atual basta para lhe mostrar por que encontramos entre nossos pacientes tantas pessoas que, devido a seus dotes espirituais e sociais, são especificamente chamados, isto é, biologicamente destinados a desempenhar parte ativa nesse trabalho cultural. Não podemos esquecer que aquilo que hoje parece um mandamento moral, amanhã pode ser revogado e transformado para servir, num futuro próximo ou distante, de base para novas formações éticas. Isto deveríamos ter aprendido da história da civilização: que as formas da moralidade pertencem à categoria das coisas transitórias. O tato psicológico mais refinado é necessário para evitar, nessas naturezas críticas, os ângulos perigosos da irresponsabilidade infantil, indolência ou licenciosidade, e para dar ao paciente uma visão clara da possibilidade de um comportamento moral autônomo. 5% de juros num dinheiro emprestado é honesto, 20% é usura desprezível. Este modo de pensar temos que aplicar também à atividade sexual.

668   Acontece, pois, que há muitos neuróticos cuja decência interna os impede de concordar com a moral atual e de se adaptar à civilização, uma vez que sua moralidade contém lacunas que precisam ser preenchidas pelo decorrer do tempo. Enganamo-nos ao pensar que muitas mulheres casadas são neuróticas só porque estão sexualmente insatisfeitas, ou porque não encontraram o homem certo, ou porque estão fixadas na sexualidade infantil. A verdadeira razão da neurose, em muitos casos, é que as pessoas não conseguem reconhecer a tarefa cultural que as espera. Todos nós estamos muito fixos na ideia "só a psicologia resolve", isto é, ainda pensamos que o novo futuro, que está batendo à porta, pode ser encerrado dentro do que já conhecemos. Essas pessoas só veem o presente e não o futuro. Foi de grande significado psicológico a proclamação, feita pelo cristianismo, de que a orientação para o futuro era o princípio redentor da humanidade. No passado nada pode ser alterado, no presente pouca coisa, mas o futuro é nosso e pode elevar a vida a uma intensidade ímpar. Pequena parte de juventude nos pertence, o resto é de nossos filhos.

669   E, assim, a sua pergunta sobre o sentido da perda da fé na autoridade responde-se a si mesma. O neurótico é doente não porque perdeu sua antiga fé, mas porque não encontrou ainda uma nova forma para suas melhores aspirações.

XIII

Prefácios a

"Collected Papers on Analytical Psychology"

À primeira edição

Este volume contém uma seleção de artigos e escritos sobre psicologia analítica que foram produzidos nos últimos 14 anos[1]. Neste período se desenvolveu novo ramo da ciência e, como é normal nesses casos, houve muitas modificações de pontos de vista, de noções e formulações. 670

Não é minha intenção expor neste livro os conceitos básicos da psicologia analítica. No entanto, será lançada alguma luz sobre determinada linha de evolução que diz respeito à escola psicanalítica de Zurique. 671

---

* Publicado em: LONG, C.E. (org.). *Collected Papers on Analytical Psychology*. Londres: Baillère/Tindall and Cox, 1916 [reedição ampliada em 1917 e 1920, também Nova York, 1920. O manuscrito original do primeiro prefácio não existe mais. A tradução é da versão inglesa].

1. Conteúdo da primeira edição e distribuição dentro da Obra Completa: *Zur Psychologie und Pathologie sogenannter occulter Phänomene*, 1. *Die Assoziationsmethode* (1ª e 2ª parte, 2; 3ª parte sob o título *Über Konflikte der kindlichen Seele*, 17); *Der Inhalt der Psychose, Kritik über E. Bleuler: "Zur Theorie des schizophrenen Negativismus", Über die Bedeutung des Unbewussten in der Psychopathologie*, 3; *Ein Beitrag zur Psychologie des Gerüchtes, Ein Beitrag zur Kenntnis der Zahlentraumes, Zur Kritik über Psychoanalyse, Zur Psychoanalyse, Über Psychoanalyse, Die Bedeutung des Vaters für das Schicksal des Einzelnen* (Dissertações IV, V, VII, VIII, XI e XIV deste volume); *Zur Frage der psychologischen Typen* (6); *Neue Bahnen der Psychologie*, 7; *Allgemeine Gesichtspunkte zur Psychologie des Traumes*, 8.

292 Obra Completa — Vol. 4

672   Cabe, sem dúvida, ao Professor Freud, de Viena, o mérito de ter descoberto o novo método analítico da psicologia em geral. Suas concepções primitivas tiveram que sofrer importantes modificações, devidas, em parte, ao trabalho realizado em Zurique, ainda que Freud não compartilhe de forma alguma do ponto de vista dessa escola.

673   Não posso apresentar aqui as diferenças fundamentais entre as duas escolas; gostaria apenas de dizer o seguinte: A Escola de Viena adota um ponto de vista exclusivamente sexualista, ao passo que a Escola de Zurique assume uma concepção simbolista. A Escola de Viena interpreta semioticamente o símbolo psicológico, como um sinal de certos processos psicossexuais primitivos. Seu método é analítico e causal. A Escola de Zurique reconhece a possibilidade científica dessa concepção, mas discute a validade exclusiva, pois interpreta o símbolo psicológico não apenas semioticamente, mas também simbolisticamente, isto é, atribui ao símbolo um valor positivo.

674   O valor do símbolo não depende apenas de causas históricas; sua importância maior está no fato de ter um significado para o presente e para o futuro, em seus aspectos psicológicos. Para a Escola de Zurique o símbolo não é apenas um sinal de algo reprimido ou dissimulado, mas é ao mesmo tempo uma tentativa de compreender e mostrar o caminho do ulterior desenvolvimento psicológico do indivíduo. Assim acrescentamos um significado prospectivo ao valor retrospectivo do símbolo.

675   Por isso, o método da Escola de Zurique não é apenas analítico e causal, mas sintético e prospectivo, reconhecendo o fato que a mente humana se caracteriza por *fines* (fins) e por *causae* (causas). Isto merece ênfase especial porque há dois tipos de psicologia: o primeiro segue o princípio do hedonismo, o segundo segue o princípio do poder. A contrapartida filosófica do primeiro tipo é o materialismo científico e do segundo é a filosofia de Nietzsche. O princípio da teoria freudiana é o hedonismo, ao passo que a teoria de Adler (um dos primeiros discípulos pessoais de Freud) baseia-se no princípio do poder.

676   A Escola de Zurique, reconhecendo a existência desses dois princípios (o que também reconhece o saudoso Professor William James), acha que os pontos de vista de Freud e Adler são unilaterais e válidos apenas dentro dos limites de seu tipo correspondente. Ambos os princípios existem em cada indivíduo ainda que não na mesma proporção.

Freud e a psicanálise 293

É óbvio que todo símbolo psicológico tem dois aspectos e precisa 677
ser interpretado de acordo com ambos os princípios. Freud e Adler
interpretam-no de forma analítica e causal, reduzindo-o ao infantil e
primitivo. Para Freud, a concepção de "fim" é a satisfação do desejo;
para Adler, é a usurpação do poder. No seu trabalho analítico prático, ambos os autores assumem uma posição que traz à luz apenas fins
infantis e grosseiramente egoístas.

A Escola de Zurique está convencida de que dentro dos limites de 678
uma atitude mental doentia, a psicologia é como Freud e Adler a des-
crevem. É exatamente devido a uma psicologia impossível e infantil
que o indivíduo está num estado de dissociação interna e é, portanto,
neurótico. Concordo até aí com eles, a Escola de Zurique também re-
duz o símbolo psicológico (os produtos fantasiosos do paciente) a seu
hedonismo infantil fundamental ou ao desejo infantil de poder. Freud e
Adler contentam-se com o resultado da simples redução, o que está de
acordo com o biologismo científico e naturalismo deles.

Mas aqui surge uma questão importante. Pode o homem obede- 679
cer a seus impulsos fundamentais e primitivos de sua natureza sem
prejudicar gravemente a si mesmo e a seus semelhantes? Ele não pode
afirmar ilimitadamente seu desejo sexual ou seu desejo de poder em
vista de limites muito estreitos. A Escola de Zurique tem em vista o
resultado-fim da análise e considera os pensamentos e impulsos fundamentais do inconsciente como símbolos, indicativos de uma linha
definitiva de desenvolvimento futuro. Devemos admitir, porém, que
não há *justificação científica* para um tal procedimento porque nossa
ciência atual está baseada totalmente na causalidade. Mas a causalidade é apenas um dos princípios e a psicologia não pode se exaurir
apenas em métodos causais porque a mente vive também de fins.
Além desse controvertido argumento filosófico, temos outro de maior
valor em prol de nossa hipótese, isto é, o da *necessidade vital*. É impossível viver de acordo com as instigações do hedonismo infantil ou
de acordo com o desejo infantil de poder. Se tivermos que dar lugar a
eles, então devem ser considerados simbolicamente. Da aplicação
simbólica das tendências infantis, desenvolve-se uma atitude que
pode ter uma terminologia filosófica ou religiosa, e estes termos caracterizam bastante bem as linhas do futuro desenvolvimento do in-

divíduo. Este não é um complexo fixo e imutável de fatos psicológicos; ele é também um ser extremamente variável. As tendências primitivas de uma personalidade são reforçadas por uma redução exclusiva a causas; isto é útil só quando essas tendências primitivas são contrabalançadas por um reconhecimento de seu valor simbólico. Análise e redução levam a uma verdade causal; isto, por si só, não nos ajuda a viver; induz apenas resignação e desesperança. Por outro lado, o reconhecimento do valor intrínseco de um símbolo leva à verdade construtiva e nos ajuda a viver; inspira confiança e favorece a possibilidade de desenvolvimento futuro.

680 A importância funcional do símbolo é claramente mostrada na história da civilização. Por centenas de anos o símbolo religioso provou ser o melhor meio de educação moral da humanidade. Apenas a mente preconceituosa poderia negar fato tão óbvio. Valores concretos não podem assumir o lugar do símbolo; unicamente símbolos novos e mais eficazes podem substituir os já antiquados e exauridos e que perderam sua eficácia devido ao progresso da análise intelectual e da maior compreensão. O desenvolvimento ulterior do indivíduo só pode ocorrer através de símbolos que representam um avanço sobre ele mesmo e cuja significação intelectual ainda não é possível compreender bem. O inconsciente individual produz esses símbolos que são da maior importância para o desenvolvimento moral da personalidade.

681 O homem tem, invariavelmente, pontos de vista filosóficos e religiosos sobre o sentido do mundo e de sua própria vida. Alguns se orgulham de não tê-los. Mas são exceção entre o comum dos homens; falta-lhes uma função importante que provou ser indispensável à psique humana.

682 Encontramos, nesses casos, no inconsciente, em vez de um moderno simbolismo, uma concepção antiquada e arcaica do mundo e da vida. Se uma função psicológica necessária não está representada na esfera do consciente, ela existe no inconsciente, na forma de um protótipo arcaico ou embrionário.

683 Este ligeiro resumo vai mostrar ao leitor o que ele *não* pode esperar encontrar nesta coletânea de artigos. Os ensaios são estágios no caminho para as concepções mais gerais, desenvolvidas acima.

Küsnacht-Zürich, janeiro de 1916.

Freud e a psicanálise 295

À segunda edição

De acordo com meu nobre colaborador Dr. C.E. Long, fiz alguns 684
acréscimos à segunda edição desse livro. Note-se que foi acrescentado um capítulo novo: "A concepção do inconsciente"[2]. Foi uma conferência que dei em inícios de 1916 à Sociedade de Psicologia Analítica de Zurique. Dá uma visão geral de um problema importantíssimo na análise prática, isto é, a relação do ego com o não ego psicológico. O capítulo XIV, "A psicologia dos processos inconscientes"[3] foi
revisado a fundo e aproveitei o ensejo para incluir um artigo que descreve os resultados das pesquisas mais recentes[4].

Seguindo o método de trabalho que me é usual, minha descrição 685
é a mais geral possível. Meu hábito, na prática diária, é me retirar por
algum tempo e estudar o material humano. Abstraio, então, dos dados coletados uma fórmula tão geral quanto possível, obtendo assim
um ponto de vista que aplico na minha prática até que ele se confir-
me, seja modificado ou abandonado. Se ficar confirmado, eu o publico como um ponto de vista genérico, sem indicar o material empírico. Emprego o material observado, no máximo, como exemplo.
Peço, portanto, ao leitor que não considere os pontos de vista que
apresento como se fossem puras invenções de minha fantasia. Eles
são, na verdade, resultado de longa experiência e madura reflexão.

Estas explicações permitem ao leitor da segunda edição se familia- 686
rizar com os recentes enfoques da Escola de Zurique.

No que tange às críticas recebidas na primeira edição, constato 687
com prazer que meus escritos foram recebidos com espírito aberto
mais pelos críticos ingleses do que pelos alemães; estes me castigaram
com seu silêncio de desprezo. Sou grato principalmente ao Dr. Agnes

---

2. *Die Struktur des Unbewussten* [OC, 7, 1964].

3. Primeira versão: *Neue Bahnen der Psychologie* (1912); ampliada como *Die Psycholo-
gie der unbewussten Prozesse* (1917); como *Das Unbewusste im normalen und kranken
Seelenleben* (1926) e finalmente como *Über die Psychologie des Unbewussten* (1943)
[OC, 7, 1964].

4. *Der Inhalt den Psychose*. Acréscimo: "Über das psychologische Verständnis patho-
logischer Vorgänge" [OC, 3, 1968].

Savill[5] por sua crítica excepcionalmente compreensiva em *The Medical Press*. Também agradeço ao Dr. T.W. Mitchell por uma crítica profunda e essencial em *Proceedings of the Society for Psychical Research*[6]. Este crítico se escandalizou com minha "heresia sobre a causalidade". Ele acha que navego em águas perigosas, porque não científicas, quando ponho em dúvida a validade exclusiva da concepção causal na psicologia. Simpatizo com ele, mas, na minha opinião, a natureza da mente humana nos obriga a adotar o ponto de vista finalista. Não se pode negar que vivemos e trabalhamos, em psicologia, diariamente, tanto com o princípio da finalidade quanto com o princípio causal. E sobre este fato é preciso construir uma teoria psicológica: e ela não pode explicar, pelo método puramente causal, algo orientado claramente para um fim; caso contrário ela chega ao famoso dito de Moleschott: "O homem é o que ele come" (*Der Mensch ist, was er isst*). Temos que ter sempre em mente que a *causalidade é um ponto de vista*. Ela afirma a relação inevitável e imutável de uma série de eventos: a-b-c-z. Dado que esta relação é fixa e de acordo com o ponto de vista causal deve necessariamente ser assim, então, logicamente considerada, a ordem pode ser também a inversa. *A finalidade também é um ponto de vista* e é empiricamente justificada pela existência de séries de eventos onde a conexão causal é evidente, *mas o significado deles só se torna compreensível em termos de produtos-fins* (efeitos finais). A vida comum dá os melhores exemplos disso. A explicação causal tem que ser mecanicista se não quisermos postular uma entidade metafísica como causa primeira. Se adotarmos, por exemplo, a teoria de Freud e dermos, psicologicamente, a maior importância ao funcionamento das glândulas genitais, o cérebro será considerado um apêndice dessas glândulas. Se examinarmos o conceito vienense de sexualidade, com toda a sua onipotência vaga, de maneira estritamente científica e o reduzirmos à sua base fisiológica, chegaremos à causa primeira segundo a qual a vida psíquica é, em sua parte mais importante, tensão e relaxamento das glândulas sexuais. Admitindo que esta explicação mecanicista seja "verdadeira", se-

---

5. SAVILL, A. "Psychoanalysis". *Med. Pr.*, CLII, 1916.

6. Entrevista sobre *Collected Papers on Analytical Psychology*.

Freud e a psicanálise 297

ria uma verdade extremamente cansativa e muito limitada em seu objetivo. Afirmação idêntica seria que as glândulas genitais não podem funcionar sem uma *nutrição* adequada, inferindo-se daí que a sexualidade é uma função subsidiária da nutrição. A verdade disso constitui capítulo importante da biologia das formas inferiores de vida.

Se quisermos trabalhar de forma realmente psicológica, deveremos conhecer o *significado* dos fenômenos psicológicos. Mesmo sabendo de que espécie de aço são feitas as diversas partes da locomotiva, de que siderúrgica ou mina provieram, nada ainda saberemos sobre a *função* da locomotiva, isto é, seu *significado*. E "função", como entendida pela ciência moderna, não é, de forma alguma, um conceito exclusivamente causal; é sobretudo um conceito final ou "teleológico". É impossível considerar a psique apenas do ponto de vista causal; temos que considerá-la também do ponto de vista final. Parece-nos impossível, com o que concorda também o Dr. Mitchell, pensar a determinação causal juntamente com uma vinculação finalista. Isto, evidentemente, é contraditório. Mas a teoria do conhecimento não precisa permanecer num nível pré-kantiano. Kant mostrou claramente que os pontos de vista mecanicista e teleológico não são princípios *constitutivos* (objetivos), isto é, qualidades do objeto, mas apenas princípios *regulativos* (subjetivos) de nosso pensamento e, como tais, não se contradizem, pois posso conceber, sem dificuldade, a seguinte tese e antítese. Tese: Todas as coisas nasceram segundo leis mecanicistas. Antítese: Algumas coisas não nasceram de puras leis mecanicistas. E Kant acrescenta: A razão não consegue demonstrar nem um nem outro desses princípios porque a possibilidade das coisas não nos pode dar *a priori* um princípio determinante, seguindo apenas as leis empíricas da natureza.

688

Também a física moderna teve que se converter de um puro mecanismo para um conceito finalista da conservação da energia, porque a explicação mecanicista só conhece processos reversíveis e o processo natural é, na verdade e de fato, irreversível. Este fato levou ao reconhecimento do conceito de uma energia que tenda a um relaxamento de tensão e, dessa forma, a um estado final definitivo.

689

Obviamente, considero como necessários ambos os pontos de vista, tanto o causal quanto o final, mas gostaria de frisar que, desde Kant, sabemos que os dois enfoques não se contradizem se forem

690

298 Obra Completa — Vol. 4

considerados como princípios regulativos do pensamento e não como princípios constitutivos do próprio processo da natureza.

691 Ao falar de crítica, devo mencionar a crítica não objetiva. Também dessa vez, como já ocorreu antes, parece-me que certos críticos não sabem distinguir entre a explicação que o autor dá e as ideias fantásticas do paciente. Este erro comete um dos críticos, ao comentar os "sonhos com números". As associações com as referências bíblicas não são explicações minhas, como todo leitor atento pode ver, mas conglomerados criptomnésicos que saem da cabeça do paciente. A acusação de mística dos números que este crítico me lança demonstra apenas sua pouca reflexão. Pode-se facilmente perceber que esses conglomerados de números correspondem exatamente àquela função psicológica inconsciente da qual se originou a mística dos números desde os tempos mais antigos, como, por exemplo, a pitagórica, a cabalística etc. Dessa constatação é compreensível também por que o próprio crítico está convencido de que, se a análise tivesse sido feita na Inglaterra, teria trazido à luz menos coisas ruins do que na vizinhança (!) dos poderes centrais moralmente depravados. ("Parece que foi o infortúnio desses pesquisadores de trabalhar entre pessoas sedentárias de um tipo moral baixo e de uma cultura degradada, e cabe perguntar se os resultados seriam os mesmos se a pesquisa tivesse sido feita longe desse escoadouro da Europa, conhecido como Poderes Centrais"*.) Tenho a satisfação de comunicar a Mr. Tartuffe que metade de minha práxis se baseia em probos e dignos suíços, e a outra metade em representantes da cultura puritana da Nova Inglaterra.

692 Sou grato aos críticos sérios e valorizo também, como o demonstra este último caso, os cômicos.

Janeiro de 1917.

Dr. Jung

---

* "It seems to have been the misfortune of these investigators to work among sedentary people of a low moral type and a degraded culture and it may be questioned it the same results would have been secured had the inquiries been conducted farther away from that cesspool of Europe known as the Central Empires."

XIV

A importância do pai no destino do indivíduo[*]

Prefácio à segunda edição

Ao final deste pequeno ensaio, escrito há dezessete anos, estavam as palavras: "Esperamos que a experiência dos anos vindouros abra maiores claraboias neste campo ainda obscuro, sobre o qual pude projetar uma luz apenas fugidia, e descubra mais sobre a atuação secreta do demônio que comanda o destino". As experiências dos anos subsequentes mudaram e aprofundaram realmente muitas coisas: algumas delas apareceram sob outra luz e eu constatei que as raízes da psique e do destino vão mais longe do que o "romance familiar" e que, não apenas as crianças, mas também os pais, são simples ramos de uma grande árvore. Quando examinei, em meu livro *Wandlungen und Symbole der Libido* (*Transformações e símbolos da libido*)[1], o complexo materno percebi claramente quais eram suas causas profundas; por que não apenas o pai, mas também a mãe era importante para o destino da criança. Não porque tivessem este ou aquele defeito humano ou preconceito, mas porque são casualmente, por assim dizer, as pessoas

---

[*] Publicado originalmente sob o mesmo título em *Jahrbuch für psychoanalytische und psychopathologische Forschung*, I, 1909, p. 155-173. Viena/Liepzig: Franz Deuticke, 1909, 1914, 1917 e 1927 [como "edição especial do *J. f. psychoanal. u. psychopath. Forsch.*, I., 2ª edição inalterada, com uma apresentação" – Nova edição inalterada sob o título original em 1949 e 4ª edição sem modificações em 1962 em Zurique: Rascher. – Esta edição é a base da versão que apresentamos].

1. Nova edição: *Symbole der Wandlung* [OC, 5].

300   Obra Completa – Vol. 4

que transmitem à alma infantil, pela primeira vez, aquelas leis misteriosas e poderosas que obrigam e formam não apenas as famílias, mas sobretudo os povos e a humanidade como um todo. Não leis inventadas pelo espírito do homem, mas as leis e forças da natureza, entre as quais o homem caminha como num fio de navalha.

Deixo este escrito ser republicado sem alterações. Nada há nele de errado, apenas é simples e singelo demais. Os versos de Horácio que, naquela época, coloquei ao final fazem referência às razões básicas profundas, obscuras até então:

> *"Sabe o Gênio companheiro, que dirige o astro natal*
> *deus da natureza humana e mortal que, numa só cabeça,*
> *exibe um semblante mutável, ao mesmo tempo claro e escuro"*[2].

Küsnacht, dezembro de 1926.

C.G. Jung

Prefácio à terceira edição

Este ensaio foi escrito há quarenta anos e, desta vez, não quero reimprimi-lo em sua forma original. Muitas coisas mudaram e me vejo obrigado a fazer várias correções e acréscimos ao texto primitivo. A descoberta do inconsciente coletivo foi a responsável pelo surgimento de novos problemas na teoria dos complexos. Antigamente a personalidade se manifestava, por assim dizer, como única e enraizada no vazio; mas, agora, associada com as causas dos complexos, individualmente adquiridas, viu-se que era uma precondição humana geral, isto é, a estrutura biológica hereditária e inata que é a base instintiva de todo ser humano. Dessa esfera emanam as forças determinantes, como acontece em todo o reino animal, que inibem ou fortalecem as constelações mais ou menos fortuitas da vida do indivíduo. Cada uma das situações humanas normais é, por assim dizer, prevista e impressa nessa estrutura herdada, uma vez que já ocorreu inúmeras vezes em nossos antepassados. Ao mesmo tempo, a estrutura traz

---

2. "Scit Genius natale comes qui temperat astrum, / Naturae deus humanae, mortalis in unum, / Quodque caput, vultu mutabilis, albus et ater".
HORÁCIO. *Epistulae*, II, 2, p. 187-189.

consigo uma tendência inata de procurar ou produzir instintivamente tais situações. Um conteúdo reprimido poderia realmente desaparecer no vazio se não estivesse preso e seguro neste substrato instintivo preestabelecido. Aqui estão aquelas forças que fazem a maior resistência à razão e à vontade e possibilitam, assim, a natureza conflitiva do complexo. Tentei modificar o texto antigo de acordo com essas descobertas e trazê-lo à altura dos conhecimentos de hoje.

Outubro de 1948.

C.G. Jung

A importância do pai no destino do indivíduo

*Ducunt volentem fata, nolentem trahunt**

Freud chamou a atenção para o fato de o relacionamento afetivo da criança com os pais e, sobretudo, com o pai, ser da maior importância para o conteúdo de uma neurose futura. O relacionamento com os pais é, de fato, o canal infantil por excelência por onde flui de volta a libido ao encontrar obstáculos na vida posterior e por meio do qual revive conteúdos psíquicos da infância, já de há muito esquecidos. Sempre é assim na vida humana: quando voltamos para trás diante de um obstáculo grande demais, de uma decepção muito ameaçadora ou do risco de uma decisão muito importante, então a energia acumulada para resolver a tarefa flui de volta e torna a encher os antigos leitos, os sistemas obsoletos do passado. Quando, por exemplo, a sorte no amor vai mal, ele volta para trás e procura uma amizade sentimental ou uma falsa religiosidade. Se o decepcionado for um neurótico, ele volta mais ainda para trás e se apega a relacionamentos infantis que ele nunca abandonou de todo e aos quais também o normal está preso por mais de uma corrente: o relacionamento com o pai e a mãe.

---

* Os que têm vontade, o destino os conduz; os que não têm, o destino os arrasta.

694   Toda análise bem realizada mostra esta regressão com maior ou menor clareza. Uma peculiaridade que sobressai dos trabalhos de Freud é que a relação com o pai parece ter significado especial. (Isto não quer dizer que o pai tem sempre maior influência na moldagem do destino da criança do que a mãe. A influência dele é de natureza especial e tipicamente diversa daquela da mãe[3].)

695   A importância do pai na moldagem da alma infantil, nós a encontramos também em campo bem diferente, isto é, no campo do estudo da família[4]. As pesquisas mais recentes mostram a influência predominante do caráter do pai numa família, muitas vezes por centenas de anos. Parece que as mães não têm esse papel. Se isto é verdade no campo da *hereditariedade*, então devemos esperar o mesmo das influências psicológicas que emanam do pai. O problema foi examinado e aprofundado nas pesquisas de minha aluna, Dra. E. Fürst, sobre a semelhança familiar no tipo de reação[5]. Fürst procedeu a testes de associação em 100 pessoas pertencentes a 24 famílias. Desse vasto material, só foram trabalhados e publicados até agora os resultados referentes a nove famílias com 37 pessoas (todas sem formação acadêmica). Mas os números já permitem algumas conclusões notáveis. As associações foram classificadas segundo o esquema de Kraepelin-Aschaffenburg, que simplifiquei e modifiquei, e então foi calculada a diferença de cada grupo de qualidade de uma pessoa com o grupo correspondente de outra pessoa. Disso resultaram médias numéricas da diferença no tipo de reação. O resultado é o seguinte:

Homens sem parentesco diferem entre si em torno de 5,9

Mulheres sem parentesco diferem entre si em torno de 6,0

---

3. Tratei dessa questão duas vezes. Para o filho, especificamente, em meu livro *Wandlungen und Symbole der Libido* [Nova edição como *Symbole der Wandlung*. OC, 5]; e para a filha em meu artigo "Die psychologischen Aspekte des Mutterarchepytus". *Eranos-Jahrbuch*, VI, 1938, p. 403s. [OC, 9/1].

4. SOMMER, R. *Familienforschung und Vererbungslehre*. Leipzig: [s.e.], 1907. • JÖRGER, J. "Die Familie Zero". *Arch. f. Rassen- u. Gesellschaftsbiol.*, II, 1905.• ZIERMER, M. "Genealogische Studien über die Vererbung geistiger Eigenschaften". *Arch. f. Rassen- u. Gesellschaftsbiol.*, V, 1908.

5. FÜRST, E. "Statistische Untersuchungen über Wortassoziationen und über familiäre Übereinstimmungen im Reaktionstypus bei Ungebildeten". In: *Diagnostische Assoziationsstudien*. JUNG, C.G. (org.) 2 vols. Leipzig: J.A. Barth, 1906/1910. Cf. tb. JUNG, C.G. *Associations d'idées familiales* [OC, 2].

Homens com parentesco diferem entre si em torno de 4,1

Mulheres com parentesco diferem entre si em torno de 3,8.

Parentes, e sobretudo mulheres aparentadas, têm, portanto, na média, semelhança no tipo de reação. Este fato confirma que a atitude psicológica dos parentes difere bem pouco. Examinando as diversas atitudes de parentesco, tivemos o seguinte: 696

A diferença média do marido e da mulher chega a 4,7. O valor dispersivo desse número médio é, no entanto, 3,7, o que é muito, significando que o número médio 4,7 é composto de números bem heterogêneos: há casamentos com maior e outros com menor semelhança no tipo de reação. 697

No global, estão mais próximos *pais e filhos*, por um lado, e, de outro, *mães e filhas*. 698

A diferença de pais e filhos chega a 3,1

A diferença de mães e filhas chega a 3,0.

Com exceção de alguns casos de casais (onde a diferença caiu para 1,4) estes são os números menores. Fürst apresenta um caso em que a diferença entre a mãe de 45 anos e a filha de 16 anos chegou apenas a 0,5. Mas foi também neste caso que a mãe e a filha tinham uma diferença de 11,8 com relação ao tipo de reação do pai. O pai era grosso, estúpido e beberrão; a mãe filiou-se à Christian Science. Devido a estas circunstâncias, mãe e filha apresentavam um tipo de reação cheio de predicados de valores[6], o que na minha experiência tem importância semiótica no diagnóstico de uma relação conflitiva com o objeto. O tipo com predicados de valores manifesta uma excessiva intensidade de sentimentos e, com isso, revela um esforço, inadmitido, mas nem por isso menos transparente, de despertar um sentimento recíproco no experimentador. No material de Fürst, este ponto de vista concorda com o fato de que o número de predicados de valores aumenta com a idade da pessoa examinada. 699

A semelhança do tipo de reação dos descendentes com o dos pais dá o que pensar. O experimento de associação nada mais é do que 700

---

6. Entendo, sob este tipo, reações que associam à palavra-estímulo um predicado de conotação subjetiva ao invés de uma conexão objetiva como, por ex.: flor – simpática; rã – horrível; piano – assustador; sal – ruim; cantar – encantador; cozinhar – útil.

um pequeno segmento da vida psicológica de uma pessoa e a vida cotidiana é, fundamentalmente, um experimento de associação ampliado e muito variado, pois, em princípio, reagimos cá e lá como realmente somos. Por mais óbvia que seja esta verdade, precisa de explicação e certa restrição. Tomemos o caso da mãe de 45 anos com sua filha de 16 anos; o tipo, cheio de predicados de valores, da mãe é, sem dúvida, resultado de toda uma vida de esperanças e desejos frustrados. Não é de surpreender que tenha um tipo ligado a predicados de valores. Mas a filha de 16 anos nem começou a viver a vida ainda; não é casada, mas reage como sua mãe e como se tivesse passado por infindáveis desilusões. Tinha o *comportamento de sua mãe* e, neste sentido, identificava-se com a mãe. O comportamento da mãe se explicava pelo relacionamento com o marido. Mas a filha não era casada com este homem (seu pai) e não tinha, pois, necessidade de apresentar este comportamento. Ela simplesmente o assumiu a partir das influências circunstanciais e, depois, tentará se adaptar ao mundo sob a influência desse *problema familiar*. Da mesma forma como um casamento fracassado não presta, também não presta o comportamento dele resultante para se adaptar na vida futura, a moça deverá superar os obstáculos de seu ambiente familiar; se não o conseguir, *sucumbirá ao destino para o qual seu comportamento a predispõe.*

701 Há evidentemente, para este destino, várias possibilidades. O tentar encobrir o problema familiar e a absorção do afeto negativo do caráter dos pais pode, sem dar na vista, fixar-se bem no íntimo da pessoa, sob a forma de inibições e conflitos que ela mesma não entende. Ou aquele que está em fase de crescimento pode entrar em conflito com o mundo das coisas, no qual ele não cabe em parte alguma, até que um golpe do destino após outro faça com que abra os olhos para a sua situação infantil e inadaptada. Naturalmente, a fonte da perturbação infantil de adaptação é o relacionamento afetivo com os pais. É uma espécie de contágio psíquico, causado, como sabemos, não por verdades lógicas, mas por afetos e suas manifestações corporais[7]. No tempo da formação mais intensa, isto é, do primeiro ao quinto ano, todas as características essenciais que

---

7. Cf. VIGOUROUX, A. & JUQUELIER, P. *La Contagion mentale.* Paris: [s.e.], 1904, cap. VI.

Freud e a psicanálise   305

cabem exatamente no molde dos pais já se desenvolveram; pois, como nos ensina a experiência, os primeiros sinais do futuro conflito entre a constelação dos pais e a autonomia individual ocorrem, via de regra, antes do quinto ano.

Gostaria de apresentar a seguir, à base de algumas anamneses, como a constelação dos pais estorva a adaptação dos filhos.   702

Caso 1. Uma senhora de 55 anos, bem conservada, vestida pobremente, mas com esmero, trajando com elegância roupa preta, cabelo penteado com capricho, maneiras educadas e algo afetadas, linguajar escolhido e devota. Poderia ser a esposa de um funcionário público subalterno ou de um comerciário. Apresentou-se, porém, como a esposa separada de um camponês comum, enrubescendo e baixando os olhos quando o disse. Procurou a policlínica por causa de depressão, medo noturno, palpitações e contrações nervosas nos braços. Tratava-se, pois, de uma branda neurose climatérica. Para completar o quadro, ela acrescentou que sofria de terríveis sonhos de ansiedade. Sonhava que alguém a perseguia, que animais ferozes a atacavam etc.   703

Começaremos sua anamnese com a história familiar (usarei o quanto possível as palavras da paciente): seu pai era um homem alto, um pouco corpulento e de aspecto imponente. Era feliz no casamento com a mãe dela, pois a mãe *o adorava*. Era inteligente, um mestre em ofícios e tinha um comportamento digno. Havia apenas dois filhos: a paciente e uma irmã mais velha. A irmã era a favorita da mãe e a paciente a favorita do pai. Quando ela tinha cinco anos, o pai morreu de um ataque aos 42 anos. Sentiu-se abandonada e foi tratada pela mãe e pela irmã como a Cinderela. Percebeu claramente que sua mãe preferia a irmã. Sua mãe permaneceu viúva. O respeito pelo falecido era tão grande que não admitia novo casamento. Preservou sua memória "como um culto religioso" e ensinou às filhas a fazerem o mesmo.   704

A irmã dela casou relativamente cedo; a paciente só casou aos 24 anos. Nunca se interessou por jovens, pareciam insípidos. Procurava, antes, homens maduros. Quando tinha uns vinte anos, conheceu um cavalheiro "majestoso" com mais de 40 anos pelo qual se sentia bastante atraída, mas, por uma série de razões, o relacionamento deu em nada. Aos 24 anos conheceu um viúvo que tinha dois filhos. Era um homem educado, forte, algo corpulento e de aspecto imponente,   705 bem parecido com o pai dela. Tinha 44 anos. Casou-se com ele e o respeitava profundamente. Não tiveram filhos e os filhos do primeiro matrimônio dele morreram de uma doença infecciosa. Após quatro anos de casada, o marido morreu de um *ataque*. Por 18 anos permaneceu viúva, fiel ao marido. Mas aos 46 anos (pouco antes da menopausa) sentiu grande necessidade de amor. Como não tivesse maiores relacionamentos, procurou uma agência matrimonial e se casou com o primeiro que apareceu: um camponês com aproximadamente 60 anos, divorciado por duas vezes devido à sua brutalidade e perversidade. A paciente sabia disso antes do casamento. Aguentou cinco anos insuportáveis com ele, quando também se divorciou. A neurose manifestou-se pouco depois.

706   O leitor com experiência psicológica dispensa qualquer explicação. O caso é óbvio demais. Gostaria apenas de sublinhar que até seus 46 anos a paciente nada mais fez do que viver uma cópia fiel do ambiente de sua primeira infância. A exacerbação da sexualidade no climatério levou a uma edição piorada do substituto paterno e, através dela, foi mascarada a florescência tardia da sexualidade da paciente. A neurose revela o bruxuleante erotismo, sob repressão, de uma senhora já de certa idade e que ainda deseja agradar (afetação).

707   *Caso 2*. Um homem de 34 anos, de baixa estatura, com aparência inteligente e benévola. Facilmente se embaraçava e enrubescia. Viera a tratamento por causa de "nervosismo". Disse ser muito irritadiço, cansava-se facilmente, tinha distúrbios estomacais nervosos, ficava profundamente deprimido a ponto de já ter pensado várias vezes em suicídio.

708   Antes de vir para tratamento, ele me enviou um relatório minucioso, uma autobiografia, ou melhor, uma história de sua própria doença, como preparação de sua visita. Sua história começava assim: "Meu pai era um homem forte e bem alto". Esta frase despertou minha curiosidade. Virei uma página e lá estava: "Quando eu tinha 15 anos, um rapaz alto, de 19 anos, levou-me para o mato e abusou moralmente de mim".

709   As frequentes lacunas na história do paciente me induziram a obter uma anamnese mais exata do homem e que resultou no seguinte: O paciente era o mais novo de três irmãos. O pai, homem alto e ruivo, fora soldado da guarda suíça do papa; mais tarde viera a ser poli-

Freud e a psicanálise

cial. Era um soldado severo e rabugento; educou seus filhos com disciplina militar; comandava; não os chamava pelo nome, mas apitava. Passou a juventude em Roma; e de suas aventuras daquela época lhe restou uma sífilis cujas consequências se manifestavam ainda na velhice. Gostava de falar de suas aventuras na juventude. Seu filho mais velho (bem mais velho do que o paciente) tinha a mesma aparência dele: homem alto, forte, cabelos ruivos. A mãe era mulher sofrida, prematuramente envelhecida. Exausta e cansada da vida, morreu aos 40 anos, quando o paciente tinha apenas oito. Ele conservou uma lembrança terna e bela de sua mãe.

Na escola, era sempre o bode expiatório e objeto de zombaria dos colegas. O paciente achava que era devido a seu dialeto diferente. Mais tarde ficou sob as ordens de um mestre severo e brabo; e ali aguentou dois anos. As condições eram as piores possíveis, de tal forma que os outros aprendizes logo iam embora. Aos quinze anos, aconteceu o fato citado e mais algumas pequenas extravagâncias homossexuais. Aí o destino o arrastou para a França. Lá conheceu um francês do sul, grande fanfarrão e campeão sexual. Ele o levou a um bordel; o paciente foi de má vontade porque se envergonhava do outro. Lá se mostrou impotente. Depois veio a Paris, onde seu irmão mais velho (reprodução exata do pai) era mestre pintor e levava vida dissoluta. Permaneceu ali por longo tempo, com um salário bem baixo, e ajudava sua cunhada por pena dela. O irmão levou-o várias vezes ao bordel, mas sempre era impotente.

Certa feita, o irmão pediu que lhe desse a herança, em torno de 6.000 francos. O paciente aconselhou-se primeiro com o outro irmão que também estava em Paris. Este o dissuadiu de dar o dinheiro ao irmão porque o esbanjaria. Mas o paciente deu o dinheiro e o irmão o esbanjou rapidamente. O irmão que desaconselhara a doação também caiu no conto com 500 francos. Perguntei-lhe por que dera tão generosamente o dinheiro, sem qualquer garantia. Respondeu-me: porque ele pediu. Não estava chateado por causa do dinheiro; daria outros 6.000 francos se os tivesse. O irmão mais velho decaiu completamente e a esposa conseguiu o divórcio.

O paciente voltou à Suíça e ficou um ano sem emprego fixo, às vezes passando até fome. Nesta época conheceu uma família e a visitava com frequência. O marido pertencia a uma seita estranha, era hipócrita e descurava da família. A mulher era mais velha, doente, fraca e, ainda por cima, estava grávida. Havia seis filhos, todos vivendo na maior pobreza. O paciente criou grande afeição por esta mulher e dividia com ela o pouco que tinha. Ela lhe contava os problemas e dizia estar certa de morrer no parto. Ele prometeu (ainda que nada possuísse) cuidar das crianças e criá-los. A mulher realmente faleceu no parto, mas o juizado de órfãos interferiu e lhe deixou apenas uma criança. Tinha agora uma criança, mas não tinha família e, naturalmente, não conseguia criá-la sozinho. Pensou, então, em se casar. Mas como nunca tivesse tido paixão por qualquer moça, ficou em estado de perplexidade.

713   Ocorreu-lhe, então, que seu irmão mais velho estava divorciado e que ele poderia casar com a ex-mulher dele. Escreveu-lhe sobre sua intenção. Ela era 17 anos mais velha do que ele, mas não se opunha aos planos dele. Convidou-o a vir a Paris e conversar sobre o assunto. Na véspera da viagem, quis o destino que ele pisasse num prego e não pôde ir. Quando a ferida sarou, foi a Paris e encontrou sua cunhada, agora sua noiva, menos nova e bonita do que imaginava. Assim mesmo, o casamento se realizou e, três meses depois, por iniciativa da mulher, ocorreu o primeiro coito. Ele próprio não o havia desejado. Criaram a criança juntos, ele à sua maneira suíça e ela à maneira francesa, pois era francesa. Aos nove anos a criança fugiu de casa e morreu atropelada por um ciclista. O paciente se sentiu então muito só e abatido em casa. Propôs à sua mulher adotarem uma menina, o que provocou nela uma reação de ciúme. Foi nesta época que se apaixonou pela primeira vez por uma moça jovem; simultaneamente começou a neurose com depressão profunda e exaustão nervosa; e sua vida em casa tornou-se um inferno.

714   Minha sugestão que se separasse da mulher foi rejeitada sob pretexto de que não poderia assumir a responsabilidade de tornar infeliz a velha senhora. Preferiu obviamente continuar sendo atormentado, pois as recordações de sua juventude lhe pareciam mais valiosas do que qualquer alegria do presente.

715   Também este paciente girou a vida toda no círculo mágico da constelação familiar. O fator mais forte e fatídico foi o relacionamento com o pai. A coloração masoquista-homossexual está bem evidente em tudo o que fazia. Até o infeliz casamento foi determinado pelo pai, pois o paciente se casou com a ex-mulher do irmão mais velho, o

Freud e a psicanálise

que significa se casar com sua mãe. Ao mesmo tempo, sua mulher foi a mãe substituta daquela que morreu no parto. A neurose se manifesta no momento em que a libido se retirou do relacionamento infantil e, pela primeira vez, aproximou-se de um objeto individual determinado. Neste caso, como no seguinte, a constelação familiar se mostra tão forte que só resta, ao que luta pela individualidade, o campo estreito da neurose.

Caso 3. Uma camponesa de 36 anos, de inteligência média, aparência saudável, constituição robusta, mãe de três crianças sadias. Veio à clínica pelas seguintes razões: por algumas semanas estivera muito apavorada e ansiosa, dormia mal, tinha sonhos horríveis e sofria diariamente de ansiedade e depressão. Estava convencida de que tudo isso não tinha razão de ser, estava surpresa ela mesma e tinha que admitir que seu marido estava certo ao dizer que tudo não passava de "imaginação e bobagem". Mas infelizmente não conseguia superar isso. Muitas vezes, pensamentos estranhos lhe vinham à cabeça: ia morrer e iria para o inferno. Ela se dava muito bem com o marido.

716

O exame do caso levou aos seguintes resultados: Algumas semanas antes, ela leu alguns tratados religiosos que estavam abandonados em casa. Aí estava escrito que as pessoas que blasfemavam iam para o inferno. Tomou isto muito a sério e, desde então, achou que devia fazer as pessoas pararem de blasfemar ou ela também iria para o inferno. Um pouco antes de ler esses tratados, seu pai, que morava com ela, morrera de colapso. Ela não presenciou a morte, chegou quando ele já estava morto. Sentiu grande pavor e compaixão.

717

Dias após, pensou muito sobre tudo isso e admirou-se por que o pai tivera que morrer tão de repente. Durante suas meditações, lembrou-se das últimas palavras que ouvira de seu pai: "Sou um daqueles que caiu da carroça do demônio". Isto encheu-a de medo e, ainda mais, lembrando-se de quantas vezes o pai blasfemara de maneira selvagem. Começou também a pensar se realmente havia vida além da morte e se o pai estava no céu ou no inferno. Foi durante estas conjecturas que lhe caíram nas mãos os tratados piedosos. Leu até onde se dizia que os blasfemadores iam para o inferno. Medo e terror lhe sobrevieram e ela se cobriu de autocensuras por não ter impedido o pai de blasfemar e achava que o omitira culposamente. Deveria morrer por causa disso e ser condenada ao inferno. Daí em diante ficou

718

triste, cismada, atormentava o marido com suas obsessões e sumiu toda a alegria e sociabilidade.

719   A história da paciente foi a seguinte: Era a mais nova de cinco irmãos e sempre foi a predileta do pai. O pai lhe dava tudo o que quisesse, dentro do possível. Se quisesse alguma coisa nova que a mãe lhe tivesse negado, podia estar certa que o pai a traria na sua próxima ida à cidade. A mãe morreu relativamente cedo. Aos 24 anos se casou com o homem de sua eleição, *contra a vontade do pai*. O pai simplesmente não concordou com sua escolha, ainda que nada de especial tivesse contra seu marido. Após o casamento ela levou o pai para sua casa. Segundo a paciente, foi algo natural, pois nenhum dos irmãos se apresentou para ficar com o pai. Ele era um blasfemador empedernido e um beberrão. É fácil entender que o pai e o marido não se entendiam. Havia sempre brigas e discussões, mas a paciente trazia religiosamente a bebida para o pai. A paciente achava que seu marido tinha "razão". Era um homem batalhador e tolerante que tinha um único defeito: o de obedecer pouco ao pai dela. A paciente achava isto incompreensível e preferia ver seu marido sujeitando-se ao pai. Pai é sempre pai. Nas inúmeras brigas, ela tomava sempre o partido do pai. Nada tinha a objetar a seu marido e este tinha razão em seus protestos, mas *era preciso ajudar o pai*.

720   Cedo, pareceu a ela ter procedido mal contra o pai, por se ter casado contra a vontade dele e, muitas vezes, após uma briga, sentia que seu amor pelo marido desaparecia completamente. E, desde a morte do pai, não mais conseguiu amar o marido, pois, com sua desobediência, fora o principal responsável pelos ataques de raiva e blasfêmia do pai. Certa vez, o estado de animosidade foi demais para o marido e convenceu a mulher a encontrar um outro lugar para o pai morar. Lá ele morou por dois anos. Neste período os esposos viveram em paz e felizes. Aos poucos, no entanto, foram surgindo remorsos de que não devia deixar o pai morar sozinho, pois era, apesar de tudo, seu pai. E, finalmente, apesar dos protestos do marido, reassumiu o pai de volta porque, como dizia, ela amava, no fundo, mais o pai do que o marido. Mal voltou para a casa, voltaram também as brigas, até a repentina morte do pai.

721   Após esta narrativa, a paciente irrompeu numa série de lamentações: deveria se divorciar do marido. Já o teria feito se não fossem as

Freud e a psicanálise

crianças. Cometera uma grave injustiça, um grave pecado, ao se casar com um homem contra a vontade do pai. Deveria ter aceito o homem que o pai lhe propusera. Este teria, sem dúvida, obedecido ao pai e, assim, tudo teria ficado bem. Ah! o marido nem de longe era tão bom quanto o pai; junto ao pai conseguia tudo, junto ao marido não. O pai lhe dava tudo o que ela queria. *Gostaria de morrer para estar junto com ele.*

Quando terminou suas lamentações, perguntei por que recusara o marido que o pai havia proposto.   722

O pai, um pequeno camponês de uma gleba bem pobre, havia assumido como empregado um rapaz sem eira nem beira, ao tempo em que nasceu a filha mais nova. O rapaz se desenvolveu da maneira mais desagradável possível: era tão bobo que não aprendeu a ler e escrever, nem a falar direito. Era um imbecil completo. Quando chegou à idade varonil, começaram a surgir úlceras em seu pescoço; algumas delas se rompiam e escorria pus fazendo que esta criatura suja e feia se tornasse realmente horrível. Sua inteligência não crescia com a idade. Permaneceu um trabalhador do campo sem salário definido.   723

A este rapaz queria o pai dar sua filha predileta em casamento.   724

A moça, felizmente, não se dispôs a obedecer, mas agora lamentava o fato, pois aquele idiota teria sido bem mais obediente a seu pai do que o marido.   725

É preciso acentuar que a paciente, bem como o paciente do caso anterior, não era nenhuma imbecil. Ambos possuíam inteligência normal, apenas que os antolhos da constelação familiar não lhes permitiam usá-la adequadamente. Isto se mostra claramente na história desta paciente. A autoridade do pai nunca foi questionada. Não importava em absoluto se ele era briguento e beberrão, causa óbvia de todas as brigas e discussões. Seu marido, sim, deveria se curvar a este espantalho e ela própria chegou a lamentar que seu pai não tenha conseguido destruir completamente sua felicidade. Por isso ela agora tentava destruí-la, através de sua neurose que forçava sobre ela o desejo de morrer, podendo então ir para o inferno, onde, *nota bene*, já se encontrava o pai.   726

Se alguém estiver disposto a ver uma força demoníaca do destino em ação pode vê-la nestas lúgubres e silenciosas tragédias que aconte-   727 cem lenta e dolorosamente nas almas doentes de nossos neuróticos. Alguns libertam-se passo a passo, lutando constantemente contra os poderes invisíveis, das garras do demônio que empurra os incautos de um destino cruel para outro; outros se levantam e conquistam a liberdade para serem, depois, novamente engolidos pelos antigos meandros da neurose. Nem mesmo podemos dizer que estas infelizes pessoas sejam neuróticas ou "degeneradas". Quando nós, normais, examinamos nossa vida, percebemos que uma mão poderosa nos guia, sem errar, para nosso destino; e nem sempre esta mão é bondosa[8]. Muitas vezes a chamamos mão de Deus ou mão do diabo e expressamos com isso, correta e inconscientemente, um fator psicológico muito importante: a força que modela a vida da psique tem caráter de personalidade autônoma. Em todo caso, é sentida assim, de modo que no linguajar comum, bem como nos tempos antigos, a fonte de semelhantes destinos pareça ser um demônio, um bom ou mau espírito.

728   A personificação dessa coação é atribuída, em primeiro lugar, ao pai, de modo que Freud é de opinião que todas as figuras "divinas" têm sua raiz na imagem do pai. É difícil negar que elas derivem da imagem do pai, mas o que elas têm a ver concretamente com a imagem do pai é outra coisa. Sua imagem possui um poder extraordinário. Ela influencia a vida psíquica da criança de maneira tão forte que convém perguntar se podemos atribuir tal força mágica a um simples ser humano. Obviamente ele a possui, mas a questão é se ela realmente é sua propriedade. O homem "possui" muitas coisas que ele nunca adquiriu, mas herdou dos antepassados. Não nasceu *tabula rasa*, apenas nasceu inconsciente. Traz consigo sistemas organizados e que es-

---

8. "Entretanto, cremos ser donos de nossos atos a qualquer momento. Mas quando olhamos para o passado e comparamos os passos infelizes com os bem-sucedidos, não entendemos como pudemos fazer ou deixar de fazer alguma coisa; até parece que uma força estranha guiou nossos passos. Por isso diz Shakespeare:

> Destino, mostra tua força: nós não nos pertencemos;
> O que foi decretado deve ser, e que assim seja.
> (Fate, show thy force: ourselves we do not owe;
> What is decreed must be, and be this so!).
> *Twelfth-night*. Act I, sc. 5".

SCHOPENHAUER, A. "Transcendente Spekulation über die anscheinende Absichtlichkeit im Schicksale des Einzelnen". In: KOEBER, R. von (org.). *Parerga und Paralipomena*, vol. I. Berlim: [s.e.], 1891, p. 30.

Freud e a psicanálise

313

tão prontos a funcionar numa forma especificamente humana; e isto ele deve a milhões de anos de desenvolvimento humano. Da mesma forma como os instintos dos pássaros de migração e construção do ninho nunca foram aprendidos ou adquiridos individualmente, também o homem traz do berço o plano básico de sua natureza, não apenas de sua natureza individual, mas de sua natureza coletiva. Estes sistemas herdados correspondem às situações humanas que existiram desde os primórdios: juventude e velhice, nascimento e morte, filhos e filhas, pais e mães, acasalamentos etc. apenas a consciência individual experimenta estas coisas pela primeira vez, mas não o sistema corporal e o inconsciente. Para eles só interessa o funcionamento habitual dos instintos que já foram pré-formados de longa data. "Ah, você foi em tempos idos minha irmã ou minha mulher", assim Goethe traduz em palavras o sentimento apreensivo de muitos.

Denominei este modelo instintivo, congênito e preexistente, ou respectivamente o "pattern of behaviour", de *arquétipo*. Esta é a imagem, carregada com o dinamismo, que não podemos atribuir a um ser humano individual. Se este poder estivesse realmente em nossas mãos, ou sujeito à nossa vontade, ficaríamos tão esmagados pela responsabilidade que ninguém, em sã consciência, ainda ousaria ter filhos. Mas o poder do arquétipo não é controlado por nós; nós é que estamos à disposição dele num grau que nem suspeitamos. Há muitos que resistem à sua influência e compulsão, mas também há muitos que se identificam com o arquétipo, como, por exemplo, com a *patris potestas* ou com a rainha do formigueiro. E porque cada qual é, de certa forma, "possuído" por sua pré-formação especificamente humana, é mantido preso e fascinado por ela e exerce a mesma influência sobre outros sem estar consciente do que está fazendo. O perigo está exatamente nesta identidade inconsciente com o arquétipo; não apenas exerce uma influência dominadora sobre a criança por meio da sugestão, mas também causa a mesma inconsciência na criança, de modo que ela sucumbe à influência de fora não podendo concomitantemente fazer oposição de dentro. Quanto mais o pai se identificar com o arquétipo, tanto mais inconsciente, irresponsável e até mesmo psicótico ele será. Em nosso caso, trata-se quase de uma "folie à deux".

729

A intenção do pai é mais do que evidente. Queria casar sua filha com esta horrível pseudocriatura para mantê-la consigo e escravi-

730

zá-la para sempre. O que o pai fez é um grosseiro exagero do que fazem muitos pais ditos respeitáveis e educados e que se gloriam de sua mentalidade progressista. Os pais que criticam qualquer manifestação de independência emocional de seus filhos, que mimam suas filhas com erotismo camuflado e tirania sentimental, que tutelam seus filhos forçando-os a determinada profissão e a um casamento "conveniente"; as mães que, já no berço, excitam seus filhos com exagerado carinho, que os transformam depois em bonecos escravos e, ao final, estragam a vida amorosa deles por ciúmes: todos eles, em princípio, agem como aquele estúpido e grosseiro camponês. Eles não sabem o que estão fazendo; não sabem que, sucumbindo à cumpulsão, eles a passam aos filhos, tornando-os escravos dos pais e do inconsciente. Esses filhos continuarão vivendo por longo tempo na esteira dos pais, mesmo que estes já tenham falecido. "Não sabem o que fazem". O inconsciente é o pecado original.

731 *Caso 4.* Um garoto de oito anos, inteligente, de aparência algo delicada, foi trazido por sua mãe devido à enurese. Durante a consulta, o garoto ficou o tempo todo grudado na mãe, uma jovem e elegante senhora. O casamento era feliz, apenas o pai era um tanto enérgico e o garoto (o filho mais velho) tinha medo dele. A mãe compensava a dureza do pai com o carinho correspondente ao qual o garoto respondia não se afastando da saia da mãe. Nunca brincava com os colegas de escola, nunca ia sozinho para a rua, a não ser quando ia à escola. Temia a rudeza e brutalidade dos colegas de escola; brincava em casa com jogos de inteligência ou ajudava a mãe no trabalho caseiro. Tinha grande ciúme do pai, e não suportava vê-lo fazendo carinho na mãe.

732 Tomei o garoto à parte e perguntei sobre seus sonhos. Sonhava muitas vezes com uma cobra que queria lhe morder o rosto. Gritava, então, e a mãe tinha que sair do quarto vizinho para acalmá-lo.

733 À noite ia tranquilamente para a cama. Mas, ao pegar no sono, parecia que na sua cama estava deitado um homem preto e furioso, com uma espada ou uma espingarda – um homem alto e magro que queria matá-lo. Os pais dormiam no quarto vizinho. O garoto muitas vezes sonhava que coisas horríveis estavam acontecendo lá, que havia grandes cobras pretas ou homens maus que queriam matar a mãe. Gritava, então, e a mãe vinha acalmá-lo. Cada vez que molhava a cama chamava a mãe; esta vinha para trocar a roupa molhada.

O pai era um homem alto e magro. Toda manhã ficava nu diante do lavatório, às vistas do garoto, para uma completa ablução matinal. O garoto me contou também que muitas vezes acordava devido a barulhos estranhos no quarto vizinho. Ficava tremendamente assustado, temendo que algo pavoroso estivesse acontecendo, uma espécie de luta, mas a mãe o tranquilizava, dizendo que não era nada.

É fácil imaginar o que acontecia no quarto vizinho. Também é fácil entender o que o garoto pretendia ao chamar sua mãe: tinha ciúmes e queria separá-la do pai. Procedia assim também de dia, quando o pai fazia carinho na mãe. Até aqui, o garoto era simplesmente um rival do pai, disputando o amor da mãe. **735**

Agora, porém, acresce o fato que tanto a cobra quanto o homem mau o ameaçam: acontece com ele o mesmo que com a mãe no quarto vizinho. Neste sentido, identifica-se com a mãe e está, portanto, numa relação com o pai, semelhante à relação da mãe. Isto se deve ao seu comportamento homossexual que se sente feminino com relação ao pai. Molhar a cama significa, neste caso, um substituto da sexualidade. A pressão da urina no sonho, e também quando acordado, é frequentemente sintoma de outra pressão qualquer, como, por exemplo, medo, expectativa, excitação reprimida, incapacidade de se expressar, necessidade de exprimir um conteúdo inconsciente etc. O substituto da sexualidade tem, neste caso, o valor de uma masculinidade prematura que visa compensar a inferioridade da criança. **736**

Não pretendo me ocupar, neste contexto, com a psicologia dos sonhos, mas não posso deixar de abordar o motivo da cobra preta e do homem preto. Esses fantasmas assustadores ameaçam tanto o próprio sonhador quanto a mãe. "Preto" significa "escuro", o inconsciente. O sonho mostra que o relacionamento mãe-filho está ameaçado pela inconsciência. O ameaçador é representado pelo motivo mitológico do "pai animal"; em outras palavras, o pai é alguém ameaçador. Esta constatação corresponde à tendência da criança de permanecer inconsciente e infantil, o que é francamente perigoso. Para o garoto, o pai é uma antecipação de sua própria masculinidade, conflitando com seu desejo de permanecer infantil. O ataque da cobra ao "rosto", isto é, à parte que "vê", representa, no meu entender, a colocação em perigo da consciência (cegueira). **737**

738   Este pequeno exemplo mostra o que ocorre na psique de uma criança de oito anos que entrou numa relação de dependência dos pais, por culpa, em parte, da demasiada severidade do pai e da demasiada ternura da mãe. A identificação com a mãe e o medo do pai são, exatamente, o caso individual dessa neurose infantil, mas representam também a *situação humana primitiva*, ou seja, o ficar preso da consciência primitiva ao inconsciente e o impulso compensador que procura arrancar a inconsciência dessas amarras do escuro. Porque o homem pressente esta situação primitiva por detrás de sua experiência individual, sempre tentou lhe dar expressão de validade universal por meio do motivo universal da luta do herói divino contra o dragão-mãe e que tem como objetivo libertar o homem do poder da escuridão. Este mito tem um sentido "salvador", isto é, terapêutico, uma vez que dá expressão adequada ao dinamismo que subjaz ao embaraçamento individual. O mito não deve ser explicado causalmente como consequência de um complexo pessoal de pai, mas deve ser entendido teleologicamente como uma tentativa do próprio inconsciente de resgatar a inconsciência da regressão ameaçadora. As ideias de "salvação" não são racionalizações subsequentes de um complexo de pai, mas mecanismos arquetípicos pré-formados do desenvolvimento da consciência.

739   O que vemos no processo histórico mundial também acontece em casos individuais. O poder dos pais guia a criança como um destino mais alto. Quando ela cresce, então começa a luta entre a atitude infantil e a consciência em evolução; a influência dos pais, que data do período pré-histórico (infantil), é reprimida e entra no inconsciente. Mas não é eliminada. Dirige com fios invisíveis as criações aparentemente individuais do espírito em amadurecimento. Como tudo o que passou para o inconsciente, também a situação primitiva infantil envia sentimentos obscuros e premonitórios para a consciência, sobretudo sentimentos de orientação secreta e de influências do além. Estas influências não são normalmente relacionadas ao pai, mas a uma divindade positiva ou negativa. Esta mudança se opera, em parte, por força da educação e, em parte, espontaneamente. Ela é universal. Ela se impõe mesmo contra a crítica consciente e com a força do instinto e por isso a *anima* merece ser designada *naturaliter religiosa*. O fundamento e possibilidade de tal desenvolvimento estão no fato de que a criança possui um sistema

herdado que antecipa a existência dos pais e sua possível influência sobre ela. Em outras palavras, atrás do pai existe o arquétipo do pai e neste tipo preexistente está o segredo do poder paterno, a exemplo da força que leva o pássaro a migrar. Esta força não é produzida por ele, mas provém dos antepassados.

Certamente não passou despercebido ao leitor que o papel representado pela imagem do pai neste caso é ambíguo. A ameaça que ele representa tem duplo aspecto. Por um lado, pode fazer com que o garoto, por medo do pai, saia dessa identificação com a mãe; mas pode também acontecer que, por medo do pai, ele se agarre ainda mais à mãe. Surge então uma situação tipicamente neurótica: quer e não quer, diz sim e não ao mesmo tempo. 740

Este duplo aspecto da imagem do pai é característico do arquétipo em geral: é capaz de efeitos diametralmente opostos e atua sobre a consciência mais ou menos como Deus se comporta para com Jó, isto é, de modo ambivalente. E fica a critério das pessoas, como no livro de Jó, tirar as consequências. Não podemos dizer com toda a certeza que o arquétipo sempre se comporta assim, pois há certas experiências que demonstram o contrário. Mas não parecem ser a regra. 741

Exemplo ilustrativo e bem conhecido do comportamento ambivalente da imagem do pai é o episódio de amor do livro de Tobias: Sara, a filha de Raguel de Ecbátana, queria se casar. Mas quis seu destino adverso que, após ter escolhido por sete vezes um homem, todos eles vieram a falecer na primeira noite de núpcias. O perverso demônio Asmodeu, pelo qual era perseguida, matou os sete homens. Rogou a Javé que a deixasse morrer, pois era preferível do que continuar suportando esta vergonha. Foi injuriada inclusive pelas empregadas do pai por causa disso. O oitavo noivo, Tobias, foi-lhe enviado por Deus. Também ele foi levado para o quarto nupcial. O velho Raguel fingiu que foi se deitar, mas saiu e foi cavar a sepultura de seu genro; na manhã seguinte mandou uma empregada ao quarto nupcial para constatar o falecimento. Mas dessa vez o papel de Asmodeu terminou, pois Tobias estava vivo[9]. 742

A legenda apresenta o pai Raguel em seus dois papéis: de um lado, o pai zeloso da noiva e, de outro, o preocupado cavador da se- 743

---

9. Tb 3,7s.; 8,1s.

pultura de seu genro. Humanamente, o pai parece imune a qualquer censura e, certamente, o era. Mas existe o mau espírito Asmodeu, e sua presença precisa ser explicada. Se suspeitarmos que o velho Raguel desempenhava um duplo papel, só poderíamos com esta maldosa insinuação atingir seu sentimento; não podemos lhe atribuir o homicídio. Este crime transcende o complexo de filha do velho e também o complexo de pai de Sara, e por isso a legenda o atribui comodamente a um demônio. Asmodeu representa o papel de um pai ciumento que não deseja entregar sua filha querida e só concorda quando pensa em seu próprio aspecto positivo e, como tal, presenteia Sara com um noivo adequado. Significativamente este é o *oitavo*, isto é, o *último e mais alto grau*[10]. Asmodeu representa o aspecto negativo do arquético paterno, pois este é o gênio e demônio do ser humano pessoal, o "gênio... companheiro... deus da natureza humana... de semblante mutável, claro e escuro"*. O mito oferece uma explicação psicológica correta: não atribui a Raguel uma maldade sobre-humana; distingue entre pessoa humana e demônio; assim a psicologia deve distinguir entre o que o indivíduo é e pode, e o que deve ser atribuído ao sistema congenital instintivo que não foi criado pelo ser humano individual, mas que ele já recebeu pronto. Faríamos a maior injustiça ao indivíduo Raguel se o responsabilizássemos pelo poder fatídico desse sistema, ou seja, do arquétipo.

744   As possibilidades do arquétipo, para o bem e para o mal, superam de longe nossas capacidades humanas, e um homem só pode se apropriar de seu poder identificando-se com o demônio, isto é, deixando-se possuir por ele, mas neste caso o homem se perde. O poder fatídico do complexo de pai vem do arquétipo e esta é a verdadeira razão por que o *consensus gentium* coloca uma figura divina ou demoníaca no lugar do pai. A pessoa do pai encarna inevitavelmente o arquétipo que empresta a esta imagem o poder fascinante. O arquétipo atua como um amplificador, aumentando acima da medida os efeitos que procedem do pai, na medida em que estes corresponderem ao tipo herdado.

---

10. Cf. para tanto o chamado *Axioma de Maria*, com referência ao problema cf. 3; 4, 7 e 8 em: *Psychologie und Alchemie*, p. 216s. e 224s. [OC, 12].

* "Genius... comes... naturae deus humanae... vultu mutabilis, albus et ater".

XV

Introdução a "A psicanálise"
de W.M. Kranefeldt[*]

"Pode-se dizer que é praticamente impossível, nos dias de hoje,   745
traçar um quadro compreensível e, portanto, adequado, daquilo que
é designado pelo nome, usado e abusado, de "psicanálise". O que o
leigo entende normalmente por "psicanálise" – uma dissecação médica da psique com a finalidade de descobrir causas e conexões ocul-
tas – só atinge pequena parte do fenômeno em questão. Mesmo considerando a psicanálise de um ponto de vista mais amplo – de acordo
com a concepção de Freud – como um instrumento essencialmente
médico para a cura de neuroses, nem assim exaurimos a natureza do
assunto. No mais estrito sentido freudiano, a psicanálise não é apenas
um método terapêutico, mas uma teoria psicológica que não se res-
tringe à neurose e à psicopatologia em geral, mas procura trazer para
dentro de seu campo o fenômeno normal do sonho e vastas áreas das
ciências humanas, da literatura e das artes criativas, bem como biografia, mitologia, folclore, religião comparada e filosofia.

É fato algo curioso na história da ciência – mas que faz parte do   746
caráter típico do pensar "psicológico" – que Freud, o criador da psicanálise (no sentido mais estrito), insista em identificar o método
com sua teoria sexual, dando-lhe assim um selo dogmático. Esta de-

---

[*] Publicado na coletânea Göschen (1.034): KRANEFELDT, Dr. W.M. *Die Psychoa-*
nalyse – Psychoanalytische Psychologie. Berlim/Liepzig: Walter de Gruyter & Co.,
1930 [3. ed. de 1956 sob o título *Therapeutische Psychologie*: Ihr Weg durch die
Psychoanalyse].

claração de infalibilidade "científica" causou, naquela época, minha ruptura com Freud, pois dogma e ciência são, para mim, grandezas incomensuráveis que se prejudicam mutuamente ao se fundirem. O dogma como fator religioso é de valor inestimável exatamente por causa de seu ponto de vista absoluto. A ciência, porém, que pensa poder dispensar a crítica e o ceticismo, torna-se uma planta de estufa doentia. A ciência precisa da maior incerteza como um dos seus elementos vitais. Quando a ciência se inclina para o dogma e dá sinais de intolerância e fanatismo, encobre uma dúvida provavelmente justificada e recusa uma incerteza talvez bem fundamentada.

747   Abordo esta lamentável circunstância não só para criticar a teoria de Freud, mas para chamar a atenção do leitor desprevenido sobre o fato de que a psicanálise de Freud não é apenas esforço e serviço científico, mas também um sintoma psíquico que se mostrou mais forte do que a perícia analítica do próprio mestre. Conforme mostra o livro de Maylan, *Freuds tragischer Komplex*, não seria difícil derivar a tendência dogmática de Freud das premissas de sua psicologia pessoal – ele realmente passou este método a seus discípulos e o praticou ele próprio com certo êxito – mas quero voltar contra ele suas próprias armas. Em suma, ninguém é totalmente imune a suas limitações pessoais. Cada um está mais ou menos preso a elas, sobretudo se praticar a psicologia.

748   Considero estes defeitos técnicos desinteressantes e acho perigoso dar demasiada ênfase a eles, pois desviam a atenção do único fato importante: que mesmo o espírito mais independente é mais condicionado e dependente naquilo em que se julga mais livre. Em minha opinião, o espírito criativo do homem não é sua personalidade, mas um sinal ou "sintonia" de um movimento de pensamento contemporâneo. Sua pessoa só é importante como confessor de uma convicção imposta por razões do inconsciente coletivo que o torna sem liberdade e o força a sacrifícios, erros e equívocos que ele criticaria impiedosamente em qualquer outro. Freud está possuído por uma corrente de pensamento própria que nos remete até a Reforma e que foi se libertando aos poucos, em nossa época, de inúmeros disfarces e véus e se preparou para ser aquela psicologia que Nietzsche previu com visão profética – uma descoberta da psique como um fato novo. Algum dia saberemos claramente por que caminhos tortuosos a moderna e

Freud e a psicanálise

ultramoderna psicologia encontrou seu caminho, desde os obscuros laboratórios alquimistas, passando pelo mesmerismo e magnetismo (Justinus Kerner, Ennemoser, Eschenmayer, Baader, Passavant e outros) para atingir as antecipações filosóficas de um Schopenhauer, Carus e Hartmann; e como, a partir do solo materno da experiência prática e diária de um Liébault e do mais antigo ainda Quimby (o pai espiritual da Christian Science), chegou a Freud, através dos ensinamentos da escola de hipnotismo francesa. Esta corrente de pensamento confluiu de muitas fontes obscuras e rapidamente ganhou força durante o século XIX fazendo muitos adeptos, entre os quais Freud não é figura isolada.

O que, hoje em dia, é designado pela palavra "psicanálise" não é *uma* coisa uniforme, mas abrange muitos aspectos diferentes do grande problema psicológico hodierno. Se o grande público está consciente ou não desse problema, isto não altera o fato de sua existência. Em nossa época, a psique se tornou uma espécie de problema para cada qual. O psicológico adquiriu um poder de atração espantoso. Isto explica a divulgação surpreendente e universal difusão da assim chamada psicanálise, somente comparável ao êxito da Christian Science, teosofia e antroposofia; e isto não apenas em seu êxito, mas também em sua essência, pois o dogmatismo de Freud se aproxima muito do caráter de convicção religiosa desses movimentos. Além disso, todos os quatro são correntes francamente psicológicas. Se acrescentarmos a isto o incrível crescimento do ocultismo em todas as suas formas no mundo civilizado ocidental, começaremos a ter um quadro dessa corrente de pensamento, vítima ainda de tabu, mas nem por isso menos vigorosa. Também a medicina moderna se inclina para o espírito de Paracelso e se convence sempre mais da importância da psique nas doenças corporais. Até mesmo o tradicionalismo da lei penal está atendendo aos reclames da psicologia como se constata da suspensão de sentenças e do recurso sempre mais frequente a peritos em psicologia.

Quantos aspectos positivos dessa tendência psicológica! Mas esses aspectos são contrabalançados, de outro lado, também por características negativas. Já no tempo da Reforma, a consciência se afastou das certezas metafísicas do período gótico, e esta separação se tornou mais aguda e abrangente com o passar dos séculos. No começo do século XVIII, o mundo assistiu pela primeira vez serem destronadas

749

750

publicamente as verdades do cristianismo; e no começo do século XX, um dos maiores países do mundo se esforça por extirpar a fé cristã como se fosse uma doença. Nesse meio tempo, o intelecto da humanidade branca, como um todo, emancipou-se do dogma católico, e o protestantismo conseguiu se partir em mais de 400 denominações, por motivos triviais. Isto, obviamente, são aspectos negativos. Eles explicam por que as pessoas acorrem a qualquer movimento do qual se espera uma verdade alentadora.

751   As religiões são sistemas de cura para doenças do espírito. As neuroses e outras doenças semelhantes provêm, sem exceção, das complicações psíquicas. Mas um dogma discutido e posto em dúvida perdeu sua força curadora. Quem já não acredita que um Deus que conhece o sofrimento se compadece dos seus, ajudando, consolando e dando-lhes sentido, é fraco e sucumbe à sua fraqueza, tornando-se neurótico. Os inúmeros elementos patológicos da população constituem um dos suportes mais poderosos da tendência psicológica de nossa época.

752   Outro contingente não menos importante é o daqueles que, após curto período de crença na autoridade, acordam com ressentimento e encontram uma satisfação autotorturante ao apelar para uma pretensa nova verdade que destrói a convicção antiga, mas ainda viva. Pessoas desse tipo não conseguem calar a boca e sempre precisam, devido à sua fraca convicção e ao medo de ficarem isoladas, cercar-se de muitos prosélitos, para que dessa forma a quantidade, ao menos, compense a qualidade duvidosa.

753   E, por fim, há também pessoas sérias e pesquisadoras, inteligentes o bastante para estarem convencidas de que a alma, que todos possuímos, é o lugar de origem de todas as aflições psíquicas e, ao mesmo tempo, a habitação de todas as verdades terapêuticas que sempre foram anunciadas ao homem sofredor como mensagens de alegria. Esperamos da alma, que nos arruma os conflitos mais absurdos, que nos consiga também a solução ou, ao menos, uma resposta válida para o atormentador "por quê?"

754   Não é preciso ser neurótico para sentir necessidade de cura, e isto acontece também com aqueles que negam terminantemente a possibilidade de tais curas. Não obstante, num momento de fraque-

Freud e a psicanálise 323

za, nem eles resistem à tentação de folhear um livro de psicologia para ver se encontram uma receita que ajude a trazer ao caminho da razão um(a) esposo(a) recalcitrante. A esta corrente lateral pertencem os melhores e mais sadios elementos, nos quais está a esperança de uma cultura espiritual do futuro.

As influências heterogêneas, sobre o público, desses motivos, bem distintos entre si, retratam as variações do tema da "psicanálise". A Escola de Adler, que se desenvolveu ao lado de Freud, acentua principalmente o lado social do problema psíquico e, por isso, volta-se ele mesmo para um sistema de educação mais social. Este sistema se afasta, não apenas teórica, mas praticamente, de todos os elementos essenciais da psicanálise original na linha de Freud. O afastamento é tão grande que, com exceção de certos princípios teóricos, os pontos de contato originais com a psicologia de Freud são quase irreconhecíveis. Por isso, a psicologia individual de Adler já não pode ser incluída no conceito de "psicanálise". É um sistema psicológico de caráter autônomo, a expressão de um outro temperamento e de uma cosmovisão totalmente outra. 755

Ninguém que se interessa pela "psicanálise" e procura ter uma visão relativamente satisfatória do conjunto da moderna psicologia médica pode dispensar a leitura dos escritos de Adler. Além de serem muito interessantes, o leitor descobrirá que se pode explicar convincentemente o mesmo caso de neurose, tanto pela teoria de Freud como pela de Adler, ainda que os modos de explicação pareçam diametralmente opostos. O que na teoria não se coaduna de forma alguma, coexiste sem contradição na paradoxal alma humana – a pessoa tem tanto um instinto de valor quanto um instinto sexual. E por isso também possui ambas as psicologias; todo e qualquer impulso psicológico tem nela tonalidades sutis de ambos os lados. 756

Não está determinado quantos instintos primários existem no homem ou no animal. Permanece, assim, a possibilidade de alguma inteligência engenhosa encontrar outras psicologias que, aparentemente, contradizem-se, mas que, na verdade, trazem explicações muito satisfatórias. Com a descoberta de outras possibilidades, contudo, não se criou ainda a condição de alguém se sentar, por exemplo, tomar o impulso criativo e elaborar em cima dele um novo siste- 757 ma psicológico. Não foi dessa forma que se originaram as psicologias de Freud ou de Adler. Ambos os pesquisadores confessaram seus princípios, sua psicologia e sua maneira de tratar as outras pessoas quase que forçados pelo destino. Isto é algo sofrido e não produzido como peça de elucubração intelectual. Seria desejável que houvesse mais confessores desse tipo para que se configurasse melhor o quadro das potencialidades psíquicas.

758 Meu ponto de vista e minha escola também são psicológicos e, por isso, estão sujeitos às mesmas limitações e críticas que eu dispensei aos outros psicólogos. Até onde posso julgar meu próprio ponto de vista, acho que ele difere das psicologias acima referidas pelo fato de não ser monista, mas é, ao menos, dualista (na medida em que se baseia no princípio dos opostos) ou mesmo pluralista (na medida em que reconhece uma multiplicidade relativamente autônoma de complexos psíquicos).

759 Pode-se ver que deduzi uma teoria do fato de ser possível uma explicação satisfatória, mesmo que contraditória. Ao contrário de Freud e Adler, cujos princípios explicativos são de natureza essencialmente redutiva e, portanto, voltam-se sempre para o condicionamento infantil da pessoa, dou maior ênfase à explicação construtiva ou sintética, com base no fato de que o amanhã é praticamente mais importante do que o ontem, e o "de onde" é menos essencial do que o "para onde". Por maior que seja o apreço que tenho pela história, acho que nenhuma introspecção no passado e nenhuma revivescência, por mais forte que seja, de lembranças patogênicas (causadoras de doenças) libertam o homem do poder do passado tanto quanto a construção do novo. Tenho plena consciência, no entanto, de que sem introspecção no passado e sem a integração das lembranças importantes que se perderam não é possível criar algo verdadeiramente novo e vital. Mas considero perda de tempo (e um preconceito enganoso) revolver o passado em busca de pretensas causas de doenças específicas; pois as neuroses – não importa que motivos lhes deram origem – são condicionadas e mantidas por uma atitude incorreta que, tão logo seja conhecida, deve ser corrigida *agora* e não no período da infância que já passou. Também não basta trazer à consciência as causas, pois a cura da neurose é, em última análise, um problema moral e não o efeito mágico de recordações do passado.

Difere ainda meu ponto de vista do de Freud e Adler porque valorizo o inconsciente de modo essencialmente diverso. Freud, que atribuiu ao inconsciente um papel infinitamente mais importante do que Adler (esta escola relegou o inconsciente para o fundo dos bastidores), tem um temperamento mais religioso do que Adler e, por isso, concede naturalmente ao não eu psíquico uma função autônoma, ainda que negativa. Neste ponto vou mais longe do que Freud. Para mim, o inconsciente não é apenas o receptáculo de todos os espíritos impuros e de outras heranças odiosas de tempos já vividos, como, por exemplo, aquele sedimento de opinião pública secular que constitui o "superego" de Freud, mas é propriamente o estrato germinal, sempiterno e criador, que utiliza, sim, imagens simbólicas antigas, mas nisto e através disso quer exprimir espírito novo. Via de regra, um espírito novo não brota, acabado, da esfera do inconsciente, como Palas saiu da cabeça de Zeus; um efeito essencial só se produz quando o produto do inconsciente é trazido para uma relação séria com a consciência. [760]

Para interpretar razoavelmente os "produtos" do inconsciente, tive necessidade de fazer uma leitura bem diferente dos sonhos e fantasias. De acordo com a natureza do caso – não os reduzia, como Freud, ao pessoal, mas colocava-os em analogia com símbolos da mitologia, da história comparada das religiões e de outras fontes, para conhecer o sentido que eles pretendiam exprimir. Este método deu, na verdade, resultados muito interessantes, porque permitiu uma leitura totalmente nova dos conteúdos do sonho e da fantasia, o que possibilitou uma união das tendências arcaicas – de outro modo incompatíveis com a consciência – com a personalidade consciente. Esta união me pareceu o objetivo final do meu esforço porque os neuróticos (e também muitas pessoas normais) sofrem basicamente de uma dissociação entre consciente e inconsciente. Uma vez que o inconsciente contém as fontes instintivas e toda a natureza pré-histórica do homem, descendo até o nível animal e, além disso, a semente criadora do futuro e a fonte de todas as fantasias construtivas, a separação do inconsciente pela dissociação neurótica não significa nada mais do que a separação, pura e simples, da fonte da vida, tanto no bom quanto no mau sentido. Pareceu-me, pois, tarefa primordial do tratamento procurar restabelecer essa conexão perdida e esse paralelismo [761] necessário, porque vital. Freud não valoriza o inconsciente e procura segurança numa consciência conhecedora. Este caminho é enganoso em geral e leva à secura e rigidez onde quer que já exista uma consciência firmemente estabelecida, pois ela, mantendo longe de si o contraditório e aparentemente hostil do inconsciente, priva-se da vida que precisa para sua autorrenovação.

762 Mas nem sempre é errôneo este caminho, pois nem sempre está presente uma consciência estabelecida com segurança. Esta pressupõe boa dose de experiência de vida e, portanto, certo grau de maturidade. Pessoas jovens, que ainda não sabem exatamente quem elas são, correm, inclusive, grande risco de turvarem ainda mais o conhecimento que têm de si mesmas se deixarem que "a noite escura da alma" invada sua consciência imatura e inconstante. Aqui se justifica certa depreciação do inconsciente. A experiência me ensinou que não existem apenas temperamentos (tipos) diferentes, mas estágios diferentes de desenvolvimento psicológico, de forma que se pode dizer perfeitamente que há diferença essencial entre a psicologia da primeira e segunda metade da vida. Aqui também divirjo dos demais, sustentando que não podem ser aplicados aos diferentes estágios da vida os mesmos critérios psicológicos.

763 Acrescentando-se a essas considerações que eu distingo entre extrovertidos e introvertidos e esses os diferencio pelo critério de sua função básica diversa (posso nomear quatro delas), fica patente que minha atuação de investigador no campo da psicologia consistiu até agora em acabar com uma situação de simplicidade – que chegava à monotonia – defendida pelos dois outros pontos de vista, e chamar a atenção para a complexidade inconcebível da psique.

764 Muitos quiseram ignorar essas complicações; foram abertamente lamentadas. Mas será que o fisiologista afirma ser o corpo humano simples? Ou que é simples uma molécula de albumina? Se a psique humana é alguma coisa, então ela é complicada ao extremo e de uma variedade ilimitada, impossível de ser enquadrada numa simples psicologia do instinto. Limito-me a contemplar embevecido e respeitoso as profundezas e alturas da natureza psíquica. Seu universo inespacial encerra uma quantidade indizível de imagens que foram sendo acumuladas por milhões de anos de desenvolvimento dos seres vivos

Freud e a psicanálise

e se condensaram organicamente. Minha consciência é como um olho que penetra nos espaços mais longínquos, mas é o não eu psíquico que preenche este espaço com imagens inespaciais. Estas imagens não são pálidas sombras, mas fatores psíquicos muito poderosos. O máximo que podemos fazer é interpretá-los mal, não, porém, roubar-lhes a força, negando-as. Além dessa imagem gostaria de lembrar o espetáculo do céu noturno estrelado, pois o equivalente do mundo de dentro é o mundo de fora; e assim como atinjo este mundo por meio do corpo, atinjo aquele mundo por meio da psique.

Não gostaria, por isso, de lamentar as complicações da psicologia trazidas por minhas contribuições, pois a ciência se enganou redondamente toda vez que achava ter descoberto como eram simples as coisas.   765

Com esta exposição creio ter dado ao leitor a impressão que os esforços psicológicos aglutinados no conceito leigo de "psicanálise" vão muito mais longe histórica, social e filosoficamente do que o termo significa. Deve ficar claro também que o campo de pesquisa apresentado neste escrito está longe de ser um território fechado e facilmente delimitado. Ao contrário, trata-se de uma ciência em formação que está começando a deixar o berço médico para se tornar uma psicologia da pessoa humana.   766

A exposição a seguir não pretende descrever o âmbito geral dos problemas psicológicos de hoje, mas se contenta com uma orientação sobre os inícios da psicologia moderna e os problemas elementares que ocorrem principalmente no campo médico. O que ultrapassa este campo, incluí nas minhas orientações gerais, na introdução.   767

Janeiro de 1930.

C.G. Jung

XVI

A divergência entre Freud e Jung[*]

768   Sobre a diferença entre os pontos de vista de Freud e os meus, deveria, na verdade, escrever alguém que estivesse fora do circuito das ideias que se chamam "Freud" e "Jung". Não sei se mereço que me confiem aquela objetividade que me sobreleva, imparcialmente, acima de minhas próprias ideias. Será que alguém consegue isso? Duvido. Mas se alguém aparentemente conseguir esta façanha digna de um Barão de Münchhausen, então aposto que as ideias não são, em última análise, as suas.

769   É verdade que ideias amplamente aceitas já não constituem propriedade do autor; ele se torna, antes, um serviçal de suas ideias. Ideias impressionantes, chamadas de ideias verdadeiras, têm algo de peculiar. Elas brotam da intemporalidade, de um sempre estar presente, de uma raiz primitiva materna e psíquica, a partir da qual se desenvolve o espírito efêmero da pessoa individual como a planta que floresce, frutifica, dá sementes e morre. As ideias brotam de algo maior do que da pessoa humana singular. Não as fazemos, elas nos fazem.

770   Por um lado, ideias são confissão fatal que trazem à luz não apenas o melhor de nós, mas também nossas mais recônditas insuficiências e misérias pessoais. Ideias exclusivamente sobre psicologia! Don-

---

[*] Publicado pela primeira vez com o mesmo título em *Kölnische Zeitung*. 9 de maio de 1929, p. 4. Colônia. Incorporado como dissertação III (p. 65-75) em *Seelenprobleme der Gegenwart* – Vorträge und Aufsätz. Zurique: Rascher, 1931 [Psychologische Abhandlungen, III – Reimpressões em 1933, 1939, 1946 e a 5ª edição, completamente revisada, em 1950; edição brochurada com bibliografia e índice de pessoas e assuntos em 1969].

de mais poderiam provir que não do mais subjetivo? A experiência do objeto pode nos escudar da parcialidade subjetiva? Toda experiência não é ela, ao menos em sua metade, de caráter subjetivo? O subjetivo, por sua vez, também é um dado objetivo, um pedaço do mundo. Tudo o que dele provém resulta, em última análise, da composição do mundo, como o mais raro e estranho ser vivente é sustentado e nutrido também pela terra, comum a todos nós. São precisamente as ideias subjetivas que estão mais próximas da natureza e da essência e, por isso, pode-se dizer que são as mais verdadeiras. Mas, "o que é a verdade?"

No tocante à psicologia, acho melhor renunciar à ideia de que estejamos hoje em condições de fazer afirmações "verdadeiras" ou "corretas" sobre a essência da psique. O melhor que conseguimos fazer são *expressões verdadeiras*. Entendo por expressões verdadeiras uma confissão e uma apresentação detalhada do que se observa subjetivamente. Alguém colocará ênfase especial na *forma* do que encontrou e se arvorará em autor do seu achado, outro dará mais importância à *observação* e falará *daquilo que se manifesta*, valorizando sua atitude receptiva. A verdade estará provavelmente entre ambos: *a verdadeira expressão é a que dá forma à observação*.

Tudo se resolve neste receber e neste proceder, e o psicólogo de hoje, por mais ambiciosa que seja sua pretensão, só disso pode se vangloriar. Nossa psicologia é uma confissão de alguns poucos, formulada de modo mais ou menos feliz; e na medida em que eles integram mais ou menos um tipo, sua confissão pode ser aceita por muitos outros como descrição bastante válida. Podemos concluir também que àqueles que apresentam outro tipo, mas que pertencem ao gênero das pessoas humanas, aplica-se também esta confissão, ainda que em menor proporção. O que Freud tem a dizer sobre a importância da sexualidade, do prazer infantil e de seu conflito com o "princípio da realidade" é, em primeiro lugar, a mais verdadeira expressão de sua psicologia pessoal. É uma formulação feliz daquilo que observou subjetivamente. Não sou um opositor de Freud, ainda que a visão míope dele próprio e de sua escola insistam em me qualificar dessa forma. Nenhum psiquiatra experimentado pode negar ter vivenciado dúzias de casos cuja psicologia condiz com a de Freud em todos os aspectos essenciais. Por isso Freud contribuiu, exatamente com sua confissão

330   Obra Completa – Vol. 4

mais subjetiva, para o nascimento de uma grande verdade humana. Ele mesmo é o exemplo clássico de sua psicologia e dedicou sua vida e trabalho à realização dessa tarefa.

773   Nosso modo de ser condiciona nosso modo de ver. Outras pessoas tendo outra psicologia veem e exprimem outras coisas e de outro modo. Isto o demonstrou logo um dos primeiros discípulos de Freud: Alfred Adler. Ele apresentava o mesmo material empírico de um ponto de vista bem diferente, e sua maneira de ver é, no mínimo, tão convincente quanto a de Freud, porque também Adler representa um tipo de psicologia que encontramos com frequência. Sei que os seguidores de ambas as escolas me consideram, sem mais, no caminho errado, mas a história e os pensadores imparciais me darão razão. Não posso deixar de criticar as duas escolas por interpretarem as pessoas demasiadamente pelo lado patológico e por seus defeitos. Exemplo convincente disso é a impossibilidade de Freud de entender a *vivência religiosa*[1].

774   Eu prefiro entender as pessoas a partir de sua saúde e gostaria de libertar os doentes daquela psicologia que Freud coloca em cada página de suas obras. Não consigo ver onde Freud consegue ir além de sua própria psicologia e como poderá aliviar o doente de um sofrimento do qual o próprio médico padece. Sua psicologia é a psicologia de um estado neurótico de determinado cunho e, por isso, Freud é verdadeiro e válido, mesmo quando diz uma inverdade, pois também isto faz parte do quadro geral e traz a verdade de uma confissão. Mas não é uma psicologia sã – e isto é sintoma de morbidade – baseada numa cosmovisão acrítica e inconsciente, capaz de estreitar muito o horizonte da visão e da experiência. Foi um grande erro de Freud ter ignorado a filosofia. Jamais critica suas suposições, nunca questiona suas premissas psíquicas. Em minhas preleções anteriores deixei claro que isto é uma necessidade; a crítica de seus próprios fundamentos não teria permitido que expusesse de modo tão ingênuo sua psicologia original[2]. Em todos os casos teria experimentado as difi-

---

1. *Die Zukunft einer Illusion.* 2. ed. Verlag Leipzig/Viena/Zurique: [s.e.], 1928 [Internationaler Psychoanalytischer].

2. Cf. FREUD, S. *Die Traumdeutung.* Leipzig/Viena: [s.e.], 1900.

Freud e a psicanálise

culdades que eu encontro. Nunca recusei a bebida agridoce da filosofia crítica, mas procurei sempre, ao menos por precaução, tomar pequenas doses. Muito pouco, dirão meus adversários. Quase demais, diz minha sensibilidade. A autocrítica envenena facilmente o precioso bem da ingenuidade, aquele dom indispensável a qualquer ser criado. De qualquer modo, a crítica filosófica me ajudou a perceber que toda psicologia – inclusive a minha – tem o caráter de uma confissão subjetiva. Tenho que refrear meu poder de crítica para que não destrua minha criatividade. Sei muito bem que toda palavra que pronuncio traz consigo algo de mim mesmo – do meu eu especial e único, com sua história particular e seu mundo todo próprio. Mesmo ao lidar com dados empíricos, estou falando necessariamente de mim mesmo. Mas, aceitando isto como algo inevitável, posso colaborar para o conhecimento do homem pelo homem – uma causa à qual Freud também quis servir e serviu, apesar de tudo. O conhecimento não reside apenas na verdade, mas também no erro.

O reconhecimento do caráter subjetivo da psicologia que cada um produz é talvez o ponto que mais me separa de Freud. 775

Outro ponto que nos diferencia me parece o fato de que eu me esforço por não ter pressuposições inconscientes e, por isso, não críticas sobre o mundo em geral. Eu disse "eu me esforço", pois quem está absolutamente certo de não ter pressuposições inconscientes? Esforço-me por evitar, ao menos, os preconceitos mais grosseiros e, por isso, estou inclinado a reconhecer todos os deuses possíveis, supondo que eles atuam na psique humana. Não duvido de que os instintos naturais se desdobrem grandemente no campo psíquico, quer seja o eros, quer a vontade de poder; não duvido também de que esses instintos entrem em colisão com o *espírito*, pois sempre estão colidindo com algo, e por que esse algo não pode ser chamado "espírito"? Assim como não sei o que é o espírito em si, da mesma forma não sei o que são "instintos". Ambos são misteriosos para mim; e não posso explicá-los como se um fosse equívoco do outro. Não é nenhum equívoco que a terra só tenha *uma* lua. Na natureza não há equívocos; estes só existem no campo daquilo que o homem chama "inteligência". Instinto e espírito estão além da minha inteligência; são conceitos que consideramos desconhecidos, mas que são tremendamente operantes. 776

332 Obra Completa — Vol. 4

777   Minha atitude é, portanto, positiva com relação a todas as *religiões*. No seu conteúdo doutrinário reconheço aquelas imagens que encontrei nos sonhos e fantasias de meus pacientes. Em sua *moral* vejo as mesmas ou semelhantes tentativas que fazem meus pacientes, por intuição ou inspiração próprias, para encontrar o caminho certo de lidar com as forças psíquicas. O *sagrado comércio*, os rituais, as iniciações e a ascese são de grande interesse para mim como técnicas alternativas e formais de testemunhar o caminho certo. Também é positiva minha atitude para com a biologia e para com o empirismo das ciências naturais em geral; nelas vejo uma tentativa hercúlea de entender o íntimo da psique partindo de fora. Num movimento inverso, considero também a gnose religiosa um empreendimento gigantesco do espírito humano que tenta extrair um conhecimento do mundo a partir do interior. Na minha concepção do mundo há um grande exterior e um grande interior; entre esses polos está o homem que se volta ora para um, ora para outro, e, de acordo com seu temperamento e disposição, toma um ou outro como verdade absoluta e, consequentemente, nega e/ou sacrifica um pelo outro.

778   Esta imagem é uma pressuposição – mas naturalmente uma pressuposição da qual não gostaria de abrir mão, pois é muito valiosa para mim como hipótese. Eu a considero heurística e empiricamente demonstrada para mim e confirmada pelo consenso dos povos (*consensos gentium*). Esta hipótese que certamente brotou de dentro de mim mesmo, ainda que eu julgue tê-la extraído da experiência, foi a responsável por minha teoria dos tipos e minha reconciliação com pontos de vista tão divergentes como, por exemplo, os de Freud.

779   Em tudo o que acontece no mundo, vejo o jogo dos opostos e dessa concepção derivo minha ideia de energia psíquica. Acho que a energia psíquica envolve o jogo dos opostos de modo semelhante como a energia física envolve uma diferença de potencial, isto é, a existência de opostos como calor-frio, alto-baixo etc. Freud começou por considerar como única força propulsora psíquica a sexualidade e, somente após minha ruptura com ele, levou também outros fatores em consideração. Eu, porém, reuni os diversos impulsos ou forças psíquicas – todos constituídos mais ou menos *ad hoc* – sob o

Freud e a psicanálise

conceito de energia a fim de eliminar a arbitrariedade quase inevitável de uma psicologia que lida exclusivamente com a força. Portanto, já não falo de forças ou de impulsos individuais, mas de "intensidades de valores"[3]. Com isso não pretendo negar a importância da sexualidade na vida psíquica, conforme Freud me acusa de fazê-lo. O que pretendo é colocar limites à terminologia avassaladora do sexo que vicia toda discussão da psique humana e, também, colocar a própria sexualidade em seu lugar.

O bom-senso dirá sempre que a sexualidade é apenas *um* dos instintos biológicos, apenas *uma* das funções psicológicas, ainda que muito abrangente e importante. Mas o que acontecerá se, por exemplo, não conseguirmos mais comer? Sem dúvida está muito conturbada, hoje, a esfera psíquica da sexualidade; é semelhante à situação de um dente que dói e parece que toda a constituição psíquica é pura dor de dente. A espécie de sexualidade que Freud descreve é aquela obsessão sexual inequívoca que se encontra sempre que um paciente chegou ao ponto de ter que ser aliciado ou forçado para fora de uma situação ou atitude errôneas, uma espécie de sexualidade represada que volta às proporções normais logo que esteja desimpedido o caminho para sua expansão. Na maioria das vezes é o atolamento nos ressentimentos familiares e as delongas emocionais do "romance familiar" que levam ao represamento da energia vital, e é este represamento que infalivelmente se manifesta sob a forma da sexualidade que chamamos infantil. Trata-se de uma sexualidade impropriamente dita, de uma descarga de tensões que estariam melhor estabelecidas em outro campo existencial. O que adianta, pois, ficar navegando neste terreno totalmente inundado? É muito mais importante – ao menos é isto que parece à minha compreensão retilínea – abrir canais de descarga, isto é, encontrar uma nova atitude ou novo modo de vida que forneça um declive conveniente para a energia encurralada. Caso contrário, teremos um círculo vicioso, e é isto que me parece a psicologia de Freud. Falta-lhe qualquer possibilidade de contornar o ciclo inexorável dos eventos biológicos. Desesperados, temos que bradar com Paulo: "Homem miserável que sou, quem me salvará do

780

---

3. Cf. *Über psychische Energetik und das Wesen der Träume* [OC, 8, 1967].

corpo dessa morte?" E o nosso homem espiritual se apresentará, meneando a cabeça, e dirá com Fausto: "Você está consciente de apenas um impulso", ou seja, do laço carnal que leva de volta ao pai e à mãe ou para adiante, para os filhos que nasceram de nossa carne, um "incesto" com o passado e um "incesto" com o futuro, o pecado original da perpetuação do "romance familiar". Nada nos liberta disso, a não ser o espírito que é o outro polo do acontecer no mundo; não são os filhos da carne, mas os "filhos de Deus" que experimentarão a liberdade. Na tragédia de Ernst Barlach, *O dia mortal*, diz o demônio materno ao final do romance familiar: "Estranho é apenas que o homem não queira aprender que seu pai é Deus". E é isto que Freud nunca quis aprender e contra o que voltam todos os seus adeptos ou, ao menos, não encontram para isso a chave. A teologia não vem ao encontro do pesquisador porque ela exige fé, e esta é um carisma autêntico e verdadeiro que ninguém pode fabricar. *Nós modernos estamos predestinados a viver novamente o espírito, isto é, a fazer uma experiência primitiva.* Esta é a única possibilidade de romper o círculo vicioso dos eventos biológicos.

781   Este ponto de vista é a terceira característica que diferencia minhas concepções das de Freud. E por isso me acusam de misticismo. Contudo, não sou responsável pelo fato de o homem espontaneamente ter desenvolvido, sempre e em toda parte, uma função religiosa e que, por isso, a psique humana está imbuída e trançada de sentimentos e ideias religiosos desde os tempos imemoriais. Quem não enxerga este aspecto da psique humana é cego, e quem quiser recusá-lo ou explicá-lo racionalmente não tem senso de realidade. Ou será que, por exemplo, o complexo de pai que perpassa toda a escola de Freud, desde seu fundador até o último membro, trouxe alguma libertação notável dessa fatalidade do romance familiar? Este complexo de pai, com sua rigidez e hipersensibilidade fanáticas, é uma função religiosa mal compreendida, um misticismo que se apoderou do biológico e do familiar. Com seu conceito de "superego", Freud tenta introduzir furtivamente sua antiga imagem de Jeová na teoria psicológica. Essas coisas, a gente as diz bem claramente. Prefiro dar às coisas os nomes que sempre tiveram.

782   A roda da história não deve ser tocada para trás e o passo do homem para o espiritual, que já começou com os ritos de iniciação pri-

mitivos, não deve ser negado. É óbvio que a ciência não só pode, mas deve selecionar campos de atuação com hipóteses bem definidas; mas a psique é uma totalidade superior à consciência, é a mãe e pressuposição da consciência e, por isso, a ciência é apenas uma de suas funções que jamais esgotará a plenitude de sua vida. O psicoterapeuta não deve se refugiar no ângulo patológico e recusar terminantemente a ideia de que a psique doente é uma psique humana que, apesar de sua doença, participa do todo da vida psíquica da humanidade. Ele tem que admitir, inclusive, que o eu está doente porque foi cortado do todo e porque perdeu sua conexão com a humanidade e com o espírito. O eu é realmente o "lugar do medo", como diz acertadamente Freud[4], mas só enquanto isto não se referir ao pai ou à mãe. Freud sucumbe diante da pergunta de Nicodemos: "Pode alguém voltar ao ventre da mãe e nascer de novo?" A história se repete – se for permitido comparar grandes com pequenas coisas – na briga doméstica da psicologia moderna.

Desde séculos incontáveis, os ritos de iniciação falam do nascimento a partir do espírito, e estranhamente o homem esquece sempre de novo como entender a geração divina. Isto não demonstra uma força especial do espírito, mas as consequências da incompreensão se manifestam como perturbações neuróticas, amargura, estreitamento e avidez. É fácil expulsar o espírito, mas na sopa falta o sal, "o sal da terra". O espírito comprova sua força no fato de a doutrina essencial das antigas iniciações ter sido transmitida de geração em geração. Sempre houve pessoas que entenderam o que significava ser Deus o seu pai. O equilíbrio entre carne e espírito é conservado nesta esfera.

A oposição entre Freud e eu repousa essencialmente na diferença de pressupostos básicos. Pressupostos são inevitáveis e porque são inevitáveis não se deve dar a impressão de que não os tenhamos. Por isso eu trouxe à luz sobretudo os aspectos fundamentais; a partir deles é possível entender melhor as várias diferenças, inclusive em seus detalhes, entre a concepção de Freud e a minha.

---

4. "Das Ich und das Es". Leipzig/Viena/Zurique: [s.e.], 1923 [Internationaler Psychoanalytischer Verlag].

Referências

A. Lista das revistas citadas, com suas abreviações

Amer. J. Psychol.: American Journal of Psychology. Baltimore.

Arch. f. Rassen- u. Gesellschaftsbiol.: Archiv für Rassen- und Gesellschaftsbiologie. Leipzig/Berlim.

Archs. de Psychol. Suisse rom.: Archives de Psychologie de la Suisse romande. Genebra.

Berliner klin. Wschr.: Berliner klinische Wochenschrift. Berlim.

Centralbl. f. Nervenheilk. u. Psychiat.: Centralblatt für Nervenheilkunde und Psychiatrie. Berlim/Leipzig.

Corresp.-Bl. f. Schweizer Ärzte: Correspondenz-Blatt für Schweizer Ärzte. Basileia.

Die Heilkunde. Berlim.

Intern. Z. f. ärztl. Psychoanal.: Internationale Zeitschrift für ärztliche Psychoanalyse. Leipzig/Viena.

Jb. f. psychoanal. u. psychopath. Forsch.: Jahrbuch für psychoanalytische und psychopathologische Forschungen. Viena/Leipzig.

J. Abnorm. Psychol.: Journal of Abnormal and Social Psychology. Boston.

Med. Klin.: Medizinische Klinik. Viena/Berlim.

Med. Pr.: The Medical Press. Londres.

Mhh. f. Päd. u. Schulpol.: Monatshefte für Pädagogik und Schulpolitik. Viena.

Mschr. f. Psychiat. u. Neur.: Monatsschrift für Psychiatrie und Neurologie. Berlim.

Münch, med. Wschr.: Münchener medizinische Wochenschrift. Munique.

Neur. Centralbl.: Neurologisches Centralblatt. Leipzig.

Proc. Soc. Psych. Res.: Proceedings of the Society for Psychical Research. Londres.

Psychiat.-neur. Wschr.: Psychiatrisch-neurologische Wochenschrift. Halle.

Z. f. Religionspsychol.: Zeitschrift für Religionspsychologie. Halle.

Z. f. Völkerpsychol. u. Sprachw.: Zeitschrift für Völkerpsychologie und Sprachwissenschaft. Berlim.

Zentralbl. f. Psychoanal.: Zentralblatt für Psychoanalyse. Medizinische Monatsschrift für Seelenkunde. Wiesbaden.

B. Bibliografia geral

ABRAHAM, K. "Die psychosexuellen Differenzen der Hysterie und der Dementia praecox". *Centralbl. f. Nervenheilk. u. Psychiat.*, XXXI, 1908, p. 521-533.

ADLER, A. *Über den nervösen Charakter* – Grundzüge einer vergleichenden Individualpsychologie und Psychotherapie. Viena: [s.e.], 1912.

_____. "Trotz und Gehorsam". *Mhh. f. Päd. u. Schulpol.*, VIII, 1910 [Cf. tb. ADLER, A. & FURTMÜLLER, C. (orgs.). *Heilen und Bilden*. Munique: [s.e.], 1914].

ASCHAFFENBURG, G. "Die Beziehungen des sexuellen Lebens zur Entstehung von Nerven- und Geisteskrankheiten". *Münch, med. Wschr.*, LIII, 1906, p. 1.793-1.798.

BARLACH, E. *Der tote Tag*. Berlim: [s.e.], 1912 [Drama em cinco atos].

BINET, A. *Les Altérations de la personnalité*. Paris: [s.e.], 1892.

BINSWANGER, O.L. "Freud'sche Mechanismen in der Symptomatologie von Psychosen". *Psychiat.-neur. Wschr.*, VIII, 1906, p. 323, 338 e 416.

_____. "Die Hysterie". In: NOTHNAGEL, H. et al. (orgs.). *Specielle Pathologie und Therapie*. 1ª metade, 2ª parte. Viena: [s.e.], 1904.

BLEULER, E. "Die Psychoanalyse Freuds". *Jb. f. psychoanal. u. Psychopath. Forsch.*, II, 1910, p. 623-730.

BOAS, F. *Indianische Sagen von der Nord-pacifischen Küste Amerikas*. Berlim: [s.e.], 1895 [Série: Verhandlungen der Berliner Gesellschaft für Anthropologie usw.].

BREUER, J. & FREUD, S. *Studien über Hysterie*. Leipzig/Viena: [s.e.], 1895.

Freud e a psicanálise 339

BRILL, A.A. "Psychological Factors in Dementia Praecox. An Analysis". *J. Abnorm. Psychol.*, III, 1908, p. 219.

CLARK LECTURES. Lectures and Addresses delivered before the Department of Psychology and Pedagogy in Celebration of the Twentieth Anniversary of the Opening of Clark University. Setembro de 1909. Worcester (Mass.), 1910.

CONSTANCE, E. (org.). *Collected Papers on Analytical Psychology.* Londres: Baillière, Tindall & Cox., 1916.

JUNG, C.G. (org.). *Diagnostische assoziationsstudien*: Beiträge zur experimentellen Psychopathologie. 2 vols. Leipzig: J.A. Barth, 1906/ 1910 [Novas edições em 1911 e 1915].

FLOURNOY, T. *Des Indes à la planète Mars* – Etude sur un cas de somnambulisme avec glossolalie. 3. ed. Paris/Genebra: [s.e.], 1900.

_____. "Nouvelles Observations sur un cas de somnambulisme avec glossolalie". *Archv. de Psychol. Suisse rom.*, I, 1901, p. 101-255.

FOREL, A.H. *Der Hypnotismus.* Stuttgart: [s.e.], 1889.

FRANK, L. "Affektstörungen. Studien über ihre Ätiologie und Therapie". Berlim, 1913 [Monographien aus dem Gesamtgebiete der Neurologie und Psychiatrie IV].

_____. "Das Ich und das Es". Leipzig/Viena/Zurique: [s.e.], 1923 [Internationaler Psychoanalytischer Verlag].

FREUD, S. *Die Zukunft einer Illusion.* 2. ed. Verlag Leipzig/Viena/Zurique: [s.e.], 1928 [Internationaler Psychoanalytischer].

_____. "Weitere Ratschläge zur Technik der Psychoanalyse: I. Zur Einleitung der Behandlung". *Intern. Z. f. ärztl. Psychoanal.*, I, 1913, p. 1-10 e 139-146.

_____. "Ratschläge für den Arzt bei der psychoanalytischen Behandlung". *Zentralbl. f. Psychoanal.*, II, 1912, p. 483-489.

_____. "Psychoanalytische Bemerkungen über einen autobiographisch beschriebenen Fall von Paranoia (Dementia paranoides)". *Jb. f. psychoanal. u. Psychopath. Forsch.*, III, 1911, p. 9-68 [Acréscimo: "P. Schreber: Denkwürdigkeiten eines Nervenkranken", p. 588-590, no mesmo volume].

_____. *Five Lectures on Psycho-Analysis* [Delivered on the Occasion of the Celebration of the Twentieth Anniversary of the Foundation of Clark University, Worcester, Mass. Setembro de 1909 – Em alemão: *Über Psychoanalyse*. Liepzig/Viena: [s.e.], 1910].

_____. "Über Psychoanalyse. Fünf Vorlesungen, gehalten zur 20jährigen Gründungsfeier der Clark University". Worcester, Mass. Setembro de 1909. Leipzig/Viena: [s.e.], 1910.

_____. "Charakter und Analerotik". *Psychiat.-neur. Wschr.*, IX, 1908, p. 465.

_____. "Zwangshandlungen und Religionsübung". *Z. f. Religionspsychol.*, I, 1907, p. 4-12.

_____. "Die Abwehr-Neuropsychosen. Versuch einer psychologischen Theorie der acquirierten Hysterie, vieler Phobien und Zwangsvorstellungen und gewisser halluzinatorischer Psychosen". *Sammlung kleiner Schriften*. Leipzig/Viena: [s.e.], 1906.

_____. *Sammlung kleiner Schriften zur Neurosenlehre aus den Jahren 1893-1906*. Leipzig/Viena: [s.e.], 1906.

_____. "Die Freud'sche psychoanalitische Methode". *Sammlung kleiner Schriften*. Leipzig/Viena: [s.e.], 1906.

_____. "Über Psychotherapie". *Sammlung kleiner Schriften*. Leipzig/Viena: [s.e.], 1906.

_____. "Bruchstück einer Hysterie-Analyse". *Wschr. f. Psychiat. u. Neur.*, XVIII, 1905, p. 285-308 e 408-466.

_____. *Der Witz und seine Beziehung zum Unbewussten*. Leipzig/Viena: [s.e.], 1905.

_____. *Drei Abhandlungen zur Sexualtheorie*. Leipzig/Viena: [s.e.], 1905.

_____. *Zur Psychopathologie des Alltagslebens*. Über Vergessen, Versprechen, Vergreifen, Aberglaube und Irrtum. Berlin: [s.e.], 1904.

_____. *Die Traumdeutung*. Leipzig/Viena: [s.e.], 1900.

FROBENIUS, L. *Das Zeitalter des Sonnengottes*, I. Berlin: [s.e.], 1904. [Não houve outros volumes].

FÜRST, E. "Statistische Untersuchungen über Wortassoziationen und über familiäre Übereinstimmungen im Reaktionstypus bei Ungebildeten". In: JUNG, C.G. (org.). *Diagnostische Assoziationsstudien*. 2 vols. Leipzig: J.A. Barth, 1906/1910. [Novas edições em 1911 e 1915.]

FURTMÜLLER, C. "Wandlungen in der Freud'schen Schule". *Zentralbl. f: Psychoanal.*, III, 1912/1913, p. 189-201.

GOETHE, J.W. von. *Werke. Vollständige Ausgabe letzter Hand.* 30 vols. Stuttgart/Tübingen: Cotta, 1827-1835.

HARTMANN, E. von. *Philosophie des Unbewussten.* 4. ed. inalterada. Berlim: [s.e.], 1872.

HASLEBACHER, J.A. "Psychoneurosen und Psychoanalyse". *Corresp.-Bl. f. Schweizer Ärzte,* XL/7, 1910, p. 184-196.

HOCHE, A. "Eine psychische Epidemie unter Ärzten". *Med. Klin.,* VI, 1910, p. 1.007-1.010.

HORÁCIO. *Sátiras e epístolas.* II. 2 vols. Munique/Leipzig: [s.e.], 1911 [Tradução de C.M. Wieland, com notas, melhorias e acréscimos de Heinrich Conrad].

JAHRBUCH RASCHERS, Schriften für Schweizer Art und Kunst – 1912. In: FALKE, C. (org.). Zurique/Leipzig: Rascher Verlag, 1912.

JAMES, W. *Pragmatism.* Londres/Cambridge (Mass.): [s.e.], 1907.

JANET, P. *Névroses et idées fixes.* Paris: [s.e.], 1898.

JÖRGER, J. "Die Familie Zero". *Arch. f. Rassen- u. Gesellschaftsbiol.,* II, 1905, p. 494-559.

JONES, E. *On the Nightmare.* Londres: [s.e.], 1931. [International Psychoanalytical Library, XX. – Em alemão: *Der Alpttraum in seiner Beziehung zu gewissen Formen des mittelalterlichen Aberglaubens.* Leipzig/Viena: [s.e.], 1912].

_____. "Remarks on Dr. Morton Prince's Article 'The Mechanism and Interpretation of Dreams'". *J. Abnorm. Psychol.,* V, 1910/1911, p. 328-336.

_____. "Freud's Theory of Dreams". *Amer. J. Psychol.,* XXI, 1910, p. 283-308.

JUNG, C.G.* *Die Psychologie der Übertragung. Erläutert anhand einer alchemistischen Bildserie. Für Ärzte und praktische Psychologen.* Zurique: Rascher, 1946 [OC, 16, 1958].

_____. *Über die Psychologie des Unbewussten.* Zurique: Rascher, 1943 [Reimpressão em 1948 e 1960]. [OC, 7, 1964].

_____. "Die psychologischen Aspekte des Mutterarchetypus". *Eranos-Jahrbuch,* VI, 1938. Zurique: Rhein V., 1939 [Depois em: *Von den Wurzeln des*

---

* Em ordem cronológica, as obras citadas neste volume.

Bewusstseins. Studien über den Archetypus. Psychologische Abhandlungen, IX. Zurique: Rascher, 1954]. [OC, 9/1].

_____. "Neue Bahnen der Psychologie". *Jahrbuch Raschers, 1912* [Versão melhorada e ampliada: *Die Psychologie der unbewussten Prozesse*. Schriften zur angewandten Seelenkunde. Zurique: Rascher, 1917– Depois: *Das Unbewusste im normalen und kranken Seelenleben*. Zurique: Rascher, 1926 (Reimpressões em 1929 e 1936). – Finalmente: *Über die Psychologie des Unbewussten*. Zurique: Rascher, 1943 (Reimpressões em 1948 e 1960)]. [OC, 7, 1964].

_____. *Wandlungen und Symbole der Libido. Ein Beitrag zur Entwicklungsgeschichte des Denkens*. Deuticke/Leipzig/Viena: [s.e.], 1912 [Reimpressões em 1925 e 1938]. Nova edição: *Symbole der Wandlung. Analyse des Vorspiels zu einer Schizophrenie*. Zurique: Rascher, 1952 [OC, 5].

_____. "Assoziation, Traum und hysterisches Symptom". In: JUNG, C.G. (org.). *Diagnostische Assoziationsstudien*. Leipzig: J.A. Beitrag, 1906/1910 [Novas edições em 1911 e 1915].

_____. "The Association Method. In: Lectures and Addresses delivered before the Departments of Psychology and Pedagogy in Celebration of the Twentieth Anniversary of the Opening of Clark University". Setembro de 1909. Worcester, Mass.: [s.e.], 1910 [Depois em LONG, C.E. (org.) *Collected Papers on Analytical Psychology*. Londres: Baillière, Tindall & Cox., 1916].

_____. "Über Konflikte der kindlichen Seele". *Jb. f. psychoanal. u. psychopath. Forsch.*, II, 1910, p. 33-58 [Em brochura por Leipzig/Viena: Deuticke, 1916. – Nova edição. Zurique: Rascher, 1939. – Finalmente algo ampliado em: *Psychologie und Erziehung*. Zurique: Rascher, 1946 e 1950]. [OC, 7].

_____. "Associations d'idées familiales". *Archs. de Psychol. Suisse rom.*, t. VII/26, 1907, p. 160-168 [OC, 2].

_____. "Über die Psychologie der Dementia praecox: Ein Versuch". Halle: Carl Marhold, 1907 [OC, 3, 1968].

_____. "Zur Psychologie und Pathologie sogenannter occulter Phänomene. Eine psychiatrische Studie". Dissertação. Leipzig: Oswald Mutze, 1902 [OC, 1, 1966].

_____. *Lecture I* [OC, 2].

_____. *Lecture II*: Familial Constellations [OC, 2].

_____. *Lecture III:* Experiences Concerning the Psychic Life of the Child [OC, 17].

KRAEPELIN, E. (org.). *Psychologische Arbeiten*. Leipzig/Berlim: W. Engelmann/J. Springer, 1896.

KUHN, F.F.A. (org.) *Mythologische Studien*. 2 vols. Gütersloh: [s.e.], 1886/1912.

MAEDER, A. "Die Symbolik in den Legenden, Märchen, Gebräuchen und Träumen". *Psychiat.-neur. Wschr.*, X, 1908, p. 45 e 55.

_____. "Contributions à la psychologie de la vie quotidienne". *Archs. de Psychol. Suisse rom.*, VI, 1906/1907, p. 148s. Tb. VII, 1907/1908, p. 283s.

_____. "Essai d'interprétation de quelques rêves". *Archs. de Psychol. Suisse rom.*, VI, 1906/1907, p. 354s.

MAYLAN, C.E. *Freuds tragischer Komplex. Eine Analyse der Psychoanalyse*. 2. ed. Munique: E. Reinhardt, 1929.

MENDEL, K. "Rezension von J.A. Haslebacher: Psychoneurosen und Psychoanalyse". *Neur. Centralbl.*, XXIX, 1910, p. 320s.

MITCHELL, T.W. "Review of 'Collected Papers on Analytical Psychology'". *Proc. Soc. Psych. Res.*, XXIX, 1916, p. 191-195.

MÜLLER-LYER, F. *Die Familie*. Munique: [s.e.], 1912 [Série: Die Entwiklungsstufen der Menschheit. Eine Gesellschaftslehre in Überblicken und Einzeldarstellungen, IV].

OPPENHEIM, H. "Tatsächliches und Hypothetisches über das Wesen der Hysterie". *Berliner Klin. Wschr.*, XXVII, 1890, p. 553.

PAGE, H.W. Shock from Fright. In: TUKE, H. *Dictionary of Psychological Medicine*. Londres: [s.e.], 1892.

PETERS, W. "Gefühl und Erinnerung". *Psychologische Arbeiten*, VI/2, p. 197-260.

PRINCE, M. "The Mechanism and Interpretation of Dreams". *J. Abnorm. Psychol.*, V, 1910/1911, p. 139-195.

_____. *The Dissociation of a Personality*. Nova York/Londres: [s.e.], 1906.

PUTNAM, J.J. *Personal Impressions of Sigmund Freud and His Work*. [Tradução: "Persönliche Erfahrungen mit Freud's psychoanalytischer Methode". *Zentralbl. f. Psychoanal.*, I, 1910/1911, p. 533-548].

RANK, O. "Ein Traum, der sich selbst deutet". *Jb. f. psychoanal. u. Psychopath. Forsch.*, II, 1910, p. 465-540.

_____. *Der Mythus von der Geburt des Helden. Versuch einer psychologischen Mythendeutung.* Leipzig/Viena: [s.e.], 1909.

RIKLIN, F. *Wunscherfüllung und Symbolik im Märchen.* Viena: [s.e.], 1908 [Série: Schriften zur angewandten Seelenkunde, III].

SADGER, I. "Analerotik und Analcharakter". *Die Heilkunde.* 1910, p. 43. Berlim.

SALÚSTIO (Sallustius C. Crispus). *Werke.* 2 vols. 2. ed. Stuttgart, 1865/68 [Traduzido e comentado por Carl Cless].

SAVILL, A. "Psychoanalysis". *Med. Pr.*, CLII, 1916, p. 446-448.

SCHOPENHAUER, A. "Transcendente Spekulation über die anscheinende Absichtlichkeit im Schicksale des Einzelnen". In: KOEBER, R. von (org.). *Parerga und Paralipomena,* vol. I. Berlim: [s.e.], 1891.

SHAW, G.B. *Man and Superman.* Londres: [s.e.], 1903.

SILBERER, H. *Probleme der Mystik und ihrer Symbolik.* Viena/Leipzig: [s.e.], 1914.

_____. "Phantasie und Mythos". *Jb. f. psychoanal. u. Psychopath. Forsch.*, II, 1910, p. 541-622.

SOMMER, R. *Familienforschung und Vererbungslehre.* Leipzig: [s.e.], 1907.

SPIELMEYER, W. *Centralbl. f. Nervenheilk. u. Psychiat.*, XXIX, 1906, p. 322-324 [Colaboração sem título].

SPIELREIN, S. "Über den psychologischen Inhalt eines Falles von Schizophrenie (Dementia praecox)". *Jb. f. psychoanal. u. psychopath. Forsch.*, III, 1911, p. 329-400.

STEINTHAL, H. "Die Sage von Simpson". *Z. f. Völkerpsychol. u. Sprachw.*, II, 1861, p. 129-178.

STEKEL, W. "Ausgänge der psychoanalytischen Kuren". *Zentralbl. f. Psychoanal.*, III, 1912/1913, p. 175-188.

_____. *Die Sprache des Traumes. Eine Darstellung der Symbolik und Deutung des Traumes in ihren Beziehungen zur kranken und gesunden Seele für Ärzte und Psychologen.* Wiesbaden: [s.e.], 1911.

VIGOUROUX, A. & JUQUELIER, P. *La Contagion mentale.* Paris: [s.e.], 1904 [Bibliothèque Internationale de Psychologie].

ZIERMER, M. "Genealogische Studien über die Vererbung geistiger Eigenschaften". *Arch. f. Rassen- u. Gesellschaftsbiol.*, V, 1908, p. 178-220 e 327-363.

Freud e a psicanálise

NOTA: Nas obras mais recentes (de 1920 para cá) cita-se, quando possível, também a editora.

**Obras de C.G. Jung citadas neste volume,
traduzidas para o português e publicadas pela Editora Vozes:**

– *A prática da psicoterapia*. OC, 16/1, 1988.

– *Ab-reação, análise dos sonhos e transferência*. OC, 16/2, 1987 [broch.].

– *Psicologia do inconsciente*. 5. ed. OC, 7/2, 1987 [broch.].

– *O desenvolvimento da personalidade*. 3. ed. OC, 17, 1986.

– *Psicogênese das doenças mentais*. OC, 3, 1986.

– *Símbolos da transformação*. OC, 5, 1986.

– *Dois escritos sobre psicologia analítica*. 2. ed. OC, 7, 1981.

Índice onomástico

Abraham, K. 227, 277, 478, 507
Adler, A. 129, 553, 564, 638, 658, 675s., 755s., 773
Aschaffenburg, G. 1s., 695

Baader, F. 748
Barlach, E. 780
Bergson, H. 568, 665
Bernheim, H. 577
Binet, A. 155
Binswanger, O.L. 28, 159
Bircher, M. 604
Bleuler, E. 154, 1567, 523
Boas, F. 478
Breuer, J. 28s., 94, 205s., 577, 582

Brill, A.A. 154

Carus, C.G. 748
Charcot, J.M. 207
Cícero 252
Claparède, E. 125, 273, 569

Dubois, P. 41, 414, 527, 584, 619

Ennemoser, J. 748
Eschenmayer, K.A. 748

Falke, K. 199
Flournoy, T. 152, 155
Forel, A.H. 637
Frank, L. 577, 589, 602

Freud, S.1s., 27-63, 64s., 71s., 106, 129, 154s., 194, 196s., 200, 203s., 237, 241, 243, 250, 252, 258s., 262s., 294, 302, 307, 312, 319, 322s., 334, 338, 351s., 362, 367s., 427, 452, 478, 500, 513, 522, 524, 552s., 558, 560, 562, 573s., 577, 582, 589, 601[5], 624, 635, 638, 657s., 672, 675s., 694, 745s., 755s., 772s.
Frobenius, L. 478
Fürst, E. 309, 695, 699
Furtmüller, C. 634

Galilei, G. 230
Goethe, J.W. 196, 728

Hartmann, E. 318, 748
Haslebacher, J.A. 196[3]
Hinkle, B. 346
Hoch, A. 154
Hoche, A.E. 155

Isserlin, M. 156[7]

James, W. 676
Janet, P. 28, 155, 254[13], 274, 296, 569, 574
Jones, E. 154, 169, 193, 478
Jörger, J. 695[4]
Jung, C.G. 18s., 40[5], 42, 63[8], 75[2], 92s., 106, 127[3], 152[3], 154, 173[15,18], 180[19], 199[2,3], 201s., 218[8], 252[12],

263[14], 271s., 277s., 306s., 342,
350, 377, 405, 435[33], 478[37], 500,
553, 578, 601, 620, 638, 656, 670,
684, 692, 743[10], 768
Juquelier, P. 701[7]

Kant, I. 317, 688, 690
Kepler, J. 24, 607
Kerner, J. 748
Kolumbus 230
Kraepelin, E. 211, 695
Kranefeldt, W.M. 745
Kuhn, F.F.A. 507

Liébault, A.A. 748
Löwenfeld, L. 45
Loy, R. 576s., 588, 608, 632, 652

Maeder, A. 94, 452, 478, 548
Mayer, R. 246, 567
Maylan, C.E. 747
Mendel, K. 196
Meyer, E. 154
Mitchell, T.W. 687s.
Moleschott, J. 687
Moltzer, M. 458
Montessori, M. 643
Müller-Lyer, F. 658

Newton, I. 24
Nietzsche, F. 675, 748

Oppenheim, H. 31

Page, H. 206
Passavant, J.K. 748

Paulo 750
Peters, W. 211
Prince, M. 154-193
Putnam, J.J. 154

Quimby, P. H. I. N. E. A. S. P. 748

Raimann, E. 37
Rank, O. 328, 478
Rascher, A. 199
Riklin, F. 18, 478

Sadger, I. 196
Salústio 252, 567
Savill, A. 687
Schopenhauer, A. 280, 352 727[8],
748
Schreber, D.P. 271, 273
Scripture, E.W. 154
Shakespeare, W. 727[8]
Shaw, G.B. 658
Silberer, H. 478
Sommer, R. 695[4]
Spilmeyer, W. 25
Spielrein, S. 478
Steinthal, H. 63, 507
Stekel, W. 129, 351[29], 632, 635,
639, 645
Stern, L.W. 125

Vigouroux, A. 701[7]

Watts, G.F. 170, 185

Ziermer, M. 695[4]

Índice analítico*

Ab-reagir 30s., 208, 577, 582, 588, 596, 622
Die Abwehrneuropsychosen (Freud) 32, 36
Ação (66s.), 404, 423, 430, 666s.
- sintomática 15, 338
Acasalamento 728
Acaso 43, 65, 279, 302, 459, 495, 515, 625, 634, 643, 653
Adaptação 271, 286, 303s., 312, 350, 383, 405s., 428, 440s., 448, 469, 504, 553s., 563, 568s., 623, 634, 662, 701
Afasia 10
Afeto(s), emoção 28s., 46, 259, 313, 344, 390, 398
- bloqueio de 32s., 208, 426, 577
- transposição do 32
- traumático 32, 39, 427
Affektstörungen 577, 589
Afogamento 508, 510
Afonia 181s.
Água 330, 508, 511
Albumina 764
Alma (cf. tb. consciência, psique) 200, 748, 763, 781s.
- faculdades da 253s., 258, (601)
- localização no cérebro da 318

América 477, 553
Amizade sentimental 693
Amnésia 266, 369s.
- anterógrada 369
Amor 56, 59, 69, 127s., 183, 189, 191[22], 196, 247, 299, 305, 343, 385, 391, 408, 444, 467s., 493, 515, 531, 538, 544, 569, 607, 654, 663, 720
- declaração de 357, 363
- pelo médico (analista) 632, 639s.
Amoras (S.) 475
Anacoreta 276
Analítico (psicanalítico)
- escola 236, 269, 281, 312, 319s., 343, 374, 557, 671s., (773)
- literatura 320, 479, (539), 557, 629, 632, 638
- técnica (195), 205, 315s., 325s., 625, 651
- teoria 205, 302, 307, 322, 353
- terapia 418, 437s.
- trabalho 232, 272, 327
Analogia 553
Anamnese 221, (355), 463, 525, 822s., 633, 702s.
Anel 359
Anima 739

---

*Observações: 1) Os números indicam o parágrafo do texto. 2) O número das notas de rodapé vem indicado como expoente.

Animal(ais) 237, 283, 470, 556, 757
- ferozes 703
Anões (S.) 185
Anomalia (anormal) 31, 349s., (398)
Antiguidade 474
Antroposofia 749
Ânus 53, 58, 244
Apatia 255s.
Apercepção (282)
Apetite
- falta de 569
Arbítrio 333
Arcaísmo 553
Archives de psychologie 94
Arquétipo 694[3], 729, 739s.
Arte(s) 434, 745
Artista 194, 607
Ascese 777
Asco (repugnância) 51, 56, 58, 299
Asma nervosa 365
Asmodeu 742
Assassinato 344, 349
Associação(ões) (38), 65s., 80, 87, 195, 324, 335s., (427), 476, 480, 541, 622
- séries de 43
Astromitologia 477
Atitude da criança 227
- alargamento da 554, 678s.
- emocional 515
- entre mãe e filha 698s.
- entre médico e paciente 535s., 614, 663
- frívola 538
Atividade rítmica 291
Atos dos Apóstolos 148
Atração 279, 286
Augúrio 589, 607, 614
Ausgänge der psychoanalytischen Kuren (Stekel) 632
Autoanálise 449, 633

Autoconhecimento 156, 615s.
Autoconsciência 156, 490
Autoconservação 200, 237, 276[18], 280
Autocrítica 380s., 590, 649, 774
Autocura 574
Autodomínio 200
Autoeducação 444
Autoerótico 243
Automatismo anímico inconsciente 28
Autonomia psíquica 65
Autossugestão (cf. tb. sugestão) 17s., 206, 208, 596
Avental (S.) 491, 498
Avó 476
Axioma de Maria 743[10]
Axiomas empíricos 7

Bacantes 106
Balneário (S.) 96s.
Barco
- a vapor 96s. (S.)
- viagem de 360
Bastão de madeira 164s.
Batak 512
Batismo 330
Bela Adormecida (A) 493s., 502
Biografia 745
Biologia 777
Blasfemar 717s.
Bloqueio 89
Boato 95s., 125s., 173[15], 502, 505
Boca 244, 262, 291
Boneca (S.) 491, 498, 500
Borboleta 237, 263
Bordel 710
Branca de Neve 496
Bruchstück einer Hysterie-Analyse (Freud) 46s., 63, 94

Cabalística 691
Cachorro 235

Caráter 310s., 384, 391, 450
Carga emocional 67, 71
Carinho
- necessidade de 259
Casamento (núpcias) 90, 92, 96s.
(S.)
- celeste 72
Casos
- (Breuer) histérica ab-reage
complexos de reminiscências no
estado crepuscular 30
- (Loÿ) menina de 15 anos é curada
de enurese noturna através de
hipnose 592
- (Loÿ) paciente com mania de
lavar é hipnotizada 596
- psicose histérica de jovem
senhora se desenvolve a partir de
erotismo anal infantil, masturbação
e fantasias sexuais perversas 54s.
- Maria é excluída da escola
porque, devido a um sonho seu,
causou falatório sobre o professor
95s.
- (Prince) paciente sonha com sua
dependência do médico 162s.
- jovem senhora se assusta diante
de cavalos. A anamnese mostra que
ela não ama seu noivo, mas o marido
de sua amiga 218s., 297, 355s.
- um jovem oscila entre homo e
heterossexualismo 247, 254
- a mais velha de duas irmãs fica
histérica quando a mais nova se
casa 384s.
- duas irmãs: uma fica histérica e a
outra, catatônica 397
- a paixão pelo professor faz com
que a menina diminua de
aproveitamento escolar. Perde,
assim, as boas graças do professor e
se torna neurótica 458s.

- resistência contra seu trabalho
profissional causa aparente neurose
em senhor de 40 anos 529
- neurose da mãe após a morte de
um de seus filhos 530
- um jovem, após concluir os
estudos, torna-se neurótico ao ter
que escolher uma profissão 541
- três experiências negativas com a
terapia da sugestão 578s.
- interpretação sem êxito de sonhos
584[4]
- uma senhora faz de seu
casamento cópia fiel do ambiente
familiar de sua infância 703s.
- constelação familiar infeliz
impede um homem de viver feliz
mais tarde 707s.
- mulher que nunca se separara do
pai torna-se neurótica após a morte
deste 716s.
- neurose infantil em menino cujo
pai era muito severo e a mãe,
muito carinhosa 731s.
Castanhas (S.) 107
Castigo corporal 55, 58
Católico 750
Causalidade (causal) 66s., 392s.,
658, 665, 677, 687s., 690
Cavalos 218s., 300s., 355s., 553
Caverna (S.) 185s., 189s.
Cegonha 479, 501, 506
Celibatário 91s.
*Centralblatt für Nervenheilkunde
und Psychiatrie.* XXIX, 1906
(Spielmeyer) 25[5]
Centros nervosos 31
Cerimônias de lavação 596
Chapeuzinho Vermelho 476s.
Chiste 2, 94
Choque 206s., 559
- nervous shock (Page) 206

Christian Science 526, 578, 588, 602, 699, 749
Chupar 239s., 262, 291, 483
Ciência, científico 22, 25, 175, 178, 201s., 229s., 251, 302, 434, 582, 589s., 607, 613, 678s., 687, 746, 765s.
Ciúme 259, 343s., 360, 386, 730, 743
Civilização 486
Climatério 147, 703
Clitemnestra 347
Coabitação
- capacidade de 228, 235
Cobra 512, 539, 591
- preta (S.) 732s.
Coito 135
- desejos de 112
Compensação 473, 490
Complexo(s) 32, 41s., 62, 67s., 306s., 335, 347s., 408s., 458, 495, 497, 562s., 758
- afastamento do 112
- de caráter sentimental 46, 67, 69
- de carga afetiva autônoma 34, 42, 211
- de castração 342
- de Édipo 343s., 377, 562, 569
- de Electra 347s., 377, 562
- de filha 743
- de incesto 351, 377, (469s.)
- de mãe 150[1], 409
- de pai 738, 781
- de pai e mãe 304, 306s., 409
- descoberta dos 436, 447
- indicadores de 335s.
- nuclear (306s.), 352, 354, 562s.
Comportamento apaixonado 49, (252), 444
Compulsivo(a)
- dependência 515
- neurose 32

Condutor 130
Confissão 431s.
Conflito(s) 295, 310, 343s., 346s., 353s., 373s., 377, 407s., 458, 527, 560, 562, 564, 583, 640, 737, 753, 772
- de sentimentos 5, 40, 60s.
- morais 583, 598s., 653
- no casamento 599
- soluções de 606
Conhecimento 381, 774
Consagração (cf. tb. iniciação) 330
Consciência 41, 256, 434, 553, 760s.
- cisão da 30
- conteúdos da 525s.
- e alma 175, 317s., 362, 782
- estados de 157
- individual 486
Constelação(ões) 11, 44, 47, 67, 224, 317, 355, 507, 552, 715, 726
- inconsciente 334s., 338
Constitucional 60s.
La Contagion mentale (Vigouroux & Juquelier) 701[7]
Conteúdo
- doloroso 532, 535
- incompatível 32, 35
Crença (fé), como agente curativo 439, 555, 577, 584, 588s., 592, 601, 615s., 632
- e ciência 22, 282, 375, 434
- infantil na autoridade 653
- religiosa 655, 669, 752
Cria, proteção da 279, 284
Criador (406), 760, 774
Criança (filho) 343s., 599
- e pais 307, 309s., 401, 693
- mimada 312, 390
- nascimento de (S.) 96s., 530
Criptomnésia 152, 691

Cristianismo (330), 342, (434), 477, (640), 662, (750)
Crítica 80
- a Jung 687s., 781
- à psicanálise 194s., 198, 229s., 260s. 269s., 281, 316s., 336, 412, 421
-- de Aschaffenburg 1s.
-- de Mendel 196
-- de Prince 154s.
Crítico literário 329
Culto 106
Cultura 440, 664s.
- conquista da 555
- exigências da 556
- ideais da 658
- nível de 444
Curandeiro 578

Defecação 53s., 196
Defloração 135
Dementia praecox 106, 371s., 394, 456s., 521, 560
Demônio 173, 727
- do destino 727, 743
Depressão 57, 703, 713
Des Indes à la planète Mars (Flournoy) 152[2]
Desejo(s) 127, (318), 366, 381, 567, 700
- infantis 489, 658
- realização dos 69s., 140, 143, 151, 539s., 547, 677
-- no sonho (cf. sonho)
- sexuais 591
- sexuais infantis (350s.), 394, 484
- tendências de 452
Desenvolvimento (evolução) 254, 441, 518, 520
- abalo do d. afetivo 5
- da afetividade 296, 400
- da consciência 738

- da personalidade 550, (554), 615, 623, 633, (679s.)
- do caráter 311
- fenômenos do d. afetivo (59), 262, 268
- história da 279, 486
- inibição do 212
Destino 309, 386, 700s., 727, 739
- de uma criança 562
- tentar o 78
Determinação
- pela pré-história (308), 396, 402, (452), 715
- psicológica (37s.), (141), (145), 231, 302, 456, 564
- sobredeterminação (Freud) 44
desunião consigo mesmo 381, 396, 408, 518
Deus 727, (738), 751, 780, 783
Deuses 350, 438, 589, 776
Diabinhos (S.) 185
Diagnóstico 19, 626
- experimental típico 19
Diagnostische Assoziationsstudien (Ed. por Jung) 18[4] 75[2]
Dinâmico 250, 253
Ding an Sich (Kant) 317
Dioniso 106
Direção da vida (634), 643
Dissociação 28, 162, 295, 678, 761
The Dissociation of a Personality (Prince) 155
Distúrbio(s), perturbação(ões)
- da função de realidade 272
- da sexualidade 293
- digestivos 569
- do analista (536)
- do experimento 335
- do pensamento 2
- estomacais 707
- na adaptação psicológica 470

- neuróticas 348
- no relacionamento com as mulheres 249
Doença 415, 615
- corporal 578, 749
- mental 93, (289), 456
- venérea 666
Dores 364s., 464
- de cabeça 461
Dúvida 145, 746
Dragão 494
Drei Abhandlungen zur Sexualtheorie (Freud) 46, 48, 229, 251, 268, 278, 322, 372, 377

Edda 494
Educação 212, 308, 310, 442, 485s., 604, 631, 643, 680
Egoísmo 352, 390, 531, 677
Ein Beitrag zur Psychologie des Gerüchtes (Jung) 173[15], 174[18], 502, 505
Ein Traum der sich selbst deutet (Rank) 328
Élan vital (Bergson) 568
Elefante 42, 337
Eletromagnetismo 282
Emoção, afeto 67, 206, 224
Emotividade 60
Empatia 601s., 662
Empiria, empírico (cf. tb. experiência) 42, 145, 194s., 210, 322, 375, 535, 562, 685, 777s.
Energia, energético 250, 267, 269s., 279, 281s., 290, 566s., 661, 779s.
- conservação da 246, 253s., 260, 281, 567, 689
Enganar-Se 380
Enurese noturna 580, 592
Equivalência, relações de (272), 282

Ereção, capacidade de 228
Eros 661, 776
Erótica (erotismo) 63, 439, 730
Erotismo anal (53s.), 196
Escada (S.) 539s.
Esclarecimento
- do paciente sobre o método psicanalítico 635
- sexual 22s.. 124s., 502s., 517s., 599
Escritos de Freud 19, (38), (45s.), 94, (154), (156), 216, (296), (334s.), (375s.), (452)
Escola(s)
- de Freud, freudiana 175, 187, 215, 230, (342), (553), (564), 781
- de Jung (758)
- de Stern 125
- de Zurique (cf. Zurique)
- Freud & Adler 773
- psicanalítica (cf. psicanalítica)
- vienense (cf. vienense)
Espada (S.) 488s., 733
Espanhóis 553
Espírito 776s., 780, 782s.
- bom ou mau 727, 742s.
- criativo 748
- filogenia do 521
Esquecimento 15, 89, 210, 225, 325, 338
Esquizofrenia (Bleuler) 106, 271[15], 277, 457
Estado crepuscular 30, 300, 361
Estímulos somáticos 65
Etiologia
- aparente 365
- da histeria 36s., 207s., 377
- da neurose 227, 314, 404, (410), 572, 582
- da tuberculose 209
Eu, não eu (684), 760, 764
Europa 691

Excessos 346
Excitação 31, 34, 200, 208
Excitações, conversão da soma de (Breuer-Freud) 31, 34, 208
Exibicionista 196, 387s.
Experiência(s) 11, 175, 227, 238, 248, 256, 266, 275, 310, 316, 376, 410, 446, 507, 632s., 644s., 654, 762, 770, 778
Experimental 25, 203
Experimento (experiência) 19, 211, 611
- de Janet 28
Experimento de associações 15s., 42, 47, 75, (157), 211, (306), 335s., 408, 532, (695)
Explicação construtiva 759
"Expressão anômala da emoção" (Oppenheim) 31
- cf. tb. anormal
Extroversão 763

Fales 106
Falo (cf. tb. partes genitais) 106, 504
Família(s) 309, (314), 348, 428s., 438, 562, 695, 780s.
Die Familie (Müller-Lyer) 658
Die Familie Zero (Jörger) 695[4]
Familienforschung und Vererbungslehre (Sommer) 695[4]
Fanatismo 613, 746
Fantasia(s) 58s., 70, 145, 147, 200, 216s., 221, 227s., 232, 234, 387, 389, 391s., 404s., 416s., 420, 533, 559s., 636, 761
- consciente 256, 313, 341
- de vingança 190
- erótica 163, 662
- histérica 51
- inconsciente 256, 313s., 323, 340s., 412, 505

- infantil 470, 502, 518, 561, (564), 569s., 601[5], 657, 662s.
- mórbida 39, 271s., 289, 313s., 560, 598
- perversa 55, 58, 60, 387, (573)
- sexual (230s.), 243, 601[5]
Farmácia de poções mágicas 585, 588
Fausto (Goethe) 68s., 173[16], 780
Fecundação 279, 509, 511
Fecundidade 284, 494
Feiticeiro 602
Fetichista 196
Figueira 149
Filha(s) 384s., 698, 728
- predileta do pai 719, 724, 743
Filho(s) 344s., 698, 728
Filogenia do espírito 521
Filosofia (70), 129, (554s.), 557, (613), 745, 774
- de Nietzsche 675
Finalidade, final, teleológico 362, 687s.
- concepção 638
- neurose 375
- sonho 452s., 547s.
Física 246, 253, 282, 371, 689
Fisiologia 764
Fixação 560s.
Fobia 183
- de superstição 145
Fogo (S.) 491, 537
Folclore 745
Folie à deux 729
Fome 5, 241, 251, 278, 280, 290
Fonction du réel (Janet) 274
Forma 771
Freud e Jung 583, 768
Freud's Theory of Dreams (Jones) 154
Freuds tragischer Konflikt (Maylan) 747

Função(ões) 234, 237s., 250, 268, 554, 687s., 763
- genital 243, 261, (687)
- nutritiva 237s., 262s., (269), (687)
Futucar
- o nariz 240
- o ouvido 240

Gatos (S.) 181s.
Gêmeos 146, 150
Genealogische Studien über die Vererbung geistiger Eigenschaften (Ziermer) 695
Germanos 354
Gnomos 185
Gnose 777
Gravidez 75, 234, 530
- fantasia de 510s.
Gulliver (S.) 185, 189s.

Hebefrenia 294
Hedonismo 675, 678
Hereditariedade 296
Hereditário (inato)
- aptidão 455
- degeneração 296
- disposição 36
- sensibilidade 399, 411, (572)
Hermes solus et ter unus 106
Herói 494
Herói divino 738
Heterossexualidade 246s.
Hipnose, hipnotismo 157, 206, (211), (414s.), 526s., 577s., 580s., 584, 590s., 604, 622, 637, 643
- entre animais 591
- escola francesa de 748
Hipótese 27, 69[1], 337, 369, 371, 480, 562s., 611, 679, 778, 782
Histeria 1s., 27s., 51s., 205s., 215, 231, 275, 386, 389, 559, 569

- da aposentadoria 11
- etiologia da 36s., 207, 209, 377
- por acidente 206
- teoria da 1, 23, 27
Histérico(s) 37, 51, (72)
- ataque 374
- dissociação da personalidade 162
- sintomas 2, 37, 159, 205s.
História de fadas 476s., 493s.
Homem
- preto (S.) 733, 737
- selvagem (S.) 181s.
Homossexualismo 243, 246s., 249, 548, 710, 715
Horóscopo 607
Hotel (S.) 537s.
Humanidade civilizada 655
Der Hypnotismus (Forel) 637
Die Hysterie (Binswanger) 159

Idade Média 195, 434, 655, 666
Ideal 179
Ideias 204, 768s.
Identificação
- com a Bela Adormecida 495
- com a mãe 700, 729
- com os pais 308
- entre analista e paciente 406, 449
Igreja 433s., 658
Imagem de Jeová 781
Imago (imagem) 305, 729
- dos pais 306, 427, (569), 728
Imitação, capacidade de 308
Imortalidade 70, 321
Impotência 150s., 710
Incesto 349, 351s., 447, 512, 550s., 772, 780
- barreira do 352, (565)
- complexo de 351, 377, (469s.)
- desejo de 565
- fantasia 391, 470, 540, 550
Inconsciência 729, 737

Inconsciente 157s., 178s., 210, 248, 255, 314-339, 477, 495, 523, 553, 627, 737, 760s.
- atividades do 317, 323, 325, 335s., 412
- constelação 334s., 338
- conteúdo (317), (325), 736
- da criança 343s.
- individual 680
- pensar 452
- "situação" 364
Índios 553
Individualidade 22, 531
Individualista 442
Indivíduo 212s., 217, 224s., 254, 280, 283, 286, 290, 307, 310, 345, 348, 398, 402, 433, 458, 515, 517, 520, 532, 553, 575, 653, 655, 679s., 743s.
Inervações anormais 31
Infância 37, 205, 213s., 224s., 559s., 693
Infantil (infantilismo) 249[10], 276[18], 294s., 298s., 312, 314, 348, 350, 377, 382, (402s.), 547, 653, 677s.
Inferno 713, 716s.
Influência mágica 582
Iniciação 330, 777, 782s.
Instinto(s) 5, 497, 235, 241, 275, 285s., 371, 486, 554, 599, 607, 654, 743, 756s., 776s., 778s., 780
- da fome 278
- da propagação 279s., (288)
- de conservação da espécie 200, 234s., 280
- de valor 756
- feminino 579
- nutritivo 568
- procriativo 498
- psicologia do 764
- sexual 49, 241, 251, 287, 756
- vital 237, 280

Intensidade de valores 779
Inteligência 776
Interesse 273s.
- erótico 276[18]
Internationale Zeitschrift für ärztliche Psychoanalyse 624
Interpretação(ões) 14s., 20, 36s., 43, 371, 479, 526, 649, 770
Intestinal, problema de ordem nervosa 386
Introversão e extroversão 276s., 303s., 405, 420, 763
Inveja de alimento 347
Irmã (S.) 539s.
Irmão (S.) 475
Irreversibilidade 689
Isabel (Evangelho de Lucas) 148
Isis una quae es omnia 106
Isolamento afetivo 56

Javé 741
Jó 741
Jogo 145
Jonas (Bíblia) 477
Journal of Abnormal Psychology (Prince) 155
Judia 164
Jurisprudência médica 227

Laboratórios alquimistas 748
Lactante 338s.
- masturbação do 370
Lagarta 237, 263, 269
Lei(s) 442, 486, 565
Leitura do pensamento 647
Libido 179, 295, 303s., 349s., 420, 422s., 440, 444, 469s., 502, 504s., 515s., 518, 560s., 567s., 661s., 666
- conceito de 49, 251-293
- estancamento da 662
- falta de 255

- ocupação da 106, 661
- primordial 285s.
- sexual 268, 345, 349, 591
- teoria da 200
- transferência da 56, 60s., 163, 273, 427s., 439, 443, 591s., 601, 615, 632, 636, 640, 645, 653, 656s.

Líder 433s.

Linguagem
- duplo sentido da 46

Literatura 475

Livro de Jó 741

Livro de Tobias 742

Lobo (S.) 475s.

Love and Life (Watt) 183

Lourdes 578, 588

Lucas 1,37 (S.) 146s.
- *13,7* 149
- *7,12* 150

Luz 185s. (S.), 282, 371

Mãe 164s. (S.), 312, 343s., 377, 477s., 539 (S.), 693, 728, 780
- arquétipo da 694[3]
- complexo de 150[1], 409
- dragão 738
- e filha 698s.
- imagem da 305, (429), (439)
- solteira 477s., 494, 496, 498, 738

Magnetismo 748

Mal-estar (461s.), (473), (513)

Malthusianismo 286

Mama 346

Mamar
- ato de 238s., 290, (568)

Man and Superman (Shaw) 658

Mão(s) 55, 291

Margarida (*Fausto*) 68s.

Marido 147s., 164s. (S.), 177s. (S.), 537 (S.)
- assassinato do 347

Masoquista 714

Masturbação (cf. tb. onanismo) 55, 225, 240, 370, 483, 487, (599)

Matar 344

Material da memória 317

Materialismo (665), 675

Maturidade 265

Maus hábitos 240

Mecânica 282

The Medical Press 687

Médico (analista) 22s., 156, 201, 446, 536, 578, 602s., 632, 639
- e paciente 17, 39, 162s., 255, 300[21], 404, 412, 421s., 451, 458s., 528s., 584s., 614s., 774, 782

Medo (pavor) 166s., 184s., 365, 380, 472s., 474, 482s., 577, 591, 734, 782

Medicina
- história da 585
- moderna 415, 749

Mefisto 173[16]

Meio, meio ambiente 209s., 212s., 307, 310s., 343, 348, 428s., 438

Ménades 106

Menina 345, 347, 384s., 599

Menopausa 705

Mental Healing 526, 578, 588

Menstruação 228

Mentira 300[17], 336

Mesmerismo (582), 748

Método(s)
- analítico 23, 193, 675
- catártico (cf. tb. psicocatártico) 39, 41, 208, 577, 582, 584, 588, 604, 622
- causal 673, 675, 677, 679
- clínico 180
- das associações 157
- de persuasão (Dubois) 414, (527)
- educativo 41, (200)
- histórico 426, 452

Freud e a psicanálise

- psicanalítico 9-26, 41s., 79, 93s., 157, 193, 195, 230, (254), 321, 326s., (414s.), 455, (459), 524s., 602, 604s., 613, 622s., 633s., (672)
Milagroso (578)
Mística pitagórica dos números 691
Mito(s) 477s., 494, 496, 498, 738
- da primavera 494
- das estações 496
Mitologia 63, 106, 316, 330, 341, 457, 477s., 520s., 557, 745, 761
Monstro marinho 477
Montanhista 378s.
Moral 21s., 175, 180, 182, 200, 229, 349, 351, 380s., 441s., 469, 484s., 535, 560, 575s., 583, 587, 598s., 607, 619, 631, 640, 653, 666s., 680, 759, 777
Morte 728
- perigo de 221, 300
Mulher, senhora 90, 360s., 599
- casada 668
- desinteresse por 247s.
- mais velha 704
Mundo
- concepção do 682, 774
- fim do 272
Música 279

Nascimento 99s. (S.) 234, 477s., 728
- a partir do espírito 783
- natimorto 511
- pela cabeça 139, 511
- prematuro 141s.
Natureza 690
Necessidade metafísica 554
Nervoso 268, 356, 360s., 572, 703, 707
Neue Zürcher Zeitung 197
Neurastenia 474

Neurologia 63, (94)
Neurose(s) 46, 275, 338, 352s., 374, 376, 408s., 507, 541, 559s., 573s., 623, 759
- climatérica 703
-- compulsiva 32, 275
- concepção histórica da (328s.), 409
- disposição à (33s.), 67, 209s., 212s., 217, 219s., 223, 294, 297, 400, 437, (564)
- e infância 354s., 376s., 397s., 693
- etiologia da 314, 353, 565, (668), (751)
- infantil 259, 294-313, 458-522, 731s.
- manifestação da 563
- psicógena 28, 32, 396
- surgimento da (5), (205), 209, 217, (307), (310), (377s.), 395
- teorias da 200, 216, 290, 294, 558s.
Neurótico 312, 372, 428, 442, 526, 551, 555s., 560, 572, 604, 632s., 653, 664, 693, 727
New Paths in Psychology (JUNG) 684
Nicodemos (Bíblia) 782
Noiva (S.) 101s.
Noivado 358, 384, 390
Nouvelles observations sur un cas de somnambulisme (Flournoy)152[2]
Número(s) (S.) 130, 134
- mística dos 691
- simbolismo dos 129, 139
- sonho com 129, 691

Objetivo (cf. tb. finalidade) 658, 677, 687
- de cura 416

Obrigação(ões) 298, 419s., 599, 607, 619, 658s., 664s.
- vitais 410, 419s., 423s., 439s., 444, 450, 547, 658s., 664
Observação(ões) 210, 215, 229s., 771
Obsessão 55, 418, 474, 727, 729
Ocultismo 749
Onanismo (cf. tb. masturbação) 54, 58, 240, 291, 370
On the Nightmare (Jones) 169
Oportunidade 602, 607, 613s., 619
Oportunismo 589, 599
Oposto(s) 758s., 779
Óvulos, produção de 279s.

Paciente (cf. tb. médico) 526s., 577, 584, 586s., 591, 777
- quadro patológico do 41, (639)
Pai 164s. (S.), 343s., 377, 388s., 478, 480s., 516, 537, (S.), 658
- "animal" 737
- complexo de 349s., 377, 562
- e filho 698, 731s.
- imagem do 305, 516, 728, 741
- importância do, no destino do indivíduo 693s.
- regressão ao 147s.
- repulsa contra o 54, 298, 303, (483s.)
Paixão(ões) 200
Palas 511, 760
Palpitações 703
Papa (S.) 82s.
Paraíso 394
Paralisia 186
- da vontade 206
Paramnésia 499
Paranoia 256, 272
Parente 695s.
Partes (órgãos) genitais 36, (106s.), 150, 244s., (507)
- irritação das 36

Parties supérieures et inférieures d'une fonction (Janet) 569
Pássaro 591, 739
- Picus 481
Passe de trem (S.) 130
Patogênico 226s., 759
Pattern of behaviour 729
Pecado original 730
Pedagogia 310, (619)
Pedra (S.) 170
Pele 244
Pênis (cf. tb. partes genitais) 106, 150
Pensamento
- leitura telepática do 647
Pensar, pensamento 41s., 46, 317, 361, 554, 687s.
- inconsciente 452
- onírico 553
- perturbações do 2
Pepino 42, 337
Período gótico 750
Perna(s) 475, 479, 499
Personalidade 41, 266, 384, 435, 441s., 447, 450, 550, 552, 658, 663s., 727, 747
- antiga 350
- desenvolvimento da (cf. tb. desenvolvimento)
- dissociação da 162, 295
- multiplicação da 106
Personificação 106, 728
Perversão(ões) 49s., (243s.), 258s., (292s.), (368), (387), 560, (573)
- polimorfo-perversa 228, 243s., 258s., 292s., 369
Pessoa, homem 554s., 728s.
- como ser social 419, 441, 641, 654s.
- espiritual 780
Philosophie des Unbewussten (Hartmann) 318

Picus 481
Poder 477s.
- desejo de (679), 776
- princípio do (663), 675s.
Poeta 63, 329
Policial (S.) 488s.
Polimorfo-perverso 228, 243, 245, 258s., 292s., 369
Porcos 553
Prazer 423, 487, 634, 640, 650, 772
- busca de 239s., (291)
- da comida 346
- sensação de 347, 485
Pré-formação 729
Pressentimentos 453, (490)
Primitivo 352, 403, 470, 554s., 564s.
Princípios
- constitutivos 688
- explicativos 258, (318)
- regulativos 688, 690
Problemas geniais 2
Proceedings of the Society for Psychical Research 687
Processo vital 237, 282
Procriação 477s., 783
Produção de erros 338s.
Professor 96 (S.), 97s.
- inclinação pelo 56, 116s., 461s., 501s.
Projeção(ões) 293, 318, 371, 477, 507, (535), 657, 663
Propagação 279s., 284, 288, 664
Prostituição 666
Protestantismo 750
Psicanálise 126, 150, 152, 155s., 179s., 192s., 194s., 197, 200s., 222, 229, 254, 287, 312s., 321, 326s., 407, 413s., 426s., 450s., 455, 522, 524, 536, 539, 557,

562, 575, 582s., 592, 594, 619-641, 643s., 745s., 755s.
- definição de 621s.
- essência da 458s.
Psicocatarse (cf. tb. método) 577, (596), 633
Psicogênese 5
- da histeria 207, 231
- das neuroses 28, 32, 396
Psicologia(s) 670s., 756s., 762s., 770s.
- analítica 154, 156, 523, 670s.
- da força 779
- da sexualidade 38
- do complexo 203
- dos instintos 764
- dos povos 457
- dos sonhos (2), 38, 332
- empírica 5
- individual (Adler) 755
- profunda 523
Psicopatologia (154), 745
Psicose 59, 507
Psicoterapia 585
Psique, localização no cérebro 318
Psiquiatria 63, (94)
Psíquico(a)
- atividade 65
- conteúdo 623, 625, 652
- fato 385
- força propulsora 779
Die Psychologie der Übertragung (Jung) 435[33]
Psychologie und Alchemie (Jung) 743[10]
Die psychologischen Aspekte des Mutterarchetypus (Jung) 694[3]
Die psychosexuellen Differenzen der Hysterie und der Dementia praecox (Abraham) 277[19]
Puberdade 36, 50, 55, 58s., 232, 235, 249, 258s., 290, 345, 663

- pós-puberdade 348, 350, 358
- pré-puberdade 36, 264

Querer (cf. tb. vontade) 283

Raguel 742s.
Raio 507
Ratos 235
Reação
- tipo de 309, 695s.
Realidade
- função de 272, 275, 278, 284s., (507)
- perda da 271s., (289)
- princípio da 772
Recordação(ões) (reminiscências) 266, 326, 403, 452, 475
Redução(ões) 537, 550, 554, 556, 623, 678s., 759, (761)
Reforma 748, 750
Regressão, regressivo 277, 365s., 376s.. 383, 390, 393, 401s., 440, 448, 470, 505, 516s., 565, (569s.), 694, 738
Rei em Tule 68
Relação afetiva 272
Relação extraconjugal 131s.
Religião(ões) 341, 350, 434, 443, 751, 777
- ciência das 457, 557, (745), (761)
Religioso 70, 554s., (693), 704, 760, 781
Reminiscência(s) 29s., 37, 304, 330, 357, 365, 374, 376
Renascimento 546
Representação(ões) (304)
- inconsciente 325, 329
- inicial 43
- sexual 21s.
Repressão 32, 51, 73, 161, 168, 210s., 275, 286, 351, 369, 440, 515, 674

Reprodução 42s., 326, (577)
- capacidade de 369
Reproduzível 313
Repulsa 55
Resistência(s) 43, 51, 56, 60, 69 79s., 131, 156, 179, 349, 357, 387, 392, 399, 402s., 410, 438, 467, 515s., 572, 594, 623s., 640s.
- contra Freud 63, 156, 195, 215
- contra mulheres 247
- contra os pais 305
- do analista 421
Responsabilidade 527
Ressurreição 151
Retenção
- fenômenos de 31
Rigveda 511
Riso convulsivo 55
Ritual, rito 330, 777
Roer unhas 240
Roma, romano 346, (354), 373
Rômulo e Remo 481
Rosto (S.) 732, 737

Sacerdote 433s.
Sacrifício 342, 348, 350
Sagrado comércio 777
Sal 783
Sara (Bíblia) 742
Sátiros 106
Schriften zur Neurosenlehre (Freud) 213
Seio materno 237, 346, 411, 572
Seleção natural 234
Sêmen
- produção de 279s.
Sensação voluptuosa 591
Sensibilidade 390s., 395s., 572
Sentimento (sentir) 361, 366, 489s., 654
- coletivo 486
- conflitos de 5, (348)

Freud e a psicanálise

- de prazer 347, 485
- e intelecto 312, 361, (615)
Sentido (64), 688, 759
- da vida 78, 681
- das fantasias 416s.
- dos contos de fada 493
- dos sonhos (cf. sonhos)
Sentir (cf. tb. sentimento) 41
Sexual(ais)
- atividade infantil (37), 58s., 214, 225, 396, (403), 560
- atos 551
- cegueira 165, 175
- comportamento (179), 440
- curiosidade 518
- desejo 484
- esclarecimento 22s., 124, 502s., 517, 559
- estágio pré 263s., 291s., 370
- evolução 355, (368)
- excitação 51s., (58)
- fantasias 427, 440, 512, 550, 573
- insatisfação 215
- moral 200, 666
- necessidade 259
- período de latência (Freud) 370s.
- repressão (Freud) 51, 60
- símbolo 107, 346
- terminologia (Freud) 237, 258, 262, (368s.), (524)
Sexualidade 232s., 283, 440, 687, 772, 780
- infantil 50, (196), 230, (264), 268, 290, 294, 368, 370, 668, 780
- neurótica (372s.), 377
- polimorfo-perversa (cf. lá)
- prematura 228, 230
- substituto da 736
- teoria da 200, 216, 230s., (241), 583, 649, 687, 746
Sexualismo 540
Significado etiológico do afeto 28s.

- nas fantasias 422s., 561
- nas vivências infantis 377
- no relacionamento com os pais 312
- no trauma 217, 297s., 303
Significado fálico 539
Silenos 106
Símbolo(s) 63, 71, 159, 183, 334, 342, 348s., 434, 457, 490, 647s., 673s., 761
- bissexuais 481
- da cruz 477
- étnicos 457
- sexual 63
Sintoma(s)
- a psicanálise de Freud como 747
- corporais 30, 51
- de náusea 513
- dispépticos 569
- doentios (31), 59, (294), (576)
- histéricos 2, 37, 159, 205s.
- neuróticos 254, 302, 415s., 507, 514, 569, 599
Sistema paranoide 277
Sofrimento 556
Sol 477, 491 (S.), 494
Sombra (S.) 166
Sonambulismo 581
Sonho(s) 324s., 334, 412, 505, 521, 533s., 628, 637, 645s., 745, 761
- base do 332
- censura no 73, 80s., 112, (187)
- com números 129, 691
- "condensação" do 91
- conteúdo latente do 66, (74), (167), (171), (173), (329), 550
- manifesto do 66, 74, 167, 171, 452, 645
- de medo 184, (387s.), (461), 482, 703, 716
- efeito do 126

- estrutura do 552
- função teleológica do (452), 490
- ideia do 73, 75, 167, 171
- interpretação ou análise do 76, 125, 157s.
(Prince), (326s.), 533, 537s.
- marcante 475
- material do 69, 326, 539
- profético 453
- realização do desejo no 70, 78, 160, 165, 167, 169, 173, 191
- sentido do 159, 173, 176, 183 334, 492, 548s.
- simbolismo do (46), (334), 457, 539s., (553)
- teoria do (Freud) (47), (66), 178, 192s., 540
Sonhos, exemplos de
- homem de preto despenca do rochedo e carrega consigo uma senhora vestida de preto que procura segurá-lo 77
- homem, sentado ao lado do papa, vê na sala ao lado várias damas em trajes a rigor. Acorda com vontade de urinar 82
- uma turma de colégio num balneário. Professor. Viagem de núpcias. Nascimento de criança 96
- condutor do trem reclama do número do passe 130
- Sonho com números: jogo alto 134
- o paciente recebe do analista uma conta 137
- "Lucas 137" 146
- velha judia, tomando uísque, transforma-se na mãe. O pai entra com dois bastões de madeira, usando o roupão do marido 164
- mulher sobe com esforço uma colina. Uma sombra vermelha e

outra preta a assustam. Grita ao analista por socorro 166
- analista bate na cabeça da paciente com uma pedra 170, 190
- mulher desacompanhada é mandada embora de todos os lugares. Ao avistar o marido, sente-se mal 177
- homem da floresta obriga a sonhadora a pisar sobre os gatos. Acorda afônica 181, 189
- sonhadora vê seu analista sendo torturado numa caverna. Deseja ajudá-lo 185
- menina sonha com exibicionista que vira na véspera 387
- menina sonha que é mordida na perna por um lobo 475
- menina sonha ser alta como a torre da Igreja 488
- no incêndio da casa, a mãe atira uma boneca no avental da menina 491
- numa clareira da floresta começa uma tempestade e aparece uma cegonha 506
- incêndio num hotel. Marido e pai ajudam a paciente a se salvar 537
- manifestações de transferência no sonho 645
Sono 577
Die Sprache des Traumes (Stekel) 645
Statistische Untersuchungen über Wortassoziationen und über familiäre Ubereinstimmung im Reaktionstypus bei Ungebildeten (Jung) 695[5]
Studien über Hysterie (Breuerfreud) 30, 94, 205, 210, 582
Subconsciente 576, 619
Sublimação 50, 186

Subliminal 452s., 457, 553

Sugestão, sugestivo 28, 40, 181, 206, 211, 216, 316, 412, 421, 444, 451, 479, 497, 577, 583, 615, 636, 645s.
- autossugestão (cf. autossugestão)
- em estado de vigília 577
- *suggestion à échéance* 224
- terapia por 526s., 578, 581s., 591, 602s., 648

Suicídio 707

Superar-se 444

Superego 760, 781

Superstição 330, 474, 533

Susto, assustar-se 10, 166, 218, 300, 303, 355, 364, 387, 533

Teleológico (cf. tb. finalidade) 406, 415, 452, 490, 688

Tempestade 507

Tentação 72, 165

Teologia 613, 780

Teoria(s) 25, 229, 241, 322, 582s., 611, 745s.
- dos componentes 258

Teosofia 749

Terapêutico
- efeito 437s., 463
- resultado 23, (577s.), 588

Terapia 598

Terra 494

Teste de inteligência 622, 633

Tipo(s) 762, 772, 778

Títiros 106

Tobias (Bíblia) 742

Torre de igreja (S.) 488s.

Tosse 464

Der tote Tag (Barlach) 780

Touro 497

Traços mnêmicos 36s.

Trauma(s) 4, 10s., 30, 205s., 216s., 365, 373, 596, 622, 636

- análise do 64, 154, 156s., 165, 452, 495, 533s.
- físico 11
- sexual 36s., 215s., 226, 377, 559
- teoria do 207, 210, 213, 314, 355, 393, 400, 582

Trem (S.) 130

Trindade 106

Trotz und Gehorsam (Adler) 659

Tuberculose 209

Über die Bedeutung des Vaters für das Schicksal des Einzelnen (Jung) 307

Über die Psychologie der Dementia praecox (Jung) 94, 106, 274[17]

Über Konflikte der kindlichen Seele (Jung) 127[3]

Unilateralidade 241

Urina(r) 82, 92s., 511

Valor emocional (afetivo) 205, (406)

Vento (S.) 185

Verdade 22, 197, 199, 205, 602, 608s., 644, 679, 687, 750s.
- procura da 589, 608

Vergonha 51, 58, 61

Vestido preto (S.) 77

Vida 5, 157, 183, 413
- concepção da 682
- força de 258, 282, 668
- metade da 762
- três fases da 262

Virgem 494

Visão 72, 388

Vitalismo 282

Vômito 464, 513

Vontade 280
- ascética 640
- cega 352
- paralisia da 206

Wandlungen in der Freudschen Schule (Furtmüller) 634
Wandlungen und Symbole der Libido (Jung) 180[19], 252[12], 263[14], 271, 342, 481, 553[3], 694[3]
Whisky (S.) 164s., 169
Der Witz und seine Beziehung zum Unbewussten (Freud) 94

Xamã 578
Xeque 85
Das Zeitalter des Sonnengottes (Frobenius) 478

Zentralblatt für Psychoanalyse 502, 632, 634
Zona espasmógena 245
Zonas erógenas 244s.
Zurique 604
- escola de 456, 671, 673, 686
- Sociedade de Psicologia Analítica de 684
Zur Psychologie und Pathologie sogenannter occulter Phänomene (Jung) 152[3]
Zur Psychopathologie des Alltagslebens (Freud) 338

Conecte-se conosco:

 facebook.com/editoravozes

 @editoravozes

 @editora_vozes

 youtube.com/editoravozes

 +55 24 2233-9033

www.vozes.com.br

Conheça nossas lojas:

www.livrariavozes.com.br

Belo Horizonte – Brasília – Campinas – Cuiabá – Curitiba
Fortaleza – Juiz de Fora – Petrópolis – Recife – São Paulo

  Vozes de Bolso

EDITORA VOZES LTDA.
Rua Frei Luís, 100 – Centro – Cep 25689-900 – Petrópolis, RJ
Tel.: (24) 2233-9000 – E-mail: vendas@vozes.com.br